Das Menschrecht auf einen angemessenen Lebensstandard

STUDIEN ZUM INTERNATIONALEN, EUROPÄISCHEN UND ÖFFENTLICHEN RECHT

Herausgegeben von Eibe Riedel

Band 20

PETER LANG
Frankfurt am Main · Berlin · Bern · Bruxelles · New York · Oxford · Wien

Katharina Engbruch

Das Menschenrecht auf einen angemessenen Lebensstandard

Ernährung, Wasser, Bekleidung, Unterbringung und Energie als Elemente des Art. 11 (1) IPWSKR

PETER LANG
Internationaler Verlag der Wissenschaften

Bibliografische Information der Deutschen Nationalbibliothek
Die Deutsche Nationalbibliothek verzeichnet diese Publikation in der Deutschen Nationalbibliografie; detaillierte bibliografische Daten sind im Internet über <http://www.d-nb.de> abrufbar.

Zugl.: Mannheim, Univ., Diss., 2007

D 180
ISSN 1430-5380
ISBN 978-3-631-57575-8

www.peterlang.de

Vorwort

Die vorliegende Arbeit wurde im Frühjahr 2007 von der Fakultät für Rechtswissenschaft und Volkswirtschaftlehre der Universität Mannheim als Dissertation angenommen. Sie ist auf dem Stand von Januar 2007; Literatur und rechtliche sowie politische Entwicklungen wurden bis Dezember 2007 berücksichtigt.

An erster Stelle möchte ich meinem sehr verehrten Doktorvater, Prof. Dr. Eibe Riedel, danken, der das Vertrauen in mich gesetzt hat, das weltpolitisch bedeutsame, aber rechtlich schwer fassbare Thema des Rechts auf einen angemessenen Lebensstandards in meine Hände zu legen und mich zur Erstellung der Arbeit durch seine Begeisterung für wsk Rechte ermutigt hat. Ihm und meinen Kollegen danke ich außerdem für Hilfsbereitschaft, Teamgeist, anregende Diskussionen insbesondere im Rahmen des „Pain Pools“ und für eine wunderbare Zeit am Lehrstuhl.

Prof. Dr. Thomas Puhl möchte ich für die Übernahme und rasche Erstellung des Zweitgutachtens sowie für seine hilfreichen Korrekturhinweise danken.

Für sorgfältiges Korrekturlesen und die Eröffnung von neuen Blickwinkeln, auch interdisziplinärer Art, danke ich den Dres. Kurt Fellenberg, Christian Groni, Dirk Hanschel, Sebastian Graf von Kielmansegg, Bettina Olker und Julia Schlüter. Im Rahmen unserer „Diss-Selbsthilfegruppe“ waren mir darüber hinaus Julia Schlüter und Christian Groni durch regelmäßigen Austausch von Teilkapiteln und konstruktive Kritik eine große Hilfe.

Ich verdanke Dr. Andreas Blüthner die entscheidenden Informationen zum Thema „Micronutrients“.

Weiterhin möchte ich Ross Ashcroft, Cora Jungbluth, Franziska von Kummer und Judith Richling für Übersetzungen und Erläuterungen von grammatikalischen Feinheiten des Chinesischen, Lateinischen und Russischen danken.

Mein Dank gilt auch der Bibliothek des Max-Planck-Instituts für ausländisches öffentliches Recht und Völkerrecht und der UN-Bibliothek in Heidelberg für die Beschaffung von Literatur und Dokumenten.

Herrn Lukas Metzger danke ich ganz herzlich für seine Hilfe bei der Formatierung der Arbeit.

Sebastian Graf von Kielmansegg und Dirk Hanschel möchte ich für Erste Hilfe bei der Vorbereitung auf die Doktorprüfung danken.

Auch danke ich dem Auswärtigen Amt, das diese Veröffentlichung durch einen Druckkostenzuschuß gefördert hat.

Meine Eltern Brigitte und Karl-Heinz Engbruch und meine Geschwister Judith Richling und Johannes Engbruch haben mich in jeder Phase der Arbeit unterstützt und ermutigt.

Für fachlich-interdisziplinären und moralischen Beistand, Ermutigung und Geduld, die es mir immer wieder ermöglicht haben, die Arbeit an meiner Dissertation aufzunehmen und weiterzuführen, gebührt Kurt Fellenberg mein ganz besonderer Dank.

Katharina Engbruch, im Januar 2008

Inhaltsverzeichnis

Einleitung

> The world is all before us to do with as we will, within the measure of our powers and imaginations.
> The struggle for material existence is over. It has been won. The need for repressions and disciplines has passed. The struggle for truth and that indescribable necessity, beauty, begins now, hampered by none of the lower needs. No one now needs live less or be less than his utmost.[1]

I. Bedeutung und Probleme von wirtschaftlichen, sozialen und kulturellen Menschenrechten

Der völkerrechtliche Schutz von wirtschaftlichen, sozialen und kulturellen Menschenrechten (im folgenden: *wsk Rechte*) liegt nicht im Trend.[2] Dies zeigt sich in Formulierungen wie „die vergessenen Rechte“[3], wenn es um ihre Verwirklichung geht. Im Rahmen einer Arbeit zum Internationalen Pakt für wirtschaftliche, soziale und kulturelle Rechte[4] (im folgenden auch: *Sozialpakt*) muß man sich deshalb die Frage gefallen lassen, welchen Sinn es hat, sich mit „dem Aschenbrödel unter den UNO-Menschenrechtskonventionen“ zu beschäftigen.[5]

1. Die Bedeutung wirtschaftlicher, sozialer und kultureller Menschenrechte

Um die besondere Bedeutung des Sozialpakts zu verstehen, ist es zunächst notwendig, sich der Bedeutung wsk Menschenrechte bewußt zu werden.

Das Bedürfnis nach Nahrung, Wasser und einer Unterkunft verbindet alle Menschen, unabhängig von ihrem geographischen, kulturellen und sozialen Hintergrund. Ist die Erfüllung dieser Bedürfnisse als Grundvoraussetzung nicht gegeben, so ist menschliches Überleben nicht möglich. In Abhängigkeit von

---

1 Wells: The Shape of Things to Come, S.293.

2 Simma, „Die vergessenen Rechte“: Bemühungen zur Stärkung des VN-Sozialpakts, in Ruland/ von Maydell/ Papier: Verfassung, Theorie und Praxis des Sozialstaats, Festschrift für Hans Zacher zum 70. Geburtstag, S.867.

3 Hier gebraucht von Windfuhr in Die Zeit, Nr. 52 vom 20. Dezember 1996, S.7.

4 *International Covenant on Economic, Social and Cultural Rights*, vom 19. Dezember 1966.

5 Simma, „Die vergessenen Rechte“: Bemühungen zur Stärkung des VN-Sozialpakts, in Ruland/ von Maydell/ Papier: Verfassung, Theorie und Praxis des Sozialstaats, Festschrift für Hans Zacher zum 70. Geburtstag, S.868; dazu weitergehend Human Rights Fact Sheet Nr. 16 (Rev.1): The Committee on Economic, Social and Cultural Rights, S.4ff.

dem kulturellen und sozialen Hintergrund verschieden ausgeprägt, aber immer noch allen Menschen gemein ist das Streben danach, die eigene Familie und Gruppe zu schützen, bei Krankheit die nach den jeweiligen Vorstellungen bestmögliche Hilfe zu erhalten sowie am sozialen Miteinander der Umwelt teilzunehmen.

Trotzdem umfaßt die allgemeine Idee von Menschenrechten[6] eher solche Rechte, die uns zum Beispiel aus dem Grundgesetz vertraut sind; beispielhaft sind Gleichheit vor dem Gesetz, das Recht auf Freizügigkeit oder die Rede- und Meinungsfreiheit zu nennen. Jedoch ist die Verwirklichung der letztgenannten Rechte, die auch als „bürgerliche und politische Rechte“ bezeichnet werden,[7] ohne die Verwirklichung wirtschaftlicher, sozialer und kultureller Menschenrechte nicht denkbar.[8] Menschen, die obdachlos sind oder hungern, können kaum ihr Recht auf freie Rede oder auf politische Partizipation geltend machen. Die Verwirklichung der wsk Rechte ist die Voraussetzung dafür, daß bürgerliche und politische Rechte überhaupt Wirkung entfalten können. So bemerkt *Craven*:

> „In a region beset by political strife and instability and marked by widespread violence, it is perhaps not surprising that the predominant focus of human rights concerns has been the traditional „liberal“ rights and freedoms. The almost endemic problems of torture, arbitrary detention, forcible disappearances have all tended to encourage a myopic vision of human rights that has excluded from view problems of a broader nature, and particularly those relating to economic, social and cultural rights.“[9]

Trotzdem finden wsk Rechte bis zum heutigen Tage nicht die ihnen gebührende Beachtung. Nicht umsonst wird der Internationale Pakt für wirtschaftliche, so-

---

6 Zu Menschenrechten im allgemeinen Lauterpacht, International Law and Human Rights, S.73ff.; Tomuschat, Einführung: Die Vereinten Nationen und die Menschenrechte, in Tomuschat: Menschenrechte, S.4ff.; Riedel: Theorie der Menschenrechtsstandards, S.182ff.; Schwartländer, Staatsbürgerliche und sittlich-institutionelle Menschenrechte, in Schwartländer: Menschenrechte, S.77ff.; Riedel, Menschenrechte der dritten Dimension, EuGRZ 1989, S.9f; Donelly: The Concept of Human Rights, S.27ff.; König: Zur Begründung der Menschenrechte: Hobbes – Locke – Kant, Freiburg 1994; Gewirth, Human Rights: Essays on Justification and Applications, Chicago 1982.

7 Zu den Argumenten, warum bürgerliche und politische Rechte grundlegend anders als wsk Rechte sein sollen, Riedel, International Law Shaping Constitutional Law. Realization of Economic, Social and Cultural Rights, in Riedel: Constitutionalism – Old Concepts, New Worlds, S.108ff. mit weiteren Nachweisen.

8 Mit weiteren Nachweisen Milner *et al.*, Security Rights, Subsistence Rights, and Liberties: A Theoretical Survey of the Empirical Landscape, Human Rights Quarterly 21 (1999) 1, S.415f.

9 Craven, The protection of economic, social and cultural rights under the inter-American System of Human Rights, in Harris/ Livingstone: The Inter-American System of Human Rights, S.289.

ziale und kulturelle Rechte, der sie kodifiziert, als „zahnloser Papiertiger" bezeichnet.[10] Auch wird kritisiert, daß diese Rechte eine sprachliche Gestaltung erfahren hätten, die größere Erwartungen wecke, als realistischerweise erfüllt werden könnten.[11]

Hinzu kommt, daß ein weitverbreitetes Mißverständnis besagt, wsk Rechte verpflichteten den Staat ohne weiteres zur vollständigen Verwirklichung derselben. Das wäre nicht nur schwierig, ineffizient und teuer, sondern auch nicht im Sinne des Sozialpakts. Vielmehr muß der Staat dafür sorgen, daß seine Einwohner überhaupt die Möglichkeit haben, ihre Rechte zu genießen. Menschen sind aktive Subjekte, nicht Objekte der ökonomischen und sozialen Entwicklung. Sie sind in erster Linie dazu aufgefordert, ihre eigenen Ressourcen zu nutzen.[12] Aufgabe des Staates ist es deshalb zunächst, wsk Rechte zu respektieren und zu schützen, um so die Menschen in seinem Staatsgebiet in die Lage zu versetzen, ihre Rechte selbständig zu verwirklichen. Die Erbringung von Leistungen durch den Staat ist erst der letzte Schritt.[13]

2. Die Bedeutung des Rechts auf einen angemessenen Lebensstandard aus Art. 11 (1) IPWSKR

Das Recht auf einen angemessenen Lebensstandard des Art. 11 (1) IPWSKR gehörte zu den Rechten, deren inhaltliche Konkretisierung bei der Erstellung des Sozialpakts am stärksten umstritten war.[14] Immer wieder dient es als Paradebeispiel, wenn die Unbestimmtheit von wsk Rechten kritisiert wird.[15]

---

[10] Simma, „Die vergessenen Rechte": Bemühungen zur Stärkung des VN-Sozialpakts, in Ruland/ von Maydell/ Papier: Verfassung, Theorie und Praxis des Sozialstaats, Festschrift für Hans Zacher zum 70. Geburtstag, S.868.

[11] Okresk, Die Durchsetzung wirtschaftlicher und sozialer Grundrechte – Die Entwicklung in Österreich, in Matscher: Die Durchsetzung wirtschaftlicher und sozialer Grundrechte, S.185.

[12] Eide/ Barth Eide, Art. 25, in Alfredsson/ Eide: The Universal Declaration of Human Rights, S.385; Koch, The Justiciability of Indivisible Rights, Nordic Journal of International Law 72 (2003), S.16, Eide, The Human Right to Adequate Food and Freedom from Hunger, in FAO: The Right to Food in Theory and Practice, S.3.

[13] Dazu ausführlich im 2. Kapitel I.

[14] Vgl. nur Craven: The International Covenant on Economic, Social and Cultural Rights, S.291, mit weiteren Nachweisen, dazu auch die Diskussionen im Rahmen der *Travaux Préparatoires*, zum Beispiel E/CN.4/SR.222 vom 8. Juni 1951.

[15] „The right to an adequate standard of living is a statement of political economy, not human rights", John Hacket, Mitglied des Parlaments von Kanada im Jahre 1947 und energischer Gegner der Allgemeinen Erklärung der Menschenrechte, zitiert nach Schabas, Free-

Mit dem Recht auf einen angemessenen Lebensstandard enthält Art. 11 (1) IPWSKR eines der weitgefaßtesten und allgemeinsten Rechte des Sozialpaktes.[16] Seine Verwirklichung berührt neben völkerrechtlichen Aspekten auch solche der wirtschaftlichen und Agrarentwicklung, der Ernährungssicherung, des internationalen Handels und der Entwicklungshilfe, um nur einige zu nennen.[17] Es drängt sich geradezu die Frage auf, ob die Miteinbeziehung dieses Rechtes sinnvoll war, oder ob man es nicht bei der Aufzählung der einzelnen Rechte des Art. 11 (1) IPWSKR, namentlich auf ausreichende Nahrung, Bekleidung und Unterbringung, hätte belassen sollen, zumal das Recht auf einen angemessenen Lebensstandard ein Recht zu sein scheint, das wenig eigenen Inhalt hat.[18] Doch bezeichnet *Engels* Art. 11 IPWSKR als das Kernstück des Sozialpakts und als Zentralnorm, die für die Umsetzung aller Menschenrechte notwendige Bedingung ist.[19] Art. 11 (1) IPWSKR ist eng mit der Grundlage des gesamten Menschenrechtsnetzwerks verbunden, dem der Grundsatz zugrunde liegt, daß alle Menschen frei und gleich an Würde und Rechten geboren sind und sich im Geiste der Brüderlichkeit begegnen sollen.[20]

Schon in den *Travaux Préparatoires* wird deutlich, daß dieses Problem den Eltern des Sozialpaktes wohl bewußt war: Statt einer konkreten Definition wurde zunächst auf eine Aufzählung der Elemente, die den Lebensstandard ausmachen, zurückgegriffen.[21] Eine klare Aussage dazu traf Großbritannien mit der Feststellung, daß es ein generelles Verständnis davon gebe, was den Lebensstandard ausmache und man deshalb nicht Zeit und Ressourcen durch eine ausufernde und fruchtlose Diskussion über eine Definition verschwenden solle.[22] Doch ist auch 30 Jahre, nachdem der Sozialpakt in Kraft getreten ist, noch immer unklar, wann ein angemessener Lebensstandard vorliegt, und welche Voraussetzungen dafür erfüllt sein müssen. Dies zeigt sich unter anderem in Literatur zu diesem Thema, in der das Fehlen eines gewissen Lebensstandards beklagt

---

dom from Want: How Can We Make Indivisibility More Than a Mere Slogan?, in National Journal of Constitutional Law 11 (1999/2000), S.197.

16 Craven: The International Covenant on Economic, Social and Cultural Rights, S.287.

17 Craven: The International Covenant on Economic, Social and Cultural Rights, S.288.

18 Craven: The International Covenant on Economic, Social and Cultural Rights, S.293, anders Allamby, Economic, Social and Cultural Rights, NILQ 52 (2001), S.359: *„[...] The question of what is an adequate standard of living is no more open to interpretation than what makes a fair trial".*

19 Engels: Verbesserter Menschenrechtsschutz durch Individualbeschwerdeverfahren, S.119.

20 Art. 1 AEMR; Eide, Economic and Social Rights, in Symonides: Human Righs: Concepts and Standards, S.129.

21 Valenzuela (Chile), E/CN.4/SR.222, 8. Juni 1951, S.19; Morosov (UDSSR), E/CN.4/ SR. 222, 8. Juni 1951, S.18.

22 Bowie (Großbritannien), E/CN.4/SR.222, 8. Juni 1951, S.18.

wird, ohne jedoch zu definieren, was der Begriff des Lebensstandards eigentlich meint.[23] Zudem sind auch die weiteren Rechte im Rahmen des Art. 11 (1) IPWSKR, nämlich auf Ernährung, Bekleidung und Unterbringung, schwierig zu präzisieren. Für das Recht auf einen angemessenen Lebensstandard wurden bis jetzt nur wenige Versuche einer Konkretisierung unternommen, obwohl immer wieder darauf hingewiesen wurde und wird, wie wichtig es gerade bei wsk Rechten sei, den Staaten, die sich um ihre Verwirklichung bemühen, konkrete Vorgaben für die Umsetzung zu geben. So muß das Vertragsüberwachungsorgan, im Fall des Rechts auf einen angemessenen Lebensstandard also der Ausschuß für wirtschaftliche, soziale und kulturelle Rechte (im folgenden *Ausschuß*), den Inhalt der Norm definieren und entwickeln.[24] Es stellt sich hier die Frage, welchen Sinn ein Recht hat, dessen Bedeutung im Dunkeln bleibt.

Auf der anderen Seite ist zu bedenken, daß wsk Rechte im allgemeinen von Anfang an wegen ihrer Unbestimmtheit harscher Kritik ausgesetzt waren.

> „It has often been observed that one of the key factors helping to explain the ignorance and neglect which continues to characterise approaches to economic and social rights is their lack of normative specificity or more narrowly stated, the absence of a clearly defined core content."[25]

Zum Teil wird ihnen sogar die Qualität als Menschenrecht abgesprochen.[26] Das Problem der Unbestimmtheit ist jedoch nicht auf wsk Rechte beschränkt. Im Gegenteil sind auch bürgerliche und politische Rechte, die die „klassischen" Menschenrechte darstellen, betroffen: An einer einheitlichen Definition des Begriffes „Menschenwürde", immerhin einer der zentralen Aspekte unserer Verfassung und des gesamten Menschenrechtssystems, fehlt es bis heute.[27]

---

23 Vgl. zum Beispiel Candappa, The right to education and an adequate standard of living: Refugee children in the UK, The International Journal of Children's Rights 8 (2000), S.261 – 270; Population Growth and the Standard of Living in under-developed Countries – A brief summary of relevant chapters of the UN Report: The Determinants and Consequences of Population Trends, United Nations New York 1954 und den zugehörigen Bericht The Determinants and Consequences of Population Trends, United Nations, New York 1953.

24 Craven, The International Covenant on Economic, Social and Cultural Rights, in Hanski/ Suksi: An Introduction to the International Protection of Human Rights, S.105f.

25 Alston, Opinion: The U.S. and the right to housing – A funny thing that happened on the way to the forum, European Human Rights Law Review 1 (1996), S.122.

26 Aktuell wird diese Position vor allem von den Vereinigten Staaten von Amerika vertreten, siehe zu der US-amerikanischen Position Alston, Economic and Social Rights, in Henkin/ Hargrove: Human Rights: An Agenda for the Next Century, S.137ff.; dazu auch Alston/ Quinn, The Nature and Scope of States Parties' Obligations under the International Covenant on Economic, Social and Cultural Rights, Human Rights Quarterly 9 (1987), S.159f.; Eide, Economic and Social Rights, in Symonides: Human Rights: Concept and Standards, S.110ff.

27 Vgl. dazu nur Pieroth/Schlink, Rn.353ff. mit weiteren Nachweisen.

Der Nachteil von unbestimmten Begriffen im Allgemeinen, nämlich ihre Unbestimmtheit und Weite, ist aber zugleich auch ihre Stärke:[28] Durch sie kann dem stetigen Wandel der tatsächlichen und rechtlichen gesellschaftlichen Verhältnisse Rechnung getragen werden.[29] Die gleiche Entwicklung ist zu beobachten, wenn es um die allgemeinen Vorstellungen davon geht, welche Lebensumstände unverzichtbar gegeben sein müssen: War kurz nach dem Ende des zweiten Weltkrieges ein Radio noch ein oft unerschwinglicher Luxus, so wird heute ein Fernseher als unabdingbar für die Aufrechterhaltung der Kommunikation angesehen.[30] Das Recht auf einen angemessenen Lebensstandard schließt die Lücken im menschenrechtlichen System und spricht die Rechte der benachteiligten Mitglieder der Gesellschaft an.[31] Es wird sich aber zeigen, daß es weit mehr als ein bloßes „Auffangmenschenrecht" ist.

Die Themenkreise, die durch wsk Rechte und insbesondere durch den Sozialpakt angesprochen werden, sind nicht statisch, sondern befinden sich in einem stetigen Wandel. Menschenrechte dagegen gelten universell und unabhängig von sich wandelnden Lebensumständen. Deswegen erkannte schon *Cassin* im Wirtschafts- und Sozialrat der Vereinten Nationen (Economic and Social Council – ECOSOC):

> „La commission doit avoir le courage de faire un choix parce qu'elle ne peut pas énumérer dans le Pacte tous les droits économiques et sociaux; il faut, par conséquent, envisager la nécessité absolue de rédiger un article de portée générale."[32]

3. Probleme des völkerrechtlichen Schutzes von wirtschaftlichen, sozialen und kulturellen Menschenrechten

Ein weiteres grundsätzliches Problem der im Sozialpakt garantierten Rechte liegt in ihrer mangelnden Erzwingbarkeit. Dieses Problem betrifft zwar ebenso die bürgerlichen und politischen Rechte, jedoch wird es für diese Rechte dadurch abgemildert, daß ein Großteil der Staaten bürgerliche und politische Rechte auf Verfassungsebene oder zumindest einfachgesetzlich schützt und ihre Durchsetzbarkeit garantiert.

---

[28] Ähnlich Craven, The International Covenant on Economic, Social and Cultural Rights, in Hanski/ Suksi, An Introduction to the international protection of Human Rights, S.105f.

[29] Craven, The International Covenant on Economic, Social and Cultural Rights, in Hanski/ Suksi: An introduction to the international protection of human rights, S.105f.

[30] Vgl. § 811 ZPO: Unpfändbare Sachen. Auch ein Farbfernseher gehört zu einer bescheidenen Lebensführung, vgl. Stöber in Zöller: Zivilprozeßordnung, § 811 Rn.15.

[31] Eide, Economic and Social Rights, in Symonides: Human Rights: Concepts and Standards, S.129.

[32] Cassin (Frankreich), E/CN.4/SR.222, 8. Juni 1951, S.22.

Der Sozialpakt sieht in seinem Teil IV (Art.16ff. IPWSKR) ein „Staatenberichtsverfahren“ vor, das einen sehr schwachen Kontrollmechanismus darstellt.[33] Die Staaten sind verpflichtet, dem Ausschuß für wirtschaftliche, soziale und kulturelle Rechte[34] regelmäßig über die Umsetzung der Verpflichtungen aus dem Sozialpakt zu berichten. Gleichwohl haben viele Staaten ihre Verpflichtungen in den letzten Jahrzehnten nicht erfüllt oder einseitige, beschönigende oder sogar falsche Berichte abgeliefert, die die existierenden Schwierigkeiten in einem Land ignorieren.[35]

Der Ausschuß hat im Anschluß an den Staatenbericht das Recht, Vorschläge und Anregungen zu unterbreiten. Anders als zum Beispiel im Rahmen des Pakts für bürgerliche und politische Rechte[36] (im folgenden *Zivilpakt*) ist kein Individualbeschwerdeverfahren vorgesehen. Auch enthält der Sozialpakt, ebensowenig wie der Zivilpakt, keinen Sanktionenkatalog für Staaten, die gegen ihre Verpflichtungen aus dem Sozialpakt verstoßen. Die Diskussion um die Einführung eines Individualbeschwerdeverfahrens ist jedoch in den letzten Jahren verstärkt

---

33 Eine Definition des Vertragsüberwachungsverfahrens und detaillierte Informationen geben Guzman/ Verstappen: What is monitoring, S.1ff.; siehe auch Alston, The Purposes of Reporting, in United Nations Centre for Human Rights/ United Nations Institute for Training and Research: Manual on Human Rights Reporting, S.13ff.

34 Zur Geschichte des Ausschusses Human Rights Fact Sheet Nr. 16 (Rev.1): The Committee on Economic, Social and Cultural Rights, S.23ff.

35 Ausführlich dazu und mit weiteren Nachweisen Craven, The Covenant on Economic, Social and Cultural Rights, in Hanski/ Suksi, An introduction to the international protection of human rights, S.113ff.; Alston, Out of the Abyss: The Challenges Confronting the New U.N. Committee on Economic, Social and Cultural Rights, Human Rights Quarterly 9 (1987), S.332ff. mit weiteren Nachweisen; Riedel, New Bearings to the State Reporting Procedure, in Schorlemer: Praxishandbuch UNO, S.347; Simma, The Examination of State Reports: The International Covenant on Economic, Social and Cultural Rights, in Klein: The Monitoring System of Human Rights Treaty Obligations, S.32f. Bezeichnend ist die Aussage des Vertreters von Uruguay im Rahmen des Staatenberichtsverfahrens, so gut wie alle Unterkünfte in seinem Land seien an Wasser- und Abwasserversorgung angeschlossen – diese Aussage wurde auf die Bemerkung eines Ausschußmitglieds, es lägen Informationen vor, nach denen mehr als 700.000 Einwohner in Unterkünften ohne Wasseranschluß, mehr als eine Millionen ohne Abwasseranschluß lebten, dahingehend relativiert, daß daran gearbeitet werden, so gut wie alle Unterkünfte mit Wasser und Abwasserentsorgung auszustatten: Uruguay, E/C.12/ 1997/SR.44, 3. Dezember 1997, paras.13ff, insb. 16, 18, 19. Allgemein zu der Vorbereitung von Staatenberichten Bernard, The Preparation and Drafting of a National Report, in United Nations Centre for Human Rights/ United Nations Instutute for Training and Research: Manual on Human Rights Reporting, S.17ff.; Porcar/ Bernard, National Reports: Their Submission to Expert Bodies and Follow-Up, in United Nations Centre for Human Rights/ United Nations Instutute for Training and Research: Manual on Human Rights Reporting, S.25ff.

36 *International Covenant for Civil and Political Rights*, vom 19 Dezember 1966.

geführt worden; möglich ist, daß in nächster Zeit ein Vorschlag für ein solches Verfahren vom Ausschuß vorgelegt wird.[37]

Ein weiteres Problem ergibt sich aus der Weite und Unbestimmtheit der im Sozialpakt verbürgten Rechte. Zwar sind die Rechte des Sozialpakts nicht mehr oder weniger vage als die Rechte, die im Zivilpakt verbürgt sind. Als Beispiel ist Art. 19 IPBPR zu nennen, der das Recht auf freie Meinungsäußerung enthält. Der Begriff „Meinung“ ist ähnlich schwer zu definieren wie der Begriff „Nahrung“ in Art. 11 (1) IPWSKR. Jedoch sind die Rechte des Zivilpakts in jahrelanger Rechtsprechung der nationalen Gerichte angewendet worden, da sie sich meist auch in nationalen Verfassungen oder zumindest nationaler Gesetzgebung wiederfinden, was mit den Rechten des Sozialpakts nicht geschehen ist. So kann der Gehalt der wsk Rechte nicht ohne weiteres durch nationale Rechtsprechung und nationale Gesetzgebung konkretisiert werden. Diese Problematik ist seit der Schaffung des Sozialpakts und auch nach seinem Inkrafttreten bestehen geblieben.[38]

Zudem ist die Formulierung der Verpflichtungsart im Zivilpakt klarer definiert. Der Zivilpakt spricht überwiegend von Rechten des Individuums, während im Sozialpakt von der „Anerkennung von Rechten“ oder von der „Unternehmung der Sicherung eines Rechts“ gesprochen wird.[39] Die Bedeutung dieser Formulierung wird durch Art. 2 (1) IPWSKR weiter ausgeführt:

> „Each State Party to the present Covenant undertakes to take steps, individually and through international assistance and co-operation, especially economic and technical, to the maximum of its available resources, with a view to achieving progressively the full realization of the rights recognized in the present Covenant by all appropriate means, including particularly the adoption of legislative measures.“ Die Rechte aus dem Pakt sol-

---

[37] Dazu Simma, The Examination of State Reports: International Covenant on Economic, Social and Cultural Rights, in Klein: The Monitoring of Human Rights Treaty Obligations, S.31; Alston, Economic and Social Rights, in Henkin/ Hargrove: Human Rights: An Agenda for the Next Century, S.158; auf die Möglichkeiten eines Individualbeschwerdeverfahrens, ohne sich direkt auf dieses Verfahren zu berufen, bezieht sich auch *Galtung* in ihrem Artikel The Human Right to Food and Nutrition and the Story of 840 Million Court Cases, Pace Diritti Umani 1 (2004), S.111ff. Sehr kritisch zu einem *Optional Protocol* für den Sozialpakt Tomuschat, An Optional Protocol for the International Covenant on Economic, Social and Cultural Rights?, in Dicke: Weltinnenrecht, S.815ff.

Im Jahre 2005 traf sich eine *open-ended working group* des Ausschusses, um die Chancen für die Ausarbeitung eines Protokolls zum Individualbeschwerdeverfahren zu diskutieren: E/CN.4/2005/52, 10. Februar 2005.

[38] Alston: The United Nations and Human Rights, S.490.

[39] *"The State Parties recognize...."*, z.B. in Art. 6, 7, 9, 10 – 13, 15 IPWSKR oder *„The State Parties undertake to ensure"*, wie in Art. 8 IPWSKR; zu diesem Thema Riedel, New Bearings to the State Reporting Procedure, in Schorlemer: Praxishandbuch UNO, S.348; Tomuschat, An Optional Protocol for the CESCR?, in Dicke: Weltinnenrecht, S.818.

len also „Schritt für Schritt“ verwirklicht werden, wobei das Ziel die vollständige Verwirklichung der Rechte ist. So nutzen Mitgliedstaaten, die wegen mangelnder Umsetzung der Rechte aus dem Sozialpakt gerügt werden, häufig die Möglichkeit, sich auf die Verwirklichung „Schritt für Schritt“ zu berufen, die ihnen einen weiten Spielraum hinsichtlich der zu ergreifenden Maßnahmen läßt. Dies erschwert es, einen Staat einer konkreten Verletzung zu bezichtigen und ihn, mangels Sanktionsmöglichkeiten, der Mißbilligung der Staatengemeinschaft auszusetzen.

Aus diesen Faktoren, namentlich dem Fehlen von Sanktionsmöglichkeiten und der Unbestimmtheit der Verpflichtungen, ergibt sich die besondere Schwierigkeit des Vertragsüberwachungsverfahrens.[40] Seine Ineffektivität gerade in den ersten Jahren[41] (der Sozialpakt trat 1966 in Kraft) stand in diametralen Gegensatz zur Bedeutung der in ihm enthaltenen Rechte. Die Chancen auf Einführung eines verschärften Überprüfungsverfahrens, zum Beispiel durch die Einführung eines Individualbeschwerdeverfahrens, sind noch nicht abschließend zu beurteilen. Es sind jedoch nur wenige Staaten bereit, in so grundlegenden Bereichen wie Bildungs-, Ernährungs- und Wohnungspolitik Souveränität abzugeben. So steht zum jetzigen Zeitpunkt auf der einen Seite das Bekenntnis der Mitgliedstaaten des Sozialpakts zu wsk Rechten, auf der anderen Seite für diese Staaten die Sicherheit, daß auch die Nichtumsetzung der Rechte wenige ernsthafte Konsequenzen haben wird.

---

40 *Monitoring*, dazu ausführlich Chapman, A "Violations Approach“ for Monitoring the International Covenant on Economic, Social and Cultural Rights, Human Rights Quarterly 18 (1996), S.23ff.

41 Zur Situation mit dem ECOSOC als Überwachungsorgan für den Sozialpakt Westerveen, Towards a System for Supervising States' Compliance with the Right to Food, in Alston / Tomaševski: The Right to Food, S.119ff.

II. Die Arbeitsweise des Ausschusses für wirtschaftliche, soziale und kulturelle Rechte

Der Ausschuß für wirtschaftliche, soziale und kulturelle Rechte wurde am 28.05.1985 durch Resolution 1985/17 des Wirtschafts- und Sozialrats der Vereinten Nationen gegründet. Seine Existenz ist nicht direkt im Sozialpakt vorgesehen, sondern gründet sich auf Art. 68 der Charta der Vereinten Nationen, der bestimmt, daß „der Wirtschafts- und Sozialrat [...] Kommissionen für wirtschaftliche und soziale Fragen und für die Förderung der Menschenrechte sowie alle sonstigen zur Wahrnehmung seiner Aufgaben erforderlichen Kommissionen ein[setzt].“[42]

Der Ausschuß hat sich seit seiner Gründung um eine Verbesserung des Kontrollverfahrens bemüht.[43] Es hatte sich bald gezeigt, daß mit dem im Sozialpakt vorgesehen Verfahren alleine keine Vertragsüberwachung, die diese Bezeichnung verdient, möglich war. Zugleich mußte der Ausschuß sich aber auch immer innerhalb der Vorgaben des Sozialpakts bewegen, um nicht die Kooperation der Mitgliedstaaten durch eine Überschreitung seiner Kompetenzen zu verwirken.[44]

Der Ausschuß hat bis heute 20 *General Comments* als Interpretations- und Anwendungshilfe für den Sozialpakt erstellt, die die sehr vage formulierten Rechte und Verpflichtungen des Sozialpakts konkretisieren.[45] Um die Durchset-

---

[42] Alston, Out of the Abyss: The Challenges Confronting the New U.N. Committee on Economic, Social and Cultural Rights, Human Rights Quarterly 9 (1987), S.332ff.; Riedel, Universeller Menschenrechtsschutz – Vom Anspruch zur Durchsetzung, in Baum/ Riedel/ Schäfer: Menschenrechtsschutz in der Praxis der Vereinten Nationen, S.38; Riedel, Verhandlungslösungen im Rahmen des Sozialpakts der Vereinten Nationen, in Ipsen / Schmidt-Jortzig: Recht – Staat – Gemeinwohl, S.441f.

[43] Dazu ausführlich Riedel, New Bearings to the State Reporting Procedure, in Schorlemer: Praxishandbuch UNO, S.345ff.; Riedel, Verhandlungslösungen im Rahmen des Sozialpakts der Vereinten Nationen, in Ipsen/ Jortzig: Recht – Staat – Gemeinwohl, S.441ff.; Simma, The Examination of State Reports: The International Covenant on Economic, Social and Cultural Rights, in Klein: The Monitoring System of Human Rights Treaty Obligations, S.32ff.

[44] *„A fine line exists between legitimate CESCR treaty interpretation and treaty amendment, by reading new obligations into the text to which States Parties on ratifying the treaty did not agree.“* Riedel, New Bearings to the State Reporting Procedure, in Schorlemer: Praxishandbuch UNO, S.346.

[45] Detailliert dazu Riedel, Die Allgemeinen Bemerkungen des Ausschusses für Wirtschaftliche, Soziale und Kulturelle Rechte, in Deutsches Institut für Menschenrechte: Die „General Comments“ zu den VN-Menschenrechtsverträgen, S.160ff; Riedel, New Bearings to the State Reporting Procedure, in Schorlemer: Praxishandbuch UNO, S.346; Riedel, Verhandlungslösungen im Rahmen des Sozialpakts der Vereinten Nationen, in Ipsen/ Jortzig: Recht – Staat – Gemeinwohl, S.443f.

zungskraft des Sozialpakts zu stärken, entwickelte der Ausschuß zudem ein Verfahren, in dem Indikatoren und *Benchmarks* genutzt werden, um die Leistung der Staaten zu beurteilen. Das Verfahren wird ansatzweise in den General Comments beschrieben.[46]

1. Das Vertragsüberwachungsverfahren

Das vom Ausschuß genutzte Vertragsüberwachungsverfahren ist in seiner Detailliertheit im Sozialpakt nicht vorgesehen; vielmehr kann es nur als eine sehr weite Auslegung der Art. 16, 17 IPWSKR gesehen werden. Da das Verfahren noch in den Anfängen steckt, sind nicht alle Schritte abschließend geklärt.

Die Mitgliedstaaten werden im Rahmen des Vertragsüberwachungsverfahrens zu einer aus vier Phasen bestehenden Diskussion („konstruktiver Dialog") eingeladen: (1) Die Bestimmung von *I*ndikatoren für die Verwirklichung eines Rechts,[47] (2) national zu setzende *B*enchmarks, (3) Kontrolle (*S*coping) der Benchmarks und (4) Beurteilung (*A*ssessment).[48]

a) Überblick

In der ersten Phase werden geeignete Indikatoren bestimmt, mit deren Hilfe die Umsetzung eines Rechts gemessen werden kann. Im zweiten Schritt sollen die Mitgliedstaaten sich Ziele hinsichtlich der Umsetzung setzen. *Benchmarking* bezieht sich auf den Grad der Umsetzung, der im Rahmen der Nutzung eines Indikators benutzt werden soll.[49] Während Indikatoren die Umsetzung eines Rechts absolut messen, beziehen sich *Benchmarks* auf die Leistung eines Staa-

---

46 Am deutlichsten in General Comment 20, paras.63ff., die mit "Monitoring, Indicators and Benchmarks" überschrieben sind.

47 Für allgemeine Informationen über Vertragsüberwachung mit Hilfe von Indikatoren siehe Guzman/ Verstappen: What is Monitoring, S.27 ff.; *Türk* beschreibt den Gebrauch von Indikatoren durch den Ausschuß in Türk, The new international economic order and the promotion of human rights, E/CN.4/Sub.2/1990/19 vom 6. Juli 1990, paras.57 ff.; weitere Informationen in OHCHR: Economic, Social and Cultural Rights, S.57ff.

48 Riedel, Verhandlungslösungen im Rahmen des Sozialpakts der Vereinten Nationen, in Ipsen: Recht, Staat, Gemeinwohl, S.441ff; Hunt, State obligations, indicators and the right to education, E/C.12/1998/11, 16. Juli 1998, para.9ff.; Riedel, New Bearings to the State Reporting Procedure, in Schorlemer: Praxishandbuch UNO, S.349ff; Riedel, Verhandlungslösungen im Rahmen des Sozialpakts der Vereinten Nationen, in Ipsen/ Jortzig: Recht – Staat – Gemeinwohl, S.445ff., zum Staatenberichtsverfahren siehe auch Kälin/ Künzli, Universeller Menschenrechtsschutz, S.212ff.

49 Guzman/ Verstappen: What is Monitoring, S.27.

tes bezüglich der Ziele, die individuell festgelegt wurden.[50] Die dritte Phase (*Scoping*) beinhaltet einen rationalen Diskurs, das heißt einen kommunikativen Prozeß zwischen dem Ausschuß und dem berichtenden Staat. Schritt vier, die Bewertung (*Assessment*), enthält eine objektive Bewertung. Hierin liegt auch der Unterschied zwischen Schritt drei und Schritt vier: Während Schritt drei die subjektive Sicht des Staates berücksichtigt, wird die Bewertung von einem objektiven Standpunkt durch den Ausschuß ausgeführt.[51] In *Abschließenden Stellungnahmen*[52] des Ausschusses werden sowohl die positiven als auch die negativen Aspekte der Erfüllung der Verpflichtungen aus dem Sozialpakt genannt, wobei auch konkrete Vorschläge zur Verbesserung und Effektivierung gemacht werden.[53]

Für Staaten, die ihrer Berichtspflicht nicht nachkommen, kann ein alternatives Staatenberichtsverfahren[54] eingeleitet werden. In diesem Verfahren werden mit Hilfe von Organisationen der Vereinten Nationen und Nichtregierungsorganisationen sogenannte „Schattenberichte" erstellt und das Staatenberichtsverfahren in Abwesenheit der Staatenvertreter durchgeführt.[55]

b) Indikatoren

Die Bestimmung geeigneter Indikatoren hat sich als schon in der Theorie schwieriges Problem erwiesen. Es besteht weder Einigkeit über eine genaue Definition des Terminus „Indikator", noch darüber, welche Voraussetzungen ein Indikator, mit dem die Verwirklichung von Menschenrechten gemessen werden soll, erfüllen muß.[56] Ein „Menschenrechtsindikator" wird teilweise als eine In-

---

[50] Green, What We Talk About When We Talk About Indicators: Current Approaches to Human Rights Measurement, Human Rights Quarterly 23 (2001), S.1081, Chapman: Indicators and Standards for Monitoring Economic, Social and Cultural Rights, S.2.

[51] Riedel, Verhandlungslösungen im Rahmen des Sozialpakts der Vereinten Nationen, in Ipsen: Recht, Staat, Gemeinwohl, S.441ff.; Hunt, State obligations, indicators and the right to education, E/C.12/1998/11, 30. November 1998, paras.9 ff.

[52] *Concluding Observations.*

[53] Riedel, New Bearings to the State Reporting Procedure, in Schorlemer: Praxishandbuch UNO, S.346, 347.

[54] *Non-Reporting Procedure.*

[55] Ausführlich dazu Riedel, The Examination of State Reports, in Klein: The Monitoring System of Human Rights Obligations, S.101; Riedel, New Bearings to the State Reporting Procedure, in Schorlemer: Praxishandbuch UNO, S.347.

[56] Riedel, New Bearings to the State Reporting Procedure, in Schorlemer: Praxishandbuch UNO, S.348, S.351f.; Green, What we talk about when we talk about indicators: Current approaches to Human Rights measurement, Human Rights Quarterly Bd. 23 (2001), S.1063ff.; Türk, The New International Economic Order and the Promotion of Human Rights, E/CN.4/Sub.2/1990/19, 6. Juli 1990, paras.31 ff.,71 ff., 112; detaillierte Erklärungen in

formation definiert, die genutzt wird, um den Grad der Verwirklichung eines Menschenrechtes in einer vorgegebenen Situation zu messen.[57] Andere sehen ihn als Information, einschließlich statistischer Daten, die notwendig oder nützlich ist, um die Erfüllung der Staatenverpflichtungen aus dem Sozialpakt durch die Staaten zu bewerten.[58] Dabei ist zu beachten, daß nicht alle Daten auch Indikatoren sind. Ein Indikator ist ein Maßstab, um Resultate zu messen.[59] Somit werden Daten erst durch die Bedeutung und Assoziation, die ihnen zukommt, zu Indikatoren. Ein Indikator ist damit nicht nur eine Reihe von statistischen Daten, sondern eine Reihe von statistischen Daten mit einer Reihe von Hypothesen.[60] Indikatoren werden zumeist benutzt, um Veränderungen zu messen, die sich einer direkten Erfassung entziehen, indem sie ein Abbild der realen Situation schaffen.[61]

Die Messung der schrittweisen Verwirklichung von wirtschaftlichen, sozialen und kulturellen Rechten mit Hilfe von Indikatoren ist eine relativ neue Idee. Im Jahre 1993 organisierte das Menschenrechtszentrum der Vereinten Nationen[62] ein Seminar mit dem Titel "*Seminar on appropriate indicators to measure achievements in the progressive realisation of economic, social and cultural rights*“ statt. Aufgrund der Erkenntnis, daß Indikatoren „eine facettenreiche und nützliche Rolle in der Verwirklichung und Bewertung von Menschenrechten[63] spielen können [...] und ein Mittel sind, um die schrittweise Verwirklichung von

---

OHCHR: Economic, Social and Cultural Rights, S.62. Für einen Überblick über die unterschiedlichen Arten von Indikatoren siehe Kapoor: Indicators for Programming in Human Rights and Democratic Development: a Preliminary Study, S.5 ff., 16; Chapman, Indicators and Standards for Monitoring Economic, Social and Cultural Rights, S.1ff. Zu den Voraussetzungen, die ein Menschenrechts-Indikator erfüllen muß: WHO: Development of Indicators for Monitoring Progress towards Health for All by the Year 2000, S.12; Europäische Union: Report on Indicators in the field of poverty and social exclusion, S.2.

57 Chapman: Indicators and Standards for Monitoring Economic, Social and Cultural Rights, S.2; Green, What we talk about when we talk about indicators: Current approaches to Human Rights measurement, Human Rights Quarterly Bd. 23 (2001), S.1065; ähnlich Riedel, New Bearings to the State Reporting Procedure, in Schorlemer: Praxishandbuch UNO, S.352.

58 A/Conf.157/PC/37, 7. Mai 1992, para.168.

59 Kapoor: Indicators for Programming in Humann Rights and Democratic Development: a Preliminary Study, S.4.

60 E/CN.4/Sub.2/1990/19, 6. Juli 1990, para.4.

61 WHO, Development of Indicators for Monitoring Progress towards Health for All by the Year 2000, S.12; siehe ausführlich dazu Riedel, New Bearings to the State Reporting Procedure, in Schorlemer: Praxishandbuch UNO, S.351ff.

62 *UN Centre for Human Rights*, jetzt: *Office of the High Commissioner for Human Rights*.

63 Ähnlich *Türk*, The New International Economic Order and the Promotion of Human Rights, E/CN.4/Sub.2/1990/19, 6. Juni 1990, para.96.

Menschenrechten zu messen"[64], sollten im Rahmen des Seminars Wege gefunden werden, die Nutzung von Indikatoren durch die Vereinten Nationen zu institutionalisieren, standardisieren und koordinieren.[65] Dieses Ziel wurde nicht erreicht. Es wurde schließlich festgestellt, daß das Seminar nicht in der Lage gewesen sei, entweder Kern- oder umfassende Indikatoren für jedes wirtschaftliche, soziale und kulturelle Recht zu finden.[66] Dies hat sich in den vergangenen Jahren nicht geändert. Trotz der Überschneidungen der Menschenrechtsgarantien der verschiedenen Menschenrechtsverträge[67] haben die jeweiligen Kontrollausschüsse bis jetzt noch keine konzertierten Anstrengungen unternommen, um einen Weg zur Messung der Umsetzung der jeweiligen Rechte zu finden.[68]

c) Benchmarks

Benchmarks sind von den Mitgliedstaaten definierte Maßstäbe oder Ziele, die die menschenrechtliche Situation eines bestimmten Landes widerspiegeln.[69] Sie sind kein Ersatz für Indikatoren, sondern ein Werkzeug, um die Leistung eines Staates in einem bestimmten Zeitraum zu bewerten.[70] Die *Benchmarks* nehmen Rücksicht auf die Verfügbarkeit von Ressourcen und die tatsächlichen Möglichkeiten eines Landes.[71] Auf dieses Weise werden international stark variierende Umsetzungsverpflichtungen geschaffen. Dies erlaubt Art. 2 (1) IPWSKR

---

[64] A/Conf.157/PC/73, 7. Mai 1992, para.10.

[65] A/Conf.157/PC/73, 7. Mai 1992, para.6; *Türk* gibt einen Überblick über die sich überschneidenden Indikatoren der unterschiedlichen UN Organisationen: The New International Economic Order and the Promotion of Human Rights, E/CN.4/Sub.2/1990/19, 6. Juni 1990, paras.31ff.,71ff., 112.

[66] A/Conf.157/PC/73, 7. Mai 1992, para.177.

[67] Zum Beispiel Art. 24 CRC (Recht des Kindes auf das erreichbare Höchstmaß an Gesundheit), Art. 12 IPWSKR (Recht auf das erreichbare Höchstmaß an körperlicher und geistiger Gesundheit), Art. 26 CRC (Recht des Kindes auf Soziale Sicherheit) und Art. 9 IPWSKR (Recht auf Soziale Sicherheit); *Türk* zählt Organisationen, die sich mit dem Recht auf Unterbringung beschäftigen, auf: Türk, The New International Economic Order and the Promotion of Human Rights, E/CN.4/Sub.2/1990/19, 6. Juni 1990, para.112.

[68] *Kapoor* stellt eine Liste von Organisationen zusammen, die Daten sammeln und Indikatoren zur Messung der Verwirklichung von Menschenrechten entwickelt haben: Kapoor, Indicators for Programming in Human Rights, S.1 ff.

[69] Riedel, New Bearings to the State Reporting Procedure, in Schorlemer: Praxishandbuch UNO, S.356.

[70] Chapman, Indicators and Standards for Monitoring Economic, Social and Cultural Rights, S.2, 5.

[71] Riedel, New Bearings to the State Reporting Procedure, in Schorlemer: Praxishandbuch UNO, S.356.

mit seiner Formulierung „schrittweise Verwirklichung, unter Ausschöpfung aller seiner Möglichkeiten, mit allen geeigneten Mitteln".

Es muß damit gerechnet werden, daß einige Staaten ihre *Benchmarks* zu niedrig, andere sie zu hoch ansetzen. Bei zu hohen *Benchmarks* haben Staaten keine Chance, ihre Verpflichtungen zu erfüllen. Sind sie zu niedrig, wird der nächste Staatenbericht einen sehr positiven, aber nicht objektiv richtigen Bericht enthalten.[72] Diesem Problem wird mit dem nächsten Schritt begegnet.

d) Scoping und Assessment

Das *Scoping* dient der Kontrolle der *Benchmarks* im konstruktiven Dialog mit den Mitgliedstaaten. Zu niedrig oder zu hoch angesetzte *Benchmarks* können korrigiert werden; zudem kann auf die Expertise der spezialisierten Organisationen der Vereinten Nationen und von Nichtregierungsorganisationen zurückgegriffen werden, um die Lage in einem Land realistisch einschätzen zu können.[73] Im Rahmen des *Assessment* kann der gesamte Prozeß in einer einmaligen Begutachtung von einem neutralen Blickwinkel aus bewertet werden; dies geschieht zumeist während des nächsten Berichtszyklusses.[74]

Dieser schrittweise Ansatz in enger Beziehung mit einem konstruktiven Dialog kann verschleiern, daß die Rechte des Sozialpakts echte Menschenrechte und bürgerlichen und politischen Rechten gleichwertig sind. Allerdings ist das im Sozialpakt vorgesehene Kontrollverfahren zu schwach, um mehr als eine schrittweise Vorgehensweise zu ermöglichen. Dem Ausschuß ist darin recht zu geben, daß er es vorzieht, die gegebenen Möglichkeiten zu nutzen, anstatt Ideale zu verfolgen, die unter den derzeitigen politischen Gegebenheiten nicht realisiert werden können.

---

72 Riedel, New Bearings to the State Reporting Procedure, in Schorlemer: Praxishandbuch UNO, S.349f.

73 Riedel, New Bearings to the State Reporting Procedure, in Schorlemer: Praxishandbuch UNO, S.357; Riedel, Verhandlungslösungen im Rahmen des Sozialpakts der Vereinten Nationen, in Ipsen/ Jortzig: Recht – Staat – Gemeinwohl, S.446.

74 Riedel, Universeller Menschenrechtsschutz – Vom Anspruch zur Durchsetzung, in Baum/ Riedel/ Schäfer: Menschenrechtsschutz in der Praxis der Vereinten Nationen, S.50.

2. Reporting Guidelines

Um die Effektivität des Staatenberichtsverfahrens zu erhöhen, hat der Ausschuß *Reporting Guidelines*[75] entworfen, die den Staaten helfen sollen, einen stimmigen und nützlichen Bericht zu entwerfen. Der Ausschuß reagierte damit auf die Einführung eines neuen Berichtszyklusses und auf verschiedene Unzulänglichkeiten des Ansatzes, den die ursprünglichen Richtlinien enthielten, die durch eine Resolution 1988 (LX) vom 11. Mai 1976 des Wirtschafts- und Sozialrats der Vereinten Nationen aufgestellt worden waren. Die Staaten sollen den neuen Richtlinien bei der Vorbereitung ihrer Berichte folgen, um das Risiko zu minimieren, daß ihre Berichte als unvollständig und zu wenig detailliert beurteilt werden.[76] Auch soll der Gebrauch eines einheitlichen Rahmens dem Ausschuß helfen, die Wiederholung von Informationen zu vermeiden und einen einheitlichen Weg bei der Kontrolle der Umsetzung der menschenrechtlichen Verpflichtungen möglich zu machen.[77]

Die einzelnen Fragen sind an Art. 11 (1) IPWSKR orientiert, ohne jedoch das Recht auf Kleidung und das Recht auf Wasser (das bei der Erstellung der *Guidelines* noch nicht explizit als Bestandteil des Rechts auf einen angemessenen Lebensstandard genannt wurde) zu berücksichtigen. Die Staaten werden aufgefordert, *Benchmarks* zu setzen. Jedoch ist diese Auswahl nur ein erster Schritt und bedarf weiter Verbesserung und Klärung.

---

75 *Revised general guidelines regarding the form and contents of reports to be submitted by states parties under articles 16 and 17 of the International Covenant on Economic, Social and Cultural Rights*, E/C.12/1991/1, 17. Juni 1991.

76 *Revised general guidelines*, E/C.12/1991/1, para.2.

77 *Revised general guidelines*, E/C.12/1991/1, para.2.

III. Ziel dieser Arbeit

Der Ausschuß für wirtschaftliche, soziale und kulturelle Rechte hat sich in General Comments zum Recht auf Unterbringung, Ernährung und Wasser[78] mit den Einzelgewährleistungen des Art. 11 (1) IPWSKR beschäftigt. Solche Pionierarbeiten fehlen jedoch zu dem umfassenderen Recht auf einen angemessenen Lebensstandard selbst. Auch enthält Art. 11 (1) IPWSKR ein so „zusammengewürfeltes Sammelsurium" von Rechten, daß die Durchführung eines effektiven Vertragsüberwachungsverfahren äußerst schwierig sein wird.[79]

Es wird ein langer und langwieriger Prozeß, die Voraussetzungen für ein effektives Staatenberichtskontrollverfahren zu schaffen. Auch hat sich der Fokus des Ausschusses, abzulesen an den Themen der letzten General Comments, von Art. 11 (1) IPWSKR auf andere Rechte des Sozialpakts verlagert. Dies verringert die Chancen, daß es in absehbarer Zeit möglich sein wird, den Teil der Staatenberichte, der sich mit der Umsetzung des Rechts auf einen angemessenen Lebensstandard beschäftigt, seiner Bedeutung angemessen zum Fokus der Diskussion zu machen.

Die vorliegende Arbeit soll helfen, die Voraussetzungen für ein effektiveres Vertragsüberwachungsverfahren hinsichtlich der Kontrolle der Verwirklichung von Art. 11 (1) IPWSKR zu schaffen. Durch eine genaue Untersuchung der einzelnen Rechte des Art. 11 (1) IPWSKR sowie des Terminus „Lebensstandard" selbst soll die Grundlage dafür gelegt werden, Indikatoren zu bestimmen und es den Mitgliedstaaten zu ermöglichen, *Benchmarks* für die Umsetzung von Art. 11 (1) IPWSKR in ihrem eigenen Land zu setzen. Voraussetzung für sowohl die Bestimmung von Indikatoren als auch von *Benchmarks* ist, daß der Inhalt des Rechts, dessen Grad der Verwirklichung gemessen werden soll, konkretisiert wurde. Ziel ist deshalb die Konkretisierung des Rechts auf einen angemessenen Lebensstandard, um die Ableitung von konkreten Verpflichtungen der Staaten und die Kontrolle ihrer Verwirklichung durch die Staaten zu ermöglichen.

---

[78] General Comment 4: The right to adequate housing, enthalten in UN Doc. E/1992/23, 13.Dezember 1991; General Comment 7: The right to adequate housing: forced evictions, enthalten in E/1998/22, annex IV, 20. Mai 1997; General Comment 12: The right to adequate food, UN Doc. E/C.12/1999/5, 12. Mai 1999; General Comment 15: The right to water (arts. 11 and 12 of the International Covenant on Economic, Social and Cultural Rights), UN Doc. E/C.12/2002/11, 26. November 2002.

[79] Riedel, The Examination of State Reports, in Klein: The Monitoring System of Human Rights Treaty Obligations, S.95.

1. Kapitel: Begriffsklärung und Hintergrund

> Glück besteht aus einem soliden Bankkonto, einer guten Köchin und einer tadellosen Verdauung.
> Jean-Jaques Rousseau

I. Einleitung

Das Recht auf einen angemessenen Lebensstandard findet nicht nur in Art. 11 (1) IPWSKR Erwähnung. Die Charta der Vereinten Nationen beginnt in ihrer Präambel mit der Absichtserklärung, den sozialen Fortschritt und einen besseren Lebensstandard in größerer Freiheit zu fördern. Die Allgemeine Erklärung der Menschenrechte nimmt diese Absicht auf und kodifiziert in Artikel 25 (1) für jedermann das Recht auf einen für die Gesundheit und das Wohlergehen von sich und seiner Familie angemessenen Lebensstandard. Der Begriff des Lebensstandards findet ebenso Verwendung im Übereinkommen über die Rechte des Kindes, das in Art. 27 das Recht eines jeden Kindes auf einen seiner Entwicklung angemessenen Lebensstandard anerkennt, wie auch in der Europäischen Sozialcharta, die in Art. 4 (1) das Recht der Arbeitnehmer auf ein Arbeitsentgelt, das ihnen und ihren Familien einen angemessenen Lebensstandard sichert, festlegt.
Schließlich finden im Protokoll von San Salvador zum Amerikanischen Übereinkommen über Menschenrechte in den Artikeln 7, 11 und 12 Rechte Erwähnung, die Elemente eines angemessenen Lebensstandards sein können.[80]

Trotz dieses reichen Befunds enthält keines der erwähnten Dokumente eine Legaldefinition des Lebensstandards. Zwar werden in einigen Artikeln Elemente des Lebensstandards erwähnt, doch fehlt es an einer abstrakten Bestimmung dessen, was Lebensstandard ist. Auch in der völkerrechtlichen Literatur finden sich nur wenige Anhaltspunkte dafür, was Lebensstandard unter menschenrechtlichen Gesichtspunkten bedeutet.

Diese Problematik wurde von *Eppler* treffend beschrieben:

> "We speak today of the quality of life, although we do not know exactly what it means and still less how it can be enhanced. We speak of quality because doubts have arisen in our minds about quantity as value. Thus, here too, the point from which we start is not knowledge but doubt."[81]

Das Ziel dieses ersten Teiles der vorliegenden Arbeit soll deshalb sein, eine Definition zu entwickeln, die dem Kontext und der Intention des Sozialpakts und insbesondere des Art. 11 (1) IPWSKR gerecht wird. Hierbei ist Vorsicht geboten, da die Grenze zwischen zulässige Auslegung des Vertragstextes und unzu-

---

80 Auf diese Dokumente wird ausführlich in Kapitel 1 IV eingegangen.

81 Dr. Erhard Eppler, zitiert nach King, Another Kind of Growth, S.4.

lässiger Vertragsergänzung nicht überschritten werden darf.[82] Auch kann sich diese Definition von der in anderen völkerrechtlichen Verträgen verwendeten unterscheiden.

Die Suche nach einer Definition beginnt in den vielen Disziplinen, die sich neben dem Völkerrecht mit dem Lebensstandard beschäftigen. Die dort verwendeten Definitionen werden auf ihre Verwendbarkeit für Art. Art. 11 (1) IPWSKR überprüft. Ausgangspunkt der Untersuchung ist eine grammatikalische Auslegung unter Berücksichtigung des natürlichen Sprachgebrauchs. Die systematische Auslegung wird zu weiteren völkerrechtlichen Verträgen führen, die sich ebenfalls mit dem Recht auf einen angemessenen Lebensstandard beschäftigen. Sinn und Zweck des Sozialpakts werden im Rahmen der teleologischen Auslegung berücksichtigt werden. Zusätzlich werden an späterer Stelle auch die *Travaux Préparatoires* des Sozialpakts im Rahmen der historischen Auslegung herangezogen.

Das Wort „Lebensstandard" wird in der Philosophie, in den Sozialwissenschaften und in der Ökonomie, insbesondere der Marktforschung, gebraucht, um nur einige zentrale Felder zu nennen. Zudem ist der Ausdruck „Lebensstandard", vor allem im Zusammenhang mit dem Adjektiv „hoch", auch für die breite Masse ein Schlagwort für einen erstrebenswerten Zustand. Wie man einen hohen Lebensstandard erreicht, wird unter anderem durch Produktwerbung suggeriert.[83]

Bei der Formulierung des Sozialpakts war man sich der Ungenauigkeit des Begriffs sehr wohl bewußt.[84] Diese wurde kritisiert, weshalb der chinesische Vertreter vorschlug, es bei einer Aufzählung einzelner konkreter Bestandteile zu belassen (ein Vorschlag, der auch in der heutigen Version des Art. 11 (1) IPWSKR Berücksichtigung fand). Trotzdem wurde später das „Recht auf einen angemessenen Lebensstandard" in Art. 11 (1) IPWSKR aufgenommen.

Obwohl ein hoher Lebensstandard für die Mehrheit der Menschen etwas Erstrebenswertes darstellt, gab und gibt es keinen allgemeinen Konsens darüber, welche Faktoren genau diesen erstrebenswerten Zustand ausmachen. Es stellt sich die Frage, ob es überhaupt möglich ist, eine exakte Definition zu finden. In dieser Hinsicht optimistisch ist *von der Lippe*[85]: Mit dem Wort Wohlstand oder

---

[82] Riedel, New Bearings to the State Reporting Procedure, in Schorlemer: Praxishandbuch UNO, S.346.

[83] Paul, Fishing for Insights – eine Einführung in die Tiefen der Verbraucherseele, in Mattenklott/Schimansky: Werbung – Strategien und Konzepte für die Zukunft, S.414ff.; Fischer/Wiswede: Zukunftsperspektiven unserer Konsumgesellschaft, S.311ff.

[84] Valenzuela (Chile), E/CN.4/SR.222/S.19; zu der Problem der Weite des Begriffs Bliss, Life Style and the Standard of Living, in Nussbaum: The Quality of Life, S.417.

[85] Von der Lippe: Die Messung des Lebensstandards, in Fischer: Lebensstandard und Wirtschaftssysteme, S.59.

Lebensstandard verbinde man ganz selbstverständlich die Vorstellung von „mehr“ oder „weniger“. Da es zweifellos reichere und ärmere Menschen gebe, müsse „Lebensstandard“ auch eine meßbare Größe sein. Mit dieser Argumentation setzt er Wohlstand und Lebensstandard gleich und begründet dies damit, daß sie letztendlich auch das Ziel aller wirtschaftlichen Bemühungen seien.[86] Es wird jedoch im Folgenden noch näher zu erläutern sein, daß zwischen Wohlstand und Lebensstandard zu differenzieren ist.

An dieser Stelle ist vor der Begriffsklärung noch zu erwähnen, daß die Formulierung des Art. 11 (1) IPWSKR „für sich und seine Familie“[87] schlecht gewählt ist, da sie suggeriert, daß der Familienvorstand männlich sein muß, um in den Genuß der Rechte aus Art. 11 (1) zu kommen. Dies wurde aber von den Verfassern des Textes nicht beabsichtigt; die Formulierung sollte auf keinen Fall die Anwendbarkeit dieses Artikels für Einzelpersonen oder für Familien mit weiblichem Haushaltsvorstand ausschließen.[88]

Eine klare Definition des Terminus „Lebensstandard“ findet sich im Duden Bedeutungswörterbuch von 1970: Dieser definiert Lebensstandard als die „Höhe der Aufwendungen für das tägliche Leben“, wobei „Aufwendungen“ als Unkosten oder Ausgaben definiert sind, sich also rein auf finanzielle Bedürfnisse beziehen.[89] Eine so einseitige Ausrichtung auf monetäre Aspekte bringt zwar eine erhebliche Vereinfachung der Problematik mit sich, kann jedoch, wie sich später zeigen wird, dem *telos* des Art. 11 (1) IPWSKR nicht gerecht werden.

Bereits weitergehender ist der Eintrag zum Stichwort „Lebensstandard“ im Großen Duden von 1979[90]: Hier wurde die Definition ergänzt zu „Höhe der Bedürfnisse und Aufwendungen für das tägliche Leben“, wobei sich unter „Bedürfnisse“ auch solche Aspekte subsumieren lassen, die keinen meßbaren Geldwert haben. Es fehlt jedoch eine Klärung dessen, was unter den „Bedürfnissen des täglichen Lebens“ zu verstehen ist.

---

[86] Von der Lippe: Die Messung des Lebensstandards, in Fischer: Lebensstandard und Wirtschaftssysteme, S.60.

[87] In der englischen Version *"for himself and his family"*, parallel in der russischen Version *„njewo i jewo semi"*. In der französischen Version ist dieses Problem entschärft, da die Formulierung *„le droit de toute personne à un niveau de vie suffisant pour elle-même et sa famille"*, also das Recht jeder Person auf einen ausreichenden Lebensstandard für sich selbst und ihre Familie, gewählt wurde; die spanische Version wählt eine ähnliche Lösung: *"el derecho de toda persona a un nivel de vida adecuado para sí y su familia"*, ebenso wie die chinesische *„benren ji qi jiashu"*.

[88] Vgl. General Comment 12 para.1. Zu diesem Problem generell auch Eide, Making Human Rights Universal, in Stokke/ Tostensen: Human Rights in Development, S.16f.

[89] Duden Bedeutungswörterbuch Band 10, Stichworte „Lebensstandard“ und „Aufwendungen“.

[90] Duden Wörterbuch, Band 4. Kam – N, Stichwort „Lebensstandard“.

II. Etymologische Bedeutung des Begriffs „Lebensstandard"

Aufgrund der Vielzahl der Beiklänge, die mit dem Begriff des Lebensstandards mitschwingen, soll die Begriffsklärung zunächst von der etymologischen Grundbedeutung her erfolgen.[91] Die grammatikalische Auslegung bietet sich als Grundlage der übrigen Auslegung schon deshalb an, weil Grenze der Auslegung immer auch die Grenze des Wortsinns sein muß.[92]

1. Leben

Die Ausgangsbedeutung des Verbs leben war ursprünglich „fortbestehen, bleiben".[93] „Leben" als Substantiv ist heute im rechtlichen Kontext definiert als körperliches Dasein oder biologisch-physische Existenz.[94]

2. Standard

Das Wort *Standard* bedeutet sowohl das Normalmaß, die Normalausführung, als auch die im allgemeinen Qualitäts- und Leistungsniveau erreichte Höhe, das durchschnittliche Maß.[95] Es leitet sich aus dem Neuenglischen „standard", was eigentlich „Standarte" oder „Fahne" bedeutet, ab. Wieso es zu diesem Bedeutungswandel kam, ist nicht abschließend geklärt. Vermutet wird entweder die Ableitung über „führend, maßgebend" oder über „king's standard", also die Fahne des Königs, nach der man sich ausrichtete.[96] Soll der Standard von etwas beurteilt werden, so geht es folglich darum herauszufinden, wie etwas in der Regel oder im Normalfall beschaffen ist. Der Normalfall ist dadurch gekennzeichnet, daß er von der allgemeinen Meinung als das Übliche und Richtige bewertet wird.[97] An dieser Stelle schwingt schon eine gewisse subjektive Kom-

---

[91] Im Zweifelsfall ist nicht die Begriffswahl der deutschen Fassung, sondern einer der Originalfassungen in chinesischer, englischer, französischer, russischer oder spanischer Sprache verbindlich, vergleiche Art. 31 (1) IPWSKR.

[92] Stellvertretend für diesen allgemeinen Grundsatz Larenz: Methodenlehre der Rechtswissenschaft, S.307.

[93] Kluge: Etymologisches Wörterbuch, Stichwort „leben".

[94] Jarass, Art. 2, in Jarass/ Pieroth: Grundgesetz für die Bundesrepublik Deutschland, Rn. 81; Corell, Art. 2, in Denninger: Alternativ Kommentar zum Grundgesetz, Rn. 31.

[95] Brockhaus Enzyklopädie in 24 Bänden, 21. Band, S – Teo, Stichwort „Standard".

[96] Kluge: Etymologisches Wörterbuch, Stichwort „Standard"

[97] Duden Wörterbuch, Band 4. Kam-N, Stichwort „normal"; ebenso Duden Deutsches Universalwörterbuch, Stichwort „normal".

ponente mit, da es nicht nur um objektiv erfaßbare Kriterien geht, sondern um die individuelle Bewertung einer Sache oder Situation.

Wird der Begriff „Standard“ im menschenrechtlichen Kontext benutzt, so steht er für einen im Völkerrecht Gestalt annehmenden Maßstab für das Verhalten von Staaten.[98] Auch in anderen rechtlichen Zusammenhängen bezeichnet „Standard“ einen Maßstab für das, was alfs „normal“ und „regulär“ angesehen wird.[99]

3. Lebensstandard und Lebensqualität

Der „Standard des Lebens“ oder eben der „Lebensstandard“ bedeutet damit die reguläre bzw. normale Beschaffenheit des menschlichen Daseins. Er wird häufig im Zusammenhang mit oder auch als Synonym für „Lebensqualität“ gebraucht. Unter Qualität ist dabei eine Kategorie zu verstehen, d.h. eine Frage- oder Bestimmungshinsicht, unter die etwas gerückt wird, und zwar die Kategorie „wie beschaffen“ bzw. „so beschaffen“.[100] Auch hierbei geht es also darum, wie etwas beschaffen zu sein hat. Lebensqualität in diesem Sinne bedeutet ähnlich wie „Lebensstandard“ die Beschaffenheit des menschlichen Daseins.

Der Ausdruck „Qualität“ kann jedoch auch im Sinne von „Güte“, d.h. das positiv bewertete So-Sein einer Sache gebraucht werden.[101] In diesem Fall meint Lebensqualität nicht nur die reine Beschaffenheit, sondern die gute, besondere Beschaffenheit des Lebens.[102]

Der Begriff des „Lebensstandards“ ist gerade in älteren Werken stark von ökonomischen Begrifflichkeiten geprägt, während der Begriff der Lebensqualität vermehrt mit sozialen Indikatoren arbeitet. In dieser Arbeit wird im folgenden der Begriff „Lebensstandard“ verwendet, um in der Terminologie des Art. 11 (1) IPWSKR zu bleiben. Damit ist noch keine Entscheidung im Sinne der Unterscheidung zwischen „Lebensstandard“ und „Lebensqualität“ getroffen; der Inhalt des Begriffs wird im Rahmen des Art. 11 (1) IPWSKR bestimmt werden.

---

[98] Riedel: Theorie der Menschenrechtsstandards, S.258.

[99] Riedel, Standards and Sources. Farewell to the Exclusivity of the Sources Triad in International Law?, European Journal of International Law Bd.2 (1991), S.73; Riedel: Theorie der Menschenrechtsstandards, S.262ff.

[100] Duden Herkunftswörterbuch, Stichwort „Qualität“.

[101] Holzbey, Philosophisch-antrophologische Überlegungen zum Problem der Lebensqualität, in Chopard: Lebensqualität – Jahrbuch der neuen Helvetischen Gesellschaft 46 (1975), S.186.

[102] Holzbey, Philosophisch-antrophologische Überlegungen zum Problem der Lebensqualität, in Chopard: Lebensqualität – Jahrbuch der neuen Helvetischen Gesellschaft 46 (1975), S.186.

4. Angemessen

Der Terminus „angemessen“ meint nach seiner natürlichen Wortbedeutung „den gegebenen Umständen entsprechend“.[103] Der Ausdruck „angemessener Lebensstandard“ beinhaltet somit eine Tautologie: Der Ausdruck „Standard“ beinhaltet schon, daß es sich um den „Normalfall“ des Lebens handeln soll, der, wenn er angemessen ist, auch den gegebenen Umständen entsprechen soll. Dabei ist der Normalfall gerade gegeben, wenn diese den üblichen Gegebenheiten entspricht.[104] Es wäre jedoch eine unbefriedigende Lösung, die Formulierung des Art. 11 (1) IPWSKR als reine Stilfigur abzutun. Näher liegt die Vermutung, daß auch das Wort „angemessen“ eine Bedeutung haben sollte, die von seinem eigentlichen Sinn abweicht. Der Ausschuß für wirtschaftliche, soziale und kulturelle Rechte läßt die Staaten im Rahmen der „Adäquanz“ ihren aktuellen Stand der wirtschaftlichen und sozialen Entwicklung berücksichtigen[105] und nutzt so das Merkmal der Angemessenheit, um der besonderen Lage der einzelnen Staaten gerecht zu werden. Nach der Meinung des Ausschusses ist das Merkmal der Angemessenheit durch soziale, ökonomische, kulturelle, klimatische, ökologische und andere Faktoren bestimmt und damit von Region zu Region unterschiedlich. Trotzdem soll es möglich sein, ein universelles Maß bzw. eine universell gültige Messskala zu finden.[106]

Es wird jedoch vielfach bezweifelt, daß es möglich ist, alle Vertragsstaaten zum Beispiel an das europäische Industrialisierungsniveau anzupassen. Eine Umweltkatastrophe wäre angesichts des sinkenden Gesamtvolumens an nichterneuerbaren Ressourcen, denen ein steigender Verbrauch der Industrienationen entgegensteht, unvermeidlich.[107] Ebenso sei es unrealistisch zu glauben, daß Industrie- und Postindustrienationen bereit seien, ihren Ressourcenverbrauch auf den Stand eines Entwicklungslandes zu senken.[108] So könne ein absoluter Standard, der von allen Vertragsstaaten trotz des zum Teil sehr unterschiedlichen

---

[103] Duden – Bedeutungwörterbuch, Band 10, Stichwort „angemessen“.

[104] Der Große Duden, Band 4, Kam – N.

[105] Craven: The International Covenant on Economic, Social and Cultural Rights, S.304

[106] Diese Äußerung findet sich im General Comment 4 para.8: The right to adequate housing, sie ist auf das Recht auf einen angemessenen Lebensstandard übertragbar.

[107] LE MONDE diplomatique: Atlas der Globalisierung (Kapitel: Die natürlichen Ressourcen), S.20; Reimann: Ernährungssicherung im Völkerrecht: der Menschenrechtsansatz und seine Ergänzungsmöglichkeiten angesichts der Welthungerproblematik, S.235.

[108] Sachs, Sustainable Development – Zur politischen Anatomie eines internationalen Leitbildes, edp – Entwicklungspolitik 1/97, d1ff (insbesondere d3).

Grades der Industrialisierung sowie differierender Verfassungs-, Rechts- und Sozialordnungen gebilligt wird, nicht mehr als ein Mindeststandard sein.[109]

Mit Hilfe der Auslegung, die der Terminus „angemessen“ durch den Ausschuß erfährt, kann die Formulierung und Implementierung von Verwirklichungsstrategien und Plänen von Staat zu Staat wesentlich differieren. Jedem Staat bleibt somit ein Spielraum, innerhalb dessen er entscheiden kann, welche Maßnahmen er für wichtig und notwendig hält.[110] Dazu betont der Ausschuß in seinem General Comment 3,[111] daß der Pakt politisch und ökonomisch neutral sei. Er schreibe damit weder eine bestimmte Staatsform noch eine bestimmte Wirtschaftsordnung vor, *„provided only, that it* [das System, Anm. der Verf.] *is democratic and that all human rights are thereby respected*“.[112] Dies ist schon deshalb notwendig, da andernfalls, legte man den Standard der höher entwickelten Länder an, Entwicklungsländer als permanente Vertragsverletzer dastünden, während erstere sich auf den erreichten Standard berufen und untätig bleiben könnten. Legte man dagegen den Standard der weniger entwickelten Staaten an, so könnte dies in vielen Industrie- und Post-Industrienationen das Unterschreiten minimaler Standards bedeuten, was wiederum eine Verletzung der Verpflichtungen aus dem Sozialpakt darstellen könnte. Die Formulierung und Implementierung von Verwirklichungsstrategien und Plänen muß deshalb von Staat zu Staat wesentlich differieren. Es ist für jeden Staat innerhalb eines gewissen Spielraums zu entscheiden, welche Maßnahmen notwendig sind.[113]

Trotzdem hat sich der Ausschuß bemüht, im Rahmen der Festlegung von „Kernverpflichtungen“ *(core obligations)* den „größten gemeinsamen Nenner“ zu finden. Ausgangspunkt für diesen Versuch ist die Annahme, daß es gewisse Grundbedürfnisse gibt, die allen Menschen, egal in welchem Teil der Erde und unter welchen Bedingungen sie leben, gemeinsam sind.[114] Auf diese Kernverpflichtungen ist in Kapitel 2 und 3 weiter einzugehen.

---

[109] Partsch, Nr. 73: Stichwort Menschenrechte, allgemein, in Wolfrum: Handbuch Vereinte Nationen, Rn. 21 S.548

[110] General Comment 14 para.53. Zwar bezieht sich der Ausschuß hier auf Art. 12, der Grundgedanke trifft aber genauso auf Art. 11 (1) zu. Dieselbe Formulierung findet sich im General Comment 12, para.21.

[111] General Comment 3 para.8.

[112] General Comment 3, para.8.

[113] General Comment 14, paras.21, 53.

[114] Grundlegend zu der Verbindung von Basisbedürfnissen und Menschenrechten Riedel: Theorie der Menschenrechtsstandards, S.182ff.

5. Ergebnis

Ausgehend von der etymologischen Bedeutung ist festzustellen, daß es möglich ist, den Begriff des Lebensstandards zu definieren. Jedoch bleibt auch die Definition in sich noch klärungsbedürftig: Nicht evident ist, was der Normalfall des Lebens beinhaltet und wodurch er sich auszeichnet. Allein die etymologische Bedeutung des Wortes „Standard" hilft hier deshalb nicht wesentlich weiter, weil letztendlich ein erklärungsbedürftiges Wort („Standard") durch ein anderes („reguläre Beschaffenheit") ersetzt wird. Zudem ist der Kontext, in dem der Begriff „Lebensstandard" steht, nämlich die Rechte auf ausreichende Ernährung, Kleidung und Unterkunft, zu berücksichtigen. Um zu verstehen, was „Lebensstandard" im Sinne des Art. 11 (1) IPWSKR bedeutet, ist es deshalb notwendig, die Definition verständlicher zu machen, als es ihre reine Umschreibung vermag.

III. Geschichtliche Entwicklung des Begriffs des „Lebensstandard"

Der Wunsch nach günstigen und angenehmen Lebensumständen ist keine Erscheinung unseres Jahrhunderts. Überlegungen zu der Frage, wie das Lebensumfeld beschaffen sein muß, um Menschen ein Überleben unter menschenwürdigen Bedingungen zu sichern, sind nicht auf die Gegenwart beschränkt. Im folgenden sollen die wichtigsten Eckpunkte herausgestellt werden, die Auswirkungen auf unser heutiges Verständnis von einem angemessenen Lebensstandard haben und damit auch dessen Interpretation im Rahmen des Art. 11 (1) IPWSKR beeinflussen können.

1. Die Industrielle Revolution

Frühe Überlegungen zu dem Begriff des „Lebensstandards" und dazu, wie man ihn messen könnte, stammen aus dem 19. Jahrhundert: Die Idee, daß ein gewisser Lebensstandard für alle Menschen möglich sein sollte, gewann durch die Industrialisierung stark an Bedeutung. Grund dafür war die dramatische Verschlechterung der Lebensbedingungen der steigenden Anzahl von Fabrikarbeitern durch lange Arbeitszeiten, fehlende Fürsorge bei Krankheit und im Alter sowie die schlechte Wohnsituation in den Mietskasernen der Städte.[115] Es entstand die Idee, daß wirtschaftlicher Wohlstand nicht nur einem Teil der Bevölkerung zu Gute kommen solle, sondern dazu dienen könne, die Lebensumstände

---

[115] Siehe dazu Rübberdt, Geschichte der Industrialisierung, S.282ff., 316ff.; Coullery, Das Recht auf Sozialhilfe, S.39ff.

aller zu verbessern. Zu den prominentesten Vertretern dieser Vorstellung gehörten *Karl Marx* und *Friedrich Engels*.[116]

Lange Zeit galt die Anhebung der Löhne und, auf den gesamten Staat bezogen, die Anhebung des Bruttosozialprodukts als Schlüssel zu einem höheren Lebensstandard. So war auch der herkömmliche Maßstab des Lebensstandards die Entwicklung der Reallöhne. Amtliche Lohnstatistiken, bereinigt um Veränderungen des Lebenshaltungskosten-Indexes, dienten als Maßstab für die Erfassung von Änderungen; sie wurden zum Beispiel bei Tarifverhandlungen zugrundegelegt.[117] Anfang des 20. Jahrhunderts sammelte das britische Handelsministerium Daten zum Vergleich der Reallöhne; das *International Labour Office* des Völkerbundes setzte diese Erhebungen fort.[118] Seit der Nachkriegszeit stellen die statistischen Ämter der Europäischen Gemeinschaft und der Organisation für wirtschaftliche Zusammenarbeit und Entwicklung (*Organisation for Economic Co-operation and Development* – OECD) alle fünf Jahre Schätzungen zum Brutto-Inlandsprodukt- und Ausgabenniveau auf.[119]

Es wurde zunehmend Kritik an einem rein wirtschaftlichen Verständnis des Begriffes „Lebensstandard" laut. Eine wirtschaftliche Betrachtung hat zwar den Vorteil, daß konkrete Bestimmungskriterien und Statistiken zur Bestimmung des Lebensstandards zur Verfügung stehen. Jedoch wird durch die Folgen der raschen Industrialisierung, durch die Lebensumstände sich sowohl in Industrie- als auch in Entwicklungsländern durch Vorkommnisse wie Umweltverschmutzung, Umweltkatastrophen, schadstoffbelastete Nahrungsmittel verschlechtern, deutlich, daß vorteilhafte Lebensbedingungen weit mehr voraussetzen als wirtschaftliches Wachstum.[120]

2. Lebensstandard und Menschenrechte: Roosevelts „Four Freedoms"

Die Greueltaten des Zweiten Weltkriegs belegten das Bedürfnis nach internationalem Schutz der Menschenrechte. Am 6. Januar 1941 trug der Präsident der

---

[116] Engels: Die Lage der arbeitenden Klasse in England, Leipzig 1845, oder Marx: Das Kapital, S.258ff, 454ff.

[117] Maddison, Wirtschaftswachstum und Lebensstandard im 20. Jahrhundert, in Fischer: Lebensstandard und Wirtschaftssysteme, S.129.

[118] Maddison, Wirtschaftswachstum und Lebensstandard im 20. Jahrhundert, in Fischer: Lebensstandard und Wirtschaftssysteme, S.129.

[119] Maddison, Wirtschaftswachstum und Lebensstandard im 20. Jahrhundert, in Fischer: Lebensstandard und Wirtschaftssysteme, S.129.

[120] Dazu LE MONDE diplomatique: Atlas der Globalisierung (Kapitel „Alte und neue Umweltkatastrophen" und „Der Klimawandel und seine Folgen), S.60f., 64f.

Vereinigten Staaten von Amerika, Franklin D. Roosevelt, erstmals vor dem Kongreß seine Idee der *„Four Freedoms“* vor. Die Rede stand im engen Zusammenhang mit der aktuellen politischen Situation: Roosevelt kündigte unter anderem eine Steuererhöhung an, um die Produktion von Waffen und anderem Kriegsmaterial finanzieren zu können. Die Bedeutung von wsk Rechten wird durch seine Begründung für die Notwendigkeit des geführten Krieges hervorgehoben: „Die Staaten unserer vernetzten Welt stehen nicht mehr alleine da – Demokratien sind voneinander abhängig. Der Fall einer Demokratie kann auch andere Demokratien ins Wanken bringen.”[121] Roosevelt nannte als Voraussetzung für stabile Demokratien „Vier Fundamentalen Freiheiten”, namentlich Rede- und Meinungsfreiheit, Glaubensfreiheit, *Freedom from Want*, und Freiheit von Angst.[122] Der Ausdruck *Freedom from Want* ist nur schwierig ins Deutsche zu übersetzen. Er beinhaltet die Bedeutung „Freiheit von Mangel”, wobei „*Want*” sowohl die Bedeutung „Entbehrung“, „Not“ als auch „Knappheit“ oder „Mangel“ haben kann. Roosevelt selbst hat die Bedeutung des Terminus in seiner Rede näher dargelegt: “*Freedom from Want*” versteht er im ökonomischen Sinne, um allen Menschen jedweder Nation ein gesundes und friedliches Leben zu sichern.

Die Aspekte, die Art. 11 (1) IPWSKR anspricht, gehören in den engen und natürlichen Wortsinn von „Not” oder „Mangel”, der Bedrängnis bzw. Fehlen und Entbehrung voraussetzt.[123] Art. 11 (1) IPWSKR enthält ein Recht auf die Befriedigung von so grundlegenden Bedürfnissen, daß bei ihrem Fehlen von Not und Mangel ohne weiteres gesprochen werden kann.

Roosevelt selbst erläuterte in seiner Rede Voraussetzungen, die gegeben sein müssen, um die sozialen und wirtschaftlichen Probleme, die die Ursache der sozialen Revolution seien, zu lösen: Arbeit für die, die arbeiten können, gleiche Chancen auf dem Arbeitsmarkt insbesondere für Jugendliche, Sicherheit für die, die sie brauchen, das Ende von Privilegien für wenige, die Erhaltung von bürgerlichen Freiheiten für alle, Genuß der Früchte des wissenschaftlichen Fortschritts in einem höheren und konstant steigenden Lebensstandard.[124]

Bemerkenswert ist, daß Roosevelt hier schon einen „höheren Lebensstandard“ als eine der Grundvoraussetzungen für stabile staatliche Verhältnisse nennt. Er bezeichnet die von ihm aufgezählten Merkmale als Grundvoraussetzungen, die in dem Tumult und der großen Komplexität der modernen Welt niemals aus den Augen verloren werden dürften, da die Stärke des ökonomischen und politischen Systems von ihrer Verwirklichung abhänge. Seine Idee

---

[121] Die Rede ist in Auszügen ausgedruckt in Donovan: Mr. Roosevelt's Four Freedoms, S.25f., dazu auch Tinzmann: Roosevelt, insb. S.40ff.

[122] Donovan: Mr. Roosevelt's Four Freedoms, S.25.

[123] Duden Herkunftswörterbuch, Stichworte „Not“ und „Mangel“.

[124] Donovan: Mr. Roosevelt's Four Freedoms, S.25.

der *„Four Freedoms"* und ihre Konkretisierungen fand nicht nur in den Vereinigten Staaten Gehör. Insbesondere dem *„Freedom from Want"* wurde Beachtung geschenkt und wünschenswerte Schritte zu seiner Verwirklichung ausgearbeitet.[125] So fand das Ziel, einen angemessenen Lebensstandard für alle Bevölkerungsgruppen zu schaffen, Eingang in die Präambel der UN-Charta aus dem Jahre 1945 und in die Allgemeine lErklärung der Menschenrechte von 1948.[126] Bis hin zur Erarbeitung und Ratifikation des Sozialpakts und damit auch des Rechts auf einen angemessenen Lebensstandard nach Art. 11 (1) IPWSKR blieb es trotz dieses verheißungsvollen Beginns noch ein langer Weg.[127]

3. Abkehr vom materiellen Verständnis des Lebensstandards

Im außerrechtlichen Kontext entstand aus der Kritik an rein materiell definierten Lebensstandard-Maßstäben der Begriff der „Lebensqualität“, d.h. die Vorstellung einer neuen, humanen, ökologischen und sozialverträglichen Daseinsform. Statt stetigem Wachstum sollten vor allem soziale Indikatoren den Entwicklungsstand der allgemeinen Lebensbedingungen – eben die Lebensqualität – anzeigen. Dies meinte unter anderem humane Arbeitsbedingungen, Wohnqualität, soziale Sicherheit, Versorgung mit öffentlichen Gütern, Demokratie und Umweltschutz.[128] Prägend hierfür ist der Begriff des „qualitativen Wachstums“ im Gegensatz zum „quantitativen Wachstum“. Zugrunde liegt die Auffassung, daß die rein quantitative Betrachtung des Wachstums seine negativen Begleiterscheinungen wie zum Beispiel Umweltzerstörung, Streß etc. außer Betracht lasse.[129] Zudem sage wirtschaftliches Wachstum, gemessen durch eine statistische Größe, nur bedingt etwas über den gesellschaftlichen Wohlstand und die Wohlfahrt einer Nation aus.[130]

Dem Begriff des Lebensstandards in dem Sinne, wie ihn Art. 11 (1) IPWSKR verwendet, lag von Anfang an kein rein materielles Verständnis zu Grunde. Bei der Konkretisierung des Terminus „Lebensstandard“ darf deshalb nicht aus-

---

125 Dazu Sohn, International Instruments Concerning Human Rights, in Commission to Study the Organization of Peace: The United Nations and Human Rights, S.45; Donovan: Mr. Roosevelt's Four Freedoms, 1966.

126 Art. 25 (1) AEMR.

127 Um so bedauerlicher ist es, daß die Vereinigten Staaten von Amerika den Internationalen Pakt für wirtschaftliche, soziale und kulturelle Rechte bis heute nicht ratifiziert haben.

128 Holtmann, Politik-Lexikon, S.340 zum Stichwort „Lebensqualität“.

129 Gabler Wirtschafts-Lexikon, Band 2 L – Z, Stichwort „Wachstumspolitik“.

130 Gabler Wirtschafts-Lexikon, Band 2 L – Z, Stichwort „Wachstumspolitik“.

schließlich auf die Mittel oder das Einkommen, über das Menschen verfügen, Bezug genommen werden.[131]

IV. Bedeutung des Rechts auf einen angemessenen Lebensstandard in internationalen Verträgen

Der Begriff „Lebensstandard" wird nicht nur im Sozialpakt, sondern auch in verschiedenen anderen internationalen Verträgen verwendet. Eine Legaldefinition des Begriffes „Lebensstandard" enthalten diese Dokumente jedoch nicht. Auch in der dazu erschienenen Literatur gibt es keine eindeutigen Äußerungen. Es soll im Rahmen dieser Arbeit kurz auf die verschiedenen internationalen Dokumente eingegangen werden, um festzustellen, inwieweit Ausführungen zu den entsprechenden Artikeln auf den Sozialpakt und insbesondere Art. 11 (1) IPWSKR übertragbar sind.

---

[131] Sen: Development as freedom, S.24.

1. Präambel der Charta der Vereinten Nationen i.V.m. Art. 55c, 56 der Charta der Vereinten Nationen[132]

Praämbel

WIR, DIE VÖLKER DER VEREINTEN NATIONEN – FEST ENTSCHLOSSEN,

[...]

den sozialen Fortschritt und einen besseren Lebensstandard in größerer Freiheit zu fördern.

Artikel 55

Um jenen Zustand der Stabilität und des Wohlstands herbeizuführen [...], fördern die Vereinten Nationen

a) die Verbesserung des Lebensstandards [...].

Artikel 56

Die Mitgliedstaaten verpflichten sich, gemeinsam und jeder für sich mit der Organisation zusammenzuarbeiten, um die in Art. 55 dargelegten Ziele zu erreichen. [...]

Die Präambel und Art. 55 (a) der UN-Charta nennen die Förderung eines besseren Lebensstandards als Ziel. Anders als die schon vorgestellten völkerrechtlichen Dokumente sprechen sie aber nicht von einem Recht auf einen angemessenen Lebensstandard, sondern betonen vielmehr die Absicht, diesen zu fördern. Sie verzichten auch darauf, Beispiele für Elemente des Lebensstandards aufzuzählen, wodurch der Begriff unklar und ungenau bleibt.[133] So fragt *Heinz* zur Präambel zutreffend: „Welchen Grad von Verbindlichkeit haben diese Vorgaben? Was ist sozialer Fortschritt? Was ist ein besserer Lebensstandard, besser als welcher? Was ist größere Freiheit, größer als welche?“[134] Schon bei der Einbeziehung der Präambel in den vorläufigen Charta-Text auf der Konferenz von San Francisco war eine Klärung dieser Frage ausgeblieben.[135] Sie besitzt jedoch

---

[132] Vom 26. Juni 1945, BGBl. 1973 II 430.

[133] Ebenso wie die Literatur nicht wesentlich zu einer Klärung beiträgt, indem sie über die begriffliche Unklarheit hinweggeht, zum Beispiel Goodrich/ Hambro/Simons: Charter of the United Nations, S.20ff. für die Präambel, S.379ff. für Art. 55.

[134] Heinz, Wir, die Völker der Vereinten Nationen – fest entschlossen, ... in Hobe: Die Präambel der UN-Charta im Lichte der aktuellen Völkerrechtsentwicklung, S.77f.

[135] Heinz, Wir, die Völker der Vereinten Nationen – fest entschlossen, ... in Hobe: Die Präambel der UN-Charta im Lichte der aktuellen Völkerrechtsentwicklung, S.78.

auch nicht dieselbe Brisanz wie zum Beispiel im Rahmen des Sozialpakts, da es strittig ist, ob sie grundlegende Verpflichtungen für die Mitgliedstaaten konstituiert oder lediglich als Interpretationshilfe dient.[136] Dies mag auch der Grund dafür sein, daß die Präambel im Blick auf die Charta der Vereinten Nationen bislang eine eher untergeordnete Rolle gespielt hat.[137] So enthält die Literatur zur Präambel der Charta der Vereinten Nationen[138] auch zum großen Teil allgemeine Aussagen zu ihrer Rechtsnatur und Entstehungsgeschichte.

Art. 55 (a) enthält Verantwortlichkeiten der Vereinten Nationen und verstärkt im Zusammenspiel mit Art. 56 der UN-Charta die Verpflichtungen der Mitgliedstaaten.[139] Art. 55 (a) spezifiziert die Verpflichtung aus Art. 55 (b), der die Lösung von internationalen wirtschaftlichen und sozialen Problemen anspricht.[140] Jedoch hat Art. 55 (a) kaum praktische Bedeutung.[141] Dies kann auch an der Ungenauigkeit der Bestimmung liegen, die es kaum erlaubt, konkrete Handlungspflichten aus ihr abzuleiten.[142] Deswegen ist hierzu übereinstimmend mit *Reimann* zu sagen, daß die genannten Vorschriften inhaltlich zu unbestimmt sind, um konkrete staatliche Handlungspflichten aus ihnen abzuleiten.[143]

Trotz der inhaltlichen Unbestimmtheit der Verpflichtungen, einen angemessenen Lebensstandard zu fördern, enthält die Charta der Vereinten Nationen den Menschenrechtsschutz als ein wichtiges Ziel der Vereinten Nationen. Die Verwirklichung der Menschenrechte ist eine Pflicht aller Mitgliedstaaten der Ver-

---

136 Gegen die Konstituierung bindender Verpflichtungen Wolfrum, Preamble, in Simma: The Charter of the United Nations, S.48 Rn. 13 und Kelsen: The Law of the United Nations, S.9: „*The Meaning of the Charter is not to establish by itself obligations.*"; dafür Meyn, Funktion und Bedeutung der Präambel der UN-Charta, in Hobe: Die Präambel der UN-Charta im Lichte der aktuellen Völkerrechtsentwicklung S.28f., jeweils mit weiteren Nachweisen.

137 Wolfrum, Preamble, in Simma: The Charter of the United Nations, Kommentierung zur Präambel, S.48 Rn.13; Hobe, Wir, die Völker der Verreinten Nationen – fest entschlossen, ..., in Hobe: Die Präambel der UN-Charta im Lichte der aktuellen Völkerrechtsentwicklung, S.59.

138 Vgl. die zitierten Werke.

139 Wolfrum, Preamble, in Simma, Charter of the United Nations, Art. 55 (a) and (b), Rn.1; Riedel, Art. 55 (c), in Simma: The Charter of the United Nations. A Commentary, Rn.8.

140 Kelsen: The Law of the United Nations, S.25; Wolfrum, Preamble, in Simma: The Charter of the United Nations, Art. 55 (a) and (b), Rn.8.

141 Wolfrum, Preamble, in Simma, Charter of the United Nations, Art. 55 (a) Rn.7.

142 Kelsen: The Law of the United Nations, S.30.

143 Reimann: Ernährungssicherung im Völkerrecht: der Menschenrechtsansatz und seine Ergänzungsmöglichkeiten angesichts der Welthungerproblematik, S.140. Er spricht zwar von Art. 55 (c), zitiert aber die Pflicht, die Verbesserung des Lebensstandards sowie die Lösung internationaler Probleme wirtschaftlicher, sozialer und gesundheitlicher Art zu fördern, was in Art. 55 (a) und (b) zu finden ist. Es ist deshalb davon auszugehen, daß seine Aussage sich auch auf Art. 55 (a) der UN-Charta bezieht.

einten Nationen,[144] auch wenn eine konkrete Verpflichtung zur Förderung des Lebensstandards nicht gegeben ist. Zudem besteht zwischen dieser in der Charta der Vereinten Nationen niedergelegten Verpflichtung und der in der Allgemeinen Erklärung der Menschenrechte enthaltenen ein enger Zusammenhang: Letztere präzisiert und interpretiert die sehr allgemein gehaltene Verpflichtung der UN-Charta.[145] Die Allgemeine Erklärung der Menschenrechte wird ihrerseits konkretisiert durch die beiden Menschenrechtspakte der Vereinten Nationen, also den Zivil- und den Sozialpakt.[146] Die Vorschriften des Sozialpakts konkretisieren also über den Zwischenschritt der Allgemeinen Erklärung der Menschenrechte die Verpflichtung zur Förderung der Menschenrechte aus der Charta der Vereinten Nationen.

Angesichts der engen Beziehung zwischen dem Sozialpakt und der Charta der Vereinten Nationen können Erkenntnisse für eine Interpretation des Begriffs „Lebensstandard" im Rahmen des Art. 11 (1) IPWSKR auch für die Präambel der Charta und umgekehrt genutzt werden.

2. Art. 25 Abs. 1 der Allgemeinen Erklärung der Menschenrechte[147]

> Everyone has the right to a standard of living adequate for the health and well-being of himself and of his family, including food, clothing, housing and medical care and necessary social services, and the right to security in the event of unemployment, sickness,

---

[144] So schon Lauterpacht: International Law and Human Rights, S.147ff., 427; Riedel, Universeller Menschenrechtsschutz – Vom Anspruch zur Durchsetzung, in Baum *et al*: Menschenrechtsschutz in der Praxis der Vereinten Nationen, S.32.

[145] Sohn, International Instruments Concerning Human Rights, in Commission to Study the Organization of Peace: The United Nations and Human Rights, S.71f. mit ausführlichen Referenzen zu der Entstehungsgeschichte auf den Seiten 67ff. Er bezeichnet die AEMR als „*an authorative interpretation of the Charter at the highest order*"; so auch Hannum, The Status of the Universal Declaration of Human Rights in National and International Law, Georgia Journal of International and Comparative Law 25 (1995/96), S.323; Riedel, Universeller Menschenrechtsschutz – Vom Anspruch zur Durchsetzung, in Baum *et al*: Menschenrechtsschutz in der Praxis der Vereinten Nationen, S.32; Thornberry: International Law and the Rights of Minorities, S.237f.; Riedel, Art. 55 c), in Simma: The Charter of the United Nations, Rn.30.

[146] Riedel, Universeller Menschenrechtsschutz – Vom Anspruch zur Durchsetzung, in Baum *et al*: Menschenrechtsschutz in der Praxis der Vereinten Nationen, S.32; zu dem Hintergrund dieses mehrstufigen Verpflichtungsaufbaus Riedel, Der internationale Menschenrechtsschutz. Eine Einleitung, in Bundeszentrale für politische Bildung: Menschenrechte: Dokumente und Deklarationen, S.13f.

[147] 10. Dezember 1948, Resolution 217 (III) Universal Declaration of Human Rights in: United Nations, General Assembly, Official Records third Session (part I) Resolutions (Doc. A/810) S.71.

disability, widowhood, old age or other lack of livelihood in circumstances beyond his control.

Die Allgemeine Erklärung der Menschenrechte wurde am 10. Dezember 1948 von der Generalversammlung der Vereinten Nationen verabschiedet. Sie ist auch ein Ergebnis der Erfahrungen aus den Diktaturen des 20. Jahrhunderts, vor allem des Nationalsozialismus in Deutschland, aber auch Stalins Schreckensherrschaft in der Sowjetunion, des Faschismus in Italien, des Regimes Francos in Spanien und des japanischen Militarismus.[148]

Die Allgemeine Erklärung der Menschenrechte war das erste Dokument, in dem sich Staaten aus allen Teilen der Welt und aus verschiedenen politischen und rechtlichen Traditionen auf eine Zusammenstellung von Rechten ihrer Einwohner einigten, die sie für unabdingbar hielten. Demgemäß sollten die Rechte der Allgemeinen Erklärung universell anwendbar sein, unabhängig von Rasse, Geschlecht, Glaube, Nationalität oder anderen Kriterien. Auch damit stellte sie ein Novum dar. Sie ist jedoch, anders als der Sozialpakt oder die Konvention über die Rechte des Kindes, kein internationaler Vertrag, sondern eine Resolution der Generalversammlung. Jedoch hat die Allgemeine Erklärung der Menschenrechte seit ihrer Verkündung eine solche Bedeutung gewonnen, daß ihr heutzutage zumindest in Teilen sehr wohl normative Wirkung zugesprochen werden kann.[149]

Die Allgemeine Erklärung der Menschenrechte enthält sowohl bürgerliche und politische als auch wirtschaftliche, soziale und kulturelle Rechte. In Artikel 25 garantiert sie das Recht auf einen angemessenen Lebensstandard.

---

[148] Eide/ Alfredsson, Introduction, in Eide/ Alfredsson: The Universal Declaration of Human Rights, S.xxvii.

[149] Optimistisch Riedel, Der internationale Menschenrechtsschutz. Eine Einleitung, in Bundeszentrale für politische Bildung: Menschenrechte: Dokumente und Deklarationen, S.15 („Die Bestimmungen der AEMR sind inzwischen größtenteils zu Völkergewohnheitsrecht erstarkt"), derselbe (etwas einschränkender: „völkergewohnheitsrechtliche Geltung der UDHR – oder zumindest großer Teile der UDHR-Bestimmungen"), Universeller Menschenrechtsschutz – Vom Anspruch zur Durchsetzung, in Baum/ Riedel/ Schäfer: Menschenrechtsschutz in der Praxis der Vereinten Nationen, S.30, und Söllner, Die Freiwilligen Leitlinien zum Recht auf Ernährung: Bekenntnis zum Menschenrechtsansatz, Entwicklung & ländlicher Raum 1/ 2006, S.11; Buergenthal: International Human Rights, S.39; Shaw, International Law, S.260; „für einige Teile" bejahend Malanczuk: Akehurst's Modern Introduction to International Law, S.213; Hailbronner, Der Staat und der Einzelne als Völkerrechtssubjekte, in Graf Vitzthum: Völkerrecht, S.231, Rn.223: „einige Bestimmungen wie das Verbot der Sklaverei"; Ipsen: Völkerrecht, S.786 Rn.36 „Beitrag zur Bildung einschlägigen Völkergewohnheitsrechts", Stein/ von Buttlar: Völkerrecht, S.392 Rn.1007; anders Drzewicki, The UN Charter and the Universal Declaration of Human Rights, in Hanski/ Suksi: An Introduction to the International Protection of Human Rights, S.75f.

Ebenso wie Art. 11 (1) IPWSKR enthält Art. 25 (1) AEMR Hinweise darauf, was einen angemessenen Lebensstandard ausmacht.[150] Beispielhaft sind das Recht auf Ernährung, Bekleidung, Wohnung, ärztliche Versorgung und notwendige Sozialleistungen genannt. Art. 11 (1) IPWSKR dagegen zählt beispielhaft nur ausreichende Ernährung, Bekleidung und Unterbringung auf, die Bestandteile des Rechts auf einen angemessenen Lebensstandard darstellen. Die Rechte auf ärztliche Versorgung und notwendige Sozialleistungen sind im Sozialpakt nicht im Rahmen des Rechts auf einen angemessenen Lebensstandard, sondern in eigenen Artikeln, nämlich Art. 12 (Recht auf das für den einzelnen erreichbare Höchstmaß an Gesundheit) und Art. 9 (Recht auf soziale Sicherheit) garantiert. „Lebensstandard" in dem Sinn, wie ihn die Allgemeine Erklärung der Menschenrechte verwendet, ist also ein weiterer Terminus als der innerhalb des Sozialpakts verwendete.[151] Trotzdem bleiben grundsätzliche Gemeinsamkeiten, die sich sowohl aus der teilweise identischen Formulierung als auch aus der gemeinsamen Intention der völkerrechtlichen Normen ergeben.

Durch die Formulierung des Art. 25 (1) AEMR: „angemessenen Lebensstandard einschließlich ausreichender Ernährung ..." wird klargestellt, daß die Aufzählung nicht abschließend ist. In diesem Punkt stimmt die Formulierung mit der des Sozialpakts überein, der ebenfalls ein Recht auf „einen angemessenen Lebensstandard" [...] einschließlich Ernährung, Bekleidung..." gibt, überein. Beide Dokumente enthalten somit keine abschließende Aufzählung der Elemente eines angemessenen Lebensstandards.

Eine sehr konkrete Umschreibung des Begriffs „Lebensstandard" findet sich in einem muslimischen Kommentar zur Allgemeinen Erklärung der Menschenrechte.[152] Art. 25 (1) AEMR gebe nach den Regeln des Korans jedem Mann, solange er nicht aus anderen Gründen vermögend ist, das Recht zu arbeiten, um das Auskommen seiner Familie zu sichern. Ebenso sollen Gesundheit, Wohlergehen, die Steigerung des Wohlstandes, ein ruhiges Lebens ebenso wie Freiheit von Mangel im Rahmen eines angemessenen Lebensstandards erstrebenswert sein. Es folgen darauf mehrere Beispiele von herausragenden Muslimen, die trotz ihres Vermögens bescheiden für ihren Lebensunterhalt arbeiteten.[153]

Diese zwar sehr konkrete, aber auch ausgesprochen verkürzte Kommentierung greift jedoch nur einen Aspekt des angemessenen Lebensstandards auf, der in Art. 6 IPWSKR Erwähnung findet, nämlich das Recht auf Arbeit. Obwohl einem geregelten Einkommen Bedeutung für die Sicherung des Lebensstan-

---

[150] Eide/ Barth Eide, Art.25, in Alfredsson/ Eide: The Universal Declaration of Human Rights, S.529.

[151] Eide/ Barth Eide, Art.25, in Alfredsson/ Eide: The Universal Declaration of Human Rights, S.530.

[152] Tabandeh, A Muslim Commentary on the Universal Declaration of Human Rights, S.78ff.

[153] Tabandeh, A Muslim Commentary on the Universal Declaration of Human Rights, S.78ff.

dards zuzusprechen ist, wird hier nur ein, wenn auch wichtiger, Aspekt beleuchtet, anstatt ein Kompendium von Aspekten zu sammeln. Es soll offensichtlich keine Definition des Begriffs erarbeitet werden, die der Klärung zuträglich wäre, sondern es wird vielmehr ein für den Autor wohl besonders wichtiger Gesichtspunkt eines umfassenden Rechts ausgearbeitet. Im Rahmen des Sozialpakts ist diese Kommentierung nicht verwendbar. Sie schließt nicht nur alle Personen aus, die nicht männlich und dem muslimischen Glauben zugehörig sind, sondern hat auch keinerlei Bezug zu einer menschenrechtlichen Definition des Lebensstandards. Zudem sieht *Tabandeh* den Islam als einzige berechtigte Quelle von Menschenrechten, mit der Folge, daß gegebenenfalls die Allgemeine Erklärung der Menschenrechte an den Islam, nicht umgekehrt, angepaßt werden muß.[154] Deswegen können anhand dieser Kommentierung keine Rückschlüsse auf die Bedeutung des Terminus „Lebensstandard" gezogen werden. Sie wird aber verständlicher, wenn man das Recht auf einen angemessenen Lebensstandard in der Allgemeinen Erklärung der Menschenrechte im Iran betrachtet.[155]

Erkenntnisse, die im Rahmen des Art. 25 (1) AEMR gewonnen werden, sind insofern auf Art. 11 (1) IPWSKR übertragbar, als nicht die Aspekte der Gesundheitsversorgung und Sozialleistungen berührt sind, da diese vorrangig in Art. 12 und 9 IPWSKR geregelt sind.

3. Art. 27 Abs. 1 des Übereinkommens über die Rechte des Kindes (CRC)[156]

> States Parties recognize the right of every child to a standard of living adequate for the child's physical, mental, spiritual, moral and social development.

Das Übereinkommen über die Rechte des Kindes wurde am 20. November 1989 von der Generalversammlung der Vereinten Nationen verabschiedet und trat am 2. September 1990 in Kraft. Es hat mehr Mitgliedstaaten als die anderen Menschenrechtsverträge der Vereinten Nationen,[157] obwohl es einer der jüngeren Verträge ist.[158]

---

[154] Ali: Gender and Human Rights in Islam and International Law, S.221f.

[155] 1. Kapitel IV 6.

[156] Vom 20. November 1989, BGBl. 1992 II 121.

[157] 140 Signatarstaaten, 192 Mitgliedstaaten; zum Vergleich für den Sozialpakt: 66 Signatarstaaten, 152 Mitgliedstaaten, siehe http://www.ohchr.org/english/law/index.htm, für den jeweiligen Vertrag den Link *Ratification*.

[158] Zum Hintergrund des Erfolges der Konvention über die Rechte des Kindes Cantwell, The Origins, Development and Significance of the United Nations Convention on the Right of the Child, in Detrick: The United Nations Convention on the Right of the Child, S.19ff.; Cohen/ Hart/ Kosloke, Monitoring the United Nations Convention on the Rights of the Child: The

Die Rechte in den Menschenrechtsverträgen sind grundsätzlich sowohl auf Erwachsene als auch auf Kinder anzuwenden. Jedoch sollte den besonderen Bedürfnissen und der hohen Verletzlichkeit von Kindern Rechnung getragen werden, die in den anderen Menschenrechtspakten nicht oder nur am Rande berücksichtigt werden.[159] Die Rechte des Übereinkommens über die Rechte des Kindes sind deshalb immer auch im Hinblick auf dessen Ziel zu interpretieren, das insbesondere in Art. 3 CRC deutlich wird: das zugrunde liegende Prinzip des Kindeswohls.[160]

Das Recht auf einen angemessenen Lebensstandard wird in Art. 27 (1) CRC[161] spezifiziert und ausdrücklich nur in dem Umfang anerkannt, wie es der körperlichen, geistigen, seelischen, sittlichen und sozialen Entwicklung des Kindes entspricht. Der Lebensstandard eines Kindes ist sehr stark an die Lebensumstände der Eltern gebunden. In erster Linie ist deshalb die Sicherstellung der notwendigen Lebensbedingungen Aufgabe der Eltern.[162] Dementsprechend ergibt sich aus Art. 27 (2) – (4) CRC, daß die Staaten die elterliche Verantwortlichkeit anerkennen und respektieren und nur dann, wenn es notwendig ist, für Hilfe sorgen.[163] Somit kommt gemäß Art. 27 (2) CRC den Eltern die vorrangige Verantwortung für die Sicherstellung der für die Kindesentwicklung notwendigen Lebensbedingungen zu. Aufgrund der Formulierung dieses Absatzes stellt sich die Frage, ob bei Kindern der angemessene Lebensstandard mit der Sicherstellung der notwendigen Lebensbedingungen erreicht ist, oder ob, unabhängig von der Situation und den Möglichkeiten der Eltern, der Lebensstandard des

---

Challenge of Information Management, Human Rights Quarterly 18 (1996) 2, S.439ff.; LeBlanc: The Convention on the Rights of the Child: United Nations Lawmaking on Human Rights, S.16ff., 25ff.; Alston, The Best Interests Principle: Towards a Reconciliation of Culture and Human Rights, in Alston: The Best Interests of the Child: Reconciling Culture and Human Rights, S.1f.; zu beachten sind jedoch auch die verschiedenen Vorbehalte der Mitgliedstaaten, mit denen sie ihre Verpflichtungen begrenzen wollen, dazu Schabas, Reservations to the Convention on the Rights of the Child, Human Rights Quarterly 18 (1996) 2, S.472ff.

[159] Näher dazu Detrick: Commentary on the Convention on the Rights of the Child, S.1ff.

[160] Dazu ausführlich die Beiträge in Alston (Hrsg.): The Best Interests of the Child: Reconciling Culture and Human Rights, 1994.

[161] Zu den *Travaux Préparatoires* des Artikel 27 CRC LeBlanc: The Convention on the Rights of the Child: United Nations Lawmaking on Human Rights, S.78ff.; Kaufman/ Blanco, Drafting and Interpreting Article 27, in Bowers Andrews/ Kaufman: Implementing the U.N. Convention on the Rights of the Child, S.17ff.

[162] Kimbrough, Entitlement to „Adequacy“: Application of Article 27 to U.S. Law, in Bowers Andrews/ Kaufman: Implementing the U.N. Convention on the Rights of the Child, S.169; Dorsch: Die Konvention der Vereinten Nationen über die Rechte des Kindes, S.176.

[163] Detrick: Commentary on the Convention on the Rights of the Child, S.458

Kindes soweit zu erhöhen ist, bis er einen der Gesellschaft entsprechenden Standard erreicht.

Wäre der angemessene Lebensstandard für Kinder höher als die Sicherstellung der notwendigen Lebensbedingungen, so wäre es Aufgabe des Staates, dieses „Mehr" für Kinder zu sichern, deren Eltern nicht dazu imstande sind. Die Aufgabe des Staates wäre damit nicht nur die Sicherung der notwendigen Versorgung, sondern auch der angemessenen Versorgung in Fällen, in denen dies nicht durch die Eltern geleistet wird. Das Übereinkommen über die Rechte des Kindes sieht aber eine Vorrangstellung der Eltern vor. Zielsetzung der Bestimmungen ist es, den Einfluß des Staates auf das notwendige Minimum zu beschränken.[164] Dies ergibt sich sowohl aus der Prämisse des Übereinkommens, die primäre Verantwortlichkeit für das Kindeswohl bei den Eltern zu belassen,[165] als auch aus der starken Ausrichtung des Art. 27 CRC auf die Lebenssituation der einzelnen Familie anstatt auf die Lebensbedingungen im Mitgliedstaat an sich.[166] Somit muß die Gleichsetzung von „notwendig" und „angemessen" bejaht werden; der in Art. 27 (1) CRC garantierte angemessene Lebensstandard ist erreicht, wenn notwendige Lebensbedingungen geschaffen sind.[167] Art. 27 CRC deshalb bleibt bezüglich des Umfangs der Gewährleistung hinter Art. 11 IPWSKR zurück.[168]

Aus dem Vergleich von Art. 11 (1) IPWSKR und Art. 27 (1) CRC wird deutlich, daß letzterer wesentlich enger und spezieller ist. Obwohl auch er das Recht auf einen angemessenen Lebensstandard garantiert, gibt es grundlegende Abweichungen. Viele Bedürfnisse sind zwar Erwachsenen und Kindern gemein, wie zum Beispiel nach ausreichender Ernährung und Unterbringung. Doch geht es dem Übereinkommen über die Rechte des Kindes nicht darum, die Rechte, die auch für Kinder schon durch die Bestimmungen des Sozialpakts gewährleistet werden, lediglich erneut niederzulegen. Dies ist auch bei realistischer Betrachtung nicht sinnvoll: Grundsätzlich geschieht die Verwirklichung ökonomischer, sozialer und kultureller Rechte nicht allein durch Leistungen des Staates. Vielmehr ist es zunächst Aufgabe des Individuums, durch Ausschöpfung seiner

---

164 Dorsch: Die Konvention der Vereinten Nationen über die Rechte des Kindes, S.178.

165 Dorsch: Die Konvention der Vereinten Nationen über die Rechte des Kindes, S.178.

166 Dorsch: Die Konvention der Vereinten Nationen über die Rechte des Kindes, S.176.

167 Kimbrough, Entitlement to „Adequacy": Application of Article 27 to U.S. Law, in Bowers Andrews/ Kaufman: Implementing the U.N. Convention on the Rights of the Child, S.169; Bowers Andrews, Securing Adequate Living Conditions for Each Child's Development, in Bowers Andrews/ Kaufman: Implementing the U.N. Convention on the Rights of the Child, S.7; Dorsch: Die Konvention der Vereinten Nationen über die Rechte des Kindes, S.178.

168 Dorsch: Die Konvention der Vereinten Nationen über die Rechte des Kindes, S.178

eigenen Möglichkeiten die Befriedigung seiner Bedürfnisse sicherzustellen.[169] Jedoch ist diese Vorgabe auf die Rechte von Kindern gerade nicht übertragbar. Anders als Erwachsene haben Kinder je nach Alter und sozialer Stellung keine oder wenig Möglichkeiten, die Erfüllung ihrer Rechte einzufordern. Dies ist in erster Linie Aufgabe der Eltern. Erst in dem Zeitpunkt, in dem die Eltern dies nicht sicherstellen können, ist es Aufgabe des Staates, in das Eltern-Kind-Verhältnis einzugreifen.[170]

Art. 27 CRC versucht, die Waage zu halten zwischen einerseits der Garantie von Rechten des Kindes und andererseits dem Gebot des geringstmöglichen Eingriffs in das Eltern-Kind-Verhältnis. Hier entsteht der Konflikt, daß die Gewährung von sehr umfassenden Rechten es nötig machen kann, verstärkt in die Rechte der Eltern einzugreifen, wenn diese nicht imstande sind, die Rechte der Kinder aus eigener Kraft zu garantieren. Dies widerspricht aber der Intention des Übereinkommens über die Rechte des Kindes, die für das Kind Verantwortlichen vor exzessiven Eingriffen des Staates zu schützen.[171] Durch den Schutz der Familie als dem Kind Schutz und Geborgenheit gebende Gruppe soll auch das Kind selbst vor Eingriffen des Staates geschützt werden. So ist es zu erklären, daß die Angemessenheit des Lebensstandards des Kindes in erster Linie an dem der Eltern gemessen wird und nicht an dem im betreffenden Staat erwünschten oder erreichbaren, auch wenn dies zu dem Paradoxon führt, daß dem Kind ein höherer Lebensstandard verwehrt bleiben kann. Ebenso ist die Gleichstellung von „notwendig" und „angemessen" in Art. 27 (2) CRC zu verstehen.

Die Erkenntnisse zum angemessenen Lebensstandard im Sinne des Art. 27 (1) CRC können somit nicht ohne weiteres auf Art. 11 (1) IPWSKR übertragen werden. Bei jeder Übernahme von Ideen zur Auslegung des Rechts auf einen angemessenen Lebensstandard muß die besondere Intention des Übereinkommens über die Rechte des Kindes beachtet werden, das eine weit speziellere Zielsetzung als der Sozialpakt hat. Somit bedarf es der sorgfältigen Prüfung, inwieweit Ausführungen auf die Besonderheiten des Übereinkommens über die Rechte des Kindes abgestimmt sind, um zu verhindern, daß der Begriff des Lebensstandards des Art. 11 (1) IPWSKR zu restriktiv ausgelegt wird.

---

169 Eide/ Barth Eide, Art. 25, in Alfredsson/ Eide: The Universal Declaration of Human Rights, S.385; Koch, The Justiciability of Indivisible Rights, Nordic Journal of International Law 72 (2003), S.16.

170 Dorsch: Die Konvention der Vereinten Nationen über die Rechte des Kindes, S.176ff.

171 Detrick: Commentary on the Convention on the Rights of the Child, Art. 27, S.458

4. Art. 4 (1) der Europäischen Sozialcharta[172]

Um die wirksame Ausübung des Rechtes auf ein gerechtes Arbeitsentgelt zu gewährleisten, verpflichten sich die Vertragsparteien,

(1) das Recht der Arbeitnehmer auf ein Arbeitsentgelt anzuerkennen, welches ausreicht, um ihnen und ihren Familien einen angemessenen Lebensstandard zu sichern.

Die Europäische Sozialcharta vom 18. Oktober 1961, in Kraft getreten nach Hinterlegung der fünften Ratifikationsurkunde am 26.2.1965, ist das Gegenstück zur Europäischen Menschenrechtskonvention im Bereich der wirtschaftlichen und sozialen Menschenrechte. Die Charta wurde vom Europarat geschaffen. Nach seiner Gründung im Jahre 1949 richtete dieser seine Aufmerksamkeit auch auf den Schutz von Menschenrechten. Grund hierfür war der Wunsch, eine Wiederholung der Ereignisse der 30er und 40er Jahre um jeden Preis zu verhindern. Da die Europäische Menschenrechtskonvention ausschließlich bürgerliche und politische Rechte schützt, sollte die Sozialcharta dem Schutz wirtschaftlicher und sozialer Rechte dienen.[173] Die endgültige Fassung der Charta stellt einen Kompromiß dar zwischen einem weiten, idealistischen Ansatz bezüglich der Verwirklichung von wirtschaftlichen und sozialen Rechten und einem engeren Ansatz.[174]

1996 entstand eine revidierte Fassung der Sozialcharta. Dieser hat die Bundesrepublik bislang ebenso wenig zugestimmt wie den sonstigen Zusatzprotokollen. Der Wortlaut des Art. 4 (1) ESC ist in beiden Fassungen der Charta identisch, so daß die Ausführungen für beide Versionen Geltung haben.

Die Charta schützt in ihrem Teil I insgesamt neunzehn soziale und wirtschaftliche Rechte, die in Teil II näher konkretisiert werden. Teil III verpflichtet die Vertragspartner, sich den Bestimmungen der Charta zu unterwerfen, wobei es den beigetretenen Staaten freigestellt ist, nur Teile der materiellen Bestimmungen als bindend anzusehen und sich den übrigen Bestimmungen später zu unterwerfen. Gemäß Art. 20 ESC sind fünf der sieben Kernartikel der Charta und mindestens 5 der übrigen Artikel als bindend anzuerkennen. Diese Flexibilität war wegen des sehr unterschiedlichen Standes der sozialen Entwicklung in den Mitgliedstaaten des Europarats notwendig.[175] Zwar setzt die Europäische Sozialcharta das Niveau der sozialen Staatsleistungen relativ niedrig an, liegt aber selbst damit zum Teil über dem Niveau einiger Mitgliedstaaten.[176]

---

172 Vom 18. Oktober 1961, BGBl. 1964 II S.1262.

173 Ausführlich zu den Kontroversen im Rahmen der Erstellung der Europäischen Sozialcharta Harris/ Darcy: The European Social Charter, S.4f.

174 Wiebringhaus, Introduction, in Jaspers/ Betten: 25 years, European Social Charter, S.9.

175 Bleckmann: Völkerrecht, S.309 Rn.968.

176 Bleckmann: Völkerrecht, S.309 Rn.968.

Gemäß der Einleitung der Charta und gemäß Art. 20 (1) a) ESC sind die Vertragspartner an die Rechte nur insoweit gebunden, als sie verpflichtet sind, mit allen zweckdienlichen Mitteln staatlicher und zwischenstaatlicher Art eine Politik zu verfolgen, die darauf abzielt, geeignete Voraussetzungen für die Ausübung dieser Rechte zu schaffen. Die Feststellung einer Vertragsverletzung ist vor allem dann möglich, wenn ein Staat die Sozialrechte, die der Charta entsprechen, voll verwirklicht hat und dies nun rückgängig zu machen versucht (vgl. auch Art. 31 ESC).[177] Art. 31 ESC findet auch bei einer Verknappung der Haushaltsmittel oder wirtschaftlichen Rezession Anwendung.[178] Jedoch sind in Notzeiten nach der Notstandsklausel des Art. 30 ESC weitergehende Einschränkungen möglich.

Ähnlich wie der Ausschuß für wirtschaftliche, soziale und kulturelle Rechte fand sich auch der Europäische Ausschuß für Soziale Rechte bei der Anwendung des Art. 4 (1) ESC mit großen Schwierigkeiten konfrontiert: Auch er mußte die Erfahrung machen, daß die Bedeutung des „angemessenen Lebensstandard" nur schwer faßbar und noch schwieriger konkret anwendbar ist.[179] Wie für den Sozialpakt wird im Rahmen der Sozialcharta der Lebensstandard als ein relativer gesehen, der in seiner Bedeutung von Staat zu Staat variiert, je nach der sozialen und ökonomischen Situation.[180] Aus der Konzentration des Art. 4 ESC auf den Lohn von Arbeitnehmern ergab sich die Möglichkeit, durch den *Decency Threshold*-Ansatz zu einer Konkretisierung zu gelangen: Diesem *Decency Threshold*-Ansatz („Anstands-Schwellenbereich" – gemeint ist ein Einkommen, das es gerade ermöglicht, ein menschenwürdiges Leben zu führen) folgend ist ein Einkommen, das die Haltung eines angemessenen Lebensstandards ermöglicht, dann nicht gegeben, wenn das Einkommen unverhältnismäßig niedriger ist als der nationale Durchschnitt ist.[181] Angeregt durch eine Studie des Europarates wurde die Grenze bei 68% (später bei 60%[182]) des nationalen Durchschnittslohns festgesetzt. Sollte das Einkommen unter diese Grenze fallen, sind soziale, familiäre und zur Ausbildung gehörende Unterstützungsleistungen sowie besondere Steuerregelungen für Niedrigeinkommen mit in Be-

---

[177] Bleckmann: Völkerrecht, S.309 Rn. 970

[178] Bleckmann: Völkerrecht, S.309 Rn. 970

[179] Harris/ Darcy: The European Social Charter, S.74 unter Berufung auf den Europäischen Ausschusses für Soziale Rechte, C II 16.

[180] Samuel: Fundamental Social Rights – Case Law of the European Social Charter, S.74; Harris/ Darcy: The European Social Charter, S.74 unter Berufung auf die Rechtsprechung des Europäischen Ausschusses für Soziale Rechte, C II 16.

[181] Harris/ Darcy: The European Social Charter, S.74 unter Berufung auf die Rechtsprechung des Europäischen Ausschusses für Soziale Rechte, C V 25-26.

[182] Samuel, Fundamental Social Rights – Case Law of the European Social Charter, S.77

tracht zu ziehen.[183] Eine Verletzung von Art. 4 (1) ESC liegt demnach vor, wenn die Unterstützungsleistungen sowie Steuervergünstigungen nicht ausreichen, um die Unangemessenheit des Einkommens auszugleichen.

Art. 4 (1) der Europäischen Sozialcharta, in dem der angemessene Lebensstandard Erwähnung findet, ist in seinem Anwendungsbereich auf Arbeitnehmer beschränkt. So wird auch der Schutz darauf begrenzt, den angemessenen Lebensstandard durch Arbeitsentgelt zu sichern. Die Einschränkung der deutschen Fassung auf „Arbeitnehmer" in der maskulinen Form ist wenig geglückt: Die Grundsätze 8, 16 und 17 sichern den Schutz der Frauen insbesondere in der Rolle als Arbeitnehmerinnen, so daß sich Artikel 4 (1) folgerichtig auch auf Frauen beziehen muß. Die Formulierung „Arbeitnehmer" anstatt „Arbeitnehmer/innen" bedeutet somit (ähnlich wie in Art. 11 (1) IPWSKR „für sich und seine Familie") keine Eingrenzung auf männliche Arbeitnehmer, sondern schließt Frauen mit ein.[184] Das Problem ergibt sich in der verbindlichen englischen Fassung nicht:

> "[...] to recognise the right of workers to a remuneration such as will give them and their families a decent standard of living", wohl aber in der ebenso verbindlichen französischen Fassung: „ [...] à reconnaître le droit des travailleurs à une rémunération suffisante pour leur assurer, ainsi qu'à leurs familles, un niveau de vie décent".[185]

Während andere Grundsätze des Teil I der Sozialcharta „jedermann" oder zumindest „alle Arbeitnehmer und Arbeitgeber" in ihren Schutzbereich einbeziehen, ist der Schutzbereich des Art. 4 (1) ESC also sehr eng. Grund hierfür ist, daß die Europäische Sozialcharta den angemessenen Lebensstandard an das Arbeitsentgelt knüpft, so daß folgerichtig alle Personen ausgeschlossen sind, die ihren Lebensunterhalt anders als durch abhängige Arbeit verdienen.

Der Anwendungsbereich des Art. 4 (1) der Europäischen Sozialcharta ist beschränkter als der des Art. 11 (1) IPWSKR. Es fehlen insbesondere die Sicherung des angemessenen Lebensstandards für solche Personen, die nicht abhängig beschäftigt sind bzw. gar keiner Arbeit nachgehen und auch nicht durch einen Familienangehörigen unter Art. 11 (1) IPWSKR fallen, namentlich Arbeitslose, nicht Erwerbstätige sowie Rentner. Dies wurde schon bei der Schaffung der Charta kritisiert.[186] Zudem ist nur der Bereich des Lebensstandards umfaßt, den der einzelne durch das ihm zur Verfügung stehende Einkommen beeinflus-

---

[183] Jaspers/ Betten: 25 Years European Social Charter, S.35.

[184] Zu dem Problem der überwiegend männlich ausgerichteten Formulierung von menschenrechtlichen Verträgen Eide, Making Human Rights Universal, in Stokke/ Tostensen: Human Rights in Development, S.16f.

[185] Art. 38 ESC bestimmt, daß der Wortlaut in englischer und französischer Sprache gleichermaßen verbindlich ist.

[186] Zu den Hintergründen und mit weiteren Nachweisen Harris/ Darcy: The European Social Charter, S.7.

sen kann. Die tatsächlichen Lebensumstände des einzelnen werden aber auch durch Faktoren gestaltet, auf die einzelne Personen wenig oder keinen Einfluß haben. Zu nennen sind hier die Infrastruktur eines Landes, seine politische und wirtschaftliche Stabilität sowie von Religion, Tradition oder der politischen Doktrin vorgegebene Verhaltensmaßregeln.

Anders als der Sozialpakt enthält die Europäische Sozialcharta keinen Artikel, der ausdrücklich eine Begrenzung des Engagements des Staates durch seine Mittel zuläßt (Art. 2 (1) IPWSKR).[187] Auf der anderen Seite liegt kein Vertragsbruch vor, wenn zwar faktisch eine Situation gegeben ist, die gegen die Grundsätze der Charta verstößt, in dem jeweiligen Staat jedoch ein ausreichendes Rechtssystem existiert und der Staat alles von ihm zu Erwartende tut, um das Recht auch anzuwenden.[188]

Im Rahmen der Sozialcharta wurden ausgewählte Rechte als „dynamisch" identifiziert. Diese Bestimmungen sind dadurch gekennzeichnet, daß sie ein gegebenes Maß an schon erreichten wirtschaftlichen und sozialen Errungenschaften erfordern. Diese sind ausreichend allgemein formuliert, um es den Mitgliedstaaten zu ermöglichen, in die Vertragsanforderungen in dem Maße hineinzuwachsen, wie die wirtschaftliche Situation sich verbessert und die sozialen Anforderungen steigen.[189] Zu diesen dynamischen Rechten gehört auch Art. 4 (1) der Charta und damit auch das Recht auf einen angemessenen Lebensstandard. Somit müssen bei der Verwirklichung dieses Rechts auch im Rahmen der Sozialcharta Zugeständnisse an die tatsächlichen wirtschaftlichen und sozialen Verhältnisse gemacht werden, was den ohnehin im Vergleich zum Sozialpakt schon eingeschränkten Schutz noch weiter relativiert.

Eine Übertragung von Erkenntnissen zu der Sozialcharta auf den Sozialpakt und umgekehrt ist somit nur in sehr geringem Maße möglich. Es ist dabei immer die Intention der Sozialcharta, vordringlich Arbeitnehmer zu schützen, zu berücksichtigen. Zudem darf nicht außer acht gelassen werden, daß zu einem angemessenen Lebensstandard im Sinne des Art. 11 (1) IPWSKR, speziell im Zusammenwirken mit Art. 2 (2), 3 IPWSKR, auch solche Bedingungen gehören, die mit dem individuellen Einkommen nicht zu erreichen sind. Zu Lebensbedingungen, in denen der einzelne in Würde existieren kann, gehört auch die Schaffung entsprechender äußerer Bedingungen durch den Staat, namentlich die Verhinderung von Diskriminierungen aufgrund von Hautfarbe, Geschlecht etc. sowie die Förderung einer Infrastruktur, die es erlaubt, unter würdewahrenden und nicht gesundheitsschädlichen Umständen zu leben.[190]

---

187 Dazu Harris/ Darcy: The European Social Charter, S.26.

188 Harris/ Darcy: The European Social Charter, S.26.

189 Harris/ Darcy: The European Social Charter, S.27.

190 Dazu ausführlich Kapitel 3, insbesondere das Recht auf Wasser und auf Energie.

5. Art. 7, 11 und 12 des Zusatzprotokolls zum amerikanischen Übereinkommen über Menschenrechte im Bereich der wirtschaftlichen, sozialen und kulturellen Rechte (Protokoll von San Salvador)[191]

Artikel 7 Die Vertragsstaaten dieses Protokolls erkennen an, daß das in Artikel 6 genannte Recht auf Arbeit voraussetzt, daß jeder es unter gerechten, fairen und befriedigenden Bedingungen genießen kann; die Vertragsstaaten verpflichten sich, diese in ihrem innerstaatlichen Recht zu gewährleisten, insbesondere in bezug auf
a) ein Arbeitsentgelt, das allen Arbeitnehmern mindestens würdige und angemessene Lebensbedingungen für sich selbst und ihre Familien und gleichen Lohn für gleiche Arbeit ohne Unterschied sichert.

Artikel 11 (1) Jeder hat das Recht auf ein Leben in einer gesunden Umwelt und auf Zugang zu den grundlegenden öffentlichen Dienstleistungen.

Artikel 12 (1) Jeder hat das Recht auf eine angemessene Ernährung, durch welche die Möglichkeit gewährleistet wird, ein Höchstmaß an körperlicher, emotionaler und geistiger Entwicklung zu genießen.

Die amerikanische Menschenrechtskonvention (Pakt von San José) trat am 18. Juli 1978 in Kraft und wurde bis zum jetzigen Zeitpunkt von 25 Mitgliedstaaten der Organisation der Amerikanischen Staaten ratifiziert. Sie wird durch zwei Zusatzprotokolle ergänzt, namentlich das Protokoll zur Abschaffung der Todesstrafe von 1993 und das Protokoll im Bereich der wirtschaftlichen, sozialen und kulturellen Rechte (Protokoll von San Salvador, verabschiedet 1988; in Kraft getreten 1999).

Ebenso wie die Allgemeine Erklärung der Menschenrechte enthält die amerikanische Menschenrechtskonvention einen Artikel, in dem wirtschaftliche, soziale und kulturelle Rechte garantiert werden.[192] Diese werden weiter ausgeführt im Protokoll von San Salvador. Die „Auslagerung" der ausführlichen Gewährleistung von wsk Rechten in ein Zusatzprotokoll wurde notwendig, da, obwohl in den Entwürfen für die amerikanische Menschenrechtscharta wsk Rechte weitreichende Beachtung fanden, diese in der letztendlich übernommenen Ver-

[191] Additional Protocol to the American Convention of Human Rights in the Area of Economic, Social and Cultural Rights „Protocol of San Salvador" (verabschiedet in San Salvador, El Salvador am 17. November 1988).

[192] Kapitel III der Amerikanischen Konvention über Menschenrechte trägt den Titel „Wirtschaftliche, soziale und kulturelle Rechte" und besteht nur aus einem Artikel (Art.26).

sion kaum noch erwähnt wurden.[193] Übrig blieb Art. 26 der amerikanischen Konvention über Menschenrechte, nach dem die Vertragsstaaten sich „verpflichten [...], Maßnahmen [...] zu ergreifen, die zum Ziel haben, [...] schrittweise die volle Verwirklichung der Rechte zu erreichen, die in den wirtschaftlichen, sozialen [...] und kulturellen Normen der Charta der Organisation Amerikanischer Staaten [...] miteinbegriffen sind." Auch hier sind inhaltliche Parallelen zum Verhältnis zwischen der Allgemeinen Erklärung der Menschenrechte und dem Internationalen Pakt für wirtschaftliche, soziale und kulturelle Rechte offensichtlich.[194]

Das Protokoll von San Salvador garantiert kein Recht auf einen angemessenen Lebensstandard, wohl aber einzelne Rechte, die als Komponenten oder Konkretisierungen dieses Rechts gelten können. Am ehesten vergleichbar mit Art. 11 (1) IPWSKR ist Art. 12 (1) des Protokolls von San Salvador, der das Recht auf angemessene Ernährung enthält. Art. 12 ist mit *"The Right to Food"* überschrieben; im ersten Absatz heißt es dann im englischen Originaltext: *"Everyone has the right to adequate nutrition which guarantees the possibility of enjoying the highest level of physical, emotional and intellectual development."*

Die terminologische Differenz zwischen „ausreichend" und „angemessen" tritt nur in der deutschen Übersetzung auf; die englische Version des Protokolls spricht von *adequate*. Ebenso nennt Art. 11 (1) IPWSKR einen *adequate standard of living for himself and his family, including adequate food*; die deutsche Version nach BGBl.1973 II 1596 vom 19. Dezember 1966 übersetzt aber *adequate* im Zusammenhang mit *standard of living* als „angemessen", im Zusammenhang mit *food* als „ausreichend", obwohl sich auch hier, ausgehend von auch verbindlichen englischen Version[195], keine Unterschiede ergeben.

Zu beachten ist, daß Art. 12 (1) des Protokolls von San Salvador von *adequate nutrition* spricht. *Nutrition* bedeutet ähnlich wie *food* Ernährung, aber auch Ernährungsweise. Dies könnte tendenziell darauf hindeuten, daß das Recht auf Ernährung nicht nur quantitativ, sondern auch qualitativ zu verstehen ist: *Nutrition* ist etymologisch eng verwandt mit *nutrients*, also Nährstoffen, was den Weg ebnet von einer reinen Messung der Kalorienaufnahme zu anderen Faktoren wie der Versorgung mit Vitaminen, Mineralien etc. und ebenso der Berück-

---

193 Dazu Craven, The Protection of Economic, Social and Cultural rights under the Inter-American System of Human Rights, in Harris/ Livingstone: The Inter-American System of Human Rights, S.297f.

194 Ein ausführlicher Vergleich, insbesondere zu der Frage, ob speziellere Menschenrechtsverträge andere verdrängen, ginge hier zu weit; siehe dafür zum Beispiel Craven, The Protection of Economic, Social and Cultural rights under the Inter-American System of Human Rights, in Harris/ Livingstone: The Inter-American System of Human Rights, S.297ff. m.w.N.

195 Art. 31 (1) IPWSKR.

sichtigung von Mangelerscheinungen, die durch ein Fehlen dieser Faktoren ausgelöst wird. Diese umfassendere Auslegung des Rechts auf Ernährung entspricht der Auffassung des Ausschusses, der eine solche Auslegung des Rechts auf Ernährung im Rahmen des Sozialpakts seit langem vertritt.[196]

Art. 12 (1) des Protokolls von San Salvador verbindet das Recht auf Ernährung mit der Forderung nach einem Höchstmaß an physischer, emotionaler und intellektueller Entwicklung. Er setzt dieses Recht damit in einen weiteren Kontext, für dessen Erfüllung das Recht auf Ernährung alleine nicht ausreicht; vielmehr sind Lebensumstände gefragt, die es dem Individuum ermöglichen, seine Fähigkeiten optimal zu entfalten und einzusetzen. Obgleich also das Recht auf einen angemessenen Lebensstandard nicht ausdrücklich erwähnt wird, nähert sich Art. 12 (1) diesem Konzept an.

Art. 11 (1) des Protokolls von San Salvador beinhaltet darüber hinaus ein Recht auf eine gesunde Umwelt und Zugang zu den grundlegenden öffentlichen Dienstleistungen. Garantiert werden an dieser Stelle zwei Faktoren, die prägend und maßgeblich für die Lebensumstände und die allgemeine Situation von Menschen ist. Auch sie könnten unter den Oberbegriff des „Lebensstandards" gefaßt werden.

Art. 7 (a) schließlich gewährleistet für alle Arbeitnehmer ein Arbeitsentgelt, das mindestens würdige und angemessene Lebensbedingungen für sie selbst und ihre Familie sichert. Obwohl der Sozialpakt zwischen dem Recht auf Arbeit in Art. 6 IPWSKR und dem Recht auf einen angemessenen Lebensstandard in Art. 11 (1) IPWSKR trennt, besteht eine enge Verbindung zwischen beiden. Da Art. 7 (a) des Protokolls sich ausdrücklich auf Arbeitnehmer und ihre Familien bezieht, ist sein Anwendungsbereich enger als der des Sozialpakts. Gleichzeitig läuft diese Beschränkung auch der Intention des Sozialpakts zuwider, die sozial Schwachen zu schützen, zu denen häufig Nicht-Arbeitnehmer gehören. Das Recht auf angemessene und würdige Lebensbedingungen ist damit spezieller und enger als das Recht auf einen angemessenen Lebensstandard des Art. 11 (1) IPWSKR.

Abschließend läßt sich sagen, daß das Protokoll von San Salvador das Recht auf einen angemessenen Lebensstandard zwar nicht ausdrücklich nennt, jedoch einige Konkretisierungen dieses Rechts, auf verschiedene Artikel verteilt, erwähnt.

---

[196] General Comment 12 paras.7ff.; Eide, The Right to an Adequate Standard of Living including the Right to Food, in Eide/ Krause/ Rosas: Economic, Social and Cultural Rights, S.134; Reimann: Ernährungssicherung im Völkerrecht: der Menschenrechtsansatz und seine Ergänzungsmöglichkeiten angesichts der Welthungerproblematik, S.171, ebenso Künnemann,The Right to Adequate Food, in Chapman/ Russell: Core Obligations: Building a Framework for Economic, Social and Cultural Rights, S.170.

Es fehlt eine Erwähnung des Rechts auf eine Unterbringung, obwohl dessen große Bedeutung sich unter anderem darin zeigt, daß es in der Arbeit des Ausschusses für wirtschaftliche, soziale und kulturelle Rechte inzwischen eine hervorgehobene Stellung einnimmt.[197] Weniger bedeutend ist die fehlende Erwähnung eines Rechts auf Bekleidung; dieses hat im Rahmen der Umsetzung des Sozialpakts bisher sehr wenig Interesse erregt.[198]

Das Protokoll von San Salvador ist ein vergleichsweise junger menschenrechtlicher Vertrag. Mitgliedstaaten des Zusatzprotokolls von San Salvador sind Argentinien, Bolivien, Brasilien, Kolumbien, Costa Rica, Chile, die Dominikanische Republik, Ecuador, El Salvador, Guatemala, Haiti, Mexiko, Nicaragua, Panama, Paraguay, Peru, Surinam, Uruguay und Venezuela. Von diesen Staaten hat nur Haiti den Sozialpakt bis heute nicht ratifiziert.[199] Von den 19 Mitgliedstaaten des Zusatzprotokolls haben sich also 18 auch den Zielen des Sozialpakts verpflichtet. Es liegt damit nahe, Erkenntnisse, die die Möglichkeiten der schrittweisen Verwirklichung der Bestandteile des Lebensstandards (das Recht auf angemessene Ernährung) betreffen, auf das Protokoll von San Salvador zu übertragen: Mit der Erfüllung ihrer Verpflichtung aus Art. 11 (1) IPWSKR, namentlich des Rechts auf angemessene Ernährung, können die Mitgliedstaaten des Zusatzprotokolls zugleich die Umsetzung der Verpflichtungen aus Art. 12 (1) des Protokolls von San Salvador beschleunigen. Diese Nutzung von Synergieeffekten hätte gleichzeitig den Effekt, dem Protokoll von San Salvador zu mehr Beachtung gerade von Seiten lateinamerikanischer Autoren zu verhelfen, von deren Arbeiten wiederum bei der weiteren Konkretisierung der Verpflichtungen aus dem Sozialpakt profitiert werden könnte.

6. Das Recht auf einen angemessenen Lebensstandard in weiteren menschenrechtlichen Verträgen

Im Internationalen Übereinkommen zur Beseitigung jeder Form von Rassendiskriminierung[200] sind in Art. 5 e) wirtschaftliche, soziale und kulturelle Rechte

---

[197] Craven, The Protection of Economic, Social and Cultural Rights under the inter-American System of Human Rights, in Harris/ Livingstone: The Inter-American System of Human Rights, S.309.

[198] Kapitel 3, I. 4., S.192ff.

[199] Zm Stand der Ratifikation http://www.unhchr.ch/html/menu3/b/a_cescr.htm.

[200] Vom 7. März 1966, BGBl. 1969 II 961; einen kurzen Überblick über das Übereinkommen gibt McDougall, Toward a Meaningful International Regime: The Domestic Relevance of International Efforts to Eliminate All Forms of Racial Discrimination, Howard Law Journal 40 (1996/97), S.571ff., insb. S.577ff., zu Art. 5 CERD Lerner: The U.N. Convention on the Elimination of all Forms of Racial Discrimination, S.54ff., insb. S.58ff.

niedergelegt. Das Recht auf einen angemessenen Lebensstandard findet keine Erwähnung, wohl aber wird in Art. 5 e) iii) das Recht auf eine Wohnung erwähnt.

Dagegen enthält das Übereinkommen zur Beseitigung von jeder Form von Diskriminierung der Frau[201] keines der in Art. 11 (1) IPWSKR ausdrücklich erwähnten Rechte. Es finden sich aber in Teil III des Übereinkommens ausdrückliche Nicht-Diskriminierungsgebote für einige wsk Rechte wie das Recht auf Bildung, das Recht auf Arbeit und das Recht auf Gesundheit.[202] Hierunter fällt in Art. 14 (2) (h) das Recht von Frauen in ländlichen Gegenden *"to enjoy adequate living conditions"*.

Neben den Europäischen Menschenrechtsverträgen und der Amerikanischen Menschenrechtskonvention gibt es auch eine Menschenrechtserklärung der afrikanischen Staaten sowie zwei Menschenrechtserklärungen muslimischer Staaten.

Die Banjul Charta der Menschenrechte und Rechte der Völker[203] der afrikanischen Staaten enthält zwar in ihren Artikeln 14 bis 18 wsk Rechte wie die Rechte auf Eigentum, Arbeit, Gesundheit und Bildung, spricht aber nicht das Recht auf einen angemessenen Lebensstandard an.

Die Kairoer Erklärung über Menschenrechte im Islam[204] ist eine Deklaration der Mitgliedstaaten der Organisation der Islamischen Konferenz, eines Zusammenschlusses von 57 arabischen Staaten mit dem Ziel, die Solidarität sowie die wirtschaftliche, soziale, kulturelle und wissenschaftliche Zusammenarbeit der Mitgliedstaaten zu fördern. Die Kairoer Erklärung definiert die *Schari'a* als alleinige Grundlage der Menschenrechte.[205] Sie enthält vereinzelte wsk Rechte, ohne das Recht auf einen angemessenen Lebensstandard zu nennen.[206] Art. 17 (c) bestimmt, daß der Staat das Recht des Individuums auf ein menschenwürdiges Leben sichert, das es ihm ermöglicht, all seine Bedürfnisse und die seiner

---

201 Vom 18. Dezember 1979, BGBl. 1985 II 648; einen Überblick geben Grannes: The United Nations Women's Convention, S.18ff., 20ff. und Schöpp-Schilling, The Convention on the Elimination of All Forms of Discrimination Against Women, in Klein: The Monitoring System of Human Rights Treaty Obligations, S.71ff.

202 Art. 10ff. CEDAW.

203 Vom 27. Juni 1981.

204 Vom 5. August 1990; zu den Hintergründen der verschiedenen Menschenrechtserklärungen im Islam Riedel, Der internationale Menschenrechtsschutz. Eine Einführung, in Bundeszentrale für politische Bildung: Menschenrechte. Dokumente und Deklarationen, S.34ff.

205 Ausdrücklich in Art. 24 der Erklärung bekräftigt, ähnlich Art. 25.

206 Eine Variante des Rechts auf Bildung in Art.9; das Recht auf Arbeit in Art.13, das Recht auf Eigentum in Art. 15 oder das Recht auf die Früchte der Arbeit zu genießen aus Art. 16, das Recht, in einer sauberen Umwelt zu leben und auf medizinische und soziale Fürsorge, Art. 17 (a) und (b).

Angehörigen zu befriedigen, einschließlich Nahrung, Kleidung, Obdach, Erziehung, medizinische Versorgung und alle anderen Grundbedürfnisse. Es wird für dieses Recht kein Vorbehalt geäußert; er unterliegt aber, wie alle Rechte der Erklärung, gemäß Art. 24 der islamischen *Schari'a*.

Die Allgemeine Erklärung der Menschenrechte im Islam[207] wurde vom Islamrat für Europa in Paris veröffentlicht. Auch sie leitet die Menschenrechte allein aus dem Koran und der Sunna des Propheten Mohammed ab.[208] Sie enthält ebenfalls wsk Rechte, basierend auf den vom Koran vorgegebenen Regeln. Artikel 18 nennt „Das Recht des einzelnen auf einen ausreichenden Anteil an den Lebensgütern". Hierunter fallen gemäß Art. 18 Satz 1 auch Nahrung, Trinken, Kleidung und Wohnung. Die Aufzählung deckt sich mit der des Art. 11 (1) IPWSKR; ein Recht auf Trinken wurde explizit aufgenommen. Das Recht unterliegt einem Ressourcenvorbehalt, da es nur im Rahmen dessen gewährleistet, was die Ressourcen der *Umma*, also der religiösen Gemeinschaft aller Muslime, erlauben. Die Pflicht der *Umma* bezieht sich darauf, das abzudecken, was der einzelne sich nicht selbst verschaffen kann.[209] Der Vorbehalt bezieht sich also auf die der Gemeinschaft zur Verfügung stehenden Ressourcen und erinnert insofern an die in Art. 2 (1) IPWSKR normierte progressive Verwirklichung der Rechte des Sozialpakts.

7. Ergebnis

Der Begriff des Lebensstandards, auch in der Formulierung „angemessener Lebensstandard", findet außer im Sozialpakt auch in anderen grundlegenden völkerrechtlichen Verträgen bzw. Deklarationen Anwendung. Zwar wird das Recht auf einen angemessenen Lebensstandard nicht ausdrücklich in jeder Erklärung von Menschenrechten erwähnt; in der Mehrzahl der Fälle wird aber zumindest auf einzelne Bestandteile eingegangen. Aus dem Kontext der jeweiligen Artikel läßt sich schließen, daß die Bedeutung der des Art. 11 (1) IPWSKR sehr nahe kommt, wenn auch die besondere Intention des jeweiligen Dokuments zu beachten ist. Jedoch ergeben sich für die jeweiligen Überwachungsorgane Probleme, wenn es darum geht, den Begriff zu spezifizieren und damit erst anwendbar und überprüfbar zu machen.

---

[207] Vom 19. September 1981; allgemein zu Menschenrechten im Islam Ali: Gender and Human Rights in Islam and International Law, Chapter I: Human Right in Islam and International Law: A Conceptional Analysis, S.11ff.

[208] Präambel der Erklärung, 12. Spiegelstrich.

[209] Art. 18 Erklärung der Menschenrechte im Islam.

Eine allgemeine Definition des Begriffs „Lebensstandard“, die in gegebenenfalls modifizierter Form für Art. 11 (1) IPWSKR Anwendung finden könnte, wurde für die dargestellten Verträge und Erklärungen nicht entwickelt.

V. Definition des Begriffs „Lebensstandard"

1. Verwendbarkeit von Definitionen aus verschiedenen Wissenschaftsbereichen im Rahmen des Art. 11 (1) IPWSKR

Im folgenden werden Ideen zur Definition des Lebensstandards vorgestellt, um sie auf ihre Verwendbarkeit im Rahmen des Art. 11 (1) IPWSKR zu überprüfen. Die letztendlich zu verwendende Definition muß sowohl den menschenrechtlichen Charakter des Rechts auf einen angemessenen Lebensstandard berücksichtigen als auch die Integration der in Art. 11 (1) IPWSKR ausdrücklich genannten Bestandteile des Lebensstandards, namentlich Ernährung, Bekleidung und Unterbringung ermöglichen.

Die Benennung der Ansätze nach den Fachrichtungen, aus denen sie stammen, darf nicht so verstanden werden, daß es in jeder Fachrichtung eine einheitliche Definition des Begriffes „Lebensstandard" gäbe. Vielmehr soll der vorgestellte Ansatz stellvertretend für die in dem jeweiligen Fachbereich vorhandenen Ideen und Meinungen stehen.[210]

Die zum Lebensstandard vertretenen Definitionen lassen sich grundsätzlich danach unterscheiden, ob sie von einem objektiven oder einem subjektiven Ansatzpunkt ausgehen. Die objektiven Ansätze versuchen, den Lebensstandard an äußeren Bedingungen zu messen. Subjektive Ansätze bestimmen den Lebensstandard anhand der Gefühle und Erwartungen der Menschen, über bestimmte Güter und Dienstleistungen verfügen zu können, um einen bestimmten Lebensstil zu verwirklichen.[211] Die grundsätzliche Berechtigung beider Ansätze im allgemeinen Sprachgebrauch wird deutlich im Rückblick auf die Lebensstandarddefinition des Duden, die auf die Höhe der Aufwendungen und Bedürfnisse für das tägliche Leben abstellt. Bedürfnisse können sowohl verstanden werden als der Wunsch oder das Verlangen nach etwas, als Gefühl, jemandes oder einer Sache zu bedürfen, als auch als materielle Lebensnotwendigkeiten, die für das Überleben zwingend notwendig sind.[212] Während der erste Teil eindeutig subjektiv geprägt ist, bezieht sich der zweite Teil auf objektiv meßbare Werte. Ent-

---

210 Die Aufzählung ist daher nicht abschließend. Weitere Ansätze sind zum Beispiel in Seabright, Pluralism and the Standard of Living, in Nussbaum: The Quality of Life, S.393ff.; Scanlon, Value, Desire and the Quality of Life, in Nussbaum, The Quality of Life, S.185 oder Cohen, Equality of What? On Welfare, Goods and Capabilities, in Nussbaum: The Quality of Life, S.9ff. zu finden, unterscheiden sich aber nicht genug von den schon vorgestellten, um neue Impulse zu geben und können deshalb hier vernachlässigt werden.

211 Zu dieser Unterscheidung auch Fischer, Zur Einführung, in Fischer: Lebensstandard und Wirtschaftssysteme, S.10.

212 Duden Wörterbuch, Stichwort „Bedürfnisse", Band 1: A – Ci .

scheidend für die vorliegende Arbeit muß der Inhalt des Art. 11 (1) IPWSKR sein, der durch die gewählte Definition so präzise wie möglich erfaßt werden muß.

a) Subjektiv orientierte Ansätze

Die Beurteilung der eigenen Lebensumstände einer Person hängt sehr stark von ihrem persönlichen Empfinden ab. Sowohl die Bewertung durch ein und denselben Menschen als auch die Bewertung innerhalb einer Generation kann sich im Laufe seines Lebens ändern: Abhängig von ihren Prioritäten und Erwartungen können unterschiedliche Personen, die unter den objektiv gleichen Bedingungen leben, ihren Lebensstandard als hoch oder niedrig beschreiben.

Besonders deutlich wurde der starke Einfluß dieser individuelle Komponente auf die Einschätzung der eigenen Lebensumstände bei einer Umfrage im Jahre 1944 (ein Jahr nach der Großen Bengalischen Hungersnot), die vom *All-India Institute of Hygiene and Public Health* in Singur bei Kalkutta durchgeführt wurde. Unter den Befragten befand sich eine große Anzahl von Witwen und Witwern. Im Zeitpunkt der Umfrage war die Situation von Frauen, insbesondere von Witwen, in Indien mit Ausnahme einer kleinen Elite äußerst schlecht. Jedoch antworteten nur 2,5 % der befragten Witwen auf die Frage, ob sie krank oder bei schlechter Gesundheit seien, mit ja, während dies 48,5 % der befragten Witwer taten. Zudem antworteten auf die mehr auf das subjektive Empfinden abstellende Frage, ob es ihnen schlecht gehe, 0 % der weiblichen Befragten, aber 45,6 % der männlichen Befragten mit „ja“.[213] Akzeptanz von Entbehrung und Unglück durch Erziehung und gesellschaftliche Stellung beeinflußt offensichtlich das Ausmaß der empfundenen Unzufriedenheit. Ein rein objektiver Ansatz zur Definition des Lebensstandards könnte Schwierigkeiten haben, diesen Faktor zu berücksichtigen.

Auch durch Werbung wird die Einschätzung des eigenen Lebensstandards beeinflußt: Diese spiegelt vor, daß durch bestimmte Produkte eine Erhöhung des Lebensstandards erreicht werden kann, wobei sie vorwiegend an die Emotionen des Verbrauchers appelliert. Es werden gezielt bestimmte Verbrauchergruppen angesprochen, bei denen sich das Bedürfnis nach bestimmten Dingen einstellen soll.[214] Die Ausrichtung der Werbung zeigt, wie abhängig von der Persönlichkeit und den Lebensumständen des einzelnen die Bewertung des individuellen Lebensstandards ist: So mag ein schnelles Auto oder eine Urlaubs-

[213] R.B. Lal and S.C. Seal, General Health Survey, Singur Health Centre, 1944; zitiert nach Sen: Resources, Values and Developments, S.309.

[214] Paul, Fishing for Insights – eine Einführung in die Tiefen der Verbraucherseele, in Mattenklott/Schimansky: Werbung – Strategien und Konzepte für die Zukunft, S.414ff.; allgemeiner dazu Fischer/Wiswede: Zukunftsperspektiven unserer Konsumgesellschaft, S.311ff.

reise in ferne Länder in einem bestimmten Alter ein äußerst erstrebenswertes Ziel sein; dagegen kann in späteren Jahren eine barrierefreie Wohnung einen wesentlich größeren Beitrag zur Erhöhung des persönlichen Lebensstandards leisten.[215]

Das landläufige Verständnis des Lebensstandards spricht also eher dafür, den Lebensstandard mit Hilfe von subjektiven Bedingungen zu messen.

Demgegenüber stehen die Probleme bei der Messung eines an subjektiven Kriterien orientierten Ansatzes: Wie schon das Beispiel der Umfrage aus dem Jahre 1944 zeigt, werden die Erkenntnisse aus einer solchen Messung stark von der Persönlichkeit und dem sozialen Hintergrund der Befragten beeinflusst. Die Frage, ob bei der Feststellung des Inhalts eines Menschenrechts Abhängigkeiten von rein subjektiven Gegebenheiten zu akzeptieren sind, wird im Rahmen der Erarbeitung eines eigenen Ansatzes zu berücksichtigen sein.

(1) Lebensstandard als wissenschaftlich nicht zu definierender Begriff

Eine sehr einfache, aber unbefriedigende Lösung ist es, die Definierbarkeit des Begriffs „Lebensstandard“ generell zu verneinen, wie es *Atteslander*[216] tut. Er stützt seine Behauptung darauf, daß „Qualität [...] immer eine Frage der Gewichtung, des Empfindens und schließlich der Wertung“ sei und bleibe. Zwar könne wissenschaftlich untersucht werden, welche Bedingungen und Faktoren zu Vorstellungen von Lebensqualität führen. Maßstäbe könnten angewendet, aber nicht gesetzt werden.[217] *Atteslander* konkretisiert seine Auffassung dahingehend, daß es keine absolute Definition der Lebensqualität gebe, da je nach Art der Gesellschaft und nach ihrem Entwicklungsstand das, was als bestimmte Lebensqualität gelte, unterschiedlich sei. Auf der anderen Seite kommen wissenschaftliche Disziplinen, unabhängig davon, ob es sich um Sozial-, Wirtschafts- oder Rechtswissenschaften handelt, offensichtlich nicht ohne den Begriff des Lebensstandards aus.[218] Es ist dem Verständnis und der Klarheit nicht förderlich, einen Begriff als „wissenschaftlich nicht definierbar“ zu charakterisieren, ihn aber trotzdem weiter zu verwenden (so wie auch *Atteslander* es auf

---

[215] Vgl. Fischer/Wiswede, Zukunftsperspektiven unserer Konsumgesellschaft, in Mattenklott/Schimansky: Werbung – Strategien und Konzepte für die Zukunft, S.311ff.

[216] Atteslander, Vorstellungen über Lebensqualität als Funktion sozialer Strukturen und sozialem Wandel, in Chopard: Lebensqualität – Jahrbuch der Neuen Helvetischen Gesellschaft 46 (1975), S.46.

[217] Atteslander, Vorstellungen über Lebensqualität als Funktion sozialer Strukturen und sozialem Wandel, in Chopard: Lebensqualität – Jahrbuch der Neuen Helvetischen Gesellschaft 46 (1975), S.46.

[218] Vgl. dazu die Literatur zum Stichwort „Lebensstandard“ im Literaturverzeichnis dieser Arbeit.

den folgenden Seiten seines Aufsatzes tut). So kann diese Aussage im Rahmen des Art. 11 (1) IPWSKR und der vorliegenden Arbeit nicht ausreichen.

(2) Utilitaristischer Ansatz

In der utilitaristischen Tradition wird der Begriff des Lebensstandards über den Aspekt des Nutzens definiert. Dabei steigert der Nutzen, den eine Sache hat, den Lebensstandard der Person, die von der Sache profitiert. „Nutzen" kann sowohl als mentale Verfassung als auch als ein Bewertungsverfahren, durch das etwas als wertvoll erachtet wird, gesehen werden.[219] Strittig ist hierbei jedoch, wie der Nutzen zu definieren ist. Es existieren zu dieser Frage eine Vielzahl von Lösungsideen, von denen die verbreitetsten kurz vorgestellt werden, namentlich diejenigen, die Nutzen als Lustgewinn, als Wunscherfüllung oder als Entscheidungsfreiheit begreifen.[220]

Es stellt sich im Rahmen der Kritik der utilitaristisch geprägten Auffassung das Problem, eine Definition für falsch zu erklären, solange nicht klar ist, was der zu definierende Begriff eigentlich bedeutet. Es besteht die Gefahr, in einen Zirkelschluß zu gelangen: Eine Definition wird für falsch erklärt, weil sie den zu beschreibenden Begriff nicht zutreffend wiederzugeben vermag. Aber um die Diskrepanz zwischen der abgelehnten Definition und dem Begriff selbst schlüssig darzulegen, muß wiederum der zu klärende Begriff erläutert werden, womit immer das Risiko besteht, eine eigene, ungenaue, nur für den jeweiligen Zweck passende Definition zu entwickeln, die bei näherer Betrachtung nicht haltbar ist. Die vorgestellten Definitionen sind deshalb zunächst daraufhin zu überprüfen, ob sie mit der etymologischen Bedeutung des Terminus „Lebensstandard" vereinbar sind, d.h. ob sie geeignet sind, den Inhalt des Begriffs „Normalfall des menschlichen Lebens", so unpräzise diese Bestimmung auch sein mag, zu erklären.[221]

(aa) Nutzen als Lustgewinn

Nutzen kann als Lustgewinn verstanden werden. Ein Lustgewinn ist gegeben, wenn ein Zustand der Zufriedenheit oder des Glücks erreicht wird.[222] Der Aus-

---

[219] Zu diesem Konzept Marshall: The Principles of Economics, S.117ff.; zu den Problemen van Praag, The Relativity of the Welfare Concept, in Nussbaum: The Quality of Life, S.362ff.

[220] Weitergehend zu utilitaristischen Definitionen des Lebensstandards Bliss, Life Style and the Standard of Living, in Nussbaum: The Quality of Life, S.417 (421ff.); Sen, Lebensgestaltung und Fähigkeiten, in Sen: Der Lebensstandard, S.22ff.

[221] Denn nichts anderes ist eine Definition: Duden Deutsches Universalwörterbuch; Stichwort „definieren".

[222] Zu den philosophischen Grundlagen Hare: Moralisches Denken, S.143ff., insbesondere S.160ff.

gangspunkt dieser Auffassung ist die Beobachtung, daß der Antrieb, seine Lebensumstände zu verbessern, häufig das Streben nach Zufriedenheit und Glück ist.

Es ist zweifelhaft, ob die Verbesserung der jeweiligen Lebensumstände zwingend Zufriedenheit mit sich bringt. So kann ein Mensch, der unter objektiv widrig zu nennenden Umständen lebt, trotzdem glücklich sein. Als Beispiel sind solche Menschen zu nennen, deren Wunsch es entspricht, als Eremit in der Wüste oder als Einsiedler in den Bergen ohne die Errungenschaften der menschlichen Zivilisation und ohne menschliche Gesellschaft zu leben. Trotzdem wäre nur schwerlich die Behauptung aufrecht zu erhalten, daß solche Personen einen hohen Lebensstandard haben, da dieser nicht völlig losgelöst von der Art zu leben, insbesondere im Vergleich zu der übrigen Bevölkerung, gesehen werden kann.[223] Dieser Versuch, den Lebensstandard durch den Nutzen subjektiv zu definieren, stößt an die Grenzen des Wortsinns. Diesen zu überschreiten, bedeutet aber auch, die Glaubwürdigkeit der Definition preiszugeben.

Allein durch den Lustgewinn, also durch das Maß an Zufriedenheit einer Person, kann man den Nutzen und damit den Lebensstandard im Rahmen des Art. 11 (1) IPWSKR nicht bestimmen.

(bb) Nutzen als Wunscherfüllung

Zum Teil wird der Nutzen, den eine Person aus einer Situation oder einer Sache zieht, durch das Maß der Erfüllung ihrer Wünsche gemessen. Bei einem hohen Faktor an erfüllten Wünschen läge somit auch ein hoher Lebensstandard vor.[224] Diese Theorie geht davon aus, daß Wünsche zuverlässig Auskunft darüber geben, was ein Mensch schätzt und was er nicht schätzt. In je höherem Maße jemandem das, was er schätzt, zur Verfügung steht, desto höher soll damit auch sein Lebensstandard sein.[225]

Ein Wunsch ist zwar die häufige und plausible Konsequenz einer Wertschätzung, von einem zwingenden Zusammenhang kann aber nicht die Rede sein. So sind Wünsche nach Dingen oder Zuständen möglich, die nicht geschätzt werden, bedingt durch andere Motivationen als das eigene Wohlergehen. Ein einfaches Beispiel dafür ist der Regen, der für die Landwirtschaft notwendig ist, jedoch im Sommerurlaub nicht geschätzt wird. Weiterhin ist es möglich, Dinge zu schätzen, die in der jeweiligen persönlichen Situation gerade nicht wünschenswert sind.[226] Wünsche sind damit keine adäquate Basis für die Wertschätzung,

---

223 Sen, Lebensgestaltung und Fähigkeiten, in Sen: Der Lebensstandard, S.26.

224 Vgl. zum Beispiel Pigou: The Economics of Welfare, S.23ff.

225 Sen, Lebensgestaltung und Fähigkeiten, in Sen: Der Lebensstandard, S.27f.

226 Vgl. Majumdar, The rationality of changing choices, Analyse und Kritik 2 (1980), S.177.

da sie auch durch andere Motivationen als die Verbesserung der eigenen Lebensbedingungen ausgelöst werden können.[227]

Ein weiteres Problem ergibt sich aus dem Stellenwert von Wünschen. Die Erfüllung von Wünschen ist kein zwingender Hinweis auf ein hohes Niveau des Wohlergehens. Dies zeigt sich am Beispiel von Menschen, die unter objektiv gleichen Umständen leben, deren Wünsche jedoch stark variieren können. Gesetzt den Fall, daß realistische Wünsche erfüllt werden, unrealistische aber nicht, müßte der Lebensstandard niedrig sein. Obwohl nicht feststeht, daß die äußeren Umstände den Lebensstandard bestimmen, kann man ihn nicht völlig von den vorgefundenen Lebensbedingungen trennen. Dies hätte eine Überschreitung des Wortsinns zur Folge.

Ebenso ist zu berücksichtigen, daß Wünsche zwar angesichts der aktuellen Lebenssituation unrealistisch sein können, in den meisten Fällen jedoch durch die Lebenssituation bestimmt und auch begrenzt werden.[228] Ein Wunsch kann sowohl auf Statussymbole wie zum Beispiel ein teures Auto wie auch auf dringend benötigte Kleidungsstücke wie zum Beispiel Winterschuhe gerichtet sein. Interpretiert man Lebensstandard konsequent als Nutzen in Form von Wunscherfüllung, so steigt derselbe durch den Erhalt des notwendigen Kleidungsstückes, sinkt aber, wenn das gewünschte Statussymbol ausbleibt. Damit kann sich für einen Menschen, der unter sehr schlechten Bedingungen lebt und deshalb seine Wünsche in erster Linie an Grundbedürfnissen ausrichtet, ein hoher Lebensstandard ergeben. Dieses Ergebnis wäre widersinnig. Eine gleichmäßige Verbesserung der Lebensumstände verschiedener Personen kann, je nach Persönlichkeit, einen mehr oder weniger hohen Nutzen hervorrufen, womit auch die Steigerung des Lebensstandards variiert.[229]

Das Maß der Erfüllung von Wünschen ist damit nur in sehr begrenztem Rahmen dazu geeignet, die Höhe des Lebensstandards zu bestimmen.

(cc) Nutzen als Entscheidungsfreiheit

Schließlich wird aus utilitaristischer Sicht der Nutzen, den jemand hat, auch durch das Maß an Entscheidungsfreiheit, das er genießt, bestimmt. Der Grund

---

227 Ausführlich zu der Problematik von Wünschen, Vorlieben und Wohlergehen Sen, Choice, Orderings and Morality, in Sen: Choice, Welfare and Measurement, S.74ff.

228 Nussbaum, Capabilities, Human Rights, and the Universal Declaration, in Weston/ Marks: The Future of International Human Rights, S.38f.

229 Dies kritisiert auch Nussbaum, Capabilities, Human Rights, and the Universal Declaration, in Weston/ Marks: The Future of International Human Rights, S.38f. Zu „Mangelhypothese" und „Sozialisationshypothese", also der Abhängigkeit der Wünsche einer Person sowohl von ihrer aktuellen Lage als auch von ihrer Sozialisation Niesel, Über den Nutzen psychographischer Zielgruppenmodelle, in Mattenklott/Schimansky: Werbung – Strategien und Konzepte für die Zukunft, S.344ff.

hierfür soll darin liegen, daß mit der Möglichkeit, eine Entscheidung zu treffen, die betreffende Person die Gelegenheit hat, sich für das zu entscheiden, was sie wertschätzt. Mit dieser Option, sich für das Optimum zu entscheiden, soll auch der Lebensstandard steigen.[230]

Dieser Gedankengang begegnet dem grundsätzlichen Problem, daß er dazu verleitet, Entscheidungsfreiheit mit Nutznießen zu verwechseln. Besteht die Wahl zwischen dem sprichwörtlichen Regen und der Traufe, so erwächst aus der Entscheidung kein höherer Nutzen und damit auch kein höherer Lebensstandard als in einer Situation, in der zwar keine Wahl besteht, die Voraussetzungen für ein Leben unter adäquaten Bedingungen aber trotzdem gegeben sind.[231]

Auch der Gedanke, den Lebensstandard über den Nutzen im Sinne von Entscheidungsfreiheit zu definieren, stößt schnell an die aufgezeigten Grenzen. Er ist somit für die vorliegende Arbeit nicht geeignet.

(dd) Ergebnis

Die Definition des Lebensstandards im Rahmen des utilitaristischen Ansatzes führt für Art. 11 (1) IPWSKR nicht zu einer verwendbaren Definition. Dies soll nicht heißen, daß nicht auch bei der Deutung des Lebensstandards als Nutzen eine Definition erarbeitet werden kann, auf deren Grundlage weitergehende Forschung betrieben werden kann. Alle angesprochenen Faktoren (Zufriedenheit/ Erfüllung von Wünschen/ Entscheidungsfreiheit) haben Einfluß auf das, was Individuen als „Lebensstandard“ empfinden, ohne daß für diese Aussage schon genau bestimmt sein muß, wie derselbe zu definieren ist. Sie werden auch im allgemeinen Sprachgebrauch als Anhaltspunkte für einen hohen Lebensstandard gesehen. Sie können diesen aber nicht ausschließlich definieren, sondern nur am Rande bei der Konkretisierung helfen. Auch ist es schwierig, die in Art. 11 (1) IPWSKR ausdrücklich genannten Bestandteile des Rechts auf einen angemessenen Lebensstandard, nämlich Ernährung, Bekleidung und Unterbringung, zu berücksichtigen; diese zielen eher auf eine objektive Definition hin. Zudem wäre es sehr bedenklich, den Inhalt eines Menschenrechts allein von subjektiven Empfindungen abhängig zu machen. Nicht nur, daß damit die ohnehin schon in der Kritik stehende Universalität des Menschenrechts *de facto* aufgegeben wäre; der Inhalt des Rechts würde sich auch im Laufe der Zeit in so starkem Maße mit den sich wandelnden Lebensumständen verändern, daß fraglich wäre, ob es sich überhaupt noch um ein und dasselbe Recht handelt. Der Lebensstandard in einem Mitgliedstaat entspräche einem allgemeinen Stimmungsbild in der Bevölkerung eines Landes. Solche Stimmungsbilder bergen

---

230 Dazu Sen, Lebensgestaltung und Fähigkeiten, in Sen: Der Lebensstandard, S.31.

231 Sen, Lebensgestaltung und Fähigkeiten, in Sen: Der Lebensstandard, S.32.

jedoch immer die Gefahr, daß sie durch äußere, insbesondere staatliche Einflüsse verzerrt werden: Durch Propaganda, religiöse Doktrinen oder Erziehung können Menschen dahingehend beeinflußt werden, sich mit ihrer Lage abzufinden und auch unter widrigen Umständen zufrieden zu sein. Dies widerspricht aber der Idee der wsk Rechte, die es Menschen ermöglichen soll, ein Leben in Würde zu verwirklichen.

Selbst bei dem Versuch, „Nutzen“ nicht weiter zu konkretisieren, sondern nur von seiner Grundbedeutung, nämlich „Vorteil, Ertrag, den man von einer Tätigkeit oder dem Gebrauch von etwas hat“,[232] her zu verstehen, ist eine im Rahmen des Art. 11 (1) IPWSKR verwertbare Lösung nicht möglich: Der utilitaristische Nutzenbegriff bezieht sich nicht nur auf den Gebrauch einer Sache selbst, sondern auch auf die mentale Reaktion auf den Gebrauch.[233] Die Faktoren, die eine bestimmte mentale Reaktion auslösen, variieren von Person zu Person. Auch so wird die Universalität des Menschenrechts aufgegeben; zudem ermöglicht das Abstellen auf den Nutzen nur eine sehr eindimensionale Sicht des Lebensstandards.[234]

Hinzu kommt ein grundsätzliches Problem der utilitaristischen Philosophie: Gewöhnlich wird das Ganze beziehungsweise der Durchschnitt betrachtet, nicht das Individuum. So können, solange für den Durchschnitt die Anforderungen erfüllt sind, extreme Mißstände bei Einzelnen toleriert werden.[235] Menschenrechte sollen aber gerade auch Individuen und Minderheiten schützen, die besondere Gefahr laufen, benachteiligt zu werden.

(3) Lebensstandard als „Glück“

Ein ähnlicher Ansatz mißt den Lebensstandard am „Glück“ des Menschen, wobei „Glück“ als subjektive Empfindung des Einzelnen zu verstehen ist.[236] Obwohl diese Idee den schon vorgestellten ähnelt, liegt der Unterschied darin, daß der „Umweg“ über den Nutzen vermieden wird. Die utilitaristische Ansicht ist schon in sich selbst dadurch gescheitert, daß es an einer eindeutigen Definition des Begriffes „Nutzen“ fehlte, wodurch letztendlich nur der zu definierende Begriff „Lebensstandard“ durch den zu definierenden Begriff „Nutzen“ umschrieben wurde.

---

[232] Duden Bedeutungswörterbuch, Stichwort „Nutzen“.

[233] Sen: Resources, Values and Development, S.334.

[234] So auch Nussbaum, Capabilities, Human Rights, and the Universal Declaration, in Weston/ Marks: The Future of International Human Rights, S.38.

[235] Nussbaum, Capabilities, Human Rights, and the Universal Declaration, in Weston/ Marks: The Future of International Human Rights, S.37.

[236] Zum Beispiel Schnyder, Qualität des Lebens, Mythos oder Chance?, in Chopard: Lebensqualität – Jahrbuch der neuen helvetischen Gesellschaft 46 (1975), S.25.

Doch ebenso wie der Begriff des „Nutzens" ist auch der Begriff des „Glücks" nicht selbsterklärend und daher konkretisierungsbedürftig. Die Empfindung von „Glück" soll in erster Linie davon abhängen, ob der Einzelne in der Lage ist, ein qualitativ wertvolles Leben zu realisieren.[237] Gleichwohl erfolgt allein mit der Ersetzung des Begriffes „Glück" durch den Ausdruck „Realisierung eines qualitativ wertvollen Lebens" noch keine Klärung der Frage, was unter „Lebensstandard" zu verstehen ist; der Begriff „qualitativ wertvolle Leben" ist ähnlich unbestimmt wie der des „Glücks". Zudem ist die Gleichsetzung von Glück und einem qualitativ wertvollen Leben anzuzweifeln. Hierbei ist zu beachten, daß die Konkretisierung über eine subjektive Komponente erfolgt; wichtig soll in erster Linie sein, wie der einzelne sein Leben bewältigt und ob es ihm gelingt, seinem Leben einen Sinn zu geben.[238]

Mit dieser Herangehensweise an den Ausdruck „Lebensstandard" wird die subjektive Komponente betont. Wegen der Abhängigkeit, die zwischen der Einschätzung des eigenen Lebensstandards und der Persönlichkeit der jeweiligen Person besteht, ist es nur konsequent, auch auf ein personenbezogenes Kriterium wie die Frage, ob das Leben einer Person einen Sinn hat, abzustellen.

Trotzdem gelangt man auf diesem Weg nicht zu einer verwendbaren Definition des Begriffs „Lebensstandard". Bejaht man einen hohen Lebensstandard im Falle eines qualitativ wertvollen Lebens, muß konsequenterweise die nächste Frage lauten, wann ein Leben qualitativ wertvoll ist. Eine mögliche Antwort lautet: Wenn man einen hohen Lebensstandard erreicht. Dasselbe Ergebnis ist möglich, wenn man fragt, wann ein Leben einen Sinn hat. Der Sinn des Lebens kann für Menschen in ganz unterschiedlichen Bereichen liegen – zu nennen sind nur Familie, Religion oder Arbeit, so daß eine interpersonelle Vergleichbarkeit so gut wie ausgeschlossen ist. Natürlich sind auch andere Definitionsversuche für den Terminus „Glück" möglich; jedoch ist ein so unbestimmter und emotionsbeladener Terminus prädestiniert, immer wieder einen unbestimmter Begriff durch einen anderen unbestimmten Begriff zu ersetzen und sich in definitorische Zirkelschlüsse zu begeben.

Weiterhin ergibt sich das schon dargestellte Problem, daß zwischen dem Glück und den Lebensumständen einer Person nicht zwingend ein direkter Zusammenhang besteht. So kann ein Mensch, der unter objektiv schlechten Bedingungen lebt, glücklicher sein als jemand, der objektiv unter sehr guten Bedingungen lebt.

Denkbar wäre es, zur Förderung der Meßbarkeit des „Glücks" auf objektive Kriterien wie Einkommen, Arbeitsplatz, Freundeskreis etc. abzustellen. Doch

---

[237] So Schnyder, Qualität des Lebens, Mythos oder Chance?, in Chopard: Lebensqualität – Jahrbuch der neuen helvetischen Gesellschaft 46 (1975), S.25.

[238] Schnyder, Qualität des Lebens, Mythos oder Chance?, in Chopard: Lebensqualität – Jahrbuch der neuen helvetischen Gesellschaft 46 (1975), S.26.

wird man damit dem Terminus „Glück" nicht gerecht. „Glück" ist definiert als „angenehme und freudige Gemütsverfassung, in der man sich befindet, wenn man in den Besitz oder Genuß von etwas kommt, was man sich gewünscht hat; Zustand der inneren Befriedigung und Hochstimmung."[239] Es geht also um die innere Verfassung einer Person, die durch objektive Merkmale nur unzureichend wiedergegeben wird.

Überdies treffen die schon genannten Kritikpunkte zu: Weder die in Art. 11 (1) IPWSKR genannten Einzelrechte noch die Universalität des Rechts auf einen angemessenen Lebensstandards werden berücksichtigt.

Obwohl die Idee, das Glück einer Person als ausschlaggebend für den Lebensstandard anzusehen, richtige Aspekte enthält, kann sie den Anforderungen, die Art. 11 (1) IPWSKR an die Definition des „Lebensstandards" stellt, nicht gerecht werden. Die philosophischen Grundlagen sind deshalb nicht weiter zu vertiefen.

(4) Lebensstandard als ideeller Bedarfsfaktor

Auch im Rahmen der Marktforschung wird mit dem Begriff des Lebensstandards operiert, wobei „Lebensstandard" als ideeller Bedarfsfaktor bzw. Bedürfnisformer verstanden wird. Als Gegenbegriff dient der *economic status*, also die wirtschaftliche Stellung einer Person. Der ideelle Lebensstandard entspricht den Vorstellungen des Verbrauchers darüber, was sein Dasein und seine Umwelt ausmachen soll, ausgedrückt in der Summe der ihm nach Herkunft, Sozialisation, Werdegang usw. angemessen erscheinenden Wünsche.[240] Ähnlich wird der Lebensstandard auch in den Sozialwissenschaften bestimmt: Hier gilt er als der Maßstab der Bestrebungen oder Wünsche eines Individuums nach Gütern und Dienstleistungen.[241] Die Sicht des Lebensstandards als ideellem Bedarfsfaktor ist sehr eng mit dem utilitaristischen Ansatz verwandt, der Nutzen als Wunscherfüllung definiert. Auf die Ausführungen dazu wird ergänzend verwiesen.

Die Idee, die sowohl hinter dem marktforschungsorientierten als auch hinter dem sozialwissenschaftlichen Ansatz steht, geht davon aus, daß sich die eigenen Lebensumstände, und damit auch die Abweichung im positiven oder negativen Sinne vom Regelfall der Lebensumstände, in der Gestaltung der eigenen Wünsche niederschlagen.

Ähnlich wie bei der Bestimmung des Lebensstandards mit Hilfe des Nutzens konkretisiert durch Wunscherfüllung finden Sonderfälle, wie zum Beispiel die Situation von Randgruppen oder besonders gefährdeten Gruppen, keine Berücksichtigung. Die der jeweiligen Person eigenen Wünsche und Bedürfnisse

---

[239] Duden, Deutsches Universalwörterbuch, Stichwort „Glück".

[240] Gabler Wirtschaft-Lexikon, Band 2, Stichwort „Lebensstandard".

[241] Encyclopedia Britannica, Bd. 7, S.413, Stichwort „living, standard of".

orientieren sich nicht nur an dem, was nach den Umständen auch möglich ist. Der Bedarf wird nicht ausschließlich von wirklichen Bedürfnissen und der Vernunft geleitet, sondern auch von äußeren Einflüssen, insbesondere dem sozialen Umfeld und den Medien, beeinflußt und erzeugt. Diese Einflüsse könnten in der Weise ausgeglichen werden, daß man nicht nach Wünschen oder Bedürfnissen allgemein fragt, sondern spezieller nach erfüllbaren Wünschen bzw. elementaren Bedürfnissen. So gäbe es die Möglichkeit, den „Wunschhorizont“ einer Person wieder die Bedeutung zu beschränken, mit der es innerhalb dieser Meinung ursprünglich gesehen wurde, nämlich Wünsche, die nach Herkunft und Werdegang angemessen und realistisch sind.

Es bleibt jedoch auch mit dieser Modifikation problematisch, von dem ideellen Bedarfsfaktor einer Person auf ihren Lebensstandard zu schließen. Zunächst leidet ein solcher Ansatz an dem generellen Problem der subjektiven Ansätze, nämlich der Abhängigkeit von Auskünften über die subjektive Befindlichkeit der Einwohner[242] eines Mitgliedstaates.

So würde die höhere Zahl auch von einkommensschwachen Haushalten, die im Besitz von Gütern wie privaten Kraftfahrzeugen und Farbfernsehern sind,[243] darauf hinweisen, daß der Lebensstandard beständig steigt. Im Rahmen des Sozialpakts ist jedoch eine umfassendere Sichtweise notwendig, so daß, um das Beispiel Deutschlands zu nehmen, die angestiegene Zahl der Privatinsolvenzen und die Zahl der Haushalte, die auf die Befriedigung von Grundbedürfnissen verzichten, nicht außer Betracht bleiben darf.[244] Wird eine höhere Anzahl von Bedürfnissen erfüllt und übersteigt dies jedoch die eigentlichen finanziellen Möglichkeiten der privaten Haushalte, so können andere grundlegende Bedürfnisse nicht befriedigt werden. So ist die höhere Zahl der befriedigten Bedürfnisse keine dauerhafte Erscheinung. Der ideelle Bedarfsfaktor ist demzufolge nur begrenzt geeignet, um den Lebensstandard im Rahmen des Art. 11 (1) IPWSKR zu definieren.

---

[242] Menschenrechtliche Verträge begünstigen alle Individuen, also nicht nur die Staatsbürger, die auf dem Gebiet des Mitgliedstaates leben und unter seiner Herrschaftsgewalt stehen. Für den Sozialpakt folgt dies im Umkehrschluß aus Art. 2 (3), S.auch Art. 2 (1) IPBPR; siehe dazu in den *Travaux Préparatoires* E/CN.4/SR.233, S.14, 15f.; so auch Dimitrijevic, The Monitoring of Human Rights and the Prevention of Human Rights Violations Through Reporting Procedures, in Bloed *et al*: Monitoring Human Rights in Europe, S.1; ausführlich zu diesem Problem Eide, Economic and Social Rights as Human Rights, in Eide/ Krause/ Rosas: Economic, Social and Cultural Rights, S.20ff.

[243] Für die genauen Daten Habich/ Noll, Lebensbedingungen und ihre Bewertungen, http://www.gesis.org/dauerbeobachtung/sozialindikatoren/Publikationen/Datenreport/pdf2002/2_05.pdf.

[244] Pressemitteilung des Statistischen Bundesamtes vom 18.März 2004: Über 100 000 Insolvenzen von Unternehmen und Privaten im Jahr 2003, http://www.destatis.de/presse/deutsch/pm2004/p1280132.htm.

(5) Bestimmung des Lebensstandards durch die Verwirklichung von Fähigkeiten

Gegen die Theorien, nach denen der Lebensstandard durch den Nutzen oder durch besondere Güter bestimmt wird, wendet sich *Sen.*[245] Seiner Meinung nach bestimmt sich der Lebensstandard eines Menschen nach der Möglichkeit, die er hat, um seine Fähigkeiten zu verwirklichen. Habe ein Mensch die Möglichkeit, seine Fähigkeiten auszuschöpfen, so liege es auch in seiner Hand, seine Lebensumstände positiv und selbstbestimmt zu gestalten. [246] Er illustriert seinen Ansatz am Beispiel des Fahrrades: Die Transporteigenschaft des Fahrrads gebe einer Person die Fähigkeit, sich in einer Weise vorwärts zu bewegen, die ohne das Fahrrad nicht möglich sei. Der Besitz eines Fahrrades, das die Eigenschaft habe, Transportmittel zu sein, führe zu der Möglichkeit, sich fortzubewegen, und als letzte Konsequenz möglicherweise zum Nutzen in Form von Freude an der Fortbewegung.[247]

Sen schließt es aus, den Lebensstandard am Besitz einer Person zu messen, da so nicht dargelegt werde, welche Möglichkeiten *in realiter* beständen. Im Rahmen des Fahrrad-Beispiels müsse bedacht werden, daß es durch eine Behinderung unmöglich sein kann, das Fahrrad zu benutzen. Der Besitz des Fahrrades könne die Basis für eine Bereicherung des Lebensstandards sein, aber es sei kein konstituierender Teil desselben. Entscheidend sei nicht, ob man eine Sache benutzt, sondern ob und wie man durch ihre Benutzung seine Fähigkeiten ausschöpfen könne.[248]

Trotz der Schlüssigkeit und Logik dieser Argumentation bleibt die Frage nach ihrem Nutzen für Art. 11 (1) des Sozialpaktes. Eine Person kann in vielerlei Hinsicht „befähigt" sein. Denkt man in traditioneller Richtung, so mag es die Fähigkeit sein, hochqualifizierte Arbeit zu leisten und dadurch seinen Wohlstand zu mehren. Fähigkeiten können aber auch musikalische und künstlerische Talente sein, deren Verwirklichung sich nicht unbedingt in einer Verbesserung der Lebensumstände, vielleicht aber stattdessen in der Selbstverwirklichung der betreffenden Person ausdrückt. So kann jemand seine Fähigkeiten zum Beispiel als Künstler verwirklichen und damit seinem Leben einen Sinn geben, dabei aber in Armut leben. An dieser Stelle ist es notwendig, sich auf die etymologischen Wurzeln des Begriffes „Lebensstandard" zurück zu besinnen:

---

[245] Sen, Capability and Well-Being, in Nussbaum: The Quality of Life, S.30ff.; derselbe: Resources, Values and Development, S.334.

[246] Sen, Capability and Well-Being, in Nussbaum: The Quality of Life, S.30ff.; derselbe: Resources, Values and Development, S.334.

[247] Sen, Capability and Well-Being, in Nussbaum: The Quality of Life, S.30ff.; derselbe: Resources, Values and Development, S.334.

[248] Sen: Resources, Values and Development, S.334ff.

Es soll um die Umstände gehen, unter denen man lebt. *Sens* Definition macht es möglich, auch unter sehr schlechten Lebensumständen einen hohen Lebensstandard zu bejahen. Er verfolgt mit seiner These augenscheinlich die Idee, daß die Verwirklichung von Fähigkeiten subjektiv dazu führt, daß die jeweilige Person mit den Umständen ihres Lebens zufrieden ist. Wie aber oben schon dargestellt, reicht eine so sehr auf subjektive Komponenten abstellende Definition im Rahmen des Art. 11 (1) IPWSKR nicht aus.[249] Zudem fehlt die Möglichkeit, die Verwirklichung der Rechte auf Nahrung, Bekleidung und Unterbringung zu inkorporieren, ohne deren Verwirklichung auch die Umsetzung des Rechts auf einen angemessenen Lebensstandard nicht bejaht werden kann.

Denkbar wäre es, die Idee von *Sen* zu „objektivieren“: Die Fähigkeiten von Menschen sind statistisch erfaßbar und in Kategorien einteilbar. Somit wäre es theoretisch denkbar, ein objektives Bild von den Fähigkeiten der Menschen eines Landes und ihrer Verwirklichung zu erstellen und zu bewerten. Dies klärt aber nicht, welche Fähigkeiten im Rahmen des Art. 11 (1) IPWSKR relevant sind. Letztendlich wäre man aber wieder auf die subjektive Einschätzung der einzelnen Personen angewiesen, nämlich dahingehend, welche Fähigkeiten sie in welchem Maße besitzen sowie hinsichtlich der Frage, ob sie diese verwirklichen können.

Die Definition des „Lebensstandards“ durch den „Fähigkeitenansatz“ kann im Rahmen des Art. 11 (1) IPWSKR nicht verwendet werden.

b) Objektiv orientierte Ansätze

Die objektiv orientierten Ansätze beurteilen den Lebensstandard eines Individuums oder auch eines Landes an äußeren, statistisch erfaßbaren Faktoren. Es gelten die gleichen Bewertungskriterien, die schon im Rahmen der subjektiven Ansätze genutzt wurden: Es muß eine Definition des Lebensstandards möglich sein, die sowohl die Inkorporation der in Art. 11 (1) IPWSKR explizit genannten Bestandteile ermöglicht als auch der Intention des Sozialpakts, daß es Menschen möglich sein soll, ein Leben in Würde zu führen, gerecht wird.

(1) Medizinischer Ansatz

Der medizinische Ansatz kommt insbesondere bei Projekten zum Tragen, die die Entwicklung des Lebensumstände in Ländern bzw. Zeitabschnitten untersuchen, zu denen keine auswertbaren Daten zu den „traditionellen“ Faktoren zur Erfassung der Lebenssituation wie Pro-Kopf-Einkommen oder Bruttosozialprodukt vorliegen. Die Erfassung von anthropometrischen Daten, nämlich Größen-

[249] Weitergehende Kritik an Sen übt Cohen, Equality of What? On Welfare, Goods and Capabilities, in Nussbaum: The Quality of Life, S.9ff.

und Gewichtsmessungen, wurden schon sehr früh zum Beispiel in Missionarsstationen oder bei der Rekrutierung von Soldaten vorgenommen.[250]

(aa) Körpergröße/ Body Mass Index

Die anthropometrischen Daten, aus denen sich der sog. *Body Mass Index* (BMI)[251] errechnet, sollen Auskunft darüber geben, wie sich der Lebensstandard, die Ernährung und das Wohlergehen verändert haben.[252] Ausgangspunkt dieser Idee ist, daß Größe und Gewicht einer Person generell zuverlässig Auskunft über die Qualität und Quantität ihrer Ernährung sowie über die Schwere der Arbeit, die sie verrichten muß, geben.[253] Die wirtschaftlichen Rahmenbedingungen haben einen entscheidenden Einfluß auf die Gesundheit und körperliche Entwicklung des Einzelnen. So sind deutsche Rekruten seit der Zeit des Wirtschaftswunders um durchschnittlich 6 cm größer geworden.[254]

Ein angemessener Lebensstandard wäre demnach gegeben, wenn sich Größe und Gewicht bzw. ihre Kombination, der *Body Mass Index*, im Normbereich bewegen.

Diese Definition hat den Vorteil, daß die benötigten Daten sehr genau zu erfassen und statistisch unproblematisch auswertbar sind. Auch interregionale und internationale Vergleiche sind möglich.

(bb) Der biologische Lebensstandard

Eine Abwandlung des BMI ist der „biologischen Lebensstandard", für den das allein entscheidende Kriterium die mittlere Körpergröße der Bevölkerung oder einzelner Teilpopulationen ist.

Entscheidend für die Entwicklung des körperlichen Wachstums ist die Ernährung sowohl der Mutter während der Schwangerschaft als auch der Person selbst insbesondere im Säuglingsalter und in der Kindheit.[255] Da die Ernährung stark vom Einkommen in der Familie sowie den Lebensmittelpreisen abhängt,

---

[250] Vgl. dazu zum Beispiel Morgan, China und Nicholas, Argentina, in Komlos/Baten: The Biological Standard of Living in Comparative Perspective, S.7ff, S.35ff.

[251] Body Mass Index – errechnet sich nach der Formel (Gewicht in kg) : (Größe in m)^2 . Der Normalbereich des BMI liegt für Frauen und Männer zwischen 18,5 und 24,9.

[252] Morgan, China, in Komlos/Baten: The Biological Standard of Living in Comparative Perspective, S.7ff.

[253] Mehr Informationen bei Fröhlich, Maßstab Körper, in Heureka 6/ 99.

[254] Vgl. die Abbildung bei Komlos, Eine Frage der (Körper)Größe, in EINSICHTEN 02/03, veröffentlicht unter http://presse.verwaltung.uni-muenchen.de/einsichten0203/wirtschaft-sozial.htm.

[255] Komlos, Der biologische Lebensstandard, Spektrum der Wissenschaft 1998 S.101.

besteht ein enger Zusammenhang zwischen ökonomischen Parametern und der Körpergröße. Aus Untersuchungen der Körpergrößen des späten 18. und frühen 19. Jahrhunderts, namentlich aus der Phase der industriellen Revolution, ließ sich ablesen, daß ein Mehr an Nährstoffen das menschliche Wachstum nicht wesentlich erhöht, ein schlechter Ernährungsstatus sich aber meßbar auf das körperliche Wachstum auswirkt in dem Sinne, daß die Betroffenen deutlich kleiner bleiben als normal ernährte Zeitgenossen.[256]

Sowohl die Erfassung des BMI als auch die der Körpergröße deckt nur einen Aspekt des Lebensstandards ab, so daß die Aussage von *Morgan*: *„It (*das Projekt zur Messung des Lebensstandards, Anm. d. Verf.*) explores the use of anthropometric data to analyse temporal and spatial change in living standards“*[257] zu weit gefaßt ist. Die Verwirklichung des Rechts auf Ernährung als eines der wichtigsten Bestandteile des Rechts auf einen angemessenen Lebensstandard wird durch die Körpergröße widergespiegelt, da insbesondere die Proteinzufuhr in der Kindheit und Pubertät ausschlaggebend für die spätere Körpergröße ist. Jedoch ist es nur ein Aspekt und nicht geeignet, die Lebensumstände von Personen umfassend wiederzugeben. So können auch besonders kleinwüchsige Menschen einen hohen Lebensstandard haben, ebenso wie der von großgewachsenen Menschen niedrig sein kann. Obwohl die Intention von *Morgan* gerade die war, Aspekte, die bei der Messung des Lebensstandards über ökonomische Faktoren wie das Pro-Kopf-Einkommen oder das Bruttosozialprodukt nicht erfaßt werden, zu berücksichtigen, leidet seine Idee an der Schwäche, einen Faktor als maßgeblich herauszustellen, um dafür andere zu vernachlässigen. Schon die ausdrücklich im Sozialpakt genannten Bestandteile des Lebensstandards wie Unterbringung und Bekleidung können hier nicht berücksichtigt werden.

Auch kann der Inhalt eines Menschenrechts nicht von der Einfachheit und Genauigkeit der Meßbarkeit und Verfügbarkeit statistischer Daten abhängen, was eines der Hauptargumente der Befürworter dieses Ansatzes ist. Die Praktikabilität einer Definition ist nicht ausschlaggebend dafür, wie menschenrechtliche Termini bestimmt werden. Die Bedeutung des Begriffs „Lebensstandards“ muß in einer Weise geschehen, die Natur als Menschenrecht gerecht wird und nicht nach der Einfachheit der Meßbarkeit.

Dazu wird von Autoren, die sich mit dem medizinischen Lebensstandard und hier besonders mit dem Wachstum der Bevölkerung beschäftigen, bestätigt:

---

[256] Komlos, Der biologische Lebensstandard, Spektrum der Wissenschaft 1998 S.104; zu den Rückschlüssen, die man von der Körpergröße auf die Ernährung ziehen kann auch Komlos, Stature and Nutrition in the Habsburg Monarchy, American Historical Review 90 (1985), S.1149ff.

[257] Morgan, China, in Komlos/Baten: The Biological Standard of Living in Comparative Perspective, S.7.

„Die Wohlhabendsten sind nicht unbedingt auch die Größten, die Gesündesten, die am längsten Lebenden. Deshalb stellt der medizinische Lebensstandard eine sinnvolle Ergänzung zu den konventionellen Wohlfahrtsindikatoren dar“,[258] kann sie aber nicht ersetzen.

Eine Definition des Lebensstandards über Gewicht und Größe der Einwohner der Mitgliedstaaten ist deshalb im Rahmen des Sozialpakts nicht geeignet.

(2) Klassischer ökonomischer Ansatz

In klassischen ökonomischen Definitionen des Ausdrucks „Lebensstandard“ wird ausschließlich auf das durchschnittliche Einkommen pro Haushalt bzw. pro Kopf, gemessen durch das Bruttosozialprodukt als entscheidenden Faktor abgestellt.[259] Das Bruttosozialprodukt bezeichnet dabei den Wert, den die Gesamtheit aller Dienstleistungen und produzierten Güter in einem Wirtschaftsbereich während eines bestimmten Zeitraumes (gewöhnlich ein Jahr) darstellt.[260] Entscheidend für den Lebensstandard soll die Kaufkraft bzw. das Einkommen sein.[261]

Der Vorteil liegt hierbei in der exakten und schnellen Messung von Steigerungen und Absinken des Lebensstandards. Zudem ist es schlüssig, daß sich in Zeiten wirtschaftlichen Aufschwungs die Lebensumstände der Einwohner verbessern sollen.

Auf der anderen Seite hat die Messung des Lebensstandards am Bruttosozialprodukt beziehungsweise am durchschnittlichen Pro-Kopf-Einkommen gravierende Nachteile. Problematisch ist, daß das Durchschnittseinkommen zwar steigen kann, der Anstieg jedoch auch bedeuten kann, daß die Schere zwischen

---

[258] Komlos, Eine Frage der (Körper)Größe, in EINSICHTEN 02/2003, veröffentlicht unter http://presse.verwaltung.uni-muenchen.de//einsichten0203/wirtschaftsozial.htm.

[259] „Die Wohlfahrtsentwicklung der Bevölkerun in Deutschland lässt sich [...] als Einkommensentwicklung [...] darstellen”, Krause, Einkommen in Deutschland, in Becker *et al.*: Soziale Sicherung in einer dynamischen Gesellschaft, S.418, Berntsen *et al.*, Das Niedrigeinkommenspanel als Datenquelle für Analysen zur verdeckten Armut, in Becker *et al.*: Soziale Sicherung in einer dynamischen Gesellschaft, S.324 ff.; World Development Report 1978, S.12 ff, 33 ff., 65; eine Analyse der Beliebtheit des Bruttosozialprodukts eines Landes als Maßstab für seinen „Erfolg“ nimmt *Jahan* vor: Jahan, Measuring Human Development, S.1ff.; auf das BSP stellen insbesondere die skandinavischen Länder ab: Noll/ Zapf, Social Indicators Research, in: Borg/ Mohler, Trends and Perspectives in Empirical Social Research, S.3 und Rothenbacher, Social Reporting in Europe, in Flora: Social Statistics and Social Reporting in and for Europe, S.21 oder Uusitalo, Social Statistics and Social Reporting in the Nordic Countries, in Flora: Social Statistics and Social Reporting in and for Europe, S 103.

[260] Duden Deutsches Universalwörterbuch, Stichwort „Bruttosozialprodukt“.

[261] Dazu Pigou: Economics of Welfare S.623: *“It is stability of earnings that enables a well-devised standard of life to be built up [...].“*

Arm und Reich weiter aufklafft.[262] So reicht es nicht, auf den Durchschnitt abzustellen. Entscheidend für die Verwirklichung von Menschenrechten ist die Situation des Individuums, auch unter Berücksichtigung regionaler Besonderheiten. Zudem werden auch nicht diejenigen Bedürfnisse berücksichtigt, die allein mit Geld nicht zu befriedigen sind: eine gute Infrastruktur, Gesundheitssystem, öffentliche Einrichtungen *etc.*[263] Eine treffende Beschreibung dieser Situation stammt von *Okun*:

> „Es ist schwer zu begreifen, wie irgendjemand ernstlich glauben kann, das Bruttosozialprodukt könne in einen aussagekräftigen Indikator des totalen gesellschaftlichen Wohlstands umgewandelt werden. Offensichtlich kann eine Unzahl von Dingen eine Nation besserstellen, ohne daß sich ihr reales Bruttosozialprodukt [...] erhöht: Wir können die Liste beginnen mit Frieden, Chancengleichheit, der Beseitigung der Ungerechtigkeit und Gewalt, größerer Nächstenliebe zwischen Menschen (im Original: Amerikanern, Anm. d. Verf.) unterschiedlicher rassischer und ethnischer Herkunft, besserer Verständigung zwischen Eltern und Kindern und zwischen Ehemännern und Ehefrauen, und wir könnten in dieser Weise endlos fortfahren. Der Vorschlag, das Bruttosozialprodukt könne *der* Indikator des gesellschaftlichen Wohlstands werden, setzt voraus, daß ein passendes Preisschild auf Änderungen in all diesen sozialen Faktoren von einem Jahr auf das nächste geheftet werden kann...“[264]

Zudem garantiert ein hohes Einkommen noch keine günstigen Lebensumstände. So kann zum Beispiel das Anmieten einer Wohnung aufgrund von Geschlecht, Nationalität oder Religionszugehörigkeit verwehrt werden. Ebenso reicht Geld alleine nicht aus, um Schulbildung oder medizinische Versorgung zu sichern. Vielmehr muß es dem Individuum auch möglich sein, diese Dienstleitung zu nutzen. Zwar hat ein Staat mit einem hohen Bruttosozialprodukt mehr Geld zur Verfügung, um öffentliche Ausgaben zu finanzieren; andererseits ist nicht zwingend, daß Geld gerade für die Verbesserung der Lebensumstände der Bevölkerung genutzt wird.

Zudem ist zu bedenken, daß der Zusammenhang zwischen dem Wohlbefinden und den Lebensumständen einer Gruppe von Personen und dem statistisch ermittelten Einkommen kein zwangsläufiger ist: Sowohl Veränderungen der Einkommensverteilung in der Gesellschaft als auch innerhalb einer Familie werden nicht erfaßt und somit die Lage von Nicht-Einkommensempfängern,

---

[262] Mit praktischen Beispielen für Australien Kryger, Living Standards, Current Issues Brief 4 2000-01, S.1ff.

[263] Nussbaum, Capabilities, Human Rights and the Universal Declaration, in Weston/ Marks: The Future of International Human Rights, S.37; S.dazu auch mit Beispielen „Arm und Reich in der Weltgesellschaft“ in Globale Trends 1998, S.45

[264] Wagner: Volkswirtschaft für Jedermann, S.106 zitiert Arthur M. Okun aus dem Jahre 1971.

wie zum Beispiel Hausfrauen und Kindern, die häufig zu den gefährdeten Gruppen gehören, nicht gemessen.[265]

Das Vertrauen in ökonomische Entwicklungstheorien, denen zufolge mit wachsendem Wohlstand automatisch auch die Beachtung von wirtschaftlichen und sozialen Grundbedürfnissen wachse, ist in den letzten Jahrzehnten erschüttert worden. Es hat sich insbesondere in der Entwicklungspolitik die Erkenntnis durchgesetzt, daß positive ökonomische Entwicklungsindikatoren nicht zwingend mit sozialer Entwicklung und einer Verringerung der Armut korreliert sind.[266] Obwohl sich die Lebensumstände gewöhnlich in Ländern mit wirtschaftlichem Wachstum schneller verbessern, ist Rechtsstaatlichkeit und *good policy* sowohl in armen als auch in reichen Ländern notwendig.[267] Armutsreduzierung, Wachstumsmuster, eine gleichmäßige Verteilung des Gewinns und der Möglichkeiten spiegeln die Lebensumstände eines Landes viel deutlicher wieder als nur das Wachstum seines Bruttosozialprodukts.[268] Die in einem früheren der jährlich von der Internationalen Bank für Wiederaufbau und Entwicklung (*International Bank for Reconstruction and Development - Weltbank*) veröffentlichten Weltentwicklungsberichte geäußerten Hoffnungen, daß es möglich sein werde, Armut zu reduzieren, indem man die wirtschaftliche Entwicklung von Entwicklungsländern fördert,[269] hat sich nicht erfüllt.[270]

Ökonomische Ressourcen sind nur ein, wenn auch wichtiger Faktor[271] unter vielen, durch die der Lebensstandard von Menschen bestimmt wird. So kann ein

---

[265] Von der Lippe, Die Messung des Lebensstandards, in Fischer: Lebensstandard und Wirtschaftssysteme, S.59ff.; Hart, Ausbreitung der Warenwirtschaft und Lebensstandard, in Sen: Lebensstandard, S.73; Komlos, Der biologische Lebensstandard, Spektrum der Wissenschaft 1998, S.100, kritisch Bliss, Life Style and the Standard of Living, in Nussbaum: The Quality of Life, S.424f.; Kryger, Living Standards, Current Issues Brief 4 2000-01; Van der Hoeven, Into the twenty-first century: Assessing social and political concerns, in van Ginkel: Human Development and the Environment, S.53, der auf die generelle Untauglichkeit von Durchschnittwerten hinweist, wenn es um die Bewertung der Lage von Personengruppen geht. Einen Überblick über Theorien, die sich mit Ungleichverteilung beschäftigen, insbesondere auch solchen, nach denen eine Ungleichverteilung wachstumsfördernd ist, gibt Cornia, Poverty and Inequality, in van Ginkel: Human Development and the Environment, S.77f.

[266] Windfuhr, Sozuiale Menschenrechte und Globalisiserung, in v. Armin: Jahrbuch Menschenrechte 2000, S.176.

[267] Mit detaillierten Informationen Human Development Report 1997, S.46, 72ff., insbesondere Box 3.8 auf Seite 73.

[268] World Development Report 1997, S.45ff.

[269] World Development Report 1978, S.2ff.

[270] Für weitere Details siehe Riedel: Theorie der Menschenrechtsstandards, S.185ff.

[271] Mit weiteren Nachweise Milner *et al.*, Security Rights, Subsistence Rights, and Liberties: A Theoretical Survey of the Empirical Landscape, Human Rights Quarterly 21 (1999) 1, S.411f.

wohlhabender Mensch mit hohem Einkommen, der sein Geld nicht ausgibt, unter objektiv schlechteren Umständen leben als jemand, dessen Wohlstand zwar geringer ist, der ihn jedoch nutzt, um seine Lebensumstände zu verbessern. Ebenso können Personen mit dem gleichen Einkommen unter völlig verschiedenen Umständen leben, etwa weil eine Person wegen einer Krankheit oder einem beliebigen anderen Grund höhere Kosten hat.

Das Bruttosozialprodukt eines Landes kann deshalb nicht als einziger Faktor verwendet werden, um den Lebensstandard der Bevölkerung zu bestimmen. Es muß auch geklärt werden, inwieweit das Wachstum durch Verteilungsgerechtigkeit ergänzt wird.[272] Selbst bei einer Messung des Bruttosozialprodukts aufgeschlüsselt nach den unterschiedlichen Bevölkerungsgruppen bleibt das Bruttosozialprodukt ein zu einseitiger Faktor, um einen so multi-dimensionalen Begriff wie Lebensstandard zu bestimmen. Das zeigt sich schon darin, daß die übrigen Rechte des Art. 11 (1) IPWSKR, Ernährung, Bekleidung und Unterbringung, nur indirekt berücksichtigt werden können, indem man voraussetzt, daß ein erhöhtes Bruttosozialprodukt es auch mehr Personen ermöglicht, diese Rechte mit erhöhten finanziellen Mitteln selbst zu verwirklichen.

(3) Erweiterter ökonomischer Ansatz

Nach vielfach verwendeter Definition ist der Lebensstandard die dem Einkommen (der Kaufkraft) und den Bedürfnissen des einzelnen oder eines Volkes entsprechende Art der Befriedigung der Lebensbedürfnisse.[273]

Die Definition ist in zwei Teile gegliedert: Es wird sowohl auf das Einkommen des Einzelnen als auch auf seine Bedürfnisse abgestellt. Der Vorteil gegenüber dem klassischen ökonomischen Ansatz besteht darin, daß die Verweisung auf „Bedürfnisse" es möglich macht, die subjektive Seite des Lebensstandards, die von den subjektiven orientierten Definitionen als ausschlaggebend betrachtet wird, zu berücksichtigen, ohne ausschließlich auf die subjektive Empfindung des einzelnen angewiesen zu sein.

Die Feststellung des Einkommens des einzelnen ist mit großer Präzision möglich. Schwieriger ist die Frage, was die Lebensbedürfnisse des einzelnen bzw. die Befriedigung der einem Volk entsprechenden Art der Lebensbedürfnisse bedeuten. An dieser Stelle ist der ökonomisch orientierte Ansatz genauso zu kritisieren wie der Großteil der schon vorgestellten Ansätze: Es wird ein unbestimmter Begriff („Lebensstandard") mit einem anderen unbestimmten Begriff definiert („Lebensbedürfnisse"). Um ihn im Rahmen des Art. 11 (1) IPWSKR verwenden zu können, wäre es deshalb notwendig, die „Lebensbe-

---

272 Lorenz, Lebensstandard und Wirtschaftssysteme: Das Beispiel der vier „Tiger" Ostasiens, in Fischer: Lebensstandard und Wirtschaftssysteme, S.648.

273 Meyers Großes Universallexikon, Bd. 8 Ko-LZ.

dürfnisse“ der Einwohner der Vertragsstaaten zu konkretisieren. Hier ist ein Rückgriff auf die in Art. 11 (1) IPWSKR explizit genannten Bestandteile wie Ernährung, Unterbringung und Bekleidung möglich.

Jedoch ist es ein Fehlschluß, aus der Befriedigung von Bedürfnissen auf den Inhalt eines Menschenrechts zu schließen. Nicht jedem Bedürfnis entspricht automatisch ein Menschenrecht. Obwohl die Rechte des Sozialpakts auf die Befriedigung wesentlicher Bedürfnisse abziehen, darf hieraus nicht der Fehlschluß gezogen werden, daß diese Verbindung zwingend ist.[274] Bedürfnisse können eine Rolle bei der Umsetzung von Menschenrechten spielen, nicht aber für ihre Begründung.[275]

Ein ähnlicher Versuch, „Lebensstandard“ faßbar zu machen, charakterisiert ihn als „Ausstattungsgrad von Haushalten mit materiellen und immateriellen Versorgungsgütern“. Entscheidend seien die Menge von Waren und Dienstleistungen, die einer Person/ einer Gruppe zur Verfügung stehen.[276] Auch hier fällt die Zweiteilung der Definition in materielle und immaterielle Versorgungsgüter auf. Um Beispiele für materielle Versorgungsgüter zu finden, kann wieder die Aufzählung in Art. 11 (1) IPWSKR als Ausgangspunkt genutzt werden. Schwieriger ist es zu bestimmen, welche immateriellen Versorgungsgüter gemeint sein können, ohne erneut einen unbestimmten Begriff durch einen anderen zu ersetzen. Parallel zu den „Lebensbedürfnissen“ besteht hier die Möglichkeit, auch auf subjektive Bedürfnisse des einzelnen einzugehen, die einen entscheidenden Anteil daran haben, wie man seinen eigenen Lebensstandard einschätzt.

Jedoch bleibt der Begriff des „Gutes“ zu bestimmen, der als Besitz, der einen materiellen oder geistigen Wert darstellt, definiert ist.[277]

Der Nachteil der Fixierung auf „Güter“ liegt darin, daß wichtige Faktoren, welche die Lebensumstände von Menschen entscheidend beeinflussen können, bei der Messung des Lebensstandards außer Betracht bleiben: Wird der Blickwinkel durch „Güter“, also durch Waren und Dienstleistungen bestimmt, so ist er auf den Verbrauch der einzelnen Haushalte in dem Mitgliedstaat und auf ih-

---

[274] Zu dieser Problematik grundlegend und umfassend Riedel: Theorie der Menschenrechtsstandards, S.182ff., insb. S.204ff.; Riedel, Menschenrechte der dritten Dimension, EuGRZ 1989, S.9 (13); einen Überblick, allerdings mit dem Meinungsspektrum der späten siebziger Jahre, gibt Alston, Human Rights and Basic Needs: A Critical Assessment, Revue des droits de l'homme Bd. XII (1979), S.19ff., ähnlich Weeks/ Dore, Basic Needs: Journey of a Concept, in Crahan: Human Rights and Basic Needs in the Americas, S.131ff.; Stewart: Planning to Meet Basic Needs, S.2ff.

[275] Riedel: Theorie der Menschenrechtsstandards, S.205; Howard/ Donnelly, Introduction, in Donnelly/ Howard: International Handbook of Human Rights, S.4f.

[276] Vahlens Großes Wirtschaftslexikon, Band 2 L – Z, 1993; Stichwort „Lebensstandard“.

[277] Duden Deutsches Universalwörterbuch, Stichwort „Gut“.

ren Besitzstand beschränkt. Es besteht bei der Ausrichtung des Blickwinkels auf Waren und Dienstleistungen die Gefahr, daß Faktoren, die weder unter den einen noch den anderen Begriff gefaßt werden können, für die Lebensumstände aber von Bedeutung sind, übersehen werden. Hierzu zählen zum Beispiel Ernährungsprogramme, sozialer Wohnungsbau oder Förderung sozial schwacher Familien; also solche Faktoren, die das Recht auf Ernährung oder Unterbringung direkt beeinflussen und über seine Verwirklichung entscheiden können. Dieses Problem ließe sich durch eine entsprechende weite Auslegung des Begriffs „Güter“ lösen, wobei man jedoch an die Grenze des Wortlauts stieße. Das gleiche gilt für immaterielle Bedürfnisse, die man nach dem normalen Wortverständnis nicht unter den Begriff des „Guts“ subsumieren würde.

Es muß zudem entschieden werden, welche Menge an materiellen und immateriellen Gütern einer Person oder einem Haushalt zur Verfügung stehen müssen, damit ihr oder sein Lebensstandard als „angemessen“ bezeichnet werden kann. Der Begriff des Lebensstandards unterliegt einem stetigen Wandel; er ändert sich mit den Lebensbedingungen, die in einem Land oder einer Region vorzufinden sind ebenso wie mit den Wünschen und Vorstellungen der Menschen darüber, welche Umstände notwendig und erstrebenswert sind, um ihre Vorstellungen von einem erfüllten Leben zu verwirklichen. Die Definition ist deshalb in ihrer allgemein gehaltenen Form nicht verwendbar. Es müßte näher konkretisiert werden, welche Güter gemeint sind und ebenso, welche Funktionen die Güter erfüllen müssen, um einen hohen Lebensstandard bejahen zu können. Weiterhin müßte eine Entscheidung über Qualität und Quantität der maßgeblichen Güter getroffen werden.

(4) Zusammenfassung

Aus den dargestellten Ansätzen und vor allem ihrer Kritik werden die Kriterien deutlich, die bei einer eigenen Definition des Lebensstandards zu beachten sind. Es ist zu berücksichtigen, daß Definitionen, die allein auf subjektive Kriterien abstellen, zwar der Tatsache gerecht werden, daß der persönliche Lebensstandard sehr von dem persönlichen Empfinden des einzelnen abhängt, jedoch kaum eine Bewertung und einen Vergleich des Lebensstandards zwischen Ländern und innerhalb einzelner Länder zwischen Bevölkerungsgruppen erlauben. Ebenso erfüllen Definitionen, die versuchen, den Lebensstandard an nur einem objektiven Kriterium (wie Bruttosozialprodukt oder Körpergröße) festmachen, nicht die Anforderungen des Art. 11 (1) IPWSKR, da sie der Multidimensionalität des Begriffs „Lebensstandard“ nicht gerecht werden.

2. Auslegung des Begriffs „Lebensstandard" in den Travaux Préparatoires

Die Materialien und die Entstehungsgeschichte[278] des Sozialpakts dürfen bei der Analyse seines Art. 11 (1) IPWSKR nicht außer acht gelassen werden. Es soll jedoch an dieser Stelle keine umfassende Analyse der Entstehungsgeschichte erfolgen, sondern der Schwerpunkt auf den Aspekten liegen, die im Rahmen der vorliegenden Arbeit behilflich sein können.[279]

Die Vorbereitungsarbeiten zum Sozialpakt und damit seine Entstehung zogen sich über einen Zeitraum von 18 Jahren hin, in dem Staatenvertreter und externe Experten sich mit den Zielen und Absichten, die mit der Schaffung des Sozialpakts verfolgt werden sollten, auseinandersetzten. Der heutige Art. 11 IPWSKR war ursprünglich als Art. 12 vorgesehen.[280] Er beinhaltete auch noch keine Aufzählung von konkreten Bestandteilen des Lebensstandards, sondern beschränkte sich auf die folgende Feststellung: *„The State Parties recognize the right of everyone to an adequate standard of living and the continuous improvement of living conditions."* Dafür enthielt der damalige Artikel 11 ein Recht auf angemessene Nahrung, Kleidung und Unterkunft mit dem Text: *„The State Parties of the Covenant recognize the right of everyone to adequate food, clothing and housing."* Erst in der Sitzung der Generalversammlung im Juli 1956 wurde diskutiert, beide Artikel zu kombinieren,[281] vorerst wurden die beiden Artikel jedoch nur zusammen behandelt.[282]

Obwohl die Beziehung zwischen einem angemessenen Lebensstandard und Ernährung, Unterbringung und Bekleidung gesehen wurde, wurde diesen drei Elementen so hohe Bedeutung zugemessen, daß sie in einem gesonderten Artikel erwähnt werden sollten.[283] Noch vor der Einigung auf Art. 11 IPWSKR (alte Fassung) war ein eigener Artikel für das Recht auf Unterbringung gefordert worden; diese Idee wurde jedoch wieder verworfen, um den Anwendungsbereich von Art. 12 IPWSKR (alte Fassung) nicht zu verwässern und unter Hinweis auf den ursprünglichen Art. 13 IPWSKR, der von einer Verbesserung der

---

[278] Zur Bedeutung der Travaux Préparatoires für die Interpretation von völkerrechtlichen Verträgen Klabbers, International Legal Histories: The declining importance of *travaux préparatoires* in treaty interpretation, Netherlands International Law Review 2003, S.267ff.

[279] Ausführlich zu den Travaux Préparatoires des Art. 11 (1) IPWSKR Craven: The International Covenant on Economic, Social and Cultural Rights, S.288ff.

[280] *General Assembly*, A/10/Annexes, para.29.

[281] *General Assembly*, A/3149/1956/Annexes/S.16.

[282] So z.B. *General Assembly*, A/C.3/SR.739, paras.1, 8 (Rössel, Schweden und Lannung, Denmark, als Vorsitzender), mit Diskussion in den Paragraphen 9ff. über die Kombination von Art. 11 und 12 IPWSKR.

[283] *General Assembly*, A/10/Annnexes, para.29.

Unterbringungssituation sprach.[284] Auch bei den Beratungen für den Sozialpakt im Jahre 1951 wurde von dem Präsidenten des Wirtschafts- und Sozialrats der Vereinten Nationen angeregt, das Recht auf Unterbringung zusammen mit dem Recht auf einen (in dieser Fassung) besseren Lebensstandard zu behandeln. Dieser Vorschlag wurde aufgenommen, da beide Rechte zu eng verflochten seien, um sie separat zu behandeln.[285] Sechs Jahre später wurde die Kombination beider Artikel beschlossen.[286]

Aus den *Travaux Préparatoires* ergeben sich verschiedene Gründe, warum von einer Definition des Begriffes „Lebensstandard“ Abstand genommen wurde: Es wurde befürchtet, daß jeglicher Definitionsversuch auch eine Restriktion beinhalten würde.[287] Durch die fehlende Festlegung sollte also eine größtmögliche Flexibilität erreicht werden, um dem gesellschaftlichen Wandel gerecht werden zu können. Die Unbestimmtheit des Begriffs „Lebensstandard“ wurde zwar bemängelt; die Kritiker konnten sich aber nicht durchsetzen.[288] Durch die Formulierung „*and the continuous improvement of living conditions*“ sollte die Anerkennung des Prinzips des kontinuierlichen Fortschritts, wie es auch Art. 2 (1) IPWSKR beinhaltet, gesichert werden.[289]

In der frühen Phase der Beratung wurde bald Kritik an der Formulierung des „besseren Lebensstandard“ geübt: Der Komparativ „besser“ sei ohne eine Konkretisierung, womit der Lebensstandard verglichen werde, nicht sinnvoll.[290] Dem wurde entgegengehalten, daß mit der Formulierung verdeutlicht werde, daß ein besserer Lebensstandard als der aktuelle erreicht werden solle.[291] Diese Interpretation stieß jedoch auf Kritik: Es gebe auf der Welt eine Minderheit, deren Lebensstandard ausreichend, um nicht zu sagen zu hoch sei. Mit der Formulierung „*everyone*“ und „*toute personne*“ seien auch diese mit eingeschlossen.[292] Ein philippinischer Vorschlag ersetzte die Formulierung „*better standard of living*“ durch „*decent standard of living*“.[293] Letztendlich wurde die Formulierung „*an adequate standard of living*“ gewählt,[294] das Wort *adequate* sollte

---

[284] *General Assembly*, A/10/Annexes, para.30.

[285] Die Diskussion ist in E/CN.4/SR.222 S.17ff. zu finden.

[286] *General Assembly*, A/C.3/SR.739, para.38.

[287] *General Assembly*, A/10/Annexes, para.32.

[288] *General Assembly*, A/C.3/SR.739, para.4 (Baroody, Saudi-Arabien) mit Entgegnung in para.20 (Diaz Casanueva, Chile).

[289] *General Assembly*, A/10/Annexes, para.32.

[290] E/CN.4/SR.222, S.17 (Dupont-Willemin, Guatemala).

[291] E/CN.4/SR.222, S.18 (E. Roosevelt, USA).

[292] E/CN.4/SR.222, S.18 (Bowie, Großbritannien).

[293] *General Assembly*, A/C.3/L.580; auch diese Version erfuhr eingehende Kritik, A/C.3/739, para.36; A/C.3/740, para.299.

auch ursprünglich nicht noch einmal vor den Rechten auf Ernährung, Unterkunft und Bekleidung wiederholt werden.[295] Es sollte verdeutlichen, daß der Lebensstandard ein gewisses Niveau erreichen müsse, um den Anforderungen des Art. 11 (1) IPWSKR gerecht zu werden.[296]

Von Seiten Chinas kam die Anregung, die Rechte auf Unterbringung, Gesundheit, Kleidung, Nahrung und Transportmittel als Konkretisierung des angemessenen Lebensstandards zu benennen.[297] Da für ein Recht auf Gesundheit jedoch ein eigener Artikel vorgesehen war, wurde diese Konkretisierung ausgenommen. Dem Vorschlag des chinesischen Vertreters stimmte der Vertreter der UdSSR mit der Begründung zu, es sei wichtig, den Begriff des Lebensstandards zu konkretisieren, um so präzise und zwingende Termini zu erhalten. Daran, daß die Paktstaaten eine Verbesserung des Lebensstandards anstrebten, bestehe ohnehin kein Zweifel, so daß es unnötig sein, diesen Aspekt besonders zu erwähnen.[298] Die Aufnahme von Transportmitteln als Bestandteil des Lebensstandards konnte sich jedoch nicht durchsetzen. Auch wurde erwogen, das Recht auf Bekleidung zu streichen und dafür die Rechte auf Ernährung und Unterbringung als „ausgewogene Ernährung" und „anständige Unterbringung" zu konkretisieren.[299] Es gab während der Verhandlungen damit zwei Positionen: Die eine bestand auf einer exakten Aufzählung von besonders wichtigen Bedürfnissen wie Nahrung, Kleidung etc., die andere hielt die Erwähnung eines angemessenen Lebensstandards als flexible Formel für ausreichend.

Es zeigt sich bei der Auswertung der *Travaux Préparatoires*, daß die Ungenauigkeit und Weite des Terminus „Lebensstandard" als Problem erkannt wurde, letztendlich aber wegen der variablen und vielfältigen Auslegungsmöglichkeiten und mangels überzeugender besserer Vorschläge in Kauf genommen wurde. Eine Definition des Begriffs „Lebensstandards", der für die Anwendung des Art. 11 (1) IPWSKR verwendet werden könnte, wurde nicht erarbeitet.

---

294 E/CN.4/SR.222/S.17-20.

295 *General Assembly*, A/C.3/SR.743, para.4 (Brillantes, Philippines).

296 *General Assembly*, A/C.3/SR.742, para.10 (Hoare, Großbritannien).

297 E/CN.4/SR.222, S.18, 21 (Yu, China).

298 E/CN.4/SR.222, S.19 (Morosov, UdSSR).

299 *General Assembly*, A/C.3/SR.739, para.12 (Brena, Uruguay).

3. Auslegung des Begriffs „Lebensstandard“ durch den Ausschuß

a) Einführung

Die Vertragsstaaten sind gemäß Art. 16 (1) IPWSKR verpflichtet, Berichte über die von ihnen getroffenen Maßnahme und über die Fortschritte vorzulegen, die hinsichtlich der Beachtung der im Sozialpakt anerkannten Rechte erzielt wurden.

Die Auslegung von Begriffen des Sozialpakts durch den Ausschuß ist nicht verbindlich, doch kann sie Hinweise auf die allgemeine Staatenpraxis geben. Wegen der Unbestimmtheit der im Sozialpakt benutzten Begriffe ist es notwendig, diese zu erläutern und zu spezifizieren, was auch den Staaten helfen soll, ihren Berichtspflichten nachzukommen.[300] Zudem gehört es zu den Verpflichtungen der Staaten, sich mit den Stellungnahmen des Ausschusses zu beschäftigen.[301]

b) General Comments zu Art. 11 (1) IPWSKR

General Comments 4, 7, 12 und 15 beschäftigen sich mit den Rechten auf Unterbringung, Ernährung und Wasser. Die General Comments konzentrieren sich jedoch auf die einzelnen Rechte, ohne näher auf den Inhalt des Rechts auf einen angemessenen Lebensstandard selbst einzugehen. In den General Comments werden zwar Definitionen für die einzelnen Rechte erarbeitet und angewendet, um die Verpflichtungen der Staaten zu konkretisieren. Eine Definition, mit der das Recht auf einen angemessenen Lebensstandard konkretisiert werden könnte, ergibt sich aus den Ausführungen aber nicht.

c) „Reporting Guidelines“ des Ausschusses für die Erstellung von Staatenberichten

Die *Reporting Guidelines*[302] erfragen bei der Besprechung des Art. 11 (1) IPWSKR verschiedenen Gruppen von Informationen.

---

[300] Riedel, New Bearings to the State Reporting Procedure, in Schorlemer: Praxishandbuch UNO, S.346.

[301] Riedel, Universeller Menschenrechtsschutz – Vom Anspruch zur Durchsetzung, in Baum/ Riedel/ Schäfer: Menschenrechtsschutz in der Praxis der Vereinten Nationen, S.41.

[302] *Revised general guidelines regarding the form and contents of reports to be submitted by states parties under articles 16 and 17 of the International Covenant on Economic, Social and Cultural Rights,* E/C.12/1991/1, 17. Juni 1991.

(1) Generelle Informationen

Als generelle Informationen sollen Daten über den gegenwärtigen Lebensstandard und Änderungen über einen Zeitraum bezogen auf die Bevölkerung als ganzes und bestimmte Bevölkerungsgruppen sowie das Bruttosozialprodukt der ärmsten 40% der Bevölkerung unter Berücksichtigung existierender Armutsgrenzen angegeben werden. Ermittelt werden soll auch der Index der physischen Lebensqualität - *Physical Quality of Life Index* – des Landes.[303]

(2) Das Recht auf ausreichende Ernährung

Es soll über die Umsetzung des Rechts auf Ernährung mit Nennung der Informationsquellen berichtet werden. Dazu gehören Daten zu Hunger und Mangelernährung, unter besonderer Berücksichtigung gefährdeter oder benachteiligter Gruppen und von Änderungen in den letzten Jahren, Unterschiede in der Situation von Männern und Frauen sowie Änderungen in der nationalen Politik, in Gesetzen und Verfahren, die das Recht auf Ernährung nachteilig beeinflussen können, wobei gefährdete und benachteiligte Gruppen oder Regionen besonders berücksichtigt werden sollen.

Der Staat muß angeben, welche Maßnahmen als notwendig erachtet werden, um Zugang zu angemessener Nahrung und die volle Umsetzung des Rechts zu garantieren, und welche *Benchmarks* er gesetzt hat.

Zudem wird eine Verbesserung der Situation angestrebt durch zusätzliches technisches und wissenschaftliches Wissen und durch Information der Bevölkerung über Prinzipien der Ernährung, über die Bedeutung von ökologischer Nachhaltigkeit und den Schutz und die Bewahrung von nahrungsproduzierenden Ressourcen. Kritische Punkte sind Agrarreformen und ihre Auswirkungen auf die Nahrungssicherung in ländlichen und städtischen Gegenden, sowie Maßnahmen, um die bedarfsangemessene Verteilung von Produktion und Handel sowie der Nahrungsressourcen zu gewährleisten.

(3) Das Recht auf ausreichende Unterbringung

Auch hier werden statistische Daten zur Erfassung der Situation erfragt, die insbesondere gefährdete und benachteiligte soziale Gruppen, wie Obdachlose und andere Personen, die in nicht ausreichenden Unterkünften leben (zum Beispiel ohne Wasser, Abwasser, Elektrizität etc., in überfüllten, feuchten, unsicheren Unterkünften oder ähnliches), erfassen sollen. Ebenfalls relevant sind die An-

---

303 Der Index der physischen Lebensqualität mißt die Lebensqualität eines Landes durch einen Wert, der sich aus der Alphabetismusrate, der Kindersterblichkeit und der Lebenserwartung ergibt.

zahl der Zwangsräumungen und die Anzahl der Personen, die auf Zuweisung einer Unterkunft warten.

Berichtet werden soll auch über Gesetze, die das Recht auf Unterbringung betreffen; über die Kosten für Unterbringung und die Anzahl der Personen, die in Sozialwohnungen oder staatlich geförderten Wohnungen leben. Auch sind Maßnahmen aufzuführen, die getroffen wurden, um die Verpflichtung zu achten, zu schützen und zu fördern zu erfüllen sowie Änderungen in Politik, Gesetz oder Verfahren, die das Recht auf Unterbringung beeinträchtigen. Ebenso soll die Rolle von internationaler Hilfe bei der Verwirklichung des Rechts beurteilt werden.

(4) Ergebnis

Die *Reporting Guidelines* geben mithin keine Definition des Rechts auf einen angemessenen Lebensstandard vor. Sie enthalten vielmehr eine Sammlung von Faktoren, die entscheidenden Einfluß auf die Lebenssituation der Einwohner der Mitgliedstaaten des Sozialpakts haben können.

d) Das Recht auf einen angemessenen Lebensstandard in den „Lists of Issues", Diskussionen über Staatenberichte und „Concluding Observations"

Die Staaten sollen sich bei der Erstellung sowohl des ersten als auch der folgenden periodischen Berichte an den *Reporting Guidelines* orientieren und idealerweise alle dort aufgeworfenen Fragestellungen mit Blick auf das eigenen Land zufriedenstellend beantworten.

Die in den *Lists of Issues* angesprochenen Aspekte zeigen auf, welche Probleme in den Staatenberichten nicht ausreichend behandelt wurden. In den Diskussionen über die Staatenberichte werden Fragen angesprochen, die nach Ansicht der Mitglieder des Ausschusses der weiteren Klärung bedürfen. In den *Concluding Observations* schließlich hebt der Ausschuß sowohl negative als auch positive Punkte hervor, die er für erwähnenswert beziehungsweise für verbesserungsbedürftig hält.

Die Analyse der einschlägigen Dokumente soll zeigen, in welcher Weise der Ausschuß das Recht auf einen angemessenen Lebensstandard verwendet und auf welche Definition er sich bei der Analyse der Staatenberichte stützt. Auch werden die Staatenberichte ausgewertet, um festzustellen, welche Definition des Lebensstandards die Staaten ihren Berichten zugrunde legen.

(1) Staatenberichte und „Lists of Issues"

Es sind wenige Staatenberichte verfügbar, die sich direkt mit dem Recht auf einen angemessenen Lebensstandard befassen. Häufiger sind Ausführungen zu den einzelnen Rechten des Art. 11 (1) IPWSKR, namentlich den Rechten auf Ernährung und Unterbringung. Das Recht auf Bekleidung findet kaum Beachtung.[304]

Im Staatenbericht der Ukraine, der 1994 behandelt wurde, finden sich detaillierte Ausführungen zu dem Problem des sinkenden Lebensstandards der Bevölkerung.[305] Ein angemessener Lebensstandard wird hier negativ dadurch definiert, daß er nicht für den Teil der Bevölkerung gegeben ist, der „unter der Armutsgrenze" lebt.[306] Der Lebensstandard wird in einem engen Zusammenhang mit Löhnen und Kaufkraft gesehen, wobei zu seiner Bestimmung ein Warenkorb von Gütern und Dienstleistungen auf monatlicher Basis verwendet wird.[307]

Jordanien verweist in seinem Staatenbericht von 1990 auf die Verteilung von Lebensmittelkarten zur Sicherung des Lebensstandards von gefährdeten Gruppen;[308] dies zeigt eine eher eindimensionale Sicht des Problems.

In den *Lists of Issues* zum Recht auf gerechte und günstige Arbeitsbedingungen wird meist das Problem eines Arbeitsentgelts, das einen angemessenen Lebensunterhalt für Arbeitnehmer und ihre Familien sichert, thematisiert. Der Ausschuß fragt, ob der in dem jeweiligen Staat gewährte Mindestlohn ausreiche, um einen angemessenen Lebensstandard für den Arbeitenden und seine Familie zu gewähren.[309] Auf die Einzelheiten des Lebensstandards, der mit dem Mindestlohn erreicht werden soll, wird jedoch nicht näher eingegangen.

Auch zu Art. 9 IPWSKR, dem Recht auf soziale Sicherheit, wird in der Mehrzahl der Dokumente die Frage gestellt, ob Leistungen, die im Rahmen der

---

304 Siehe zu der Rolle, die das Recht auf Bekleidung in den Staatenberichten spielt, ausführlich in Kapitel 3 I 4 c).

305 Ukraine, E/1994/104/Add.4, 17. Oktober 1994, para.4.

306 Im vorliegenden Fall mehr als die Hälfte der Bevölkerung, Ukraine, E/1994/104/Add.4, 17. Oktober 1994, para.4.

307 Ukraine, E/1994/104/Add.4, 17. Oktober 1994, para.153.

308 Jordanien, E/1990/Add.17, 23. Juli 1998, para.61.

309 So z.B. für Albanien zu dessen Initialbericht, E/C.12/Q/Alb/1, para.16, 30. Juni 2005; Italien, E/C.12/Q/ITA/2, 18.Dezember 2003, para.17 spricht insbesondere die Situation von Arbeitern im informellen Sektor an; Guatemala, E/C.12/Q/GTM/1, 14.1.2003, para.9; China, E/C.12/Q/HKSAR/1, 25. Mai 2000, para.13; Ecuador, E/C.12/Q/Equ/1, 21. Juni 2003, para.9; Benin, E/C.12/Q/Ben/1, 27. September 2001, para.14; Salomoninseln, E/C.12/Q/Sol/1, 13. Dezember 2001, para.18.; Österreich, E/C.12/Q/Aut/1, 14. Dezember 2004, para.15; Vereinigte Königreiche von Großbritannien und Nordirland, E/C.12/Q/UK/2, 24. September 2001, para.15; Georgien, E/C.12/Q/GEO/2, 12.Februar 2002, para.29.

Sozialversicherung gewährt werden, ausreichen, um für die Leistungsempfänger einen angemessenen Lebensstandard zu sichern.[310]

Im Rahmen des Art. 11 (1) IPWSKR werden vorwiegend das Recht auf Ernährung[311] und das Recht auf Unterbringung, immer wieder auch mit dem Schwerpunkt der Zwangsräumungen,[312] angesprochen. Häufig fragt der Ausschuß auch nach dem Bestehen einer nationalen Armutsgrenze, nach der Prozentzahl von Einwohnern, die unter der Armutsgrenze leben und danach, ob ein etwaiger festgelegter Mindestlohn ausreicht, um einen angemessenen Lebensstandard für den Lohnempfänger und seine Familie zu sichern.[313] Das Einkommen wird zumeist als zentraler Faktor zur Sicherung eines angemessenen Le-

---

[310] Georgien, E/C.12/Q/Geo/2, 12.Februar 2002, para.22; China, E/C.12/Q/HKSAR/1, 25. Mai 2000, para.18; Aserbaidschan, E/C.12/Q/AZE/2, 18.12.2003, para.27; Salomoninseln, E/C.12/ Q/Sol/1, 13. Dezember 2001, para.23.

[311] Albanien, E/C.12/Q/Alb/1, 30. Juni 2005, paras.25f: Bestehen eines nationalen Ernährungsplans und Sicherung von ausreichender Nahrungszufuhr einer gesunden Ernährungsweise für alle Bevölkerungsschichten; China, E/C.12/Q/HKSAR/1, 25. Mai 2000, para.28; Ägypten, E/C.12/Q/EGY/1, 21. Mai 1999, para.27: Auswirkungen des Bevölkerungswachstums auf die Nahrungssicherheit und para.29ff. zur Nahrungssituation in den Elendsvierteln; Benin, E/C.12/Q/Ben/1, 27.September 2001, para.26ff.; Ecuador, E/C.12/Q/Equ/1, 21. Juni 2003, para.20; Lettland, E/C.12/Q/Lith/1/Rev.1, 14. Januar 2003, paras.25ff. zu Nahrung und Unterkunft.

[312] Albanien, E/C.12/Q/Alb/1, 30. Juni 2005, paras.27ff: Nationale Definition von Obdachlosigkeit; Vorhandensein von Sozialwohnungen, Problem der Zwangsräumungen; Aussichten auf Wasser- und Abwasserversorgung für alle Bevölkerungsschichten; Italien, E/C.12/Q/ ITA/2, 18.Dezember 2003, paras.25ff.; Guatemala, E/C.12/Q/GTM/1, 14.1.2003, paras.18f.: Hier wird insbesondere die Wohnungssituation der indigenen Bevölkerung angesprochen; Algerien, E/C.12/Q/Alg/1, 18.Mai 2001, paras.21, 27; Algerien, E/C.12/Q/Alg/1, 18.Mai 2001, paras.21, 27; China, E/C.12/Q/HKSAR/1, 25. Mai 2000, paras.29f.; Aserbaidschan, E/C.12/Q/AZE/2, 18.12.2003, paras.32ff.; Ägypten, E/C.12/Q/EGY/1, 21. Mai 1999, para.27: Auswirkungen des Bevölkerungswachstums auf den Wohnungsmarkt und para.29ff. zu der Wohnungssituation in den Elendsvierteln; Benin, E/C.12/Q/Ben/1, 27.September 2001, para.26ff.; Ecuador, E/C.12/Q/Equ/1, 21. Juni 2003, para.21; Österreich, E/C.12/Q/Aut/1, 14. Dezember 2004, paras.26f.; Lettland, E/C.12/Q/Lith/1/Rev.1, 14. Januar 2003, paras.25ff. zu Nahrung und Unterkunft; Vereinigte Königreiche von Großbritannien und Nordirland, E/C.12/Q/UK/2, 24. September 2001, paras.28ff.

Zwangsräumungen sind auch das Thema von General Comment 7: The right to adequate housing: forced evictions (1997).

[313] Georgien, E/C.12/Q/Geo/2, 12.Februar 2002, para.29ff.; Italien, E/C.12/Q/ITA/2, 18.Dezember 2003, para.23; China, E/C.12/Q/HKSAR/1, 25. Mai 2000, para.27; Aserbaidschan, E/C.12/Q/AZE/2, 18.12.2003, para.31; Ägypten, E/C.12/Q/EGY/1, 21. Mai 1999, para.28; Benin, E/C.12/Q/Ben/1, 27.September 2001, para.25; Ecuador, E/C.12/Q/Equ/1, 21. Juni 2003, para.19; Österreich, E/C.12/Q/Aut/1, 14. Dezember 2004, para.25; Lettland, E/C.12/Q/Lith/1/Rev.1, 14. Januar 2003, para.26; Vereinigte Königreiche von Großbritannien und Nordirland, E/C.12/Q/UK/2, 24. September 2001, para.25.

bensstandards gesehen.[314] Auch das Problem von Diskriminierungen wird explizit angesprochen, so zum Beispiel in Bezug auf indigene Volksgruppen[315] oder ältere Menschen[316].

In keinem der Dokumente wird das Recht auf einen angemessenen Lebensstandard näher konkretisiert, als es schon in den *Reporting Guidelines* geschehen ist. Der Ausschuß benutzt es eher als Dach für ein ganzes Bündel von Einzelfaktoren, die systematisch überprüft werden.

Auch wird Art. 11 (1) IPWSKR häufig als Aufhänger für Fragen genutzt, die sich mit kritischen Situationen speziell in dem berichtenden Land beschäftigen, ohne daß die Frage für alle Mitgliedstaaten, die über Fortschritte im Rahmen des Art. 11 (1) IPWSKR berichten, gestellt würde. So wird 2005 in den Erkundungen zum Initialbericht von Albanien gefragt, ob Entschädigungsmaßnahmen für politisch Inhaftierte ausreichen, um den Lebensstandard der Inhaftierten und ihrer Familien zu sichern.[317] Zu dem ersten Bericht der Volksrepublik China 2004 fragt der Ausschuß nach Maßnahmen, die getroffen werden, um den Lebensstandard der Menschen zu erhalten, die umgesiedelt wurden, um die Konstruktion großer Dämme zu ermöglichen.[318]

Jedoch tauchen vereinzelt Fragen auf, die auf die Bemühung hindeuten, das Profil des Rechts auf einen angemessenen Lebensstandard als eigenes Recht zu schärfen, ohne lediglich auf die in Art. 11 (1) IPWSKR genannten Bestandteile hinzuweisen. In den Fragen zum Staatenbericht von Italien im Jahr 2003 fragt der Ausschuß nach dem Nationalen Aktionsplan für Soziale Integration und nach den Fortschritten, die mit Hilfe dieses Plans für Randgruppen erzielt wurde.[319] Im Staatenbericht des Vereinigten Königreichs von Großbritannien und Nordirland wird 2001 das Fehlen einer nationalen Strategie zur Bekämpfung von Armut bemängelt, die sich auch mit dem Problem von sozialer Exklusion beschäftigen soll.[320]

(2) Diskussion der Staatenberichte

Auch in der Diskussion der Staatenberichte legt sich der Ausschuß nicht auf eine genaue Bestimmung des Rechts auf einen angemessenen Lebensstandard

---

[314] Guatemala, E/C.12/Q/GTM/1, 14.1.2003, para.17; Algerien, E/C.12/Q/Alg/1, 18.Mai 2001, para.20; Salomoninseln, E/C.12/Q/Sol/1, 13. Dezember 2001, paras.27f.

[315] Guatemala, E/C.12/Q/GTM/1, 14.Januar2003, paras.18f.

[316] Benin, E/C.12/Q/Ben/1, 27.September 2001, para.28.

[317] Albanien, E/C.12/Q/Alb/1, 30.Juni 2005, para.24.

[318] China, E/C.12/Q/CHN/1, 7.Juni 2004, para.32

[319] Italien, E/C.12/Q/ITA/2, 18.Dezember 2003, para.24.

[320] Vereinigtes Königreich von Großbritannien und Nordirland, E/C.12/Q/UK/2, 24. September 2001, para.26.

fest. Vielmehr greift er, ähnlich wie in der *List of Issues*, einzelne Aspekte heraus und vertieft diese. Der Schwerpunkt liegt auf den Bereichen Armut, Ernährung und Unterbringung. So wird nach dem Ausmaß der Armut in den Mitgliedstaaten gefragt und darüber berichtet,[321] nach finanziellen Absicherungen in Krisensituationen wie Arbeitslosigkeit sowie einem Mindestlohn,[322] nach den Auswirkungen und Gründen von unzureichender Ernährung[323] sowie nach dem Zustand der Unterkünfte und dem Ausmaß von Obdachlosigkeit[324].

Die Diskussion des Staatenberichts von Uruguay im Jahr 1997 zum Beispiel ergibt detaillierte Ausführungen zu Problemen wie Übergewicht und kardiovaskulären Erkrankungen, verursacht durch die traditionell sehr fleischlastige Ernährungsweise der Einwohner des Landes. Es wird über Versuche berichtet, die Bevölkerung mit Hilfe der Medien zu einer gesunderen Ernährungsweise anzuhalten.[325] Zu der Frage nach Obdachlosigkeit, insbesondere von farbigen Einwohnern, gibt der Vertreter Uruguays an: *„No one is left to sleep on the streets.“* – Eine Aussage, deren Wahrheitsgehalt zumindest fraglich ist.[326] Irland dagegen wurde in derselben Sitzung explizit auf die hohe Kinderarmut im Land angesprochen.[327] Sri Lanka betont in seinem Staatenbericht, daß es eine Erhöhung des Lebensstandards der Bevölkerung anstrebe, gibt aber keine Auskunft darüber, was genau es unter „Lebensstandard“ versteht und wie die Steigerung erreicht werden soll.[328]

Ein anderes Bild zeichnen Aserbaidschan und Schweden: Nach Auskunft der Delegation von Aserbaidschan habe sich die wirtschaftliche Situation des Landes und damit auch der Lebensstandard bis zur Diskussion des Berichts 1997

---

321 Uruguay, E/C.12/1997/SR.44, 3. Dezember 1997, para.5: Irland, E/C.12/1997/SR.44, 3. Dezember 1997, para.3; Aserbaidschan, E/C.12/1997/SR.41, 5. Februar 1992, para.9.

322 Tunesien, E/C.12/1999, SR.16, 10. Mai 1999, para.5; El Salvador, E/C.12/1996/SR.18, 15. Mai 1996, para.4 zu der Frage, ob Entschädigungen, die für Arbeitslosigkeit durch Privatisierung und Umstrukturierung gezahlt werden, ausreichen, um den Lebensstandard des Arbeitnehmers und seiner Familie zu sichern; Bulgarien, E/C.12/1999/SR.32, 23. November 1999, para.5, 7 mit der Aussage, daß Arbeitslosengeld und Renten nicht reichen, um einen angemessenen Lebensstandard zu sichern, auch in Guatemala sichert der Mindestlohn keinen anständigen (*“decent“*) Lebensstandard: E/C.12/1996/SR.14, 15. Mai 1996.

323 Uruguay, E/C.12/1997/SR.44, 3. Dezember 1997, para.2, der Staatenvertreter geht speziell auf das Problem von Übergewicht und kardiovaskulären Erkrankungen und auf Maßnahmen zur Information der Bevölkerung ein.

324 Uruguay, E/C.12/1997/SR.44, 3. Dezember 1997, paras.3, 10, 13ff.; Irland, E/C.12/1997/SR.44, 3. Dezember 1997, paras.5ff.; El Salvador, E/C.12/1996/SR.18, 15. Mai 1996, para.7.

325 Uruguay, E/C.12/1997/SR.44, 3. Dezember 1997, para.2.

326 Uruguay, E/C.12/1997/SR.44, 3. Dezember 1997, paras.13ff.

327 Irland, E/C.12/1997/SR.44, 3. Dezember 1997, para.3.

328 Sri Lanka, E/C.12/1998/SR.3, 14. September 1998, para.2.

deutlich verschlechtert.[329] Mit diesem Zitat wird die traditionelle Auffassung vertreten, daß der Lebensstandard in einem Land direkt an dessen wirtschaftliche Entwicklung gekoppelt ist. Auch Schweden erklärt 1995, daß der Lebensstandard im Land langsamer steige und setzt dies in Zusammenhang mit der Entwicklung der Einkommen.[330] Ähnlich stellt Bulgarien 1999 zur Erklärung des unzureichenden Lebensstandards der Bevölkerung auf die hohen Außenstände des Staates ab.[331]

Die Diskussion der Staatenberichte zeichnet ein buntes Bild dessen, was das Recht auf einen angemessenen Lebensstandard ausmachen kann, ohne sich auf bestimmende Faktoren festzulegen und ohne dem Recht zu mehr Kontur und mehr Schärfe zu verhelfen. Die angesprochenen Punkte lassen erahnen, welche Merkmale der Ausschuß für wesentlich erachtet.

(3) „Concluding Observations"

Die Ausführungen in den *Concluding Observations*, die sich direkt auf das Recht auf einen angemessenen Lebensstandard und nicht nur auf die anderen in Art. 11 (1) IPWSKR enthaltenen Rechte beziehen, sind sehr knapp gehalten. Aspekte, die vorrangig angesprochen werden, sind die Sicherung eines angemessenen Lebensstandards für alle Bevölkerungsgruppen, ohne daß präzisiert wird, was darunter genau zu verstehen ist.[332] Auch die Verwirklichung des Rechts auf Unterbringung erfährt besondere Beachtung.[333]

So wird 1994 zu dem Staatenbericht von Nicaragua lobend erwähnt, daß die Regierung versuche, die Armut zu reduzieren und den Lebensstandard mit Hilfe eines neu gegründeten Ministeriums für Soziale Wohlfahrt zu erhöhen. Gleichzeitig wird aber kritisiert, daß sich die Lebenssituation von Randgruppen durch Privatisierung und Verwaltungsumstrukturierung verschlechtert habe.[334]

Zum Staatenbericht von Uruguay zeigt sich der Ausschuß besorgt über den Einfluß der Inflation auf die Entwicklung der Löhne und damit auf die Sicherung des Lebensstandards der Bevölkerung.[335] Dies spricht wieder dafür, daß

---

329 Aserbaidschan, E/C.12/1997/SR.41, 5. Februar 1992, para.3.

330 Schweden, E/C.12/1995/SR.16, 15. Mai 1995, para.4.

331 Bulgarien, E/C.12/1999/SR.32, 23. November 1999, para.14f.

332 Nicaragua, E/C.12/1993/14, 4. Januar 1994, para.3, para.12 zur Bedeutung einer gleichmäßigen Verteilung von Einkommen und Reichtum zur Sicherung eines angemessenen Lebensstandards für de gesamte Bevölkerung; Uruguay, E/C.12/1994/3, 30. Mai 1994, paras.10, 11; Ukraine, E/C.12/1995/15, 28. Dezember 1995, paras.14, 16, 19; Estland, E/C.12/1/Add.85, 19. Dezember 2002, paras.15, 17.

333 Nicaragua, E/C.12/1993/14, 4. Januar 1994, para.9.

334 Nicaragua, E/C.12/1993/14, 4. Januar 1994, para.6.

335 Uruguay, E/C.12/1994/3, 30. Mai 1994, para.11.

der Ausschuß einen sehr engen Zusammenhang zwischen dem Einkommen eines Haushalts und dessen Lebensstandard sieht.

Ähnlich wird auf den Staatenbericht der Ukraine reagiert, in dem das Problem angesprochen wird, daß die sinkende Kaufkraft der Einwohner einen sinkenden Lebensstandard nach sich ziehe und es für Personen, die einer Erwerbstätigkeit nicht nachgehen können, kaum möglich sei, einen angemessenen Lebensstandard zu sichern.[336]

Auch zu Estland wird angemerkt, daß weder Mindestlohn noch Arbeitslosengeld ausreichten, um einen angemessenen Lebensstandard zu sichern;[337] wieder wird also auf das Einkommen als entscheidenden Faktor zur Sicherung eines angemessenen Lebensstandards verwiesen.

(4) Zusammenfassung

Der Ausschuß hat in seinen bisherigen Dokumenten keine Definition des Lebensstandards entwickelt und sich bei der Konkretisierung des Rechts auf einen angemessenen Lebensstandard darauf beschränkt, dieses als Dach für eine Reihe von Unterpunkten zu nutzen. Insbesondere wird das Recht auf einen angemessenen Lebensstandard dazu benutzt, die Aspekte der Armutsbekämpfung und der gerechten Verteilung von Mitteln und Gütern in die menschenrechtliche Diskussion zu integrieren.

4. Definition des Begriffs „Lebensstandard" aus menschenrechtlicher Sicht

a) Ausgangspunkt: Die Befriedigung von „Lebensbedürfnissen"

Bei der Frage, welche Voraussetzungen gegeben sein müssen, um einen angemessenen Lebensstandard zu garantieren, wird häufig auf Lebens- oder Grundbedürfnisse verwiesen.

Adam Smith[338] charakterisierte 1776 Lebensbedürfnisse (*necessaries*) als nicht nur die Gebrauchsgegenstände, die dem Erhalt des Lebens dienen, sondern als all das, was nach der Sitte eines Landes unerläßlich sei für achtbare Leute, seien sie auch noch so arm. Lebensbedürfnisse seien all diejenigen Gegenstände, die der Durchschnittsbürger besitzen müsse, um sich nicht schämen

---

336 Ukraine, E/C.12/1995/15, 28. Dezember 1995, para.14, 16.

337 Estland, E/C.12/1/Add.85, 19.12.2002, paras.15, 17.

338 Adam Smith: An Inquiriy into the nature and causes of the wealth of nations, London 1776, S.351ff., zitiert nach Sen: Resources, Values and Developments, S.333.

zu müssen. *Smith* führt als Beispiel Lederschuhe an, da die „ärmste anständige Person sich schämen würde, ohne solche in der Öffentlichkeit zu erscheinen.“[339]

b) Definition des Lebensstandards nach Asbjørn Eide

Diese Idee wird von *Eide* in zeitgemäßer Weise ausgeführt: Ein angemessener Lebensstandard solle es jedem ermöglichen, ohne Beschämung und ohne ungerechtfertigte Hindernisse in vollem Umfang an alltäglichen Interaktionen mit anderen Personen teilhaben zu können. Dazu gehöre auch, daß man seine Grundbedürfnisse unter Beibehaltung seiner Würde befriedigen kann.[340]

Eide verbindet zwei Arten von Beeinträchtigungen, die einem angemessenen Lebensstandard entgegenstehen: Auf der einen Seite jene, die *shame*, also Beschämung, im Umgang mit anderen Leuten auslösen. Das Schamgefühl ist das Resultat innerer Vorgänge im Individuum und sowohl von objektiven äußeren Umständen als auch von der jeweiligen Psyche des Betroffenen abhängig. Auf der anderen Seite stehen „ungerechtfertigte Hindernisse“. Im Gegensatz zur Beschämung sind darunter äußere Umstände zu verstehen, die den einzelnen daran hindern, sein Recht auf einen angemessenen Lebensstandard zu verwirklichen.[341]

Die Definition von *Eide* versucht, sowohl der subjektiven als auch der objektiven Komponente des Lebensstandards Rechnung zu tragen. Sie kombiniert damit die Vorteile, aber auch die Nachteile der subjektiv und der objektiv orientierten Ansätze. So ist es problematisch, sich maßgeblich auf das Schamgefühl des Einzelnen zu beziehen, da es von Mensch zu Mensch und von Land zu Land in hohem Maße variiert: Scham ist definiert als eine „unlustbetonte Gefühlsreaktion, die von vegetativen Erscheinungen (Erröten, Herzklopfen, Zittern) begleitet sein kann und durch einen sozialen Kontext bedingt ist; nämlich [...] durch die Einsicht in ein tatsächliches oder vermeintliches Versagen (vor allem auch dessen Bekanntwerden) und dabei als Form des Minderwertigkeitsgefühls erlebt.“[342] Eine Definition des Lebensstandards muß es ermöglichen, die Lage in einem Mitgliedstaat objektiv zu erfassen. Befinden sich jedoch Menschen

---

[339] Adam Smith: An Inquiriy into the nature and causes of the wealth of nations, London 1776, S.351ff., zitiert nach Sen: Resources, Values and Developments, S.333.

[340] Eide, The Right to an Adequate Standard of Living Including the Right to Food, in Eide/Krause/Rosas: The International Covenant on Economic, Social and Cultural Rights, S.89, Eide: Economic and Social Rights, in Symonides: Human Rights, Concept and Standards, S.130.

[341] Eide, The Right to an Adequate Standard of Living Including the Right to Food, in Eide/Krause/Rosas: The International Covenant on Economic, Social and Cultural Rights, S.89.

[342] dtv-Lexikon Band 16, Sai – Sid, Stichwort „Scham“.

über lange Zeit in einer schlechten Lage, so lernen sie, mit dieser umzugehen und trotzdem soziale Kontakte zu wahren. Leben zudem alle Mitgliedern des sozialen Umfeldes unter den gleichen widrigen Bedingungen, so sind Minderwertigkeitsgefühle, solange sich das tägliche Leben nicht außerhalb dieses Kontextes bewegt, nicht angebracht. So wäre es für die Bestimmung des Lebensstandards eines Slumbewohners nicht förderlich zu untersuchen, inwieweit er am sozialen Miteinander teilnimmt und ob er dabei Scham empfindet. Hier wäre also die Teilnahme an alltäglichen Interaktionen möglich, ohne daß äußere Umstände oder das Schamgefühl hindernd wirken. Trotzdem widerspricht es dem Verständnis des Wortes, von einem hohen Lebensstandard zu sprechen, da die Lebensumstände nicht positiv zu bewerten sind.

Zu berücksichtigen ist auch das andere Extrem, also Individuen, die ihrer Meinung nach die Anforderungen für die Teilnahme an alltäglicher Interaktion nicht erfüllen, obwohl dem objektiv nichts entgegenstände. Hier kann es sein, daß das „Schamgefühl“, also ein Gefühl der Minderwertigkeit im sozialen Kontext übermäßig ausgeprägt ist.

Die Verwendung des Schamgefühls als maßgebliches Kriterium begegnet also bei der Anwendung der Definition im Rahmen des Sozialpakts Schwierigkeiten.

5. Überlegungen zur Erarbeitung einer eigenen menschenrechtlichen Definition

Je nach Zielsetzung, Möglichkeiten und Intention nähert sich jede der Disziplinen dem Begriff des Lebensstandards auf ihre eigene Weise. Im Rahmen der Rechtswissenschaften blickt der Begriff des Lebensstandards nur auf eine kurze Tradition zurück: Im Gegensatz zu den traditionellen bürgerlichen und politischen Rechte sind die im Sozialpakt verbürgten Rechte wenig bekannt. Es fehlt an einer Rechtstradition, innerhalb derer sich ein bestimmter Inhalt des „Lebensstandards“ herausgebildet haben könnte, so wie es zum Beispiel in der deutschen Verfassungstradition für den ebenfalls sehr vagen Begriff der Menschenwürde geschehen ist[343].

Die Definition des Lebensstandards im Rahmen des Art. 11 (1) IPWSKR darf nicht zu einseitig auf die Güter abstellen, die den Einwohnern eines Landes zur Verfügung stehen. Es muß vielmehr berücksichtigt werden, inwieweit die Bewohner die Möglichkeit haben, ihre Fähigkeiten und Möglichkeiten zu verwirk-

---

[343] Dazu ausführlich Herdegen in Maunz/ Dürig, Grundgesetz, Artikel 1 Rn.30ff., Robbers in Umbach/ Clemens, Grundgesetz: Mitarbeiterkommentar und Handbuch, Artikel 1 Rn.6ff., Pieroth/ Schlink, Grundrechte Staatsrecht II, Rn.353ff., jeweils mit zahlreichen weiteren Nachweisen.

lichen und so ihre Lebensumstände möglichst positiv zu gestalten. Jedoch muß auch vermieden werden, allein auf die Befriedigung von Bedürfnissen abzustellen, da dies keine verläßliche Aussage über die Angemessenheit des Lebensstandards trifft. So mögen einige Leute als Luxus zu bezeichnende Lebensumstände gewöhnt sein und eine Verschlechterung der gewohnten Bedingungen nur schwer ertragen. Umgekehrt können benachteiligte Personen ihre Sichtweise dem Niveau anpassen, von dem sie wissen, daß es in ihrer Situation erreichbar ist, wodurch sie die Befriedigung ihrer Bedürfnisse auch in Verbindung mit sehr schlechten Lebensumständen erfahren.[344] Die Inhaltsbestimmung des Begriffs „Lebensstandard" im Rahmen von Art. 11 (1) IPWSKR darf nicht auf die Vorstellung, die einzelne Personen von diesem Begriff haben, reduziert werden, da die Vorstellung des einzelnen durch seine persönliche Lage determiniert wird.[345]

Auch ist nicht gesichert, daß der einzelne über die objektiven Lebensumstände seiner Umwelt oder sogar über seine eigenen vollständig informiert ist. Zudem können Individuen Änderungen nur begrenzt beurteilen (bedingt durch Aufenthaltsort, persönliche Lage und begrenztes Lebensalter),[346] während in dem erweiterten Kontext des Sozialpaktes auch überregionale und längerfristige Untersuchungen von Interesse sind.

Trotzdem sollten sowohl subjektive als auch objektive Faktoren im Rahmen der Definition berücksichtigt werden können. Gleichzeitig muß sie imstande sein, veränderte Umweltbedingungen zu berücksichtigen und Veränderungen aufnehmen zu können. So wird es notwendig sein, der Definition eine gewisse Unbestimmtheit zu belassen, um nicht durch eine zu konkrete Definition den Begriff des Lebensstandards einzuschränken und ihm seine Flexibilität zu nehmen. Diesen Anforderungen an eine Definition wird am ehesten die Begriffsbestimmung von *Eide* gerecht. Sie soll deshalb Grundlage der zu verwendenden Definition werden, ohne allerdings die Schwächen dieses Ansatzes beizubehalten – ein Abstellen auf ein so wenig erfaßbares Kriterium wie das Schamgefühl muß vermieden werden. Zweckmäßiger ist es deshalb, zwar das Kriterium des gesellschaftlichen Miteinanders als Meßfaktor für den Lebensstandard beizubehalten, ansonsten aber auf objektiv meßbare Kriterien abzustellen.

Im Rahmen des Art. 11 (1) IPWSKR entspricht folgende Definition den genannten Anforderungen:

Ein angemessener Lebensstandard ist gegeben, wenn Individuen in einer Umgebung und unter Bedingungen leben, die es ihnen ermöglichen, unter Bewah-

---

344 Nussbaum, Capabilities, Human Rights and the Universal Declaration, in: Weston/ Marks: The Future of International Human Rights, S.38.

345 Bliss, Life Style and the Standard of Living, in Nussbaum: The Quality of Life, S.418.

346 Bliss, Life Style and the Standard of Living, in Nussbaum: The Quality of Life, S.418f.

rung ihrer Würde am sozialen Leben teilzunehmen und ihre Rechte selbständig zu verwirklichen.

Diese Definition muß, um als Grundlage für die Konkretisierung und Auslegung von Art. 11 (1) IPWSKR zu dienen, der Kritik standhalten, die zur Ablehnung der übrigen Definitionen geführt hat.

Mit Hilfe des Rückgriffs auf die Umgebung und Lebensbedingungen der Menschen kann der objektiven Komponente des Lebensstandards Rechnung getragen werden. Eine Überprüfung der Teilnahme am sozialen Leben unter Bewahrung der Würde gibt Aufschluß über subjektive Befindlichkeiten, ohne daß diese allein durch eine Einschätzung der Betroffenen erfaßt werden müßten. Vielmehr handelt es sich hierbei um Faktoren, die objektiv erfaßbar sind, so daß von den objektiven Umständen auf die subjektive Komponente des Lebensstandards geschlossen werden kann. Auf diese Weise sollen Probleme, wie sie bei der Definition des Lebensstandards über „Glück" oder „Lustgewinn" aufgezeigt wurden, vermieden werden.

Weiterhin wird nicht auf nur einen Faktor abgestellt, um den multidimensionalen Begriff des „Lebensstandards" zu definieren. Anders als bei der Messung der Körpergröße oder des Bruttosozialprodukts ist es möglich, die verschiedenen Facetten des Lebensstandards, zu denen auch die in Art. 11 (1) IPWSKR explizit genannten Bestandteile gehören, mit der Definition zu vereinbaren. Ebenso wird es vermieden, auf den Durchschnitt der Bevölkerung abzustellen und so Unterschiede zwischen den Bevölkerungsgruppen oder auch innerhalb kleinerer Lebenseinheiten wie zum Beispiel einer Familie zu vernachlässigen. Ausgangspunkt der Definition ist das Individuum als Träger von Menschenrechten.

Da die Definition sich auf die Umwelt und die Lebensbedingungen von Menschen bezieht, ist es möglich, im Rahmen des Lebensstandards landestypische Besonderheiten zu berücksichtigen. Die unterschiedlichen Anforderungen, die die Geschichte, die Kultur, aber auch das Klima und die geographische Lage eines Staates an die Voraussetzungen stellen, die erfüllt sein müssen, damit seine Bewohner einen angemessenen Lebensstandard genießen, können so Beachtung finden.

Die Definition darf weiterhin einen hohen Lebensstandard nicht in Fällen bejahen, in denen es dem Wortsinn zuwiderläuft und dem *Telos* des Sozialpakts nicht gerecht wird. Für den Eremiten in der Wüste kann Glück und Zufriedenheit bejaht werden, es darf ihm aber kein hoher Lebensstandard im Sinne des Art. 11 (1) IPWSKR zugesprochen werden. Die hier verwendete Definition kollidiert nicht mit dem Wortsinn von „Lebensstandard" und paßt in das Gefüge der Rechte des Sozialpakts. Durch die Kontrolle der Lebensbedingungen von Menschen ist sichergestellt, daß in Fällen, in denen Menschen trotz widriger Umstände zufrieden sind und ihren eigenen Lebensstandard als angemessen beschreiben würden, die Erfüllung des Rechts auf einen angemessenen Lebensstandard, wie es in Art. 11 (1) IPWSKR kodifiziert ist, verneint wird. Ebenso ist es möglich, Fälle, in denen Personen für sich einen angemessenen Lebensstandard verneinen, obwohl objektiv alle Voraussetzungen geschaffen sind und persönliche Gründe eine Rolle spielen, mit Hilfe der vorgestellten Definition den angemessenen Lebensstandard zu bejahen. An dieser Stelle bewahrheitet sich die Kritik von *Tomuschat*.[347] Dem Staat ist es nur sehr begrenzt möglich, die Beziehung zwischen Menschen und ihrer natürlichen Umwelt direkt zu beeinflussen. Der Staat ist aber in der Lage, die Voraussetzungen dafür zu schaffen, daß sich diese Beziehung positiv entwickelt. Dies ist es auch, was von ihm gefordert wird: Die Schaffung von Lebensbedingungen, die es Menschen ermöglicht, unter Bewahrung ihrer Würde am sozialen Leben teilzuhaben.

Schließlich muß es möglich sein, die in Art. 11 (1) IPWSKR explizit genannten Bestandteile des Rechts auf einen angemessenen Lebensstandard, nämlich das Recht auf Ernährung, Bekleidung und Unterbringung, unter die hier entwickelte Definition zu subsumieren. Für jeden dieser Bestandteile gilt, daß er die Lebensbedingungen von Menschen maßgeblich beeinflußt. Ohne die nähere Untersuchung der einzelnen Rechte vorwegzunehmen,[348] kann festgehalten werden, daß für Menschen, die ohne ausreichende Ernährung, Kleidung oder Unterbringung leben, keine Bedingungen vorliegen, die die Verwirklichung ihrer Rechte ermöglichen und fördern. Auch ist eine Teilnahme am sozialen Leben nur sehr beschränkt möglich, wenn das Überleben die vordringlichste Sorge ist. Zudem ist für Menschen, die hungern, unzureichend bekleidet oder obdachlos sind, ein Leben in Würde nicht gegeben. Die in Art. 11 (1) IPWSKR als Konkretisierung des Rechts auf einen angemessenen Lebensstandard genannten Faktoren lassen sich somit unter die hier erarbeitete Definition des Begriffs „Lebensstandard" fassen.

Die Definition scheitert folglich nicht an den Kritikpunkten, durch die die übrigen Definitionen sich als ungeeignet für eine Verwendung im Rahmen des Art. 11 (1) IPWSKR erwiesen.

Sie wird Grundlage der folgenden Kapitel sein und bei der näheren Betrachtung des Rechts auf einen angemessenen Lebensstandard Anwendung finden.

---

[347] Tomuschat: Human Rights: Between Idealism and Realism, S.40.

[348] Diese ist Bestandteil von Kapitel 3.

2. Kapitel: Verwirklichung von wirtschaftlichen, sozialen und kulturellen Rechten im Rahmen des Sozialpakts

Das Recht auf einen angemessenen Lebensstandard aus Art. 11 (1) IPWSKR genießt in mehreren Hinsichten eine Sonderstellung unter den Rechten des Sozialpakts. Es ist eines der weitgefaßtesten und allgemeinsten Rechte des Sozialpakts. Es handelt sich um das einzige Recht, dessen Bedeutung durch drei weitere, explizit genannte Rechte konkretisiert wird, die sich mit fundamentalen Grundbedürfnissen der Menschen beschäftigen. Diese explizit genannten Rechte wiederum nehmen eine besondere Stellung unter den wsk Menschenrechten ein. Sie stehen nicht nur im Fokus der Aufmerksamkeit einer Reihe von Organisation der Vereinten Nationen wie der FAO oder UN-HABITAT und Nichtregierungsorganisationen wie FIAN und COHRE, es wird ihnen auch erheblich mehr Aufmerksamkeit zuteil als dem Recht, das als Oberbegriff formuliert ist, nämlich dem Recht auf einen angemessenen Lebensstandard.

Das Fehlen einer im Rahmen des Art. 11 (1) IPWSKR verwendbaren Definition ist ein möglicher Grund dafür, daß das Recht auf einen angemessenen Lebensstandard bisher eher ein Schattendasein führt. Um zu überprüfen, ob eine Konkretisierung und erleichterte Anwendbarkeit des Rechts auf einen angemessenen Lebensstandard mit Hilfe der im ersten Kapitel erarbeiteten Definition erreicht werden kann, werden zunächst die Verpflichtungen, die sich für Staaten aus dem Sozialpakt ergeben, kurz dargestellt und erläutert. Die folgenden Ausführungen zur Verwirklichung von wsk Rechten gelten für alle wsk Menschenrechte. Zu klären ist danach, ob sie auch auf das Recht auf einen angemessenen Lebensstandard Anwendung finden können und ob diese Anwendung zu verwertbaren Ergebnissen führt. Dies impliziert die Frage nach der Natur des Rechts auf einen angemessenen Lebensstandard: Ist es als eines der Rechte des Sozialpakt ebenso zu behandeln wie die übrigen wsk Menschenrechte oder handelt es sich um einen Oberbegriff, unter dem sich einzelne Konkretisierungen sammeln, ohne daß der Oberbegriff mehr wäre als die Summe seiner Teile?

Die folgenden Ausführungen sollen als Grundlage dienen, um den Inhalt der aus Art. 11 (1) IPWSKR erwachsenden Verpflichtungen zu ermitteln und das Recht selbst näher zu konkretisieren.

I. Die verschiedenen Verpflichtungsebenen: Achtungs-, Schutz- und Erfüllungspflichten

Wsk Rechte erlegen den Staaten eine dreigeteilte Verpflichtung auf, die sich aus Achtungs-, Schutz- und Erfüllungspflichten (*obligation to respect, protect and fulfil*) zusammensetzt. Diese Unterscheidung wurde von *Asbjørn Eide* im Rahmen einer Studie im Auftrag der Unterkommission zur Verhinderung von Diskriminierung und Minderheitenschutz vorgestellt.[349] Die Dreiteilung der Verpflichtung entspringt der Erkenntnis, daß die Verwirklichung von Menschenrechten Maßnahmen von unterschiedlicher Intensität erfordern kann.[350] Auch die Richtlinien von Maastricht[351] verwenden dieses Modell in Teil II Nr. 6. Es basiert auf einem von *Henry Shue* entwickelten theoretischen Modell.[352] Dieser schlug eine dreigeteilte Typologie von Pflichten vor. Grund für diese Dreiteilung war die Annahme, daß man nicht zwischen verschiedenen Arten von Rechten, sondern zwischen verschiedenen Arten von Pflichten, die aus einem jedem Recht erwachsen, unterscheiden solle. Er weist zudem darauf hin, daß die Annahme, für die Erfüllung negativer Rechte reiche es aus, die Verpflichtung „*to avoid depriving*" zu erfüllen, eine irrige sei: Selbst ein so eindeutig als negatives Recht zu klassifizierende Recht wie das Recht auf (körperliche) Freiheit benötige Schutz und positive Förderung durch den Staat, wenn Nichteingreifen allein nicht mehr ausreiche.[353] Sinnvoller sei es deshalb, nicht auf die Art eines Rechts (nämlich positives versus negatives Recht), sondern auf die aus Rechten erwachsenden Pflichten abzustellen.[354] Diese Pflichten müßten für jedes einzelne „*Basic Right*" erfüllt werden, wenn auch nicht zwangsläufig von derselben Person oder Institution.[355]

Shue schlägt folgende drei Typen von Verpflichtungen vor:

Duties to avoid depriving – duties not to eliminate a person's only available means of subsistence;

Duties to protect from deprivation – duties to protect people against deprivation of the only available means of subsistence by other people;

Duties to aid the deprived – duties to provide for the subsistence of those unable to provide for their own.

---

349 *Sub-Commission on Prevention of Discrimination and Protection of Minorities;* Eide, The New International Economic Order and the Promotion of Human Rights. Study on the Right to Adequate Food as a Human Right, E/CN.4/Sub.2/1984/22, 3. Juli 1984, paras.66ff., 169ff.

350 Koch, The Justiciability of Indivisible Rights, Nordic Journal of International Law 72 (2003), S.9.

351 Maastricht Guidelines, veröffentlicht z.B. in Human Rights Quarterly 20 (1998), S.691ff.; Dankwa/ Flintermann/ Leckie, Commentary on the Maastricht Guidelines on Violations of Economic, Social and Cultural Rights, in van Boven: The Maastricht Guidelines on violations of economic, social and cultural rights, S.20: *This three-level (respect, protect, fulfil) `typology' of obligations, as it has come to be known, is now widely accepted as an interpretative tool to be utilised in discerning the duties incumbent upon States.*; Craven: The International Covenant on Economic, Social and Cultural Rights, S.109ff., verwendet diese Dreiteilung ohne weiteren Kommentar.

352 Shue: Basic Rights, Subsistence, Affluence and US Foreign policy, S.52ff.

353 Shue: Basic Rights, S.53.

354 Shue: Basic Rights, S.52f.

355 Shue: Basic Rights., S.52f.

Diese Dreiteilung wurde zunächst von *Eide* und dem Ausschuß für wirtschaftliche, soziale und kulturelle Rechte, danach auch von einem Großteil der Literatur zu wsk Rechten aufgegriffen und weiter spezifiziert.[356] Um die einzelnen Typen von Verpflichtungen in Hinblick auf konkrete Rechte untersuchen zu können, ist es zunächst notwendig, ihre Bedeutung zu konkretisieren und sie gegeneinander abzugrenzen.

1. Achtungspflichten

Achtungspflichten verbieten es Staaten, ihren Bürgern die Wahrnehmung und Ausübung eines Menschenrechtes zu untersagen.[357] Angesprochen werden somit staatliche Aktionen oder Gesetze, die aus dem jeweiligen Artikel zu treffende Vorgaben verletzen.[358] Hierbei wird vorausgesetzt, daß das Recht bereits durch Bürger der betreffenden Staaten wahrgenommen wird.[359] Es geht also vor allem darum, eine bestehende Position zu garantieren und ihren Genuß nicht zu verhindern. Diese Verpflichtung erfordert zumeist keine positiven und ressourcenverbrauchenden Maßnahmen des Staates, sondern vielmehr Unterlassungen: Es ist erforderlich, daß der Staat Zurückhaltung übt und sich Beschränkungen auferlegt, um den Gebrauch von privaten Ressourcen zu ermöglichen.[360] Voraussetzung dafür ist, daß der Staat nicht seine Einwohner an der Erfüllung ihrer Rechte hindert, insbesondere wenn er selbst nicht in der Lage ist, die Erfüllung zu garantieren.[361]

Es wird vertreten, daß Maßnahmen, die zur Achtungsverpflichtung zählen, nicht dem Vorbehalt der progressiven Verwirklichung (vgl. Art. 2 (1) IPWSKR)

---

356 Einen Überblick gibt z.B. Sepúlveda: The nature of the obligations under the International Covenant on Economic, Social and Cultural Rights, S.157ff.

357 Richtlinien von Maastricht para.6; United Nations: Right to Adequate Food as a Human Right, S.14; Koch, The Justiciability of Indivisible Rights, Nordic Journal of International Law 72 (2003), S.9; Riedel, The Human Right to Water, in Dicke *et al.*: Weltinnenrecht. Liber amicorum Jost Delbrück, S.593; Riedel, New Bearings to the State Reporting Procedure, in Schorlemer: Praxishandbuch UNO, S.348.

358 General Comment 14 para.50.

359 Koch, The Justiciability of Indivisible Rights, Nordic Journal of International Law 72 (2003), S.12

360 Craven: The International Covenant on Economic, Social and Cultural Rights, S.110; United Nations: Right to Adequate Food as a Human Right, S.14; Eide, Economic, Social and Cultural Rights as Human Rights, in Eide/ Krause/ Rosas: Economic, Social and Cultural Rights, S.23; Eide, Economic and Social Rights, in Symonides: Human Rights. Concepts and Standards, S.127.

361 Robertson, Measuring State Compliance, in Human Rights Quarterly 16 (1994), S.699.

unterlägen.[362] Verpflichtungen, denen keine Ressourcenknappheit des Staates entgegenstehe (eben weil für die Erfüllung der Verpflichtung keine Ressourcen verbraucht würden), müßten sofort umgesetzt werden. Die progressive Verwirklichung sei nur dann zulässig, wenn einer sofortigen Umsetzung ein Mangel an Mitteln zuwiderlaufe. Der Terminus „Ressource“ ist dabei nicht im rein ökonomischen Sinn zu verstehen: Mangel an Ressourcen kann sowohl Zeit- als auch Geldmangel wie auch Mangel an Fachwissen bedeuten.[363]

2. Schutzpflichten

Schutzpflichten erfordern, daß Staaten Verletzungen von Rechten aus dem Sozialpakt durch Dritte verhindern.[364] Der Staat bleibt auch dann verantwortlich, wenn er die Verwirklichung des Rechts dem privaten Sektor überläßt.[365] Auch im Rahmen der Schutzpflichten geht es darum, eine bestehende Position zu sichern, die aber im Gegensatz zu der im vorherigen Absatz geschilderten Situation nicht durch den Staat selbst, sondern durch Dritte bedroht ist.[366]

Verletzungen der Schutzpflichten liegen vor, wenn es der Staat unterläßt, alle notwendigen Maßnahmen zu treffen, um Personen innerhalb seiner Jurisdiktion vor Verletzungen des jeweiligen Rechts zu bewahren. Dies schließt auch Unterlassungen ein wie die mangelnde Regelung von Aktivitäten von Privatpersonen, Gruppen oder sonstigen Personen, die Paktrechte anderer verletzen könnten.[367]

---

[362] Chapman/Russell, Introduction, in Chapman/Russell: Core Obligations: Building a Framework for Economic, Social and Cultural Rights, S.12, Künnemann, The Right to Adequate Food: Violations Related to its Minimum Core Content, in Chapman/ Russell: Core Obligations: Building a Framework for Economic, Social and Cultural Rights, S.172, so wohl auch Riedel, New Bearings to the State Reporting Procedure, in Schorlemer: Praxishandbuch UNO, S.348.

[363] Künnemann, The Right to Adequate Food, in Chapman/ Russell: Core Obligations: Building a Framework for Economic, Social and Cultural Rights, S.177.

[364] Richtlinien von Maastricht, para.6; United Nations: Right to Adequate Food as a Human Right, S.14; Koch, The Justiciability of Indivisible Rights, Nordic Journal of International Law 72 (2003), S.9; Eide, Economic, Social and Cultural Rights as Human Rights, in Eide/ Krause/ Rosas: Economic, Social and Cultural Rights, S.24; Riedel, New Bearings to the State Reporting Procedure, in Schorlemer: Praxishandbuch UNO, S.348.

[365] Riedel, The Human Right to Water, in Dicke *et al.*: Weltinnenrecht. Liber amicorum Jost Delbrück, S.593.

[366] Koch, The Justiciability of Indivisible Rights, Nordic Journal of International Law 72 (2003), S.13.

[367] General Comment 14, para.51; Eide, Economic, Social and Cultural Rights as Human Rights, in Eide/ Krause/ Rosas: Economic, Social and Cultural Rights, S.27.

3. Erfüllungspflichten

Um schließlich seinen Erfüllungspflichten gerecht zu werden, muß der Staat aktiv geeignete Maßnahmen legislativer, verwaltungstechnischer und den Staatshaushalt betreffender Art ergreifen, um die Rechte aus dem Sozialpakt zu verwirklichen.[368] Im Unterschied zu den ersten beiden Stufen geht es hier um den Aufbau und die Verwirklichung einer vorher nicht oder nur unzureichend bestehenden Rechtsposition.[369]

Verletzungen der Erfüllungspflicht liegen vor, wenn die staatliche Gewalt es unterläßt, alle notwendigen Schritte zu unternehmen, um die Verwirklichung des Rechts zu sichern.[370] Es muß allerdings eine Differenzierung danach erfolgen, ob der Staat unfähig oder unwillig ist, seinen Verpflichtungen nachzukommen. Eine Verletzung liegt nicht vor, wenn es dem Staat auch unter Einsatz aller Mittel nicht möglich ist, seiner Verpflichtung gerecht zu werden. Die Beweislast für das Vorliegen einer solchen Unfähigkeit liegt bei dem jeweiligen Staat.[371] Im Falle einer Verletzung sollte jede Person, deren Recht verletzt ist, die Möglichkeit haben, effektive gerichtliche oder tatsächliche Genugtuung auf nationaler oder internationaler Ebene zu fordern. Diese Forderung formulierte der Ausschuß für das Recht auf ein Höchstmaß an Gesundheit aus Art. 12 IPWSKR.[372]

a) Sinn einer Unterteilung der Erfüllungsverpflichtung

Teilweise wird eine Unterteilung der Erfüllungspflichten in Erleichterungsverpflichtungen *(obligations to facilitate)*, Gewährleistungspflichten *(obligations to ensure)* und Unterstützungspflichten *(obligations to provide)* vorgeschlagen.[373] Andere Autoren schlagen vier oder fünf Verwirklichungsebenen vor: *Van Hoof* fügt eine Förderungsverpflichtung zur Verwirklichung von noch nicht

---

[368] Richtlinien von Maastricht, para.6; United Nations: Right to Adequate Food as a Human Right, S.15; Koch, The Justiciability of Indivisible Rights, Nordic Journal of International Law 72 (2003), S.9; Eide, Economic, Social and Cultural Rights as Human Rights, in Eide/ Krause/ Rosas: Economic, Social and Cultural Rights, S.24; Eide, Economic and Social Rights, in Symonides: Human Rights: Concepts and Standards, S.129f.

[369] Koch, The Justiciability of Indivisible Rights, Nordic Journal of International Law 72 (2003), S.15.

[370] General Comment 14, para.52.

[371] General Comment 12, para.17.

[372] General Comment 14, para.59.

[373] Eide, Economic, social and cultural rights as human rights, in Eide/ Krause/ Rosas: Economic, social and cultural rights, S.23f. parallel zu den Ausführungen in verschiedenen General Comments.

genau definierten Zielen ein, die erst durch Langzeitstrategien verwirklicht werden können. Zusammen mit einer Sicherungsverpflichtung (*obligation to ensure*) sollen die programmatischen Verpflichtungen aus dem Sozialpakt erfaßt werden.[374] *Steiner* und *Alston* nennen die Verpflichtung, Güter und Dienstleistungen zur Befriedigung der Rechte bereitzustellen und Rechte zu fördern, indem Veränderungen im öffentlichen Bewußtsein bezüglich der relevanten Problemstellungen herbeigeführt werden, was durch die Bereitstellung von Mitteln und die Schaffung von Institutionen geschehen soll.[375] *Eide* schlägt eine Verpflichtung „Möglichkeiten zu fördern" als dritte Ebene vor und ordnet die Erfüllungsverpflichtung auf einer vierten Ebene ein.[376] An anderer Stelle faßt er jedoch diese dritte und vierte Ebene unter dem Oberbegriff „Erfüllungsverpflichtung" zusammen, aufgeteilt in Ermöglichungs- und Versorgungsverpflichtung.[377]

Alle Ansätze haben die ersten zwei Verwirklichungsebenen, namentlich Achtungs- und Schutzpflichten, gemeinsam. Die Differenzierung beginnt mit der dritten Verpflichtungsebene. Wie *Sepúlveda* nachgewiesen hat, handelt es sich um terminologische Unterschiede, die nicht zu unterschiedlichen Ergebnissen führen.[378] So wird von den Befürwortern einer Aufteilung der dritten Ebene nicht ausgeführt, welche Vorteile die Unterteilung der Verpflichtungsebene hat. Eine Unterscheidung zwischen Förderungs- und Sicherungspflichten zu treffen, wird auf terminologische Spitzfindigkeiten hinauslaufen. Die Sicherung des Status quo der Verwirklichung eines Rechtes kann aufgrund der starken Verkettung der Rechte des Sozialpakts auch die Förderung eines anderen Rechts betreffen. Entscheidend ist hierbei, daß die einzelnen Rechte aufeinander aufbauen. Es handelt sich bei den Untergliederungen nicht um eigene Verpflichtungsebenen, sondern um verschiedene Wege des Staates, seiner Erfüllungsverpflichtung nachzukommen.[379]

---

[374] Van Hoof, The Legal Nature of Economic, Social and Cultural Rights, in Alston/ Tomaševski: The Right to Food, S.106.

[375] Steiner/Alston: International Human Rights in Context, S.182ff.

[376] Eide, Economic and Social Rights, in Symonides: Human Rights: Concepts and Standards, S.124.

[377] „*Obligation to facilitate and to provide*": Eide, Economic, social and cultural rights as human rights, in Eide/ Krause/ Rosas: Economic, social and cultural rights, S.24.

[378] Sepúlveda: The nature of the obligations under the International Covenant on Economic, Social and Cultural Rights, S.168.

[379] Klee: Die progressive Verwirklichung wirtschaftlicher, sozialer und kultureller Menschenrechte, S.103.

b) Vorgehensweise des Ausschusses für wirtschaftliche, soziale und kulturelle Rechte

Der Ausschuß hat zunächst die Dreiteilung in Achtungs-, Schutz- und Erfüllungspflichten explizit angenommen.[380] Sie wurde erstmals in seinem General Comment 12 zum Recht auf Ernährung aufgenommen und auch in den folgenden General Comments verwendet. Im General Comment 12 werden konsequenterweise drei Stufen von Verpflichtungen angenommen, nämlich Achtungs-, Schutz- und Erfüllungspflichten. Zwar merkt der Ausschuß an, letztere lasse sich in Förderungs- und Unterstützungsverpflichtungen aufteilen.[381] Die Förderungsverpflichtung verpflichte den Staat, aktiv Maßnahmen zu ergreifen, um seinen Einwohnern den Zugang zu und die Nutzung von Ressourcen zu ermöglichen und zu erleichtern. Die Unterstützungsverpflichtung beinhalte die direkte Erfüllung des Rechts durch den Staat; im Falle des Rechts auf Ernährung also die Versorgung mit Lebensmitteln durch den Staat. Jedoch ist hierzu ist Anmerkung 1 zu General Comment 12 zu erwähnen, in der der Ausschuß betont, daß die Förderungsverpflichtung zwar als eigene Erfüllungsebene vorgeschlagen wurde, der Ausschuß sich jedoch dazu entschlossen habe, die ursprüngliche Dreiteilung beizubehalten.[382] Auch General Comment 13 nutzt die Dreiteilung und unterteilt die Erfüllungsverpflichtung wiederum in Förderungs- und Unterstützungsverpflichtungen.[383] In den General Comments 14 und 15 verwendet der Ausschuß denselben Wortlaut wie im vorhergehenden. Beide Male wird die Erfüllungsverpflichtung zum größten Teil näher konkretisiert, ohne daß weiter differenziert wird.[384] Zwar wird im folgenden Paragraphen erwähnt, daß die Erfüllungsverpflichtung Erleichterungs-, Förderungs- und Versorgungsverpflichtungen enthält, jedoch werden aus dieser Unterteilung keine Konsequenzen für die Bestimmung der aus der Erfüllungsverpflichtung erwachsenden Pflichten für die Mitgliedstaaten gezogen.[385] General Comment 20 führt aus, dass sich die Erfüllungsverpflichtung in die genannten drei Verpflichtungen aufspalten lässt und führt diese dann näher aus.[386]

---

380 Outline for drafting General Comments on specific rights of the International Covenant on Economic, Social and Cultural Rights, E/2000/22, Annex IX, 3. Dezember 1999S. 135f.

381 General Comment 12, para.15.

382 General Comment 12, Anm. 1.

383 General Comment 13, para.46.

384 General Comment 14, paras.33, 36; auf *facilitate, promote und provide* geht der Ausschuß nur in para.37 ein, General Comment 15, para.26.

385 *Obligation to provide, facilitate and promote*, cf. General Comment 15, paras.25f.; General Comment 16, para.17; General Comment 17, paras.26f..; General Comment 18, para.34.

386 General Comment 20, paras.36ff.

c) Ergebnis

Es ist sehr fraglich, ob eine weitere Unterteilung vorteilhaft ist, da sie nicht zu größerer Klarheit führen wird. Die Aufteilung der dritten Ebene läßt sich unter den bestehenden Begriff der Erfüllungsverpflichtung subsumieren, ohne daß die weitere Aufteilung als allgemeingültig und zwingend angesehen werden müßte. Die einzelnen Unterteilungen der dritten Ebene sind so miteinander verwoben, daß sie eher zu terminologischen Streitigkeiten verführen, als der Sache wirklich zu dienen. *Klee* bemerkt dazu treffend: „Allerdings hat diese weitere Aufsplitterung [...] keine wirkliche rechtliche Relevanz. Vielmehr führt sie eine nur schwer abgrenzbare zusätzliche Kategorisierung ein, die keine neuen Erkenntnisse bringt.“[387]

Es ist deshalb festzustellen, daß zwar die Aufzählung der Pflichten, aufgeteilt nach Unterkriterien, jeweils gleichberechtigt neben der Aufzählung der Pflichten aus der Erfüllungsverpflichtung steht, die ihrerseits nicht weiter unterteilt werden, so daß hier der falsche Eindruck entstehen könnte, es handele sich um drei bzw. vier gleichberechtigte Kategorien. Das ist aber gerade nicht der Fall: Die weiteren Unterteilungen bilden Unterkategorien der Erfüllungsverpflichtung.[388] Es wird zudem deutlich, daß die Terminologie nicht einheitlich ist. Die Unterteilung der dritten Verpflichtungsebene wird vorgenommen, wenn es sich für eine Aufteilung der konkret zu treffenden Maßnahmen anbietet, ohne daß es zwingend oder unbedingt notwendig wäre.[389]

Aus diesem Grund bleibt Grundlage der vorliegenden Arbeit die Dreiteilung der Verpflichtungen aus dem Sozialpakt in Achtungs-, Schutz- und Erfüllungsverpflichtungen. Die differierenden Konzepte können weder inhaltlich überzeugen, noch sind sie ausgereift genug, um in der problematischen Materie der Konkretisierung des Inhalts von Art. 11 (1) IPWSKR hilfreich zu sein.

Die vorgestellte Aufteilung in Achtungs-, Schutz- und Erfüllungspflichten stellt eine starke Vereinfachung des Weges zur Verwirklichung von wirtschaftlichen, sozialen und kulturellen Rechten dar. *Shue*, sich auf *Waldron* beziehend, merkt dazu an:

> „Thus, there is no ultimately significant question of the form, how many kinds of duties are involved in honoring rights. Three? Four? A dozen? Waldron is closer to the mark in

---

[387] Klee: Die progressive Verwirklichung wirtschaftlicher, sozialer und kultureller Menschenrechte, S.102.

[388] Vgl. dazu noch einmal General Comment 12, Anm. 1: *"The intermediate level of „to facilitate" has been proposed as a Committee category, but the Committee decided to maintain the three levels of obligations."*

[389] So auch Arambulo: Strengthening the Implementation of the International Covenant on Economic, Social and Cultural Rights, S.123.

saying 'successive waves of duty'[390]. How many waves? Lots – more sometimes than others."[391]

Jedoch darf hier angesichts so anschaulicher Bilder wie das der „Wellen von Verpflichtungen" nicht vergessen werden, daß Typologien den Vorteil einer gewissen Stabilität und Kategorisierbarkeit haben, was bei der Benutzung eines bildhaften Begriffs wie „Wellen" gerade nicht gegeben ist. Die mangelnden Umsetzungsvorgaben stellen eines der Hauptprobleme des Sozialpakts dar. Um den Staaten konkrete Vorgaben und Hilfestellungen geben zu können, ist es also unerläßlich, gewisse Vereinfachungen hinzunehmen, um größere Klarheit gewinnen zu können.[392] Die Einteilung in die beschriebenen drei Arten von Verpflichtungen hat sich im Rahmen des Vertragsüberwachungsverfahrens bewährt. Sie wird deshalb auch für die Ausführungen zu den einzelnen Rechten des Art. 11 (1) IPWSKR beibehalten.

4. Achtungs-, Schutz- und Erfüllungspflichten aus dem Recht auf einen angemessenen Lebensstandard

Das Recht auf einen angemessenen Lebensstandard erlegt als soziales Menschenrecht den Staaten Achtungs-, Schutz- und Erfüllungspflichten auf.

In Erfüllung seiner Achtungspflicht muß der Staat sämtliche Maßnahmen unterlassen, durch die Personen daran gehindert werden, in einer Umgebung und unter Bedingungen zu leben, die es ihnen ermöglichen, unter Bewahrung ihrer Würde am sozialen Leben teilzunehmen und ihre Rechte selbständig zu verwirklichen.

Die aus dem Recht auf einen angemessenen Lebensstandard erwachsenden Schutzpflichten erlegen es den Mitgliedstaaten des Sozialpakts auf, eine Beeinträchtigung des Rechts durch Dritte zu verhindern. Veränderungen der Lebensbedingungen, die sich negativ auf den Genuß des Rechts auswirken, müssen vom Staat kontrolliert und, sofern sie nicht gem. Art. 4 IPWSKR gerechtfertigt sind, unterbunden werden.

Im Rahmen der Erfüllungspflichten ist es den Staaten auferlegt, aktiv die Voraussetzungen dafür zu schaffen, daß die Lebensbedingungen und die Umwelt ihrer Einwohner so beschaffen sind, daß diese unter Bewahrung ihrer Würde am sozialen Leben teilnehmen können und ihre Rechte selbständig verwirklichen können.

---

[390] Waldron, Liberal Rights, S.25.

[391] Shue: Basic Rights, S.160.

[392] So auch Arambulo: Strengthening the Supervision of the International Covenant on Economic, Social and Cultural Rights, S.128; kritischer Koch, The Justiciability of Indivisible Rights, Nordic Journal of International Law 72 (2003), S.10f.

Die Verpflichtungstrias ist auf das Recht auf einen angemessenen Lebensstandard anwendbar, was dafür spricht, daß es mehr als ein reines Dachrecht und mehr als nur die Summe seiner Konkretisierungen ist. Doch sind die Staatenverpflichtungen, die sich aus der Anwendung der Verpflichtungstrias ergeben, sehr vage und unbestimmt. Das Recht auf einen angemessenen Lebensstandard hat schon im Rahmen der Travaux Préparatoires Kritik erfahren,[393] da es wenig greifbar und schwer zu konkretisieren ist. Dasselbe Problem ergibt sich, wenn mit ihm verfahren wird wie mit den anderen Rechten des Sozialpakts.

Für die Staaten ergeben sich aus den beschriebenen Verpflichtungen zwar Hinweise darauf, wie die Verwirklichung des Rechts auf einen angemessenen Lebensstandard gefördert werden kann. Diese Hinweise sind aber kaum geeignet zur Beantwortung der Frage, welche konkreten Maßnahmen notwendig sind, um das Recht auf einen angemessenen Lebensstandard für die Einwohner eines Mitgliedstaates zu realisieren. Die Verpflichtungstrias ist damit zwar auf das Recht auf einen angemessenen Lebensstandard anwendbar, jedoch zur Konkretisierung des Rechts nur sehr bedingt geeignet. Obwohl schon die Unterteilung in Achtungs-, Schutz- und Erfüllungspflichten eine Vereinfachung darstellt, die es ermöglichen soll, wsk Rechten mehr Kontur zu verleihen, reicht dies für das Recht auf einen angemessenen Lebensstandard nicht aus.

---

[393] *General Assembly*, A/C.3/SR.739, para.4 (Baroody, Saudi-Arabien) mit Entgegnung in para.20 (Diaz Casanueva, Chile).

II. Verpflichtung zur Nicht-Diskrimierung aus Art. 2 (2) und Art. 3 in Verbindung mit Art. 11 (1) IPWSKR

1. Allgemeine Ausführungen

Der Sozialpakt definiert den Begriff der Diskriminierung nicht, im Gegensatz zu Art. 1 des Übereinkommens zur Beseitigung von jeder Form der Rassendiskriminierung[394] oder Art. 1 des Übereinkommens zur Beseitigung jeder Form von Diskriminierung der Frau[395]. Da die genannten Übereinkommen sich mit Diskriminierungen, die auf bestimmten Faktoren (wie der Rasse oder dem Geschlecht) beruhen, beschäftigen, hat der Menschenrechtsausschuß der Vereinten Nationen eine weite Definition der Diskriminierung vorgeschlagen: Eine Diskriminierungen ist die unterschiedliche Behandlung einer Person oder Gruppe, bei denen die Kriterien für die Unterscheidung nicht vernünftig oder objektiv sind oder kein legitimes Ziel verfolgen.[396] Das ist zum Beispiel der Fall, wenn eine Diskriminierung auf Status oder Kriterien wie Rasse, Farbe, Geschlecht, Sprache, Religion, politischer oder sonstiger Überzeugung, nationaler oder sozialer Herkunft, Eigentum, Geburt oder sonstigem Status wie Alter, Volkszugehörigkeit, Ehestand, Flüchtlings- oder Migrantenstatus beruht.[397] Der Katalog des Art. 2 (2) IPWSKR ist nicht abschließend; auch Ungleichbehandlung, die

---

[394] Art. 1 (1): In diesem Übereinkommen bezeichnet der Ausdruck „Rassendiskriminierung" jeder auf der Rasse, der Hautfarbe, der Abstammung, dem nationalen Ursprung oder dem Volkstum beruhenden Unterscheidung, Ausschließung, Beschränkung oder Bevorzugung, die zum Ziel oder zur Folge hat, daß dadurch ein gleichberechtigtes Anerkennen, Genießen oder Ausüben von Menschenrechten und Grundfreiheiten im politischen, wirtschaftlichen, sozialen, kulturellen oder jedem sonstigen Bereich des öffentlichen Lebens vereitelt oder beeinträchtigt wird.

[395] Art. 1: In diesem Übereinkommen bezeichnet der Ausdruck „Diskriminierung der Frau" jede mit dem Geschlecht begründete Unterscheidung, Ausschließung oder Beschränkung, die zur Folge oder zum Ziel hat, daß die auf die Gleichberechtigung von Mann und Frau gegründete Anerkennung, Inanspruchnahme oder Ausübung der Menschenrechte und Grundfreiheiten der Frau – ungeachtet ihres Familienstandes – im politischen, wirtschaftlichen, sozialen, kulturellen, staatsbürgerlichen oder jedem sonstigen Bereich beeinträchtigt oder vereitelt wird.

[396] General Comment 18 zur Nicht-Diskriminierung im Rahmen des Pakts für bürgerliche und politische Rechte des Menschenrechtsausschuß der Vereinten Nationen, in HRI/GEN/1/Rev.3, 15. August 1997, para.7, 23; allgemein zum Konzept der Nicht-Diskriminierung und Gleichheit Craven, The International Covenant on Economic, Social and Cultural Rights, S.154ff.

[397] General Comment 16, para.10; General Comment 18 des Menschenrechtsausschuß der Vereinten Nationen, in HRI/GEN/1/Rev.3, 15. August 1997, para.7.

auf in Art. 2 (2) IPWSKR nicht genannten Kriterien beruhen, können eine Diskriminierung darstellen.[398]

Besondere Maßnahmen können notwendig sein, um bestehende Diskriminierungen zu beseitigen. Diese können eine bevorzugte Behandlung für bestimmte Bevölkerungsgruppen beinhalten. Solange eine solche Besserstellung notwendig ist, um eine tatsächlich bestehende Diskriminierung zu beenden, handelt es sich um eine zulässige Ungleichbehandlung.[399] So stellt nicht jede Ungleichbehandlung eine Diskriminierung im Sinne des Sozialpakts dar. Wenn die Kriterien, nach denen die Unterscheidung getroffen wird, vernünftig und objektiv sind und ein nach dem Sozialpakt legitimes Ziel verfolgt wird, liegt keine Diskriminierung vor.[400]

Art. 2 (2) IPWSKR verpflichtet die Vertragsstaaten zu gewährleisten, daß die Paktrechte diskriminierungsfrei ausgeübt werden, Art. 3 IPWSKR dazu, die Gleichberechtigung von Mann und Frau sicherzustellen. Beide Vorschriften sind keine alleinstehenden Rechte, sondern müssen im Zusammenhang mit den Rechten aus Art. 6 bis 15 des Sozialpakts gelesen werden.[401] Art. 2 (2) und Art. 3 IPWSKR überschneiden sich in ihrem Anwendungsbereich und verstärken sich gegenseitig.[402] Beide Vorschriften fordern bei der Verwirklichung der Paktrechte *de jure* und *de facto* Gleichheit: *De jure* Gleichheit ist hergestellt, wenn Gesetze und Maßnahmen diskriminierungsfrei sind; *de facto* Gleichheit bedeutet, daß die Auswirkungen von Gesetz, Politik und tatsächlichem Handeln des Staates frei von Diskriminierungen sind.[403] Ebenso untersagen Art. 2 (2) und 3 IPWSKR jegliche direkte und indirekte Diskriminierung, das heißt sowohl die direkte und explizite Ungleichbehandlung von Personen in objektiv

---

398 Klee: Die progressive Verwirklichung wirtschaftlicher, sozialer und kultureller Menschenrechte, S.168; Craven: The International Covenant on Economic, Social and Cultural Rights, S.168ff.; Klerk, Working Paper on Articles 2 (2) and 3, Human Rights Quarterly 9 (1987), S.251f., 256.

399 General Comment 18 des Menschenrechtsausschuß der Vereinten Nationen, HRI/GEN/1/Rev.3, 15. August 1997, para.10; für den Sozialpakt General Comment 16 para.10; zu der Diskussion dieses Problem im Rahmen der *Travaux Préparatoires* Klerk, Working Paper on Articles 2 (2) and 3, Human Rights Quarterly 9 (1987), S.264f. und Craven: The International Covenant on Economic, Social and Cultural Rights, S.161.

400 General Comment 18 des Menschenrechtsausschuß der Vereinten Nationen, HRI/GEN/1/Rev.3, 15. August 1997, para.13; Klerk, Working Paper on Articles 2 (2) and 3, Human Rights Quarterly 9 (1987), S.255; ausführlich Craven, The International Covenant on Economic, Social and Cultural Rights, S.184f.

401 General Comment 16, para.2.

402 General Comment 16, paras.2f.

403 General Comment 16, para.7 zur Gleichheit von Männern und Frauen; Craven: The International Covenant on Economic, Social and Cultural Rights, S.165ff.

ähnlichen Situationen als auch die Anwendung von neutralen Formulierungen, durch die bestehende Ungleichheiten verfestigt oder verstärkt werden.[404]

Es lassen sich gute Gründe dafür anführen, daß die Pflicht zur Nicht-Diskriminierung nicht dem Vorbehalt der progressiven Verwirklichung aus Art. 2 (1) IPWSKR unterliegt: Dafür sprechen sowohl die *Travaux Préparatoires*[405] als auch das systematische Argument, daß Art. 2 (1) sich auf „die in diesem Pakt anerkannten Rechte" bezieht, wobei es sich um die Einzelrechte des dritten Teils handelt, während Art. 2 (2) kein eigenständiges Paktrecht ist, sondern immer an einen spezifischen Artikel des dritten Teils gebunden ist.[406] Der Ausschuß geht ebenfalls davon aus, daß die Verpflichtung aus Art. 2 (2) nicht dem Vorbehalt der progressiven Verwirklichung unterliegt.[407] Strittig ist, ob dies uneingeschränkt auch für *de facto*-Diskriminierungen gilt.[408]

2. Anwendung auf das Recht auf einen angemessenen Lebensstandard

Art. 11 (1) in Verbindung mit Art. 2 (2), 3 IPWSKR verbietet Ungleichbehandlung auf Grund der in Art. 2 (2) aufgezählten Kriterien bei der Umsetzung des Rechts auf einen angemessenen Lebensstandard.[409] Die Verpflichtung zur Nicht-Diskriminierung bezogen auf das Recht auf einen angemessenen Lebens-

---

404 General Comment 16, para.12, 13; Haugen: The Right to Food and the TRIPS Agreement, S.83.

405 General Assembly, Tenth Session, Report of the Third Committee (1955), A/3077, paras.80: Der Vorschlag der Niederlande, Art. 2 (1) und 2 (2) zu einem einheitlichen Absatz zu verschmelzen (A/C.3/L.460) wurde abgelehnt. Die Niederlande führten aus, daß das Prinzip der Nichtdiskriminierung dem Vorbehalt der progressiven Realisierung unterliege. Diese Ausführungen wurden aber nicht akzeptiert, paras.81f.; dazu Klee: Die progressive Verwirklichung von wirtschaftlichen, sozialen und kulturellen Rechten, S.168; Klerk, Working Paper on Articles 2 (2) and 3, Human Rights Quarterly 9 (1987), S.260f.; kritischer Craven: The International Covenant on Economic, Social and Cultural Rights, S.181.

406 Klerk, Working Paper on Articles 2 (2) and 3, Human Rights Quarterly 9 (1987), S.261; Klee: Die progressive Verwirklichung von wirtschaftlichen, sozialen und kulturellen Rechten, S.168.

407 General Comment 13, para.31; General Comment 15, para.13.

408 Dagegen Craven: The International Covenant on Economic, Social and Cultural Rights, S.181f., ebenso für Diskriminierungen, die schon vor Beitritt zum Sozialpakt vorlagen, Klerk, Working Paper on Articles 2 (2) and 3, Human Rights Quarterly 9 (1987), S.262; dafür Klee: Die progressive Verwirklichung von wirtschaftlichen, sozialen und kulturellen Rechten, S.169.

409 General Comment 18 des Menschenrechtsausschuß der Vereinten Nationen, HRI/GEN/1/Rev.3, 15. August 1997, para.4; Klee: Die progressive Verwirklichung von wirtschaftlichen, sozialen und kulturellen Rechten, S.170.

standard soll Ungleichbehandlungen verhindern, durch die Lebensbedingungen und die Umwelt von Menschen so verändert werden, daß es für die benachteiligten Personen erschwert wird, unter Bewahrung ihrer Würde am sozialen Leben teilzunehmen und ihre Rechte selbständig zu verwirklichen.

Ebenso wie die Achtungs-, Schutz- und Erfüllungspflichten aus dem Recht auf einen angemessenen Lebensstandard ist auch die Verpflichtung zur Nichtdiskriminierung vage und wenig konkret. Auch hier müssen die Konkretisierungen des Rechts herangezogen werden, um die Verpflichtung greifbar und umsetzbar zu machen.

III. Der Kerngehalt von wirtschaftlichen, sozialen und kulturellen Rechten

Die Ermittlung des Kerns von wsk Rechten ist ein vielschichtiges und in der völkerrechtlichen Literatur umstrittenes Problem. Um die Schwierigkeiten, denen das dritte Kapitel dieser Arbeit bei der Beschäftigung mit den einzelnen Rechten des Art. 11 (1) IPWSKR begegnet, überblicken und einordnen zu können, ist es zunächst notwendig, die Debatte, die über den Kern von wsk Rechten im allgemeinen geführt wird, zu analysieren. Die hier gewonnenen Ergebnisse werden bei der Bestimmung des Kerngehalts der Rechte des Art. 11 (1) IPWSKR und insbesondere des Rechts auf einen angemessenen Lebensstandard helfen.

1. Überblick über die vertretenen Ansätze

Art. 19 (2) des deutschen Grundgesetzes besagt, daß ein Grundrecht „in keinem Fall [...] in seinem Wesensgehalt angetastet werden darf“. Das Konzept eines unantastbaren Wesensgehalts der Grundrechte war und ist sowohl im deutschen Recht als auch im Völkerrecht Gegenstand juristischer Diskussionen.[410] Unabhängig davon, ob man der Theorie vom absoluten oder vom relativen Wesensgehalt[411] folgt, besteht Einigkeit darüber, daß Art. 19 (2) GG die Idee manifestiert, daß es für Modifikationen eines Grundrechts eine Grenze geben muß, um zu verhindern, daß es sinnentstellt wird und seine spezifischen Besonderheiten verliert. Staatliche Maßnahmen dürfen nicht dazu führen, daß ein Grundrecht

---

[410] Zum Hintergrund der Diskussion um den „Kern" von Rechten Örücü, The Core of Rights and Freedoms: The Limit of Limits, in Campbell *et al.*: Human Rights: From Rhetoric to Reality, S.47; umfassend Häberle: Die Wesensgehaltsgarantie des Art. 19 Abs. 2 des Grundgesetzes, 3. Auflage 1983.

[411] Näher hierzu und mit weiteren Nachweisen Pieroth/ Schlink, Staatsrecht: Grundrechte, Rn. 298ff.

dessen, was es letztendlich ausmacht, beraubt wird. Dabei muß der Wesensgehalt eines jeden Grundrechts gesondert bestimmt werden.[412] Ähnliche Ideen werden auch für wirtschaftliche, soziale und kulturelle Rechte in der Literatur seit den 80er Jahren diskutiert.[413] In den Limburger Prinzipien[414] von 1986 heißt es:

> „A State party will be in violation of the Covenant, inter alia, if: [...] it wilfully fails to meet a generally accepted international minimum standard of achievement, which is within its powers to meet".

Auch wenn der Ausdruck des „Kerns" eines Rechts an dieser Stelle nicht ausdrücklich fällt, ist dieses Konzept gemeint: Erwähnt wird ein internationaler Standard, wobei der minimale Standard für jeden Mitgliedstaat identisch ist; ebenso gilt für alle Mitgliedstaaten, daß bei Verletzung dieses minimalen Standards eine Vertragsverletzung vorliegt. Auf die Frage, ob die Voraussetzung „which is within its powers to meet" Bestandteil der Kernverpflichtungen von wsk Rechten ist, wird noch einzugehen sein.

Dieses Konzept wird in den Maastrichter Richtlinien zehn Jahre später noch einmal aufgegriffen, wobei sich die Ausführungen jedoch größtenteils auf Zitate aus General Comment 3 beschränken.[415] Dennoch darf die Bedeutung der Maastrichter Richtlinien nicht unterschätzt werden:

> „[They are] fundamental for they establish that notwithstanding the relative wealth of a given country, minimum core obligations are incumbent on all States to secure minimum essential levels of each right found in the Covenant."[416]

Es wird festgelegt, daß alle Staaten, die ihre rechtlichen Verpflichtungen aus dem Sozialpakt akzeptiert haben, sich auch verpflichtet haben, selbst in Zeiten von Ressourcenknappheit die Kernverpflichtungen zu erfüllen.[417]

Im seinem dritten General Comment äußert sich der Ausschuß zum ersten Mal zu den Paktrechten inhärenten „Kernverpflichtungen" (*Minimum Core*

---

412 Pieroth/ Schlink, Staatsrecht: Grundrechte, Rn. 298ff.

413 Dazu Chapman/ Russell Introduction, in Chapman/ Russell: Core Obligations: Building a Framework for Economic, Social and Cultural Rights, S.8.

414 *The Limburg Principles on the implementation of the International Covenant on Economic, Social and Cultural Rights:* UN Doc. E/CN.4/1987/17, Annex, Part I; S.zur Geschichte und Bedeutung der Limburger Prinzipien Martin: The Limburg Principles Turn Ten: An Impact Assessment, www.uu.nl/content/20-09.pdf.

415 Maastricht Guidelines Teil II Nr.9.

416 Dankwa/ Flintermann / Leckie, Commentary on the Maastricht Guidelines on Violations of Economic, Social and Cultural Rights, in van Boven / Flinterman / Westendorp: The Maastricht Guidelines on Violations of Economic, Social and Cultural Rights, S.23.

417 Dankwa / Flintermann / Leckie, Commentary on the Maastricht Guidelines on Violations of Economic, Social and Cultural Rights, in van Boven / Flinterman / Westendorp: The Maastricht Guidelines on Violations of Economic, Social and Cultural Rights, S.23.

Obligations).[418] Thema des General Comments ist Art. 2 (1) IPWSKR, der besagt, daß „jeder Vertragsstaat sich verpflichtet, [...] nach und nach mit allen geeigneten Mitteln [...] die volle Verwirklichung der in diesem Pakt anerkannten Rechte zu gewährleisten". Der Ausschuß machte deutlich, daß Art. 2 (1) IPWSKR auf keinen Fall in einer Weise interpretiert werden dürfe, die die aus diesem Artikel erwachsenden Verpflichtungen ihres Sinngehalts beraubt.[419] Vielmehr solle Art. 2 (1) IPWSKR, insbesondere die Formulierung „nach und nach", die notwendige Flexibilität garantieren, um den *realiter* existierenden Schwierigkeiten bei der Verwirklichung von wsk Rechten zu begegnen. Dies ändere aber nichts an der Verpflichtung der Staaten, sich dem Ziel der vollständigen Rechtsverwirklichung so schnell und effektiv wie möglich zu nähern.[420] Nach dieser Feststellung betont der Ausschuß, er sei aufgrund seiner Erfahrung bei der Prüfung der Staatenberichte zu der Ansicht gekommen, daß es einen Kerngehalt jeden Rechts gebe, der nicht dem Vorbehalt der progressiven Verwirklichung unterliege.[421]

Das Konzept der „Kernverpflichtung" steht insofern vor einem grundlegenden Problem, als daß eine einheitliche Terminologie und Begriffsdeutung bis jetzt nicht gefunden werden konnte. Mit den unterschiedlichen Bezeichnungen sind zum Teil auch erhebliche inhaltliche Differenzen verknüpft.[422] 1993 erwähnt der Ausschuß die „Kernelemente" der wsk Rechte, bei deren Nichterfüllung ein Staat gegen seine Verpflichtungen aus dem Sozialpakt verstoße.[423] In General Comment 3 führt er die Idee der minimalen Verwirklichung der Paktrechte weiter aus, spricht hier jedoch von „minimalen Kernverpflichtungen".[424] Eine Methode zur Bestimmung des Kerngehalts der Rechte wird in beiden Dokumenten nicht vorgeschlagen.

---

418 Ausführlich zu den „Minimum Core Obligations" Chapman/ Russell: Core Obligations: Building a Framework for Economic, Social and Cultural Rights, insb. Chapman/ Russell, Introduction, S.8ff.

419 General Comment 3, para.9.

420 General Comment 3, para.9.

421 General Comment 3, para.10.

422 Vgl. dazu den ausführlichen Überblick bei Klee: Die progressive Verwirklichung wirtschaftlicher, sozialer und kultureller Menschenrechte, S.182ff.

423 *„Comme le Comité l'a déjà indiqué, ils devraient pour ce faire, fixer des normes leur permettant d'évaluer précisément la mesure dans laquelle **les éléments essentiels des droits fondamentaux** en question sont respectés.* (Hervorhebung durch Verf.) World Conference on Human Rights 1993, Beitrag des Ausschusses für wsk Rechte, UN Doc. A/Conf.157/PC/62/ Add.5, Annex 1, 26. März 1993, para.16.

424 *Minimum Core Obligations*, z.B. General Comment 3 para.10.

Der Teil des General Comments 3, der sich direkt mit den minimalen Kernverpflichtungen beschäftigt,[425] wurde wörtlich in § 9 der Maastrichter Richtlinien übernommen: "*Violations of the Covenant occur when a State fails to satisfy what the Committee on Economic, Social and Cultural Rights has referred to as "a minimum core obligation to ensure the satisfaction of, at the very least, minimum essential levels of each of the rights [...]"*. Andere Autoren verwenden Begriffe wie „Minimumexistenzrecht"[426] und „internationaler Mindestleistungsstandard"[427], „absolute Kernberechtigung"[428] oder auch nur „Kerngehalt"[429].

Die verschiedenen Termini lassen sich verschiedenen Blickwinkeln zuordnen, unter denen die Problematik betrachtet werden kann: Grundsätzlich gibt es auf der einen Seite die Möglichkeit, den Kern des jeweiligen Rechts theoretisch und abstrakt zu bestimmen. Kennzeichnend für diese Idee ist, daß sie zunächst den Kern des Rechts bestimmt, um aus dem Ergebnis dieser Bestimmung die Verpflichtungen der Paktstaaten zu bestimmen. Im Vordergrund stehen dabei nicht die konkreten Auswirkungen der Rechtsinhaberschaft für die jeweilige Person, sondern das Recht selbst als abstraktes Konzept. Auf der anderen Seite kann als Ausgangspunkt auch das aus der Verpflichtung der Staaten erwachsende Recht des Individuums dienen, um den unverzüglich zu erfüllenden Teil des jeweiligen Rechts zu erarbeiten. Strenggenommen muß das Ergebnis beider Sichtweisen das selbe sein: Ob der Kern eines Rechts ausgehend von der abstrakten Definition eines Rechts erschlossen wird oder im Hinblick auf die praktische Umsetzung des Rechts, darf nicht zu unterschiedlichen Ergebnissen führen – es widerspräche der Idee eines „Kerns", also der Reduzierung auf das absolut Wesentliche, diesen je nach Standpunkt unterschiedlich zu definieren. Jedoch sind bei einer realistischen Betrachtungsweise unterschiedliche Ergebnisse nicht unwahrscheinlich: Impliziert die Formulierung ein Recht von Individuen auf ein konkretes Ergebnis und damit auch auf konkrete Maßnahmen der Mitgliedstaaten, so ist es wahrscheinlicher, daß bei der Erarbeitung des Kerns eines Rechts mehr Zurückhaltung geübt wird als bei einer rein theoretischen Betrachtung: Es wird weniger unter der Prämisse formuliert, daß es direkte Auswirkun-

---

425 General Comment 3 para.10.

426 *Minimum subsistence right*, z.B. Türk, Realization of economic, social and cultural rights, E/CN.4/Sub.2/1991/17, 18. Juli 1991, para.51d).

427 *International minimum standard of achievement*, z.B. The Limburg Principles §§ 25, 72, 3. Spiegelstrich, in Human Rights Quarterly 9 (1987), S.1222ff. §§ 25, 72, 3. Spiegelstrich.

428 *Absolute core entitlement*, z.B. Alston, Out of the Abyss: The Challenges Confronting the New UN Committee on Economic, Social and Cultural Rights, Human Rights Quarterly 9 (1987), S.353.

429 *(Minimum) core content*, z.B. Arambulo: Strengthening the Supervision of the International Covenant on Economic, Social and Cultural Rights, S.130.

gen auf die Situation von Menschen hat und Staaten bei Nichtumsetzung des Kerns *prima facie* gegen ihre Verpflichtungen aus dem Sozialpakt verstoßen.

Es ist deshalb zu klären, welche Betrachtungsweise im Rahmen dieser Arbeit vorzugswürdig ist. Dafür muß zunächst die Bedeutung der unterschiedlichen Begriffe geklärt werden. Es wird von den Autoren, die sich mit dem Thema beschäftigen, zwischen den einzelnen Begrifflichkeiten nicht immer durchgängig differenziert, wodurch Überschneidungen und begriffliche Unklarheiten entstehen. Bei der Untersuchung der verschiedenen Ansätze auf ihre Verwendbarkeit im Rahmen dieser Arbeit geht es nicht primär um einen Vergleich und um eine generelle Diskussion ihrer Vor- und Nachteile. Diese sind in der einschlägigen Literatur zu finden.[430] Stattdessen ist ausschlaggebend, welcher Ansatz für die Konkretisierung des Rechts auf einen angemessenen Lebensstandard die größte Hilfestellung bietet.

a) Am Inhalt des Rechts orientierter Ansatz: Minimaler Kerngehalt

Häufig benutzt wird der Ausdruck „Minimaler Kerngehalt". *Chapman* und *Russell* definieren ihn als die Essenz eines Rechtes, also die Elemente, ohne die es seine substantielle Bedeutung als Menschenrecht verliert. [431] Grundlegende Ausführungen zum Kerngehalt finden sich bei *Alston*: Er versteht den Begriff vor allem hinsichtlich seiner Bedeutung für die praktische Umsetzung des Paktes: Der minimale Kerngehalt könne nicht vermindert werden unter dem Vorwand „begründeter Schwierigkeiten" bei der Verwirklichung von wsk Rechten.

---

[430] Dazu am lesenswertesten Klee: Die progressive Verwirklichung wirtschaftlicher, sozialer und kultureller Menschenrechte, S.182ff.; zu den Begriffen des minimalen Kerngehalts und des Minimalschwellenansatzes Arambulo, Strengthening the Supervision of the International Covenant on Economic, Social and Cultural Rights, S.130ff. Den vom Ausschuss gewählten Ansatz diskutieren z.B. Craven: The International Covenant on Economic, Social and Cultural Rights, S. 141ff., und Alston, , Out of the Abyss: The Challenges Confronting the New UN Committee on Economic, Social and Cultural Rights, Human Rights Quarterly Bd. 9 (1987), S.353, wobei Craven allerdings die Ausdrücke "minimum core obligation" und "minimum threshold approach" ohne Differenzierung verwendet, während Alston von "core entitlements" spricht. Beide gehen nicht auf die Implikationen der von ihnen gebrauchten Termini ein. Grundlegend zu der Frage des Kerns von wsk Rechten mit konkreten Vorschlägen für das Recht auf Ernährung und Gesundheit, Andreassen *et al.*, Compliance with Economic and Social Human Rights: Realistic Evaluations and Monitoring in the Light of Immediate Obligations, in Eide/ Hagtvet: Human Rights in Perspective, S.258ff. mit Bezug auf die Ausführungen in Andreassen/ Skalnes/ Smith/ Stokke, Assessing Human Rights Performance in Developing Countries: the Case for a Minimum Threshold Approach, in Andreassen/ Eide: Human Rights in Developing Countries 87/88, S.333ff.

[431] Chapman/ Russell: Introduction, in Chapman/ Russell: Core Obligations: Building a Framework for Economic, Social and Cultural Rights, S.9.

Ist er nicht erfüllt, begehe die Vertragspartei eine Verletzung der Rechte des Sozialpakts. So bestehe auf die Erfüllung ein unmittelbarer Verwirklichungsanspruch, der auch nicht (zum Beispiel unter Berufung auf Art. 2 (1) IPWSKR, die Verpflichtung zur progressiven Verwirklichung) relativiert werden könne.[432]

Alston sieht den Sinn der näheren Beschreibung der Kernverpflichtungen also darin, den Staaten konkrete Vorgaben bezüglich der Verwirklichung der Rechte aus dem Sozialpakt machen zu können und so dem Vorwurf zu begegnen, wsk Rechte seien zu unbestimmt. Gleichzeitig solle die Bestimmung konkreter Verpflichtungen helfen, Staatenberichte auf Verletzungen der Verpflichtungen hin zu untersuchen.[433] Jedoch differenziert *Alston* terminologisch nicht durchgehend zwischen den einzelnen Begrifflichkeiten. Noch im gleichen Absatz spricht er von einer „absoluten Minimalverpflichtung" *(absolute minimum entitlement)*, um im folgenden Absatz zu dem Ausdruck „Kernverpflichtung" *(Core entitlement)* überzugehen, ohne daß eine inhaltliche Differenzierung zu erkennen wäre.

Künnemann, der den Begriff „Kerngehalt" verwendet, definiert ihn als das „archetypische Verständnis eines Rechts, welches die zentralen Elemente des normativen Gehalts enthalten muß.[434] Auch *Coomans* verwendet den Begriff des „minimalen Kerngehalts" und definiert ihn als die Essenz eines Rechtes. Diese Essenz sei das minimale, überlebensnotwendige Niveau.[435] Ebenso wie *Alston* betont er, daß es sich bei der Erschließung des minimalen Kerngehalts um eine Hilfe handele, um den normativen Gehalt des jeweiligen Rechts aus dem Sozialpakt zu identifizieren.[436] Obwohl beide Autoren auch diejenige Formulierung verwenden, die das Recht des Individuums bzw. die daraus resultierende Verpflichtung der Paktstaaten gerade nicht im Namen trägt, wird aus ihren Erläuterungen deutlich, daß sie die Erarbeitung des Kerngehalts eines Rechts nicht als Selbstzweck, sondern vielmehr als Mittel zum Zweck sehen,

---

[432] Alston, Out of the Abyss: The Challenges Confronting the New UN Committee on Economic, Social and Cultural Rights, Human Rights Quarterly Bd. 9 (1987), S.332ff., S.352; so auch Chapman/ Russell, Introduction, in Chapman/ Russell: Core Obligations: Building a Framework for Economic, Social and Cultural Rights, S.9

[433] Alston, Out of the Abyss: The Challenges Confronting the New UN Committee on Economic, Social and Cultural Rights, Human Rights Quarterly Bd. 9 (1987), S.332ff., S.353.

[434] Künnemann, The Right to Adequate Food, in Chapman/Russell, Core Obligations: Building a Framework for Economic, Social and Cultural Rights, S.171.

[435] Coomans, Clarifying the Core Elements of the Right to Education, in Coomans/ van Hoof: The Right to Complain about Economic, Social and Cultural Rights, S.16f.

[436] Coomans: Economic, Social and Cultural Rights, S.17; derselbe: Clarifying the Core Elements of the Right to Education, in Coomans/ van Hoof: The Right to Complain about Economic, Social and Cultural Rights, S.16.

um wsk Rechten schärfere Konturen zu geben. Dazu gehört auch die Möglichkeit, bei Verletzungen des Kerngehalts einen Verstoß gegen Pflichten aus dem Sozialpakt bejahen zu können,[437] ohne daß den Mitgliedstaaten die Berufung auf die progressive Verwirklichung der Rechte offensteht.

b) An der Verwirklichung des Rechts orientierte Ansätze

(1) Minimalschwellenansatz

Der Minimalschwellenansatz (*Minimum Threshold Approach*) hat zum Ziel, für die Mitgliedstaaten des Sozialpakts eine praktikable Minimalschwelle für die Schlüsselrechte des Sozialpakts festzulegen, die der Staat erfüllen muß, wenn er nicht seine Verpflichtungen aus dem Sozialpakt verletzen will.[438] Die Definition von Minimalschwellen dient dem konkreten Zweck, für die Staaten Richtlinien zur Umsetzung der Rechte zu erstellen.[439] Zudem sollen mit der Schaffung eines Mindeststandards durch die Definition eines zwingenden Minimums der Rechtsverwirklichung die Einwohner der Mitgliedstaaten in die Lage versetzt werden, selbst aktiv auf die Verwirklichung ihrer wsk Rechte hinzuarbeiten.[440] Einer der „Väter" des Minimalschwellenansatzes vertrat die Ansicht, daß realistische Schwellen zunächst für ein Land oder eine geographische Region erarbeitet werden müßten, obwohl idealerweise eine universale Schwelle anzustreben sei.[441] Die Einhaltung einer „Mindestuntergrenze für das Wohlergehen"[442] soll anhand von Indikatoren überprüft werden. Die Indikatoren sollen Ernährung,

---

[437] Coomans: Economic, Social and Cultural Rights, S.8.

[438] Andreassen/ Skalnes/ Smith/ Stokke, Assessing Human Rights Performance in Developing Countries: the Case for a Minimum Threshold Approach, in Andreassen/ Eide: Human Rights in Developing Countries 87/88, S.339ff; Klee: Die progressive Verwirklichung wirtschaftlicher, sozialer und kultureller Menschenrechte, S.182; Arambulo: Strengthening the Supervision of the International Covenant on Economic, Social and Cultural Rights, S.136f.

[439] Arambulo: Strengthening the Supervision of the International Covenant on Economic, Social and Cultural Rights, S.130, näher dazu auch Craven: The International Covenant on Economic, Social and Cultural Rights, S.141ff.

[440] Eide, Realization of Social and Economic Rights: The Minimum Threshold Approach, International Commission of Jurists: The Review 43 (1989), S.40ff. (48).

[441] Andreassen *et al.*, Compliance with Economic and Social Human Rights: Realistic Evaluations and Monitoring in the Light of Immediate Obligations, in Eide/ Hagtvet: Human Rights in Perspective, S.260; so auch Andreassen/ Skålnes/ Smith/ Stocke, Assessing Human Rights Performance in Developing Countries, in Andreassen/ Eide: Human Rights in Developing Countries, Jahrbuch 1987/88, S.340f.

[442] *Minimum floor of well-being*; Arambulo: Strengthening the Supervision of the International Covenant on Economic, Social and Cultural Rights, S.137.

Kindersterblichkeit, Lebenserwartung, Einkommen, Arbeitslosigkeit etc. messen.[443]

Es ist das Ziel dieses Ansatzes, Bedingungen, die für ein Überleben gegeben sein müssen, zu definieren. Daraus ergeben sich die Einschränkungen, die der Minimalschwellenansatz für die Verwirklichung der Rechte des Sozialpakts vornimmt: Er soll nur für bestimmte Rechte zwingende Vorgaben schaffen, nämlich für diejenigen, deren grundlegende Erfüllung überlebenswichtig ist. Zu diesem Zweck ist die nationale Ebene zu betrachten. Jeder Staat muß für seine Einwohner die minimalen Überlebensbedingungen festlegen.[444] Betrachtet wird daraufhin der gesellschaftsweite Standard der Rechtsverwirklichung.[445] Das Ausmaß der Verletzung eines Rechts ergibt sich aus dem Anteil der Bevölkerung, für den diese Minimalschwelle nicht gewährleistet wird, wobei auch zu berücksichtigen sein soll, inwieweit bestimmte Gruppen stärker benachteiligt sind als andere, ob also bei der Erfüllung der Minimalschwelle nach diskriminierenden Faktoren (Geschlecht, Nationalität etc.) differenziert wird.[446]

Zum Teil wird auch der Ausdruck „Anstandsschwelle" (*decency threshold*) verwendet. Dieser wurde ursprünglich vom Unabhängigen Expertenausschuß im Rahmen der Überwachung der Umsetzung der Europäischen Sozialcharta geprägt.[447] Auch die „Anstandsschwelle" bezeichnet einen Minimalgehalt des betreffenden Rechts, bei dessen Nichterfüllung eine Verletzung der Charta vorliegt.[448] Inhaltlich entsprechen die Ideen dem Minimalschwellenansatz; die Begriffe sind austauschbar.[449]

Eines der Hauptprobleme des Minimalschwellenansatzes besteht darin, daß keine Einigkeit darüber besteht, welche Rechte als „Minimalrechte" zu bezeich-

---

443 Andreassen/ Skålnes/ Smith/ Stocke, Assessing Human Rights Performance in Developing Countries, in Andreassen/ Eide: Human Rights in Developing Countries, Jahrbuch 1987/88, S.341.

444 Eide, Realization of Economic, Social and Cultural Rights, in Human Rights Law Journal 10 (1989), S.45f.

445 Leckie, Violations of Economic, Social and Cultural Rights, in van Boven: The Maastricht Guidelines on Economic, Social and Cultural Rights, S.59.

446 Leckie, Violations of Economic, Social and Cultural Rights, in van Boven: The Maastricht Guidelines on Economic, Social and Cultural Rights, S.59.

447 Leckie, Violations of Economic, Social and Cultural Rights, in van Boven: The Maastricht Guidelines on Economic, Social and Cultural Rights, S.58.

448 Leckie, Violations of Economic, Social and Cultural Rights, in van Boven: The Maastricht Guidelines on Economic, Social and Cultural Rights, S.58.

449 Arambulo: Strengthening the Supervision of the International Covenant on Economic, Social and Cultural Rights, S.136.

nen sind. Hierzu werden verschiedene Ansichten vertreten:[450] Der „Vater“ der dreistufigen Verwirklichung von wsk Rechten, *Shue*, definiert Minimalrechte als die Rechte, deren Verwirklichung gegeben sein muß, um die Verwirklichung anderer Rechte zu ermöglichen.[451] Die vorrangige Verwirklichung von Minimalrechten wird somit durch die Ermöglichung des Genusses anderer Rechte begründet. Nach *Shue* sind Minimalrechte diejenigen Rechte, die Grundlage für das Überleben sind, namentlich das Recht auf ein das Überleben sicherndes Ernährungsminimum, Kleidung, Unterkunft, auf minimale vorbeugende Gesundheitsversorgung sowie auf unverschmutzte Luft und unverschmutztes Wasser.[452] *Shue* begründet seine Auswahl damit, daß dies die Voraussetzungen seien, die gegeben sein müßten, damit unter normalen Umständen die Führung eines gesunden und aktiven Lebens möglich sei.[453] Jedoch räumt er ein, daß seine Ausführungen nicht erschöpfend seien.[454] Hieran knüpft die Kritik von *Donnelly* an, der auf die Untrennbarkeit und Interdependenz von Menschenrechten verweist. Aufgrund der Wechselbeziehungen zwischen Menschenrechten soll es nicht möglich sein, eine abschließende Liste der Minimalrechte aufzustellen; eine solche Liste müßte zwangsläufig alle (hier wsk) Menschenrechte enthalten, da sie miteinander verbunden seien.[455] Zusammenstellungen von Minimalrechten, die so beschränkt seien wie die von *Shue* gewählten, könnten nicht garantieren, daß das Leben etwas anderes als „einsam, arm, scheußlich, brutal und kurz“ sei, was im Ergebnis mit der Menschenwürde nicht vereinbar sei.[456]

Alan G. Smith beschränkt Minimalrechte in einer engeren Auslegung als der von *Shue* auf die Rechte auf Nahrung und Gesundheit.[457] Seiner Argumentation zufolge können Menschen, die nicht von dem Ertrag ihrer Arbeit leben können und deshalb in Abhängigkeit von reicheren Leuten leben, ihre bürgerlichen und politischen Rechte nicht nutzen. Abgesehen davon, daß es sehr zweifelhaft ist, ob diese Annahme auf alle Paktstaaten übertragbar ist, klingt hier wie bei *Shue* an, daß man wsk Rechte vor allem deshalb fördern solle, damit der Genuß bür-

---

450 Hier werden die aktuellen Hauptansätze vorgestellt, eine Übersicht über weitere Zusammenstellungen von Minimalrechten gibt Donelly: Universal Human Rights in Theory and Practice, S.38ff.

451 Shue: Basic Rights, S.23.

452 Shue: Basic Rights, S.23.

453 Shue: Basic Rights, S.23.

454 Shue: Basic Rights, S.65.

455 Donnelly: Universal Human Rights in Theory and Practice, S.38.

456 Diese anschauliche Aufzählung lautet im Original *„solitary, poor, nasty, brutish and short“*, Donnelly a.a.O, S.41.

457 Smith verweist auf seine eigenen Ausführungen in Andreassen/Smith/Stokke: Compliance with Economic and Social Rights, in Eide/ Hagtvet: Human Rights in Perspective, S.259f.

gerlicher und politischer Rechte möglich ist.[458] Dem ist nachdrücklich zu widersprechen; die Verwirklichung von Kernverpflichtungen ist nicht Mittel zum Zweck, sondern Selbstzweck an sich. Das Recht auf das überlebensnotwendige Minimum an Nahrung, Unterbringung und Bekleidung besteht nicht nur, um es Menschen zu ermöglichen, zu wählen, sich gegen Freiheitsentzug zu wehren etc., sondern um ihnen ein menschenwürdiges Überleben zu ermöglichen, mögen sie ihre bürgerlichen und politischen Rechte ausüben oder auch nicht.

Andreassen, Smith und Stocke listen vier Kernbereiche der wsk Rechte auf, namentlich das Recht auf Ernährung, das Recht auf Gesundheit, das Recht auf Bildung und das Recht auf Arbeit. Aus diesen vier Kernbereichen identifizieren sie als Minimalrechte das Recht auf Produktion und Zugang zu Nahrung, die Voraussetzungen für präventive Gesundheitsvorsorge, zuverlässige, nahrungssichernde Arbeit sowie nahrungs- und gesundheitsfördernde Bildung.[459] Begründet wird die Auswahl mit der besonderen Bedeutung und der engen Verzahnung dieser Rechte. An dieser Meinung ist, wie auch an den vorhergehenden Meinungen, zu beanstanden, daß jeweils nur die Erfüllung des Kerngehalts einiger Rechte des Sozialpakts gefordert wird, obwohl alle Rechte des Sozialpakts einen Kerngehalt aufweisen.[460]

(2) Minimale Kernberechtigung – Minimale Kernverpflichtung

Die gleiche Idee, nämlich vorrangig die Aspekte von wsk Rechten zu bestimmen, die zum Überleben notwendig sind, verfolgt der Ansatz der *Minimalkernberechtigung*.[461]

Im Unterschied zum Minimalschwellenansatz, der sich mit der bevölkerungsweiten Verwirklichung des Rechts beschäftigt, wählt der Ansatz der minimalen Kernberechtigung die Perspektive der Rechtsträger, also der Menschen.[462] Es handelt sich also inhaltlich um dieselbe Idee, aus unterschiedlichen Blickwinkeln betrachtet. Auch hier gibt es terminologische Unklarheiten: *Le-*

---

[458] Shue: Basic Rights, S.24f.

[459] Andreassen/ Smith/ Stocke, Compliance with Economic and Social Human Rights: Realistic Evaluations and Monitoring in the Light of Immediate Obligations, in Eide/ Hagtvet: Human Rights in Perspective, S.252 (260); ähnlich, wenn auch nicht ausdrücklich Flinterman, The Maastricht Guidelines on Violations of Economic, Social and Cultural Rights, Netherlands Quarterly of Human Rights 15 (1997), S.248, der sich nur auf die in General Comment 3 aufgezählten Aspekte beschränkt.

[460] So schon General Comment 3, para.10.

[461] *Minimum Core Entitlement*; z.T. auch *Absolute Minimum Core Entitlement*.

[462] Diesen Ausdruck verwendet z.B. Leckie, Violations of Economic, Social and Cultural Rights, in van Boven: The Maastricht Guidelines on Economic, Social and Cultural Rights, S.35ff. (58f.).

ckie, der selbst den Ausdruck „Minimum-Kernberechtigung“[463] benutzt, bezieht sich auf General Comment 3, der jedoch von einer Minimum-Kernverpflichtung[464] spricht. Als Oberbegriff für Minimum-Kernverpflichtung und Minimum-Kernberechtigung nennt er den Begriff der Minimumstandards.[465] *Leckie* definiert den Begriff des Standards nicht. Es kann aber auf eine allgemeine Definition zurückgegriffen werden, nach der unter „Standard“ ein Maßstab für das Verhalten der Staaten bzw. eine Kategorie rechtlicher Maßstäbe zu verstehen ist.[466] Der „Maßstab“ führt weder zu einer staaten- noch individuumszentrierten, sondern zu einer rechtszentrierten Betrachtungsweise. Es findet auch hier keine genaue Abgrenzung der Begrifflichkeiten statt, vielmehr werden diese als austauschbar und größtenteils synonym verwendet. *Leckie* weist darauf hin, daß die Ermittlung eines minimalen Kerngehalts (der zu einer rechtszentrierten Betrachtungsweise gehört) ebenso wie die Ermittlung der minimalen Kernverpflichtung eine der Hauptaufgaben der Mitgliedstaaten des Sozialpakts bei der Umsetzung von wsk Rechten sei. Beide Betrachtungsweisen werden hier gleichberechtigt nebeneinander gestellt, was zwar die grundsätzliche Berechtigung beider unterstreicht, eine Abgrenzung aber nicht erleichtert.

Auch der Ausschuß für wirtschaftliche, soziale und kulturelle Rechte hat die Idee der Kernverpflichtung weiter ausgeführt und genutzt. Gerade in den jüngeren General Comments werden detaillierte Ausführungen zu den Pflichten gemacht, die die Staaten im Rahmen der Erfüllung ihrer Kernverpflichtung haben.

In seinem General Comment 8[467] weist der Ausschuß unter Berufung auf die Ausführungen in General Comment 3 darauf hin, daß selbst unter schlechten Bedingungen (General Comment 8 beschäftigt sich mit wsk Rechten in Staaten, gegen die wirtschaftliche Sanktionen verhängt worden sind) die Staaten verpflichtet sind, alles ihnen mögliche zu tun, um den Kerngehalt der betroffenen wsk Rechte für die Einwohner des Landes zu sichern.[468] Ausführlichere Ausführungen finden sich im General Comment 12[469], der sich mit dem Recht auf angemessene Nahrung beschäftigt. Als Kernverpflichtung wird hier zunächst die Pflicht der Staaten genannt, auch in Zeiten von Natur- oder anderen Katast-

---

463 Derselbe a.a.O., *minimum core entitlement.*

464 General Comment 3, para.10: *minimum core obligation.*

465 Leckie, Violations of Economic, Social and Cultural Rights, in van Boven: The Maastricht Guidelines on Economic, Social and Cultural Rights, S.58f.

466 Riedel: Theorie der Menschenrechtsstandards, S.258, 297, ausführlich auf den Seiten 297ff.; derselbe, Standards and Sources. Farewell to the Exclusivity of the Sources Triad in International Law?, European Journal of International Law Bd.2 (1991), S.73ff., insb. 78ff.

467 General Comment 8: The relationship between economic sanctions and respect for economic, social and cultural rights, E/C.12/1997/8, 12. Dezember 1997.

468 General Comment 8, para.7.

469 General Comment 12: The Right to Adequate Food.

rophen den Hunger zu bekämpfen.[470] Es folgen genauere Ausführungen zu der Beschaffenheit und Zugänglichkeit der Nahrung, die gegeben sein müssen, damit die Kernverpflichtung erfüllt ist.[471] Hiermit macht der Ausschuß den Staaten konkrete Vorgaben bezüglich der Maßnahmen, die zur Umsetzung des Rechts auf Ernährung ergriffen werden müssen, um sich nicht dem Vorwurf der Vertragsverletzung auszusetzen.

In General Comment 13 weist der Ausschuß zwecks Begriffsklärung auf General Comment 3 hin, um im Anschluß auf den Inhalt der Kernverpflichtung im Rahmen des Rechts auf Bildung einzugehen. Ebenso wie in General Comment 12 listet der Ausschuß Maßnahmen auf, die sofort zu ergreifen sind, um die Kernverpflichtung aus Art. 13 IPWSKR zu erfüllen.[472]

Diese Systematik, d.h. die Übernahme der Begrifflichkeiten aus General Comment 3, um dann mit konkreten, von den Staaten sofort zu treffenden Maßnahmen fortzufahren, findet sich auch in General Comment 14.[473] Hier wurde für die sich mit den Kernverpflichtungen beschäftigenden Paragraphen die Überschrift *core obligations* gewählt, was die steigende Bedeutung dieses Konzepts für die Arbeit des Ausschusses eindrucksvoll demonstriert. Wiederum verweist der Ausschuß kurz auf die Vorarbeiten des General Comments 3, um im folgenden die im bisherigen Verlauf der General Comments detaillierteste und ausführlichste Auflistung der Verpflichtungen aufzustellen, die von den Staaten im Rahmen der Kernverpflichtung des Art. 12 IPWSKR zu erfüllen sind.[474]

General Comment 15[475] des Ausschusses erläutert Inhalt und Umsetzung des Rechts auf Wasser.[476] Hinsichtlich der Ausführungen zu den Kernverpflichtungen ist der Aufbau parallel zu dem des General Comments 14.[477] Auffällig ist auch hier die Genauigkeit der Vorgaben zum Inhalt der Kernverpflichtung des Rechts auf Wasser. Diese Tendenz setzt sich in den neuesten General Comments 17, 18 und 20 verstärkt fort: Nicht nur wird ausdrücklich erwähnt, daß Kernverpflichtungen, wie in General Comment 3 geschildert, für jedes Recht

---

[470] General Comment 12, para.6.

[471] General Comment 12, paras.8-13.

[472] General Comment 13: The Right to Education, E/C.12/1999/10, 8. Dezember 1999, para.57.

[473] General Comment 14: The right to the highest attainable standard of health.

[474] General Comment 14, paras.43ff.

[475] General Comment 15: The Right to Water.

[476] Dazu ausführlich 3. Kapitel, 2 b), S. 173ff.

[477] General Comment 15, paras.37f.

bestehen,[478] sondern es wird auch eine detaillierte Liste von sofort umzusetzenden Verpflichtungen vorgegeben.[479]

Festzuhalten ist, daß der Ausschuß den Terminus der „Kernverpflichtung" gerade in jüngeren General Comments konsequent verwendet. Die unveränderte Definition aus General Comment 3 (*a minimum core obligation to ensure the satisfaction of, at the very least, minimum essential levels of each of the rights*) wählt zwar als Ausgangspunkt den Begriff der Kernverpflichtung, die von ihm verwendete Definition deutet aber eher auf den Begriff des Kerngehalts hin. In den einzelnen General Comments geht der Ausschuß nicht näher auf die methodischen Schritte ein, die zu den einzelnen Elementen der Kernverpflichtung aus dem jeweiligen Artikel führen. Er formuliert sie auch nicht explizit als Rechte der Einwohner der Mitgliedstaaten. Die naheliegende Schlußfolgerung ist, daß der Ausschuß sich in seinen General Comments nicht für ein Konzept entscheidet, sondern mehr nach inhaltlichen als nach systematischen Gesichtspunkten die von seinem Standpunkt aus wichtigsten Aspekte der einzelnen Artikel erarbeitet.

(3) Existenzminimumsrechte

Der Begriff des „Existenzminimumsrechts" (*Minimum subsistence right*) wird ebenfalls verwendet. Zu nennen sind hier § 25 der Limburger Prinzipien zur Implementierung von wsk Rechten[480] oder der Bericht des Sonderberichterstatters *Danilo Türk* zur Realisierung von wsk Rechten.[481] Beide schweigen jedoch zur Bedeutung und Einordnung dieses Ausdrucks.[482] Eine Aufzählung von überlebensnotwendigen Rechten wurde schon von *Shue* im Rahmen des Minimalschwellenansatzes vorgenommen, der als Grundlage für das Überleben das Recht auf ein das Überleben sicherndes Ernährungsminimum, auf Kleidung, Unterkunft, minimale vorbeugende Gesundheitsversorgung sowie auf unverschmutzte Luft und unverschmutztes Wasser nennt.[483]

Diese Aufzählung indiziert, daß der Begriff der Existenzminimumrechte von denen, die ihn verwenden, für selbsterklärend gehalten wird: Ein Recht soll auf

---

478 *"[T]o ensure the satisfaction of minimum essential levels of each of the rights enunciated in the Covenant"*, General Comment 17, para.39.

479 General Comment 17, para.39, General Comment 18, para.31; General Comment 29, paras.49ff.

480 *States parties are obligated regardless of the level of economic development, to ensure respect for minimum subsistence rights for all.*

481 Türk, The Realization of Economic, Social and Cultural Rights, E/CN.4/Sub.2/1991/17.

482 Türk, The Realization of Economic, Social and Cultural Rights, E/CN.4/Sub.2/1991/17, para.51 d).

483 Shue: Basic Rights, S.23.

Erfüllung derjenigen Voraussetzungen bestehen, die überlebensnotwendig sind. Hierzu gehören, ausgehend von den im Sozialpakt gewährten Rechten, jedenfalls Nahrung, Kleidung, Unterkunft und eine rudimentäre Gesundheitsversorgung. Die Verwirklichung der übrigen Rechte des Sozialpakts ist zwar wünschenswert und wesensnotwendig, um Individuen zu befähigen, eigenverantwortlich die Verwirklichung ihrer wsk Rechte zu unternehmen; sie ist jedoch nicht Voraussetzung für das Überleben an sich. Augenscheinlich wird dies am Beispiel des Art. 8 IPWSKR, der die Bildung und Betätigung von Gewerkschaften stützt. Obwohl es sich hier um ein grundlegendes Recht von Arbeitnehmern handelt, kann es nicht als überlebensnotwendig bezeichnet werden. Die Idee der Existenzminimumrechte steht der des Minimalschwellenansatzes sehr nahe. Die Schlußfolgerung liegt nahe, daß es sich um zwei Begriffe für denselben Ansatz handelt.

c) Diskussion

Abschließend ist zu klären, welcher Ansatz im Rahmen dieser Arbeit vorzugswürdig ist.[484] An dieser Stelle ist noch einmal auf General Comment 3 zu verweisen, in dem der Ausschuß hervorhebt, daß ein Minimum von jedem Recht des Sozialpakts erfüllt werden muß.[485] Ausdrücklich soll also jedes der Rechte des Sozialpakts eine Kernverpflichtung beinhalten. Dagegen wollen der Minimalschwellenansatz sowie der Ansatz zur Garantie von Existenzminimumrechten sich zunächst auf die Rechte konzentrieren, deren Erfüllung für das Überleben der Menschen unerläßlich ist. Für diese Konzentration spricht, daß der Ausschuß selbst im General Comment 3 durch seine Aufzählung von notwendiger Nahrung, notwendiger primärer Gesundheitsversorgung, rudimentärer Unterkunft sowie der grundlegenden Formen von Bildung[486] die Vorgaben für eine Minimalschwelle bzw. für Existenzminimumrechte gemacht hat. So hat der Ausschuß scheinbar selbst vorgegeben, daß eine Paktverletzung vorliegt, wenn

---

[484] Nicht weiter ausgeführt wird hier der „Internationale minimale Verwirklichungsstandard" (*International minimum standard of achievement*), der zwar in Art. 72, 3. Spiegelstrich Limburg Principles erwähnt wird, sich jedoch nicht durchsetzen konnte. In der Literatur findet er nur sehr selten Erwähnung (z.B. Coomans, Identifying violations of the right to education, in van Boven *et al.*: The Maastricht Guidelines on Economic, Social and Cultural Rights, S.125ff.), ohne daß nähere Ausführungen oder Erläuterungen gemacht werden. Es bleibt bei der Nennung des Terminus mit Bezug zu den Limburger Prinzipien und einer Aufzählung zu den Verpflichtungen, die aus dem Internationalen Miminums-Verwirklichungsstandard für das Recht auf Bildung (Art. 13 IPWSKR) erwachsen. Aus der Aufzählung wird deutlich, daß eine Verwandtschaft zur Kernverpflichtung besteht.

[485] General Comment 3, para.10.

[486] General Comment 3, para.10.

eine minimale Umsetzung der Rechte auf Nahrung, auf das für den einzelnen erreichbare Höchstmaß an Gesundheit sowie auf Unterkunft und Bildung nicht gegeben ist. Es liegt nahe anzunehmen, daß der Ausschuß hier eine Aufzählung der aus seiner Sicht wichtigsten Rechte vorgenommen hat, deren Umsetzung Vorrang vor der aller anderen haben soll. Dagegen spricht jedoch die eindeutige Aussage, nach der jedes Recht eine Kernverpflichtung beinhalten soll. Wahrscheinlicher ist, daß die Auswahl der angesprochenen Rechte in dem Sinne exemplarisch ist, daß sie keine zwingende Zusammenstellung der wichtigsten Rechte des Sozialpakts im Sinne des Minimalschwellenansatzes oder im Sinne von Existenzminimumrechten darstellen soll, sondern lediglich eine Aufzählung der Rechte, die als besonders wichtig erscheinen, ohne Anspruch auf Vollzähligkeit zu erheben. Anders wäre es nicht zu erklären, warum das Recht auf Bekleidung, die in den kälteren Regionen einen wichtigen Überlebensfaktor darstellt, nicht erwähnt ist.

Zudem variieren die einzelnen Konkretisierungen des Minimalschwellenansatzes untereinander stark, ohne daß ein gemeinsamer Nenner gefunden werden kann. Abgesehen vom Recht auf Ernährung gibt es bei den konkret benannten Rechten kaum Übereinstimmungen. Hierbei ist vor allem anzumerken, daß das Recht auf eine ausreichende Unterbringung, welches ebenso ausschlaggebend wie das Recht auf Ernährung für das Überleben sein kann, keine Erwähnung findet. Will man den Staaten konkrete Vorgaben dahingehend machen, welche Umsetzungsschritte ohne Verzögerung vorzunehmen sind, ist jedoch eine Einigung auf Kernelemente unabdingbar.

Darüber hinaus unterliegt der Minimalschwellenansatz einem systematischen Trugschluß: Einem Grundbedürfnis entspricht nicht zwingend ein Menschenrecht. Zwar decken die Rechte des Sozialpakts wesentliche Grundbedürfnisse ab; dies darf aber nicht dazu verleiten, Grundbedürfnisse und wsk Menschenrechte gleichzusetzen.[487] Grundbedürfnisse spielen bei der Umsetzung von Menschenrechten eine wichtige Rolle, jedoch nicht als Begründung für die bloße Existenz eines Menschenrechts.[488] Die Bestimmung des Kerns von Menschenrechten kann und darf deshalb nicht allein auf die grundlegendsten Bedürfnisse der Menschen ausgerichtet sein; vielmehr muß die Bestimmung immer vom Wortlaut der Norm ausgehen, die das betreffende Recht garantiert.

---

[487] Siehe dazu grundlegend und umfassend Riedel: Theorie der Menschenrechtsstandards, S.182ff., insb. S.204ff.; Riedel, Menschenrechte der dritten Dimension, EuGRZ 1989, S.9 (13); einen Überblick, allerdings mit dem Meinungsspektrum der späten siebziger Jahre, gibt Alston, Human Rights and Basic Needs: A Critical Assessment, Revue des droits de l'homme Bd. XII (1979), S.19ff., ähnlich Weeks/ Dore, Basic Needs: Journey of a Concept, in Crahan: Human Rights and Basic Needs in the Americas, S.131ff.; Stewart: Planning to Meet Basic Needs, S.2ff.

[488] Riedel: Theorie der Menschenrechtsstandards, S.205; Howard/ Donnelly, Introduction, in Donnelly/ Howard: International Handbook of Human Rights, S.4f.

Hierbei kann sich zwar das gleiche Ergebnis ergeben, dies ist aber nicht zwingend der Fall.[489] Weiterhin wirft die Messung der Verwirklichung der Minimalschwelle beziehungsweise der Existenzminimumsrechte Probleme auf: Um festlegen zu können, welche Faktoren für die Messung der Verwirklichung ausschlaggebend sind, muß zunächst der Kerngehalt selbst definiert werden.[490] Erst wenn der Kern eines Rechts bestimmt ist, kann aus ihm auf die Minimumstandards geschlossen werden.[491] Somit werden der Minimalschwellenansatz sowie der Ansatz zur Garantie von minimalen Existenzrechten dem Begriff des „Kerns" eines Rechtes nicht gerecht.[492]

Die Ausarbeitung des Kerngehalts eines Rechts ist der abstrakteste der vorgestellten Ansätze, während die minimale Kernverpflichtung sich konkret an die Staaten wendet. Trotzdem ist ein Terminus ohne den anderen nicht denkbar: Es ist nicht ausreichend, den Kerngehalt eines Rechts zu bestimmen, da allein die abstrakte Feststellung für die Umsetzung der Rechte aus dem Sozialpakt keine Hilfe bietet. Diese Hilfe wird erst durch die Formulierung von Kernverpflichtungen möglich, die den Staaten verbindlich vorgeben, welche Maßnahmen unverzüglich zu treffen sind, um nicht gegen die Verpflichtungen aus dem Sozialpakt zu verstoßen. Jedoch ist die Formulierung der Kernverpflichtungen nicht möglich, ohne vorher den Kerngehalt der Rechte festzulegen – die Kernverpflichtungen beinhalten die Umsetzung des Kerngehalts.

In dieser Arbeit wird deshalb der Begriff des Kerngehalts eines Rechtes zugrunde gelegt, wenn es um die Frage der Kernverpflichtung der Staaten bei der Verwirklichung des Rechts auf einen angemessenen Lebensstandard und der weiteren in Art. 11 (1) IPWSKR enthaltenen Rechte geht.

2. Systematische Überlegungen zur Ermittlung des Kerngehalts

Zu der Frage, wie der Kerngehalt zu ermitteln ist, hat sich *Alston* ausführlich geäußert.[493] Er schlägt drei Methoden vor, um den Kerngehalt eines Rechts zu erschließen: Nach der ersten Idee liege die Hauptverantwortung bei den Staaten,

---

489 An dieser Stelle ist wieder auf Art. 8 IPWSKR zu verweisen, der das Recht verbürgt, Gewerkschaften zu gründen und ihnen beizutreten. Ohne die Bedeutung dieses Rechts zu bestreiten, kann es wohl nicht als „Grundbedürfnis" qualifiziert werden.

490 A/Conf.157/PC/73, 20. April 1993, paras 152, 159.

491 Arambulo: Strengthening the Supervision of the International Covenant on Economic, Social and Cultural Rights, S.140.

492 So auch Klee: Die progressive Verwirklichung wirtschaftlicher, sozialer und kultureller Menschenrechte, S.188.

493 Alston, Out of the Abyss: Challenges Confronting the New Committee on Economic, Social and Cultural Rights, in Human Rights Quarterly 9 (1987), S.353f.

die durch Schaffung von nationaler Gesetzgebung und der Interpretation von vorhandenen Gesetzen im Lichte des Sozialpakts dessen Inhalt näher spezifizieren sollten. Auf diese Weise solle der Stellenwert, den die einzelnen Elemente der wsk Rechte in den Mitgliedstaaten haben, näher bestimmt werden. Der Umsetzung von wsk Rechten in nationales Recht komme hohe Bedeutung zu, da die Schaffung von internationalem Recht allein wenig Einfluß auf die Situation in den Paktstaaten habe. Erst wenn diese ihr nationales Recht im Geiste des Sozialpakts interpretierten, könne der Vertrag seine volle Wirkung entfalten.[494]

Nach der zweiten Methode sollten durch den Ausschuß auf systematische Weise die Staatenberichte so überprüft werden, daß den Staaten Informationen über Themen abgewonnen würden, aus denen der Ausschuß eine Deutung des jeweiligen Rechts vornehmen könne, die dann wiederum als Leitfaden für die Mitgliedstaaten dienen können. Als dritte Möglichkeit könne der Ausschuß Studien durchführen, die der Klärung des normativen Gehalts eines Rechtes dienten. Hier sei beispielhaft die Studie von *Eide* zum Recht auf Ernährung zu nennen.[495] Die Ergebnisse der Studien sollten helfen, die wesentlichen Aspekte eines Rechts herauszufiltern.

Zu klären ist, inwieweit die Vorschläge von *Alston* bei der Erarbeitung des Kerngehalts von wsk Rechten weiterhelfen können. *Arambulo* geht davon aus, daß die drei Vorschläge als Weg verstanden werden sollen, mit deren Hilfe man die Kernverpflichtung in jedem Menschenrecht identifizieren kann.[496] Dies läßt auch *Alstons* Formulierung vermuten, wenn er sagt, daß der Ausschuß vor die Frage gestellt sei, wie die Kernverpflichtung der einzelnen Menschenrechte zu identifizieren ist, um dann die drei vorgestellten Möglichkeiten aufzuzählen. Jedoch darf nicht übersehen werden, daß seiner Meinung nach die Verantwortung für die Identifizierung der Kernverpflichtung in erster Linie bei den Staaten selbst liegt.[497] Seine Vorschläge würden bei praktischer Umsetzung dazu

---

[494] Campbell, Introduction: Realizing Human Rights, in Campbell *et al.*: Human Rights: From Rhetoric to reality, S.7.

[495] Eide, Study on the Right to Adequate Food as a Human Right, E/CN.4/Sub.2/1984/22 vom 29. Juni 1984; Study on the Right to Adequate Food as a Human Right, Addendum, E/CN.4/Sub.2/1984/22/Add.1 und 2 vom 29. Juni 1984 und 3. Juli 1984; The right to adequate food and to be free from hunger – updated study on the right to food, E/CN.4/Sub.2/1999/12 vom 28. Juni 1999 sowie der Bericht vom Jean Ziegler, The right to food, E/CN.4/2001/53 vom 7. Februar 2001

[496] Arambulo: Strengthening the supervision of the International Covenant on Economic, Social and Cultural Rights, S.132: Arambulo benutzt den Ausdruck "Kernberechtigung" parallel zum "Minimalen Kerngehalt". Es ist nicht zu vermuten, daß sie eine grundsätzliche Aussage zu der Frage, ob der Verpflichtung der Staaten aus dem Sozialpakt auch ein Recht der Bevölkerung der Mitgliedstaaten entspreicht, treffen wollte.

[497] Alston, Out of the Abyss: Challenges Confronting the New Committee on Economic, Social and Cultural Rights, S.353.

dienen, aus den Staatenberichten und dem Dialog zwischen Staaten, dem Ausschuß und Organisationen den größten Nutzen zu ziehen. Sie würden aber auch zur Disponibilität des Inhalts der Kernverpflichtung führen. Es wäre Aufgabe der Staaten, den Kerngehalt der von ihnen zu verwirklichenden Rechte zu bestimmen. Dies widerspricht nicht nur der Idee des Kerngehalts selbst, sondern auch der Idee der Menschenrechte, die nicht zur Disposition der Staaten stehen. Seine Vorgaben können deshalb nicht als systematische Methode zur abstrakten Erarbeitung des Kerngehalts jeden Rechts und daraus folgend zur Aufschlüsselung der Kernverpflichtungen verstanden werden.

Campbell verweist zur Bestimmung des Kerns auf seine Bedeutung als fundamentaler Zweck oder als fundamentale Zielsetzung eines Menschenrechts. Mit dieser Methode will er verhindern, daß das Gemeinwohl oder andere utilitaristische Erwägungen Einfluß auf seinen Umfang haben.[498] Diesem Ansatz ist vorzugswürdig: Bei der Frage, ob es sich bei Komponenten eines Menschenrechts um die Kernverpflichtung handelt, ist ausschlaggebend, ob diese als die Essenz eines Rechtes bezeichnet werden können, also als die Elemente, ohne die es seine substantielle Bedeutung als Menschenrecht verliert und in dessen Abwesenheit ein Vertragsstaat als seine Verpflichtungen verletzend angesehen werden sollte.[499] Nicht allein entscheidend kann dagegen sein, inwieweit Staaten das Recht in ihrer nationalen Gesetzgebung beachten bzw. welche Ergebnisse die Diskussion über die Staatenberichte ergibt: Die Frage, welche Komponenten eines Rechts essentiell sind, hängt nicht davon ab, wieviel Beachtung ihnen von der Staatsgewalt geschenkt wird. Zwar können ausführliche Gesetzgebung und verstärkte Erwähnung in Staatenberichten ein Indiz für die besondere Wichtigkeit eines Aspekts sein, es kann jedoch auch bedeuten, daß von den Staaten mißliebige, aber dennoch essentielle Aspekte übergangen und verschwiegen wurden.

General Comment 3 gibt keine methodischen Hinweise dazu, wie die Kernverpflichtung der einzelnen Rechte zu ermitteln ist; er beschränkt sich auf eine Aufzählung einzelner Kernverpflichtungen.[500] Spätere General Comments, die sich mit einzelnen Rechten beschäftigten, gehen genauer auf den Inhalt der jeweiligen Kernverpflichtungen ein.[501]

---

[498] Campbell, Realizing Human Rights, in Campbell *et al.*: Human Rights: From Rhetoric to Reality, S.11f.

[499] Chapman/ Russell, Introduction, in: Chapman/ Russell: Core Obligations: Building a Framework for Econcomic, Social and Cultural Rights, S.9, allgemein dazu Örücü, The Core of Rights and Freedoms: The Limit of Limits, in Campbell *et al.*: Human Rights: From Rhetoric to Reality, S.37ff.

[500] General Comment 3, para.10.

[501] Vgl. nur General Comment 12, paras.8ff.; General Comment 14, para.43; General Comment 15, para.27.

a) Inhalt des Begriffs „Kernverpflichtung"

Die Verpflichtung, den Kerngehalt eines Rechts zu verwirklichen („Kernverpflichtung"), ist der Schlüssel zu dem normativen Inhalt eines Rechts. Der Kerngehalt dient auch als archetypisches Verständnis eines Rechts.[502] Die Besonderheit der Kernverpflichtungen im Gegensatz zu den Paktrechten insgesamt liegt unter anderem darin, daß die Kernverpflichtungen unmittelbar zu erfüllen sind und die Staaten eine Nichterfüllung der Kernverpflichtung nur unter erschwerten Bedingungen über Art. 2 (1) IPWSKR rechtfertigen können.[503]

Zum Kerngehalt eines jeden Rechts des Sozialpakts gehört auch die Verpflichtung zur Nichtdiskriminierung.[504] Diskriminierung wurde schon im Jahre 1949 wie folgt definiert: *„Il se rapporte non pas a toutes les distinctions établies, mais seulement à celles qui les sont au détriment d'individus appartenant à un group particulier"*.[505] Ähnlich definiert es General Comment 16.[506] Der Ausschuß betont, daß Nicht-Diskriminierung eine zwingende und unmittelbare Verpflichtung der Mitgliedstaaten des Sozialpakts ist.[507] Obwohl der Ausdruck „Kernverpflichtung" nicht ausdrücklich genannt wird, ist die Zuordnung zur Kernverpflichtung aus der Qualifizierung der genannten Verpflichtung als zwingend und unmittelbar eindeutig ersichtlich.

Kontrovers diskutiert wird die Frage, ob der Kern eines Rechts, unabhängig von der Methode, nach dem man ihn bestimmt, auf nationaler oder internationaler Ebene festzulegen ist. *Neneman* bemerkt dazu: *„It was rather out of place to speak of water, heating, and electricity in relation to Massai huts in Africa"*.[508] Seine Stellungnahme zeigt deutlich, daß er nicht von der Möglichkeit ausgeht, einen gemeinsamen Nenner für alle Paktstaaten zu finden. Es klingt an späterer Stelle an, daß eine länderspezifische Festsetzung den Vorteil habe, daß sich nicht allein Entwicklungsländer als permanente Vertragsverletzer sähen.[509] Die

---

502 Künnemann, The Right to Adequate Food, in Chapman/ Russell: Core Obligations: Building a Framework for Economic, Social and Cultural Rights, S.170.

503 General Comment 14, para.47; dazu auch Hunt, State obligations, indicators, benchmarks and the right to education, E/C.12/1998/11, 16. Juli 1998, para.7.

504 General Comment 3, para.1; Frostell/ Scheinin, Women, in: Eide/Krause/Rosas: Economic, Social and Cultural Rights, S.334.

505 Nations Unies: Formes et causes principales de la discrimination, E/CN.4/Sub.2/40/Rev.1, para 87. – Der Ausdruck bezieht sich nicht auf alle begründeten Unterscheidungen, sondern nur auf solche, die zum Nachteil von Individuen sind, die einer bestimmten Gruppe angehören.

506 General Comment 16, para.10, siehe dazu schon Kapitel 2 II 1, S.112ff.

507 General Comment 16, para.16.

508 E/C.12/1990/SR.21, S.10, para.42.

509 E/C.12/1990/SR.21, S.10, para.44.

Konsequenz eines kleinsten gemeinsamen Nenners wäre hingegen, daß dieser für Industrie- und Postindustriestaaten zu erfüllen wäre, für viele Entwicklungsländer hingegen nicht. Dies widerspricht jedoch der Definition des Kerngehalts, nach der es sich hierbei um die Essenz eines Rechts und das minimale, überlebensnotwendige Niveau handelt.

Zwar sind sowohl die Bedürfnisse der Menschen in den verschiedenen Paktstaaten als auch die Lebensverhältnisse sehr unterschiedlich. Fließendes Wasser, Schulen und öffentliche Verkehrsmittel, die für westeuropäische Staaten eine Selbstverständlichkeit darstellen, sind in vielen Staaten der Welt für einen Großteil der Bevölkerung unerreichbar. Es stellt sich ein ähnliches Problem wie bei der Betrachtung des Inhalts von wsk Rechten allgemein: Es ist schwierig, wenn nicht unmöglich, für alle Vertragsstaaten die gleichen Maßstäbe anzulegen; ein Vergleich scheitert an den grundlegend unterschiedlichen Lebensverhältnissen. Andererseits geht es bei der Verwirklichung des Kerngehalts gerade um solche Verpflichtungen, die so rudimentär sind, daß alle Menschen auf ihre Umsetzung angewiesen sind, in welchem Teil der Welt auch immer sie leben.[510] So ist jeder Mensch auf Nahrung und Wasser angewiesen, auf eine Unterkunft und Kleidung. Zwar mögen je nach Klimazone und gesellschaftlichem Umfeld die Anforderungen an die einzelnen Faktoren variieren. So sind die Anforderungen an eine Unterbringung in der nördlichen Hemisphäre andere als nahe des Äquators. Unbestreitbar ist jedoch, daß ein gemeinsamer Nenner besteht. Diese Gemeinsamkeiten zeichnen Menschen gerade aus und gehen weit über lokale Traditionen hinaus.[511] Im Rahmen der Erarbeitung der Kernverpflichtung geht es also um die Bestimmung von internationalen Standards.[512] Eine variierende Umsetzung (zum Beispiel schwankt der tägliche Kalorienbedarf mit der Durchschnittstemperatur ebenso wie die Anforderungen an eine ausreichende Unterbringung, um nur zwei Beispiele zu nennen) ändert nichts an der international gleichen abstrakten Verpflichtung (in den Beispielsfällen die Versorgung mit den jeweils notwendigen Nährstoffen sowie einer den klimatischen und sonstigen Verhältnissen angemessenen Unterkunft). Nennt man als Essenz des Rechts auf ausreichende Ernährung die Menge an Kalorien und Nährstoffen, die zum Überleben notwendig ist, so mag die konkrete Kalorien- und Nährstoffmenge von Staat zu Staat schwanken – der Kalorienbedarf eines Inuit liegt höher als der eines Massai – doch die abstrakte Bestimmung bleibt für beide Staaten die gleiche. So wird es auch für die übrigen Rechte des für die vorliegende

---

[510] Siehe dazu aus philosophischer Sicht Perry, Are Human Rights Universal?, Human Rights Quarterly 19 (1987), S.474ff.

[511] Perry, Are Human Rights Universal?, Human Rights Quarterly 19 (1987), S.479.

[512] Dazu Riedel: Theorie der Menschenrechtsstandards, S.297ff.; derselbe, Standards and Sources. Farewell to the Exclusivity of the Sources Triad in International Law?, European Journal of International Law Bd.2 (1991), S.73ff., insb. 78ff.

Arbeit ausschlaggebenden Art. 11 (1) IPWSKR möglich sein, den Kerngehalt für alle Staaten abstrakt einheitlich zu bestimmen. Insofern ist auch der Einwand, der sich auf Wasserversorgung, Heizung und Elektrizität bezüglich der Massai-Hütten in Afrika bezieht, verfehlt: Der Kerngehalt des Rechts auf eine ausreichende Unterbringung beinhaltet unter anderem, daß diese durch Menschen ohne Gefährdung der Gesundheit oder Verletzung der Menschenwürde bewohnbar sein muß. Dies kann auch für Hütten, die der traditionellen Lebensweise einer Volksgruppe entsprechen, gegeben sein und muß staatenspezifisch entschieden werden, wodurch sich aber nicht die für alle Staaten gültige, abstrakte Definition des Kerngehalts ändert.

Diese Aussagen sind für das Recht auf einen angemessenen Lebensstandard und seine Konkretisierungen unmittelbar einsichtig. Sehr fraglich werden sie bezüglich derjenigen Rechte, wegen derer der Sozialpakt immer wieder als sozialromantische Träumerei in die Kritik gerät. Dazu gehören namentlich die Rechte aus Art. 6, 7 und 8 IPWSKR auf Arbeit, gerechte und günstige Arbeitsbedingungen und die Bildung von Gewerkschaften.[513]

b) Sinn der Feststellung des Kerngehalts

Der Relativierung der Rechte unter Berufung auf Art. 2 (1) IPWSKR kann durch die eindeutige Benennung des Kerngehalts entgegengewirkt werden. So stellt der Ausschuß in General Comment 3 eindeutig fest, daß jedes Recht einen Kerngehalt hat, der nicht dem Vorbehalt der progressiven Verwirklichung unterliegt.[514] Sollte ein Staat den Kerngehalt des jeweiligen Rechts nicht erfüllen, so liege *prima facie* eine Verletzung der Paktverpflichtungen vor.[515] Die Erfüllung der Kernverpflichtung ist, im Gegensatz zu der Verwirklichung des gesamten Rechts, eine direkte und unmittelbare Verpflichtung.[516] Kommen die Staaten dieser Verpflichtung nicht nach, so liegt die Beweislast dafür, daß sie alle verfügbaren Ressourcen ausgeschöpft haben, bei ihnen.[517]

Im selben Absatz begründet der Ausschuß auch, warum es eine solche Kernverpflichtung geben muß: "If the Covenant were to be read in such a way as not to establish such a minimum core obligation, it would be largely deprived of its

[513] Daß diese Rechte nicht mehr oder weniger utopisch sind als die übrigen Rechte des Sozialpakts, und daß auch sie Verpflichtungen erzeugen, die von den Staaten umzusetzen sind, zeigt ein jüngerer General Comment des Ausschusses, General Comment 18 zum Recht auf Arbeit vom 24.November 2005.

[514] General Comment 3, para.10.

[515] General Comment 3, para.10.

[516] Reimann: Ernährungssicherung im Völkerrecht: der Menschenrechtsansatz und seine Ergänzungsmöglichkeiten angesichts der Welthungerproblematik, S.197.

[517] General Comment 3, para.11.

raison d'être."[518] Einen Staat, der sich hinsichtlich der Nichtumsetzung der Kernverpflichtungen auf fehlende Ressourcen beruft, treffen verschärfte Beweispflichten treffen: "In order for a State party to be able to attribute its failure to meet at least its minimum core obligations to a lack of available resources it must demonstrate that every effort has been made to use all resources that are at its disposition in an effort to satisfy, as a matter of priority, those minimum obligations."[519]

Die Feststellung, daß es eine solche Kernverpflichtung gibt, ist nicht rein akademischer Natur. Vielmehr geht es darum, eindeutig festzustellen, wann Verletzungen der Pflichten aus dem Sozialpakt vorliegen, und den Staaten fest umrissene Vorgaben zu machen, welche ohne Verzögerung zu erfüllende Mindestverpflichtungen sie mit Ratifizierung des Sozialpaktes eingegangen sind.

Im Zusammenhang mit der Konkretisierung von Kernverpflichtungen wird häufig die Frage gestellt, ob jene nicht mehr Schaden als Nutzen anrichtet. Häufig wird dabei das Bild von Kernverpflichtungen als „Fußboden", der dann zur „Decke" wird, heraufbeschworen:[520] Obwohl Kernverpflichtungen das absolute Minimum sind, unter das die Verwirklichung eines Menschenrechtes nicht fallen darf (eben der „Boden"), neigen die Staaten dazu, sich mit der Verwirklichung der Kernverpflichtungen zufrieden zu geben und so zu tun, als sei deren Verwirklichung die „Decke", nach der sie sich strecken. So kann die Erfüllung der Kernverpflichtung den Staaten als Deckmantel dafür dienen, daß weitere Bemühungen zur progressiven Verwirklichung von wsk Rechten unterbleiben, ohne daß sie fürchten müssen, der Vertragsverletzung bezichtigt zu werden.

Dazu kommt, daß die Forderung nach der sofortigen Umsetzung der Kernverpflichtungen davon ausgeht, daß deren Verwirklichung für alle Staaten finanziell möglich ist. Jedoch können durch die Realisierung der Kernverpflichtungen Kosten in beträchtlicher Höhe entstehen – man denke nur an kostenfreie Grundschulbildung, die eine Kernverpflichtung aus dem Recht auf Bildung gemäß Art. 13 (2) IPWSKR darstellt.[521] Es ist illusorisch zu denken, daß Staaten

---

[518] General Comment 3, para.10.

[519] General Comment 3, para.10, dazu auch Reimann: Ernährungssicherung im Völkerrecht: der Menschenrechtsansatz und seine Ergänzungsmöglichkeiten angesichts der Welthungerproblematik, S.199; Eide, The Right to Food: From Vision to Substance, in: Borghi/ Blommestein: For an Effective Right to Adequate Food, S.41.

[520] Dazu Chapman/ Russell, Introduction, in: Chapman/ Russell: Core Obligations: Building a Framework for Economic, Social and Cultural Rights, S.9.

[521] Chapman/ Russell, Introduction, in: Chapman/ Russell: Core Obligations: Building a Framework for Economic, Social and Cultural Rights, S.11.

die Summen, die allein zur Verwirklichung der Kernverpflichtungen notwendig sind, ohne weiteres bereitstellen können.[522]

An dieser Stelle darf der Gedankengang aber nicht aufhören. Andernfalls käme man auf zu einfachem Wege zu dem für die Staaten bequemen Ergebnis, daß letztendlich auch die Kernverpflichtungen aus praktischen inklusive finanziellen Gründen nur Schritt für Schritt umsetzbar sind. Damit unterlägen auch sie dem Vorbehalt der progressiven Verwirklichung aus Art. 2 (1) IPWSKR, was aber, wie oben dargestellt, eben nicht der Fall ist. Zur Natur der wirtschaftlichen, sozialen und kulturellen Rechte gehört es nämlich nicht, daß sie nur vom Staat verwirklicht und damit auch finanziert werden. Vielmehr ist es zunächst der Einwohner eines Staates selbst, dem die Sorge für die Ausübung seiner Rechte anheim fällt. Die Verpflichtung des Staates bleibt zwar bestehen, er kann ihr aber auch dadurch nachkommen, daß er private Ressourcen aktiviert und durch legislative Maßnahmen kontrolliert.[523] Letzteres spielt im Rahmen des Art. 7 IPWSKR, dem Recht auf gerechte und günstige Arbeitsbedingungen, eine Rolle: Der Staat kann nicht Arbeitgeber für alle sein (was Art. 7 IPWSKR auch nicht fordert[524]), und so dafür sorgen, daß angemessene Arbeitsbedingungen geschaffen werden. Er muß aber private Arbeitgeber dergestalt kontrollieren, daß angemessene Arbeitsbedingungen von ihnen geschaffen werden. Beruft sich also ein Staat darauf, daß ihm die Mittel fehlen, um die Verwirklichung der Kernverpflichtungen zu garantieren, so ist es an ihm nachzuweisen, daß er zur Verfügung stehende private wie auch internationale Ressourcen mobilisiert hat.

Ist dieser Nachweis erbracht, so heißt dies aber nicht, daß der Staat aus seiner Verantwortung entlassen würde. Es bleibt die Verpflichtung der Mitgliedstaaten, bestehende Ressourcen im Sinne des Sozialpakts zu verteilen.[525] Konkret heißt dies, daß Gelder eher für Nahrung als für Waffen,[526] eher für medizinische Grundversorgung als für die Aufrechterhaltung von Privilegien ausgegeben werden müssen. Unter Berücksichtigung dieser Aspekte wird weitaus schwieri-

---

522 Tomuschat, An Optional Protocol for the CESCR, in Dicke: Weltinnenrecht, S.827, der aber die merkwürdige Formulierung wählt, die „Doktrin des minimalen Kerngehalts“ sei „löblich“.

523 Chapman/ Russell, Introduction, in: Chapman/ Russell: Core Obligations: Building a Framework for Economic, Social and Cultural Rights, S.11

524 Grundlegend dazu Riedel: Theorie der Menschenrechtsstandards, S.47f.

525 Zu dem Begriff der Ressource und der Verfügbarkeit von Ressourcen Robertson, Measuring State Compliance with the Obligation to Devote the „Maximum Available Resources to Realizing Economic, Social and Cultural Rights, Human Rights Quarterly 16 (1994), S.695ff; Reimann: Ernährungssicherung im Völkerrecht: der Menschenrechtsansatz und seine Ergänzungsmöglichkeiten angesichts der Welthungerproblematik, S.187f.

526 So auch Eide, Economic, Social and Cultural Rights as Human Rights, in: Eide/Krause/ Rosas, Economic, Social and Cultural Rights, S.27f.

ger, Beweis dafür zu führen, daß die Verwirklichung von Kernverpflichtungen nicht möglich sein soll.[527]

Durch eine präzise Formulierung der Kernverpflichtungen werden klare Vorgaben dahingehend gemacht, wie die Staaten die Verwirklichung der Rechte angehen können: Die Kernverpflichtungen sind konkrete Vorgaben dazu, welche Maßnahmen als erstes getroffen werden müssen und können damit eine wertvolle Hilfestellung sowohl für die Staaten bei der Erfüllung ihrer Verpflichtungen aus dem Sozialpakt als auch für den Ausschuß bei der Bewertung der Staatenberichte darstellen. Die Erfüllung der Kernverpflichtungen ist der erste und wichtigste Schritt, der die progressive Verwirklichung der Paktrechte einleitet.[528]

Zudem sollte nicht übersehen werden, daß es einen großen Fortschritt darstellen würde, wenn alle Staaten ihre Kernverpflichtungen erfüllen würden, egal ob sie diese als „Boden“ oder als „Decke“ ansähen:[529] Eine rudimentäre Verwirklichung von wsk Rechten dient als Basis für eine effektive Selbsthilfe, die es gerade notleidenden Einwohnern der Paktstaaten ermöglicht, von der Schwelle weiterer progressiver Entwicklungsschritte zur Sicherung von besseren Lebensumständen und weiterer Entwicklung der Rechte des Sozialpakts fortzuschreiten.[530] Grund für die Annahme der Möglichkeit einer solchen Entwicklung ist die starke Interdependenz der einzelnen Paktrechte. Wird die Verwirklichung der Kernverpflichtung für ein Recht verfehlt, so hat dies Auswirkungen auf die Realisierung anderer Paktrechte: Steht ein Minimum an Nahrung (Art. 11 (1) IPWSKR) nicht zur Verfügung, so wirkt sich dies auf die Gesundheit der Betroffenen aus (Art. 12 (1) IPWSKR). Ohne Nahrung kann auch die Arbeitskraft nicht erhalten werden (Art. 6 IPWSKR). Auch wird, wenn das Überleben wegen Nahrungsmangel nicht gesichert wird, die Bildung gerade von Kindern nach-

---

527 Chapman/ Russell, Introduction, in: Chapman/ Russell: Core Obligations: Building a Framework for Economic, Social and Cultural Rights, S.11, ähnlich aber vorsichtiger Reimann: Ernährungssicherung im Völkerrecht: der Menschenrechtsansatz und seine Ergänzungsmöglichkeiten angesichts der Welthungerproblematik, S.187f; ausführlich mit einer Analyse der Travaux Préparatoires Robertson, Measuring State Compliance with the Obligation to Devote the „Maximum Available Resources to Realizing Economic, Social and Cultural Rights, Human Rights Quarterly 16 (1994), S.697ff.

528 Andreassen *et al.*, Compliance with Economic and Social Human Rights – Realistic Evaluations and Monitoring in the Light of Immediate Obligations, in Eide/ Hagtvet: Human Rights in Perspektive, S.261.

529 Chapman/ Russell, Introduction, in: Chapman/ Russell: Core Obligations: Building a Framework for Economic, Social and Cultural Rights, S.9.

530 Andreassen *et al.*, Compliance with Economic and Social Human Rights – Realistic Evaluations and Monitoring in the Light of Immediate Obligations, in Eide/ Hagtvet: Human Rights in Perspektive, S.260.

rangig (Art. 13 IPWSKR).[531] Diese Aufreihung ließe sich unendlich fortsetzen. Sie zeigt mit großer Deutlichkeit, daß die Forderung nach sofortiger Umsetzung der Kernverpflichtungen nicht als unrealistische Vorstellung von Akademikern abgetan werden darf, sondern für einen großen Teil der Menschheit über Wohl oder Wehe entscheiden kann.

Diese Diskussion um den Sinn der Ausarbeitung der Kernverpflichtung wird von *Coomans*[532] in wenigen Sätzen zusammengefaßt:

> "There is a risk that identifying core elements of a right and corresponding minimum obligations might lead to neglect of peripheral elements of the same right and to an undermining of the universal character of that right. I believe, however, that the search for core elements of economic, social and cultural rights and minimum obligations serves, first of all, analytical purposes. From a human rights perspective it is of the utmost importance to clarify (vague) treaty norms in order to make clear to governments and other actors involved what the precise meaning is of treaty obligations that governments have accepted voluntarily, and then to scrutinise acts and omissions of governments in terms of observance of these rights and obligations. [...]"

c) Ausweitung des Kerngehalts?

Den Staaten obliegt die Verpflichtung, wsk Rechte zu respektieren, d.h. die Verwirklichung und die Nutzung eines Rechtes nicht zu be- oder verhindern (Achtungsverpflichtung). *Chapman* und *Russell*[533] schlagen vor, diese Verpflichtung immer als Teil der einem Recht innewohnenden Kernverpflichtung zu sehen, da es eine fundamentale und offensichtlich kostenlose Verpflichtung sei. Dem ist zuzustimmen, soweit es um die fundamentale Bedeutung der Verpflichtung geht: Ein Staat, der sich um die Verwirklichung von wsk Rechten bemüht, sollte zunächst die Auswirkungen eigener Maßnahmen überprüfen.

Der Verweis auf die Kostenlosigkeit ist jedoch an dieser Stelle zu pauschal. Die Schlußfolgerung, daß eine Verbindung zwischen Kernverpflichtungen und Kosten dergestalt besteht, daß Kernverpflichtungen nicht ressourcenverbrauchend sein dürfen, liegt nach dieser Argumentation nahe. Es ist ein positiver Effekt, wenn eine Kernverpflichtung vom Staat nicht mit dem Hinweis auf die Kosten abgeblockt werden kann, es besteht jedoch keine zwingende Verbindung zwischen beiden Faktoren. Zudem können für Staaten, die sich um die

---

[531] Siehe dazu auch Andreassen *et al.*, Compliance with Economic and Social Human Rights – Realistic Evaluations and Monitoring in the Light of Immediate Obligations, in Eide/ Hagtvet: Human Rights in Perspektive, S.261.

[532] Coomans, In Search of the Core Content of the Right to Education, in Chapman/ Russell: Core Obligations: Building a Framework for Economic, Social and Cultural Rights, S.245.

[533] Chapman/ Russell, Introduction, in: Chapman/ Russell: Core Obligations: Building a Framework for Economic, Social and Cultural Rights, S.12.

Verwirklichung von wsk Rechten bemühen, erhebliche „indirekte“ Kosten entstehen: Der Staat kann gezwungen sein, Maßnahmen zu unterlassen, durch die er Kosten gespart oder Gewinne gemacht hätte. Ein Beispiel hierfür sind Zwangsräumungen zum Beispiel von Slums, die das Recht auf Unterbringung verletzen.[534] Die Räumung könnte es dem Staat ermöglichen, das Land gewinnbringend zu nutzen, insbesondere es zu verkaufen. Wird die Achtungsverpflichtung eingehalten und von der Räumung abgesehen, so entgehen dem Staat Einnahmen. Zwar wären es Einnahmen, für die er Menschenrechtsverletzungen in Kauf genommen hätte, aber es wären nichtsdestotrotz Einnahmen. Die gleiche Situation ist gegeben, wenn Bauvorhaben geändert werden müssen, um Enteignungen zu verhindern, die eine Verletzung der Achtungsverpflichtung des Rechts auf Ernährung darstellen können. Kosten sind aus der Sicht des Staates auch dann gegeben, wenn Projekte aus Rücksicht auf wsk Rechte teurer werden, etwa weil Arbeitnehmerrechte beachtet werden oder auf gewinnbringende Unternehmungen verzichtet werden muß. Eine zwingende Verbindung zwischen der Achtungsverpflichtung und nicht entstehenden Kosten besteht deshalb nicht.

Im Ergebnis wird man *Chapman* und *Russell* in vielen Fällen recht geben müssen: Der Kerngehalt eines Rechts enthält dessen grundlegende Inhalte, bei deren Nichtverwirklichung ein Recht insgesamt negiert wird. Geht es um die Verwirklichung eines Rechts durch den Staat, so muß der erste Schritt sein, daß der Staat selbst Handlungen unterläßt, die die Verwirklichung des Rechts behindern. Maßnahmen, die unter die Achtungsverpflichtung fallen, zeichnen sich gerade dadurch aus, daß sie zentrale Teile eines Rechts betreffen. Jedoch kann diese inhaltliche Übereinstimmung des Ergebnisses nicht den Mangel bei der Herleitung heilen.

Der Kerngehalt eines jeden Rechts ist weiterhin ausgehend von seiner Definition danach zu bestimmen, ob es sich um die Elemente eines Rechtes handelt, ohne die es seine substantielle Bedeutung als Menschenrecht verliert und bei dessen Nichtverwirklichung ein Vertragsstaat als seine Verpflichtungen verletzend angesehen werden sollte. Der Blick auf die hierdurch entstehenden Kosten darf das Ergebnis nicht anders ausfallen lassen.[535]

Auch bei der Schutzverpflichtung argumentieren *Chapman* und *Russell*[536] ausgehend von den Kosten: Die Umsetzung der Schutzverpflichtung sei einerseits kostenfrei, weil in erster Linie Dritte davon abgehalten werden müßten, wsk Rechte zu verletzen, andererseits müßte dafür aber der Rahmen für Über-

---

534 Ausführlich zu dieser Problematik General Comment 7.

535 Chapman/ Russell: Introduction, in Chapman/ Russell: Core Obligations: Building a Framegwork for Economic, Social and Cultural Rights, S.9.

536 Chapman/ Russell, Introduction, in: Chapman/ Russell: Core Obligations: Building a Framework for Economic, Social and Cultural Rights, S.12.

wachung und Kontrolle geschaffen werden, was sowohl finanzielle als auch personelle Ressourcen erfordere. Die Schaffung dieser Ressourcen sei aber eine der grundlegenden Verpflichtung von Regierungen, welche verpflichtet seien, auf dem Gebiet der Überwachung und Kontrolle tätig zu werden, so daß die Schutzverpflichtung letzten Endes doch kostenfrei sei. Ausgehend von dieser Überlegung soll nach *Chapmann* und *Russel* die Schutzverpflichtung ebenfalls pauschal den Kernverpflichtungen zugeordnet werden.[537]

Dieser Gedankengang stellt eine Vereinfachung der tatsächlichen Situation dar. Schon die Überlegung, daß Regierungen in jedem Fall einen fähigen Verwaltungsapparat unterhalten und dieser dann auch genutzt werden könne, um die Verwirklichung von wsk Rechten zu überwachen, entspricht nicht immer der Realität. Gerade der Verwaltungsapparat von Staaten, in denen wsk Rechte im Argen liegen, leidet oft an Korruption und Vetternwirtschaft.[538] Solche Strukturen zu nutzen, um die ohnehin für die Staaten sehr „unbequemen" wsk Rechte zur Geltung zu bringen, ist ein Unterfangen, das häufig von vornherein zum Scheitern verurteilt ist. Zudem ist die Überwachung der Verwirklichung der Rechte des Sozialpakts, ebenso wie die der bürgerlichen und politischen Rechte, eine zeitintensive Aufgabe, die der Erledigung durch qualifiziertes Fachpersonal bedarf. Es ist unwahrscheinlich, daß eine so anspruchsvolle Aufgabe ohne Schulung, Erweiterung und damit Verteuerung des vorhandenen Verwaltungsapparates erfüllt werden kann.

Die Autoren gehen nicht soweit, auch die Erfüllungspflicht vollständig als Teil der Kernverpflichtung zu bezeichnen. Die Kernverpflichtung soll umfassen, daß die Essenz des Rechtes für die Bevölkerung gewährleistet wird.[539] Hier wird letztendlich die Definition der Kernverpflichtung benutzt, um ihren Inhalt näher zu bestimmen. Genau das muß aber auch im Rahmen der Achtungs- und Erfüllungsverpflichtung entscheidend sein: nicht, in welcher Höhe für den betreffenden Staat Kosten entstehen, sondern ob es um „die Essenz eines Rechtes, also die Elemente, ohne die es seine substantielle Bedeutung als Menschenrecht verliert und in dessen Abwesenheit ein Vertragsstaat als seine Verpflichtungen verletzend angesehen werden sollte"[540] geht. Der Kostenfaktor kann ein Grund sein, einen Staat im Rahmen des Staatenberichtsverfahrens zu einer

[537] Chapman/ Russell, Introduction, in: Chapman/ Russell: Core Obligations: Building a Framework for Economic, Social and Cultural Rights, S.12.

[538] Vgl. die Länderübersicht unter http://www.inwent.org/v-ez/lk/laender.htm, einer Länderinformationsseite verschiedener Entwicklungsdienste, insb. jeweils den Punkt „Staat und Politik".

[539] Chapman/ Russell, Introduction, in: Chapman/ Russell: Core Obligations: Building a Framework for Economic, Social and Cultural Rights, S.12.

[540] Chapman/ Russell, Introduction, in: Chapman/ Russell: Core Obligations: Building a Framework for Economic, Social and Cultural Rights, S.9

schnelleren Umsetzung in solchen Fällen, in denen keine hohen Kosten entstehen, zu bewegen; er kann aber nicht ausschlaggebend für die Bestimmung des Inhalts der Kernverpflichtung sein.

Es darf an dieser Stelle nicht übersehen werden, daß sich die Essenz eines Rechts mit den Achtungs- und Schutzverpflichtungen überschneiden kann. Diese Überschneidungen werden zu den einzelnen Rechten auch näher untersucht. Es ist jedoch nicht zwingend von Überschneidungen auszugehen.

3. Konsequenz aus der Nichterfüllung der Kernverpflichtung

Alston formuliert deutlich, daß im Falle der Nichterfüllung des minimalen Kerngehalts eine nicht zu rechtfertigende Verletzung von wsk Rechten vorliegen soll.[541] Auch fordert der Wortlaut des Art. 2 (1) IPWSKR, daß die Erfüllung der Verpflichtungen aus dem Sozialpakt „unter Ausschöpfung aller seiner Möglichkeiten" geschehen soll. Jeder Staat ist also verpflichtet, alle ihm zur Verfügung stehenden Ressourcen zu nutzen, um die Verwirklichung der Rechte aus dem Sozialpakt zu gewährleisten; die Mitgliedstaaten sind allerdings auch nicht zu mehr verpflichtet.[542] Dem entspricht die relativierende Formulierung des Art. 2 (1) IPWSKR, der die Verpflichtung auf „geeignete Mittel" beschränkt. Dem würde es widersprechen, Staaten eine Verletzung ihrer Verpflichtungen vorzuwerfen, wenn sie nachweislich ihre Ressourcen voll ausgeschöpft haben. Deutlich hierzu äußert sich *Eide*: *"State authorities have an immediate obligation to assure this minimum threshold for all subjects within their jurisdiction [...]. The scope of violation of socio-economic rights would then refer to the percentage of the population not assured of this minimal threshold [...]."*[543] So soll die Nichtgewährleistung von Mindestschwellenbedingungen für die gesamte Bevölkerung ohne Ausnahme eine Verletzung des Sozialpakts darstellen. Ebenso wie *Alston* bezüglich der Verletzung des Kerngehalts von wsk Rechten geht *Eide* nicht auf mögliche Rechtfertigungsgründe ein. Allerdings äußert sich *Eide* später ebenfalls über den Inhalt und den Sinn des Kerngehalts, diesmal nicht

---

[541] Alston, Out of the Abyss: Challenges Confronting the New Committee on Economic, Social and Cultural Rights, Human Rights Quarterly 9 (1987), S.332ff., S.352; so auch Chapman/ Russell, Introduction, in Chapman/ Russell: Core Obligations: Building a Framework for Economic, Social and Cultural Rights, S.9.

[542] Andreassen *et al.*, Compliance with Economic and Social Human Rights: Realistic Evaluations and Monitoring in the Light ob Immediate Obligations, in Eide/ Hagtvet: Human Rights in Perspective, S.257.

[543] Eide, Realization of Social and Economic Rights: The Minimum Threshold Approach, International Commission of Jurists: The Review 43 (1989), S.47.

aber dazu, wann eine Verletzung vorliegen könnte.[544] Diese Entwicklung setzte sich in den nächsten Jahren fort: Im Jahr 1999 erklärt *Eide*, daß auch im Rahmen der Minimalen Kernverpflichtung (womit er sich von der Terminologie her etwas vom Minimalschwellenansatz entfernt) der Wortlaut des Art. 2 (1) IPWSKR, „unter Ausschöpfung aller seiner Möglichkeiten", Beachtung finden muß, indem auch eine Nichterfüllung der minimalen Kernverpflichtung keine Verletzung darstellt, wenn der Staat belegen kann, daß er alle zur Verfügung stehenden Ressourcen genutzt hat.[545] Damit schließt er sich der Meinung des Ausschusses in dessen General Comment 3 an.[546]

Der Ausschuß sagt zunächst, daß eine Verletzung des Sozialpakts bei Nichterfüllung der Kernverpflichtung *prima facie* vorliege, also dem ersten Augenschein nach.[547] Grundlegend für den *Prima-Facie*-Beweis ist, daß zwar bestimmte typische Umstände der allgemeinen Lebenserfahrung nach als Beweis genügen, dieser jedoch durch die Umstände des Einzelfalls widerlegt werden kann.[548] Diese Möglichkeit des Widerlegens wird im folgenden weiter ausgeführt: Eine Verletzung ist zu verneinen, wenn der Staat darlegen kann, daß er alle ihm zur Verfügung stehenden Ressourcen genutzt hat, um seine Kernverpflichtung zu erfüllen, dies aber nicht ausgereicht hat. Dies folgt auch den allgemeinen Regeln: *Impossibilium nulla est obligatio*.[549]

Bei Nichterfüllung der Kernverpflichtung liegt damit eine Verletzung des Sozialpakts vor, es sei denn, der Staat kann nachweisen, daß er alles in seiner Macht stehende getan hat, um die Kernverpflichtung zu erfüllen. Dies entspricht einer Beweislastumkehr zu Lasten des Staates.

---

[544] Eide, Realization of Social and Economic Rights and the Minimum Threshold Approach, Human Rights Law Journal 10 (1989), S.35ff. Dieser Artikel ist von Inhalt und Titel fast identisch zu dem in der vorhergehenden Fußnote genannten. Einzig der Absatz zum Minimalschwellenansatz unterscheidet sich.

[545] Eide, Making Human Rights Universal, in Stocke/ Tostensen: Human Rights in Development (Yearbook 1999/2000, The Millenium Edition), S.24.

[546] General Comment 3, para.10: *"In order for a State party to be able to attribute its failure to meet at least its minimum core obligations to a lack of available resources it must demonstrate that every effort has been made to use all resources that are at its disposition in an effort to satisfy, as a matter of priority, those minimum obligations."*

[547] General Comment 3, para.10.

[548] Köbler: Juristisches Wörterbuch, Stichwort „Anscheinsbeweis".

[549] Dazu ausführlich Klee: Die progressive Verwirklichung wirtschaftlicher, sozialer und kultureller Menschenrechte, S.191ff. und Craven: The International Covenant on Economic, Social and Cultural Rights, S.142ff.

4. Die Kernverpflichtung des Rechts auf einen angemessenen Lebensstandard

Die Kernverpflichtung des Rechts auf einen angemessenen Lebensstandard umfaßt zunächst die Kernverpflichtungen seiner Konkretisierungen. Diese werden von *Morimoto* als „absoluter Lebensstandard" bezeichnet; sie umfassen alles, was zum bloßen Überleben notwendig ist, wie ein Mindestmaß an Essen, Wasser, Unterbringung, Kleidung und Energieversorgung.[550] Ebenso eng sieht *Shue* die Kernverpflichtung der Staaten: Seiner Meinung nach sind die Staaten verpflichtet, minimale ökonomische Sicherheit zu garantieren und für saubere Luft, sauberes Wasser, angemessene Nahrung, angemessene Kleidung, angemessenes Obdach sowie minimale präventive öffentliche Gesundheitsversorgung zu sorgen.[551] Diese sollen die Grundlage für den Genuß anderer Rechte sein.[552]

Es bleibt jedoch zu klären, wie die Kernverpflichtung des Rechts auf einen angemessenen Lebensstandard, das mehr umfaßt als nur die ausdrücklich genannten Elemente, zu bestimmen ist, ohne daß nur auf seine Bestandteile abgestellt wird.

Denkbar ist es, als Kern des Rechts das zu bestimmen, was zur Befriedigung derjenigen materiellen Bedürfnisse benötigt wird, die erfüllt sein müssen, um physisch zu überleben; dies sind vor allem Nahrung, Kleidung und eine Unterkunft (physisches oder physiologisches Existenzminimum)[553]. Die Kernverpflichtung der Staaten bestünde damit in der Versorgung mit der Konsumgütermenge, die zum Überleben eines Menschen unbedingt notwendig ist. Zu klären ist, ob dies für die Erfüllung der Kernverpflichtung des Rechts auf einen angemessenen Lebensstandard ausreichend ist.

Dafür spricht, daß die Konkretisierungen des Lebensstandards – nämlich Ernährung, Unterbringung und Bekleidung – andeuten, daß der Lebensstandard Komponenten enthält, die für das bloße Überleben unerläßlich sind. Die Essenz des Rechts auf einen angemessenen Lebensstandard wäre damit die Schaffung von Bedingungen, unter denen ein Überleben möglich ist. Die Begründung hierfür würde lauten, daß das Genießen eines jeden Lebensstandards voraussetzt, daß man tatsächlich überleben kann. Die Mitgliedstaaten würden damit ihre Kernverpflichtung erfüllen, wenn sie das Überleben der Bevölkerung gewähr-

---

550 Morimoto: The Standard of Living in Japan, S.15; in eine ähnliche Richtung Craven: „At minimum levels it represents a question of survival", The International Covenant on Economic, Social and Cultural Rights, S.287; die Aufzählungen wurden um Wasser und Energieversorgung ergänzt.

551 Shue: Basic Rights, S.23, 35; *Shue* bezieht sich dabei allerdings nicht auf Art. 11 (1) IPWSKR, sondern schreibt allgemein über *"Basic Rights"*.

552 Shue: Basic Rights, S.26.

553 Treisch: Existenzminimum und Einkommensbesteuerung, S.1.

leisten, gleichgültig unter welchen Bedingungen. Dies wird aber der Intention von wsk Rechten nicht gerecht: Diese sollen ein Leben unter menschenwürdigen Bedingungen garantieren und es ermöglichen, daß der einzelne selbst zur Verwirklichung seiner Rechte imstande ist. Das Recht auf einen angemessenen Lebensstandard verlangt ein Leben unter Umständen, die es jeder Person ermöglichen, unter Bewahrung ihrer Würde am sozialen Leben teilzunehmen und ihre Rechte selbständig zu verwirklichen. Würde dieses durch Art. 11 (1) IPWSKR garantierte Leben auf ein bloßes Überleben reduziert, könnte keine Rede mehr von der „Essenz" dieses Rechtes sein; sein Inhalt wäre soweit eingeschränkt, daß seine fundamentale Zielsetzung verfehlt wäre. Das physische Existenzminimum ist deshalb als Kernverpflichtung des Rechts auf einen angemessenen Lebensstandard zu eng. Somit sind auch die Ausführungen von *Shue* und *Morimoto* abzulehnen.

Vorzuziehen ist es, als Kernverpflichtung die Sicherung der Gütermenge, die zur Realisierung des Lebensunterhalts und der gewohnheitsmäßigen Annehmlichkeiten erforderlich ist (konventionelles oder kulturelles Existenzminimum) zu bestimmen.[554] Enger formuliert es *Eide*, der als Kernverpflichtung des Rechts auf einen angemessenen Lebensstandard im Sinne des Art. 11 (1) IPWSKR die Obligation der Staaten sieht, für die Erhaltung von Lebensumständen zu sorgen, die über der Armutsgrenze liegen.[555]

Der Begriff der „gewohnheitsmäßigen Annehmlichkeiten" bedarf der Auslegung im Lichte des Art. 11 (1) IPWSKR: Unter „gewohnheitsmäßigen Annehmlichkeiten" sind die Umstände zu verstehen, die gegeben sein müssen, um ein Mindestmaß an sozialer Integration zu ermöglichen, sowie um die Mindestgrundlage zu schaffen, die die Berechtigten in die Lage versetzt, sich selbständig um die Verwirklichung der ihnen aus Art. 11 IPWSKR zustehenden Rechte zu bemühen.

Beide Formulierungen enthalten die Forderung nach Lebensumständen, in denen mehr als das bloße Überleben gesichert wird. Dieses „Mehr" enthält die Aspekte, die den Lebensstandard von dem physischen Existenzminimum unterscheiden und ihm seine einzigartige menschenrechtliche Prägung verleihen, nämlich die Schaffung von Gegebenheiten, die Menschen als „Minimalschwelle" dienen, um ihre Rechte im sozialen Miteinander selbst verwirklichen zu können. Kernverpflichtung ist daher das konventionelle Existenzminimum, das von allen Mitgliedstaaten des Sozialpakts unverzüglich zu gewährleisten ist.

---

[554] Treisch: Existenzminimum und Einkommensbesteuerung, S.1.

[555] Dazu, allerdings nicht mit direktem Bezug auf Kernverpflichtungen, Eide, Economic and Social Rights, in Symonides: Human Rights, Concept and Standards, S.130.

3. Kapitel: Konkretisierung des Rechts auf einen angemessenen Lebensstandard

Das Recht auf einen angemessenen Lebensstandard und insbesondere der Begriff des Lebensstandards selbst sind so wenig faßbar, daß es schwierig ist, konkrete Verpflichtungen der Staaten zu bestimmen. Da der Lebensstandard von Menschen durch ein ganzes Konglomerat von Faktoren bestimmt wird, führen Achtungs-, Schutz- und Erfüllungspflichten, aus denen sich für die Staaten konkrete Handlungsvorgaben ergeben, in den Bereich der Konkretisierungen des Rechts auf einen angemessenen Lebensstandard.

Art. 11 (1) IPWSKR konkretisiert das Recht auf einen angemessenen Lebensstandard durch das Recht auf ausreichende Ernährung, ausreichende Bekleidung und ausreichende Unterbringung. Die Formulierung des Art. 11 (1) IPWSKR „einschließlich ausreichender Ernährung, Bekleidung und Unterbringung" ist so zu verstehen, daß sich der Terminus „ausreichend" sowohl auf Ernährung als auch auf Bekleidung und Unterbringung bezieht. Dies wurde bei der Erstellung des Sozialpakts durch die Generalversammlung ausdrücklich bestätigt; diese stellte heraus, daß jedes der Elemente des angemessenen Lebensstandards „ausreichend" sein müsse.[556]

Die in Art. 11 (1) IPWSKR beispielhaft aufgeführten Rechte auf Ernährung, Bekleidung und Unterbringung sind grundlegende Menschenrechte. Ohne ihre Verwirklichung ist die Verwirklichung anderer Menschenrechte wesentlich erschwert:[557]

> „It is hard to see how, for example, anyone can enjoy the right to free speech if he or she is homeless, has not eaten for days, is looking in a garbage can for a winter coat, and has not received treatment for advancing diabetes, all for reasons beyond his or her own control."[558]

Als nächster Schritt sollen diese Elemente analysiert werden, um sich so dem Inhalt des Rechts auf einen angemessenen Lebensstandard zu nähern und entscheiden zu können, inwieweit es geeignet ist, den Staaten konkrete Verpflichtungen aufzuerlegen. Wäre dies zu verneinen, so hieße dies nicht, daß das Recht redundant wäre. Es bliebe als Rahmen seiner Konkretisierungen bestehen, mit den oben bestimmten Achtungs-, Schutz- und Erfüllungspflichten als Ergän-

---

556 Report of the 11th session of the General Assembly, Agenda Item 31: Draft International Covenants on Human Rights, A/3149/para.120ff., insb. para.140.

557 Morsink: The Universal Declaration of Human Rights, S.192.

558 Morsink: The Universal Declaration of Human Rights, S.192; ähnlich für den Zusammenhang zwischen der Verringerung von Armut und der Verwirklichung eigener Freiheiten Kirchhof, Armut und Freiheit, in Ruland: Verfassung, Theorie und Praxis des Sozialstaats, S.323ff.

zung und Korrektiv für die Pflichten, die aus den Rechten auf Ernährung, Bekleidung und Unterbringung erwachsen.

I. Die einzelnen Rechte des Art. 11 (1) IPWSKR

1. Das Recht auf ausreichende Ernährung

Zugang zu Nahrung ist eine der grundlegendsten Voraussetzungen für das Überleben. Die Verpflichtung, dafür zu sorgen, daß die Bevölkerung mit ausreichender Nahrung versorgt ist, ist eine der ältesten Verpflichtungen der Gesellschaft.[559] Dieser grundsätzlichen Bedeutung des Rechts auf Ernährung wird Art. 11 (2) IPWSKR gerecht, indem er von dem grundlegenden Recht eines jeden, vor Hunger geschützt zu sein, spricht. Zudem ist das Recht auf Ernährung in Art. 11 (1) IPWSKR die Kodifikation einer bereits in der Allgemeinen Erklärung der Menschenrechte[560] enthaltenen und einer Reihe weiterer völkerrechtlicher Dokumente kodifizierten Norm.[561]

Hinzuweisen ist überdies auf den engen Zusammenhang zwischen einer ausreichenden Versorgung der Bevölkerung mit Nahrung und einer demokratischen Staatsordnung sowie der Verwirklichung von wsk Rechten: Beide sind sowohl Voraussetzung für die Schaffung einer Umgebung, in der sich wsk Rechte entfalten können, als auch ihre Folge.[562] Schon zu Beginn des ersten Jahrhunderts erkannte der römische Philosoph *Seneca*: *„Nec rationem patitur nec aequitate mitigatur nec ulla prece flectitur populus esuriens.“*[563]

---

[559] Künnemann, The Right to Adequate Food, in Chapman/ Russell: Core Obligations: Building a Framework for Economic, Social and Cultural Rights, S.163; Marks/ Clapham: International Human Rights Lexicon: Food, S.163.

[560] Vgl. dazu Breining-Kaufmann: Hunger als Rechtsproblem, S.59; zu den trotzdem existierenden Problemen bei der Formulierung des Rechts auf angemessene Nahrung im Rahmen des Art. 11 IPWSKR siehe *General Assembly, Official Records*: A/C.3/SR.1267, 18. November 1963, S.287ff.

[561] Vgl. die Zusammenstellung bei Eide, The New International Economic Order and the Promotion of Human Rights – Study on the Right to Food, E/CN.4/Sub.2/1984/22, 29. Juni 1984, paras.16ff., Künneman, The Right to Adequate Food, in Chapman/Russell: Core Obligations: Building a Framework for Economic, Social and Cultural Rights, S.165 oder Mechlem, Food Security and the Right to Food in the Discourse of the United Nations, in European Law Journal 10 (2004) 5, S. 632ff.

[562] Diouf, Welcoming Address, in Borghi/ Blommestein: For an effective Right to Adequate Food, S.9; ausführlich Vidar, The Interrelationship between the Right to Food and Other Human Rights, in Eide/ Kracht: Food and Human Rights in Development, S.141ff.

[563] Seneca: De brevitate vitae, XVIII, 5.

Dazu besteht ein sehr enger Zusammenhang zwischen dem Recht auf Ernährung und dem Recht auf das für den einzelnen erreichbare Höchstmaß an Gesundheit (Art. 12 (1) IPWSKR): Nahrung ist wohl der wichtigste Faktor für die Erhaltung der menschlichen Gesundheit.[564] Folgerichtig nennt General Comment 12, der sich mit diesem Recht beschäftigt, als Kernverpflichtung zu Art. 12 IPWSKR die Verpflichtung, dafür zu sorgen, daß jeder Zugang zu dem lebensnotwendigen Minimum an Nahrung hat, das quantitativ und qualitativ ausreichend ist, um für jeden die Freiheit von Hunger zu gewährleisten.[565]

a) Aktuelle Situation

Das Recht auf Ernährung ist trotz seiner fundamentalen Bedeutung weit davon entfernt, beachtet und erfüllt zu werden. Dies wird deutlich, wenn man die aktuelle Situation betrachtet:[566] 842 Millionen Menschen, etwa 15 Prozent der Menschheit, leiden unter Hunger und Mangelernährung, wovon knapp 800 Millionen in einem Elends-Gürtel leben, der sich von Lateinamerika über Afrika bis hin nach Asien erstreckt.[567] Diese Zahl stimmt mit der Gesamtpopulation der Vereinigten Staaten, Kanadas, Europas und Japans überein.[568] Hunger und Mangelernährung verursachen etwa 10 Millionen Todesfälle pro Jahr oder 25.000 Tote pro Tag.[569] Sechs Millionen davon pro Jahr sind Kinder unter fünf Jahren, was der Anzahl von Kindern, die in Frankreich und Italien insgesamt leben, entspricht.[570] Diese Zahlen sind um so tragischer, als global gesehen kein Mangel an Nahrungsmitteln besteht, sondern ein Mangel an Verteilungsgerechtigkeit.[571]

---

[564] Eide, The right to adequate food and to be free from hunger, E/CN.4/Sub.2/1999/12, 28. Juni 1999, para.13ff.; Künnemann, The Right to Adequate Food, in Chapman/ Russell: Core Obligations: Building a Framework for Economic, Social and Cultural Rights, S.170.

[565] General Comment 14 para.43 b).

[566] An dieser Stelle soll und kann keine umfassende Analyse der Welternährungssituation stattfinden. Weitergehende Literatur zu diesem Thema findet sich bei Reimann: Ernährungssicherung im Völkerrecht, Stuttgart 2000; Fryer: Ein Recht auf Ernährung, Frankfurt am Main 1983 und verschiedenen Quellen im Internet, von denen hier die Homepages der FAO (www.fao.org) und von FIAN (www.fian.de) beispielhaft genannt seien.

[567] Germann/ Rathen/ Windfuhr, Policies against hunger IV: Implementing the Voluntary Guidelines, S. 13.

[568] Süddeutsche Zeitung vom 26. November 2003, S.1, „Tödliche Trendwende"; siehe dazu auch die Analyse von Kracht, Whose Right to Food? Vulnerable Groups and the Hungry Poor, in Eide/ Kracht: Food and Human Rights in Development, S.119ff., Marks/ Clapham: International Human Rights Lexicon: Food, S.163.

[569] Marks/ Clapham: International Human Rights Lexicon: Food, S.163.

[570] Marks/ Clapham: International Human Rights Lexicon: Food, S.163.

[571] Human Development Report 1994, S.27; Künnemann, The Right to Adequate Food, in Chapman/ Russell: Core Obligations: Building a Framework for Economic, Social and Cul-

Hunger wird zumeist nicht durch Hindernisse bei der Produktion von Nahrungsmitteln ausgelöst, sondern durch scharfe Einschnitte in die Kaufkraft von bestimmten Bevölkerungsgruppen.[572] Am stärksten betroffen sind solche Bevölkerungsgruppen, denen von Anfang an sehr wenig oder keine Kaufkraft zur Verfügung steht.

Um diesem globalen Problem wirksam zu begegnen, wurde 1996 in Rom der „Welternährungsgipfel" abgehalten, auf dem Regierungsdelegationen, Nicht-Regierungsorganisationen (*Non-Governmental Organisations, NGOs*) und andere Experten aus aller Welt sich das Ziel setzten, die Zahl der unter- und mangelernährten Personen auf der Welt bis 2015 zu halbieren.[573] Dieses ehrgeizige Ziel verliert stark an Glanz, wenn man sich klar macht, daß selbst bei seiner Verwirklichung noch immer über 400 Millionen Personen, was dem Fünffachen der Bevölkerung von ganz Deutschland[574] entspricht, hungrig oder mangelernährt blieben. Im September 2000 einigten sich die Staatsoberhäupter der Welt auf dem *United Nations Millenium Summit* auf eine Reihe von zeitgebundenen und meßbaren Zielen, um Hunger, Krankheit, Analphabetismus, Umweltzerstörung und Diskriminierung von Frauen zu bekämpfen. Diese Ziele wurden in den *Millenium Development Goals* festgehalten.[575] Als erstes Ziel wird die Beseitigung von extremer Armut und Hunger genannt.

Der Bedeutung des Rechts auf Ernährung wurde im Bereich des Völkerrechts auch dadurch Rechnung getragen, daß erst von der *Sub-Commission on the Prevention of Discrimination and the Protection of Minorities* und im folgenden auch von der Menschenrechtskommission der Vereinten Nationen Sonderberichterstatter zum Recht auf Ernährung ernannt wurden.[576] Diese weisen in ih-

---

tural Rights, S.167f.; Weingärtner, The Food and Nutrition Security Situation at the Beginning of the New Millenium, in: Klennert: Achieving Food and Nutrition Security, S.31; Reimann: Ernährungssicherung im Völkerrecht: der Menschenrechtsansatz und seine Ergänzungsmöglichkeiten angesichts der Welthungerproblematik, S.89; mit zahlreichen Beispielen Marks/ Clapham: International Human Rights Lexicon, Stichwort "Food", S.163ff.

572 Weingärtner, The Food and Nutrition Security Situation at the Beginning of the New Millenium, in: Klennert: Achieving Food and Nutrition Security, S.31; zu dem Wandel von Nahrungsproduktion zu Nahrungssicherheit Eide, From Food Security to the Right to Food, in Eide/ Kracht: Food and Human Rights in Development, S.70ff.

573 Rome Declaration, Rom, 13. November 1996, nachzulesen z.B. auf der Internetseite der FAO unter www.fao.org/wfs/index_en.htm.

574 Bevölkerung Deutschlands im Januar 2006: 82,3 Millionen laut Statistischem Bundesamt (www.destatis.de).

575 Weitere Informationen unter http://www.un.org/millenniumgoals/.

576 *Special Rapporteur on the Right to Food*: Asbjørn Eide, Jean Ziegler.

ren Berichten[577] ausdrücklich auf die desolate Lage in vielen Staaten hin und betonen die Notwendigkeit von raschen Maßnahmen.

Trotz des Ablaufs eines beträchtlichen Teils der auf dem Ernährungsgipfel gesetzten Frist ist die Verringerung der Anzahl der Unterernährten zu niedrig, um bis 2015 eine Halbierung erreichen zu können: Sie fällt um lediglich 2,5 Millionen pro Jahr. Dazu kommt, daß Erfolgen in einigen Teilen der Welt (zum Beispiel in China, Indonesien und Thailand) Stillstand oder sogar Verschlechterung in anderen Teilen der Welt gegenübersteht. Heute gibt es 18 Millionen Unterernährte mehr, als noch in der zweiten Hälfte der neunziger Jahre gezählt wurden.[578] Die Durchschnittsrate von mindestens 20 Millionen pro Jahr, um die Anzahl der unterernährten Menschen zu halbieren, kann so nicht erreicht werden. Nach Voraussagen der *Food and Agriculture Organisation* der Vereinten Nationen (FAO) wird die Reduzierung auf 400 Millionen erst 2030 erreicht werden können.[579]

b) Inhalt des Rechts auf Ernährung

Art. 11 IPWSKR erkennt in seinem ersten Absatz das Recht auf Ernährung an. Der zweite Absatz beschreibt Maßnahmen und Programme zur Verwirklichung des Rechts auf Freiheit von Hunger. Der Ausschuß für wirtschaftliche, soziale und kulturelle Rechte hat sich schon 1999 in einem General Comment[580] mit dem Recht auf Ernährung beschäftigt. Er führt hierbei aus, daß das Recht auf Ernährung erfüllt sei, wenn *every man, woman and child, alone or in community with others, have physical and economic access at all times to adequate food or means for its procurement.*[581]

---

577 Eide, The new international economic order and the promotion of human rights (study on the right to adequate food as a human right), E/CN.4/Sub.2/1984/22 (29.Juni 1984), E/CN.4/Sub.2/1984/22/Add.1 (29.Juni 1984), E/CN.4/Sub.2/1984/22/ Add.2 (3.Juli 1984), E/CN.4/Sub.2/1987/12; ders., The Right to Adequate Food and to be free from Hunger, E/CN.4/Sub.2/1999/12; Ziegler, Economic, social and cultural rights - The right to food (Report by the Special Rapporteur on the right to food, Mr. Jean Ziegler), E/CN.4/2001/53 (7. Februar 2001); Ziegler, The right to food. Report by the Special Rapporteur on the right to food, Mr. Jean Ziegler, submitted in accordance with Commission on Human Rights resolution 2001/25, E/CN.4/2002/58, 10. Januar 2002, S.3; ebenso in den Folgeberichten, E/CN.4/2003/54, 10. Januar 2003, S.2; E/CN.4/2004/10, 9. Februar 2004, S.2f.; E/CN.4/2005/47, 24. Januar 2005, S.2.

578 Süddeutsche Zeitung vom 26. November 2003, S.1, „Tödliche Trendwende".

579 http://www.un.org/News/Press/docs/2000/20001016.sag86.doc.html; die Lage hat sich seit dieser Meldung nicht grundlegend geändert.

580 General Comment 12.

581 General Comment 12, para.6.

Aus dem Sozialpakt selbst ergibt sich, daß die Ernährung *adequate*, also ausreichend oder angemessen[582] sein muß. „Ausreichend" wird dabei verstanden als das Geeignetste unter den gegebenen Umständen.[583] Die Frage, welche Anforderungen die Ernährung erfüllen muß, um „ausreichend" zu sein, wird im Sozialpakt selbst nicht geklärt. Autoren wie *Eide* oder *Reimann* sehen in Anlehnung an den General Comment 12 durch die Ergänzung „ausreichend" sowohl ein qualitatives als auch ein quantitatives Element mit einbezogen: Es müssen sowohl genügend als auch gesunde Nahrungsmittel vorhanden sein.[584] Für diese weite Auslegung sprechen überzeugende Argumente: Ein reines Abstellen auf die Kalorienaufnahme (also die Quantität der Nahrung) gewährt zwar einen Überblick über den Stand der Unterernährung in einem Land, sagt aber nichts über mögliche Fehlernährung aus, die durch eine unzureichende Aufnahme von Nährstoffen (Vitamine, Mineralien oder Spurenelemente) verursacht wird.[585] Die Folgen einer Fehlernährung können aber genauso schwerwiegend sein wie die einer Unterernährung; zu denken ist hier nur an durch Vitamin-A-Mangel ausgelöste Blindheit oder an durch Vitamin-D-Mangel ausgelöste Rachitis. Zudem sind ihre Folgen häufig irreversibel.[586] Welche Anforderungen Nahrungsmittel präzise erfüllen müssen, um als „gesund" und „genügend" bezeichnet werden zu können, kann dabei nicht pauschal für alle Vertragsstaaten bestimmt werden. Zu berücksichtigen sind sowohl regionale Ernährungsgewohnheiten als auch die besondere Lage der betreffenden Personen (Alter, Geschlecht, zu verrichtende Arbeit, gesundheitlicher Zustand inklusive Schwangerschaften und Stillzeiten, religiöse und kulturelle Vorgaben).[587]

---

[582] In der englischen Version des Sozialpakts wird einheitlich das Wort *adequate* verwendet; eine einheitliche Übersetzung wäre auch im Deutschen wünschenswert gewesen.

[583] General Comment 12, para.7.

[584] Eide, The Right to an Adequate Standard of Living including the Right to Food, in Eide/ Krause/ Rosas: Economic, Social and Cultural Rights, S.134; Reimann: Ernährungssicherung im Völkerrecht: der Menschenrechtsansatz und seine Ergänzungsmöglichkeiten angesichts der Welthungerproblematik, S.171; ebenso Künnemann, The Right to Adequate Food, in Chapman/ Russell: Core Obligations: Building a Framework for Economic, Social and Cultural Rights, S.170; vgl. auch General Comment 12 para.7ff.

[585] Vgl. dazu Craven: The International Covenant on Economic, Social and Cultural Rights, S.308ff.; das Problem der Unterernährung ist aber nicht nur auf Entwicklungsländer beschränkt, sondern tritt auch in Industrie- und Postindustrieländern verstärkt auf: vgl. „Richtige Ernährung ist oft die beste Medizin", Süddeutsche Zeitung vom 8./9. Mail 2004, S.11.

[586] Dazu Eide, The right to adequate food and to be free from hunger, E/CN.4/Sub.2/1999/12, para.13ff.; zu der Unterscheidung zwischen Unter- und Mangelernährung Ziegler, Economic, Social and Cultural Rights: The Right to Food, E/CN.4/2001/53, para.16.

[587] General Comment 12, paras.7, 11; Eide, The Right to an Adequate Standard of Living including the Right to Food, in Eide/ Krause/ Rosas: Economic, Social and Cultural Rights, S.134.

(1) Der Zusammenhang zwischen ausreichender Nahrung und Mikronährstoffen

Zu Beginn der 80er Jahre wurde die FAO auf das Problem der Mangelernährung in Bezug auf Vitamine, Mineralien und Spurenelementen, den sog. Mikronährstoffen, aufmerksam.[588] Trotz der steigenden Ernteerträge dank verbesserter Düngemethoden mehrten sich die Hinweise, daß in Entwicklungsländern die Anzahl der Personen mit Mangelerscheinungen, verursacht durch einen Mangel an Vitaminen, Mineralien oder Spurenelementen, stieg.[589] So kann es auch bei einer ausreichenden Kalorienzufuhr zu Mangelerscheinungen kommen, dem sogenannten „versteckten Hunger"[590].

„Vitamine" ist dabei die zusammenfassende Bezeichnung für eine Gruppe von Substanzen, die für den Stoffwechsel der Menschen essenziell sind, aber vom menschlichen Organismus nicht synthetisiert werden können und daher ständig mit der Nahrung oder durch Symbiose mit Darmbakterien zugeführt werden müssen.[591] Sie sind als Vorstufe oder Teile von Enzymen im Körper aktiv. Im Gegensatz zu den essentiellen Aminosäuren, welche der Körper ebenfalls nicht selbst herstellen kann, reicht die Zufuhr geringster Mengen Vitamine aus. Mineralstoffe sind Salze, die bei Organismen zum Aufbau von Körpersubstanzen notwendig sind und mit der Nahrung zugeführt werden müssen.[592] Spurenelemente sind chemische Elemente, die für Lebewesen unentbehrlich sind und im Gegensatz zu einigen Mineralbestandteilen in sehr geringer Konzentration („Spuren") im menschlichen Organismus benötigt werden.[593] Zu den Spurenelementen gehören z.B. Kalzium, Eisen, Bor, Fluor, Kupfer, Magnesium, Mangan, Silizium, Zink und Jod. Gruppen, die durch Mikronährstoffmangel besonders gefährdet sind, sind Kinder, schwangere und stillende Frauen, ältere Menschen, Flüchtlinge und Menschen, die von Hungersnöten betroffen sind.[594]

Die Auswirkungen von Mikronährstoffmangel sind nicht nur ein theoretisches Problem. Sie zeigen sich in einer Reihe von Auswirkungen, die es Menschen auch dauerhaft unmöglich machen kann, sich selbst um die Verwirklichung ihrer Rechte – seien es bürgerliche und politische oder wirtschaftliche, soziale und kulturelle Rechte – zu bemühen. Deswegen ist der Ausdruck „ver-

[588] Sillanpää: Micrunutrients and the nutrient status of soils: a global study, FAO 1982; Katyal/ Randhawa, Micronutriets, Rome 1983.

[589] Sillanpää: Micrunutrients and the nutrient status of soils: a global study, S. III, 411ff.

[590] "Hidden Hunger".

[591] Brockhaus Enzyklopädie, Band 29, 21. Auflage 2006, Stichwort „Vitamine".

[592] Brockhaus Enzyklopädie, Band 18, 21. Auflage 2006, Stichwort „Mineralstoffe".

[593] Brockhaus Enzyklopädie, Band 26, 21. Auflage 2006, Stichwort „Spurenelemente".

[594] FAO: Preventing micronutrient malnutrition: a guide to food-based approaches, Kapitel "Planning and co-ordinating food-based strategies".

steckter Hunger", der häufig für Mikronährstoffmangel gebraucht wird, nicht glücklich gewählt. Die Auswirkungen des Mangels sind nicht versteckt; sie treten im Gegenteil in den meisten Fällen mit ihren Konsequenzen offen zu Tage. Es fehlt jedoch an Wissen und Informationen, um die Folgen einer Ursache zuordnen zu können.

GAIN[595] schätzt, daß wegen Mangels an Vitaminen und Nährstoffen in den nächsten 12 Monaten 1 Millionen Kinder vor ihrem fünften Lebensjahr und 50.000 Frauen bei oder kurz nach der Geburt eines Kindes sterben werden, 19 Millionen Kinder geistig behindert geboren werden, 100.000 Kinder mit vermeidbaren körperlichen Behinderungen geboren werden und 6 Milliarden Dollar an Arbeitskraft von Erwachsenen verloren gehen werden.[596]

(aa) Die häufigsten Mangelerscheinungen und ihre Auswirkungen

Vitamin- und Mineralienmangel betrifft ein Drittel der Weltbevölkerung und ist für etwa 7% der weltweiten Erkrankungen verantwortlich.[597] Jodmangel während der Schwangerschaft zum Beispiel ist der verbreitetste Grund für vermeidbare geistige Behinderungen weltweit; Vitamin A-Mangel betrifft 40 – 60% aller Kinder unter fünf Jahren weltweit und verursacht eine Millionen Tote pro Jahr; Eisenmangel behindert die geistige Entwicklung von 40-60% der Kinder in Entwicklungsländern, betrifft 500 Millionen Frauen und verursacht 60.000 Todesfälle bei Frauen während der Geburt pro Jahr.[598]

Auf dem Weltgipfel für Kinder, der im September 1990 in New York stattfand, beschlossen 71 Staatsoberhäupter, daß sofortiges Handeln erforderlich sei, um Mangelernährung, darunter auch Mikronährstoffmangel, bei Kindern zu bekämpfen. Unter den Zielen, die für den Gipfel im Jahr 2000 gesetzt wurden, waren unter anderem die faktische Beseitigung von Jodmangel und Vitamin A-Mangel sowie die signifikante Reduzierung von nahrungsbedingter Anämie.[599] Diesem Ziel kann auch, im Unterschied zu manchen anderem Ziel im Rahmen der Verwirklichung von wsk Rechten, nicht nachgesagt werden, daß es unrealistisch sei: Dem Vitamin- und Spurenelementsmangel kann mit relativ einfachen und kostengünstigen Methoden entgegengewirkt werden, die bekannt und ohne

595 Global Alliance for Improved Nutrition, siehe www.gainhealth.org.

596 Zahlen von der Homepage von GAIN, www.gainhealth.org, link: why fortification.

597 GAIN. Vitamin and Mineral Deficiencies Technical Situation Analysis, S.11ff, S.95ff.

598 www.gainhealth.org, link: why fortification - challenge.

599 Plan of Action for Implementing the World Declaration on the Survival, Protection and Development of Children in the 1990s, Punkt 13, abrufbar z.B. unter http://www.unicef.org/wsc/plan.htm.

großen Aufwand auch in Entwicklungsländern einsetzbar sind.[600] In den letzten Jahrzehnten wurden dabei bedeutende Fortschritte erzielt.[601]

Mangel an Vitamin A betrifft vor allem Kinder. Er verursacht zunächst Nachtblindheit und später permanente Blindheit (Xerophthalmia). Weitere Auswirkungen sind verzögertes Wachstum sowie hohe Infektanfälligkeit, die zu einer höheren Krankheits- und schließlich auch Todesrate unter jüngeren Kindern führt.[602] Im Zeitpunkt der Datenerhebung Mitte der 90er Jahre erblindeten jedes Jahr 250.000 bis 500.000 Kinder als eine Folge von Vitamin A-Mangel, von denen 2/3 mit hoher Wahrscheinlichkeit sterben würden.[603] Ähnlich betroffen von Vitaminmangel im allgemeinen sind schwangere Frauen. Es wird geschätzt, daß 30% aller Schwangeren an mehrfachem Vitaminmangel leiden, 75% an einem Mangel hinsichtlich mindestens eines Vitamins. Vitamin A-Mangel kann durch einfache Maßnahmen wie den Verzehr von orangen und gelben Früchten und Gemüse, dunkelgrünen essbaren Blättern oder auch Palmöl verhindert werden.[604]

Von Eisenmangel betroffen sind jedes Jahr über 2 Milliarden Menschen auf der ganzen Welt. Nach Schätzungen der WHO sind 52% aller schwangeren Frauen und 51% aller Kinder unter vier Jahren weltweit anämisch.[605] Folgen des Eisenmangels sind bei Erwachsenen Müdigkeit und verringerte Leistungsfähigkeit, bei Kindern verzögertes Wachstum, höhere Infektanfälligkeit und verminderte Lernfähigkeit.[606] Bei schwangeren Frauen führt Anämie zu einem verrin-

---

600 GAIN. Vitamin and Mineral Deficiencies Technical Situation Analysis, S.47ff.; FAO: Micronutrients, http://www.fao.org/ag/agn/nutrition/household_micronutrients_en.stm; FAO: Fortification of food with micronutrients and meeting dietary micronutrient requirements, ftp://ftp.fao.org/ag/agn/nutrition/fortification.pdf.

601 The Micronutrient Initiative: A decade of progress, a lifetime of hope, S.2, 9.

602 The Micronutrient Initiative: A decade of progress, a lifetime of hope, S.13.

603 FAO: Preventing micronutrient malnutrition: a guide to food-based approaches, Kapitel "Introduction".

604 Ausführlich zu der Gewinnung von Vitamin A aus der Nahrung FAO: Fortification of food with micronutrients and meeting dietary micronutrient requirements, ftp://ftp.fao.org/ag/agn/nutrition/ fortification.pdf.

605 Galloway/ Dusch/ Elder *et al.*: Women's perceptions of iron deficiency and anemia prevention and control in eight developing countries, Social Science and Medicine 55 (2002), S.529ff.

606 Draper: Child Development and Iron Deficiency, S. 1ff.; Galloway/ Dusch/ Elder *et al.*: Women's perceptions of iron deficiency and anemia prevention and control in eight developing countries, Social Science and Medicine 55 (2002), S.529.

gerten Wachstum des Fötus, einem niedrigeren Geburtsgewichts des Kindes und einer erhöhten Todesrate der Kinder in der ersten Lebenswoche.[607]

Auch Eisenmangel kann durch eine entsprechende Diät verhindert werden. Der menschliche Organismus kann Eisen am effektivsten aus tierischer Nahrung, vor allem rotem Fleisch aufnehmen. Aber auch pflanzliche Nahrung wie dunkelgrünes Gemüse und Hülsenfrüchte sind reich an Eisen.[608]

Jodmangel betrifft mehr als 1,5 Milliarden Menschen, die in jodarmen Gegenden leben. Mehr als 200 Millionen Menschen entwickeln als Folge von Jodmangel eine Struma (Kropf), 20 Millionen leiden an permanenten geistigen Behinderungen in Form einer signifikanten Minderung ihres Intelligenzquotienten. Jodmangel ist die häufigste vermeidbare Ursache von geistiger Behinderung.[609]

Jodmangel kann durch Meeresfische und -früchte behoben werden; der Jodgehalt von Pflanzen ist abhängig von dem des Ackerbodens. Jodmangel ist somit mit regional erzeugten Nahrungsmitteln nur schwer zu beheben. Weltweit wird deshalb jodiertes Speisesalz eingesetzt, um Jodmangel entgegenzuwirken.[610] Nach optimistischen Schätzungen haben mittlerweile 70% der Weltbevölkerung Zugang zu jodiertem Speisesalz, im Vergleich zu 20% in den 80er Jahren.[611]

(bb) Ziele bei der Bekämpfung des Mikronährstoffmangels

Die „*World Declaration on Nutrition*“[612], das Ergebnis einer internationalen Konferenz über Ernährung im Dezember 1992, die in der Zentrale der FAO in Rom stattfand und an der Vertreter von 159 Staaten, der Europäischen Gemeinschaft, von 144 NGOs, 11 intergouvernementalen Organisation sowie 16 Organisationen der UN teilnahmen, formuliert in ihrem „*Plan of Action for Nutrition*“ folgende Ziele:

Die Erstellung und Umsetzung von Programmen zur Korrektur von Mangelerscheinungen und zur Vermeidung ihres Auftretens;

---

607 Ausführlich dazu Galloway/ Dusch/ Elder *et al.*: Women's perceptions of iron deficiency and anemia prevention and control in eight developing countries, Social Science and Medicine 55 (2002), S.529ff.

608 FAO: Preventing micronutrient malnutrition: a guide to food-based approaches, Kapitel "Introduction".

609 FAO: Preventing micronutrient malnutrition: a guide to food-based approaches, Kapitel "Introduction".

610 FAO: Fortification of food with micronutrients and meeting dietary micronutrient requirements, ftp://ftp.fao.org/ag/agn/nutrition/fortification.pdf.

611 The Micronutrient Initiative: A decade of progress, a lifetime of hope, S.2, 9.

612 Abrufbar z.B. unter http://www.fao.org/docrep/U9920t/u9920t0a.htm.

Die Förderung der Weitergabe von Informationen über Ernährung und die Vorteile des Stillens sowie anderer nachhaltiger nahrungsbasierter Ansätze, die die Produktion und den Verzehr von Nahrung fördern, die reich an Vitaminen, Mineralien und Spurenelementen ist, sowie über die mikronährstofferhaltende Konservation und Aufbewahrung von Lebensmitteln;

Einräumung der ersten Priorität für eine nachhaltige nahrungsbasierte Strategie, insbesondere in Hinblick auf Bevölkerungen, die an Vitamin A- und Eisenmangel leiden; die Bevorzugung von vor Ort produzierter Nahrung unter Berücksichtigung der lokalen Ernährungsgewohnheiten;

Mittelfristig die Anreicherung der Nahrung mit fehlenden Vitaminen, Mineralien und Spurenelementen, insbesondere für gefährdete Bevölkerungsgruppen wie Frauen im gebärfähigen Alter, Kleinkinder und Kinder, ältere Leute, Flüchtlinge und Obdachlose.

Umso erstaunlicher ist es, daß im Rahmen der Umsetzung des Rechts auf Ernährung der Mikronährstoffmangel noch nicht die gebotene Aufmerksamkeit gefunden hat. Die Umsetzung von Strategien gegen den Mangel stehen auf einem menschenrechtlichem Fundament, eben dem des Rechts auf ausreichende Ernährung aus Art. 11 (1) IPWSKR, und verdient deshalb erhöhte Beachtung. In der Arbeit des Ausschusses hat Hunger in Form von Mangel an Vitaminen, Mineralien und Spurenelementen bis heute kaum Beachtung gefunden: Mexiko berichtet in seinem dritten Staatenbericht, daß Jodmangel in einigen Regionen zu geistiger Behinderung, Kropfbildung und Fortpflanzungsproblemen, insbesondere bei Frauen und Mädchen, führe. Es werde versucht, Müttern Informationen über richtige Ernährung für sich selbst und ihre Kinder zukommen zu lassen.[613] Bei der Beurteilung des Staatenreports von Mexiko 1999 wurde darauf hingewiesen, daß Kinder mit notwendigen Mikronährstoffen versorgt werden.[614] Honduras berichtete in seinem Erstbericht unter der Überschrift „Ernährungs- und Nährstoffstatistik", daß im Jahre 1996 eine Studie über Nährstoffe durchgeführt wurde und die Nahrungsanreicherung mit Jod, Vitamin A und Fluor vorgeschlagen wurde. Auch gebe das Gesundheitsministerium Nahrungsergänzungsmittel aus. Ein Komitee für die Förderung der Mikronährstoffversorgung wurde gegründet.[615]

Dieses sehr magere Ergebnis zeigt, daß, obwohl das Recht auf ausreichende Ernährung zu den grundlegendsten Rechten des Sozialpakts gehört, die Problematik des Mikronährstoffmangels nicht in ausreichendem Maße beachtet wurde. General Comment 12 zum Recht auf ausreichende Ernährung fordert, daß Nahrung in einer solchen Quantität und Qualität vorhanden sein muß, durch die diä-

---

[613] Third periodic report: Mexico, E/1994/104/Add.18, 27. Januar 1998, paras.269, 331.

[614] Summary record of the 46th meeting: Mexico, E/C.12/1999/SR.46, 02.12.1999, para.22.

[615] CESCR: Initial Report: Honduras, E/1990/5/Add.40 (State Party Report), 23.07.1998, paras.165, 168, 260, 264.

tetische Bedürfnisse befriedigt werden, und konkretisiert sie als „Mischung von Nährstoffen für das körperliche und geistige Wachstum sowie die körperliche und geistige Entwicklung und Versorgung".[616] Zwar kann unter diese Definition auch die Versorgung mit Mikronährstoffen subsumiert werden, es fehlt aber der Hinweis auf ihre besondere Wichtigkeit und auf die konkreten Auswirkungen eines Mangels. Auch fehlt es an einer menschenrechtlichen Einordnung der Bekämpfung des Mikronährstoffmangels und demgemäß auch an einer Kontrolle der Situation in den Paktstaaten im Rahmen der Staatenberichtskontrolle.

(cc) Möglichkeiten der Bekämpfung des Mikronährstoffmangels

Es bestehen drei Hauptmöglichkeiten, um die häufigsten Gründe für Mikronährstoffmangel zu beseitigen:[617]

Nahrungsmittelergänzung, meist in Form von gezielten Gaben der fehlenden Mineralien oder Vitaminen, gewöhnlich in Form von Tabletten oder Kapseln;

Änderung der Diät, das heißt der Nahrung, die täglich verzehrt wird, meist durch Programme, die den Zugang und den Verzehr von mikronährstoffreichen Lebensmitteln verbessern sollen;

Anreicherung von Lebensmitteln, gewöhnlich in großem Ausmaß und mit dem Fokus auf Grundnahrungsmitteln.

Diese können ergänzt werden durch Maßnahmen der öffentlichen Gesundheitsfürsorge, zum Beispiel zur Kontrolle von Infektionen und zur Qualitätskontrolle.

Jede der drei Strategien hat Vor- und Nachteile. Die gezielte Gabe von Mikronährstoffen in Tabletten- oder Kapselform hat unmittelbaren Effekt und kann, soweit noch keine permanenten Schäden eingetreten sind, die Symptome des Mikronährstoffmangels ohne Verzögerung lindern. Sie versagt jedoch, wenn die Mittel für den Erwerb versiegen. Auch wenn die Kosten pro Person sehr gering sind, so können doch in einer Region oder gar in einem ganzen Land Kosten entstehen, die der jeweilige Staat nicht tragen kann oder will. Zudem ist es sehr schwer, diejenigen zu erreichen, die die Hilfe am nötigsten brauchen, namentlich Personen, die in schwer zugänglichen ländlichen Gegenden oder in den „Slums" der großen Städte leben.[618]

Die Anreicherung von Lebensmitteln mit wichtigen Vitaminen, Mineralien oder Spurenelementen ist eine mittelfristige Methode, um Mikronährstoffman-

---

[616] General Comment 12, para.9.

[617] Eine ausführliche Darstellung mit genaueren Angaben enthält GAIN. Vitamin and Mineral Deficiencies Technical Situation Analysis, S.25ff.

[618] FAO: Fortification of food with micronutrients and meeting dietary micronutrient requirements, ftp://ftp.fao.org/ag/agn/nutrition/fortification.pdf.

gel zu begegnen.[619] Voraussetzung für die künstliche Anreicherung von Lebensmitteln mit Vitaminen und Mineralien ist sowohl zusätzliche Organisation als auch die Schaffung von Infrastruktur und Bereitstellung der Finanzierung. Gelingt es, die Produzenten von Grundnahrungsmitteln davon zu überzeugen, ihr Produkt anzureichern und das Preisniveau der Nahrungsmittel trotzdem stabil zu halten, so kann die Versorgung der Bevölkerung gesichert werden, ohne daß hohe Kosten entstehen, ohne daß eine Änderung des Konsumverhaltens notwendig ist und ohne daß es einer Überwachung durch die Gesundheitsbehörden bedarf.[620] Da mit der Nahrung regelmäßig nur geringe Mengen aufgenommen werden, besteht anders als bei der Einnahme von Tabletten oder Kapseln keine Gefahr einer Überdosierung.[621] Erforderlich hierfür ist eine enge Zusammenarbeit der Vertragsstaaten mit dem privaten Sektor. Wird eine angereicherte Version eines Grundnahrungsmittel in einem Land zum Standard, so genießen sogar die Produzenten der Nahrung, die die Vorgaben erfüllt, einen Standortvorteil, da es Produzenten mit „herkömmlichen" Waren schwerer haben werden, diese zu verkaufen.[622]

Die Änderung der Ernährungsweise von Personen, die an Mikronährstoffmangel leiden, ist eine langfristige Lösung. Sie basiert auf einer nahrungsbasierten Strategie, bei der die notwendigen Vitamine, Mineralstoffe und Spurenelemente durch eine ausgewogene Diät von lokal erzeugten Nahrungsmitteln dem

---

[619] Eine Liste mit Beispielen für Nahrungsanreicherung in verschiedenen Staaten findet sich unter http://www.food-fortification.com/list_of_fortification.aspx?GrpID=1. Ein Beispiel ist die Anreicherung von Fischsauce mit Eisen in Vietnam: Van Thuy et al., Regular consumption of NaFeEDTA-fortified fish sauce improves iron status and reduces the prevalence of anemia in anemic Vietnamese women, American Journal of Clinical Nutrition 78 (2003), S.284ff.; die Anreicherung mit Eisen von Reis auf den Philippinen, von Mehl in Venezuela und von Sojasauce in China: Mannar/ Gallego, Iron fortification: country level experiences and lessons learned, The Journal of Nutrition 132 (2002); S.856ff. oder von Nahrungsmitteln mit Folsäure auf Neufundland, Kanada: Liu et al.: A comprehensive evaluation of food fortification with folic acid for the primary prevention of neural tube defects, BMC Pregnancy and Childbirth 4 (2004), S.20ff. Eine Studie in den USA mit dem Fokus auf Folsäure aus dem Jahre 2003 ergab, daß Empfehlungen bezüglich der Ergänzung von Nahrung allein keinen Einfluss auf den Folsäurespiegel hatten, während durch die Anreicherung der Nahrung mit Folsäure der Mangel ausgeglichen werden konnte (Folsäuremangel bei Schwangeren kann beim Kind den sog. „offenen Rücken" (neural tube deffect) verursachen): Botto et al., Trends of selected malformations in relation to folic acid recommendations and fortification: an international assessment, Birth defects research. Part A, Clinical and molecular teratology 10 (2006), S. 693ff. Weitere Beispiele listet GAIN auf: www.gainhealth.org, link: why fortification.

[620] www.gainhealth.org, link: why fortification.

[621] BASF: An investment in the future: the fortification of staple foods, S.9.

[622] Dieses Argument stammt von Dr. Andreas Blüthner.

Organismus zugeführt werden.[623] Diese Strategie hat den zusätzlichen Vorteil, daß sie auch die Ernährungssituation insgesamt verbessert. Sie ist gleichzeitig die kostenintensivste und schwierigste Variante. Eine Umstellung der Ernährungsgewohnheiten der betroffenen Bevölkerung erfordert langwierige und betreuungsintensive Programme. Zudem ist Voraussetzung, daß mikronährstoffreiche Nahrung überhaupt in den benötigten Mengen erhältlich ist. Gelingt die Umstellung der Ernährung, so ist es die langfristig erfolgsversprechendste Möglichkeit.[624]

Diese kurze Darstellung macht deutlich, daß keine der drei Strategien alleine geeignet ist, um aktuellem und zukünftigem Mangel an Mikronährstoffen abzuhelfen. Notwendig ist vielmehr eine Kombination aller drei Möglichkeiten, wobei der Schwerpunkt je nach Problemstellung in der betroffenen Region unterschiedlich gelegt werden muß. Aus diesem Grund werden im Rahmen der Verpflichtungen der Staaten alle drei Möglichkeiten Gewicht haben und in die Kategorien Achtungs-, Schutz- und Erfüllungspflichten eingeordnet werden.

(2) Aufbau des Rechts auf Ernährung in Art. 11 (1) IPWSKR

Die Gestaltung des Rechts auf Ernährung erscheint nicht bis ins letzte Detail durchdacht. Es wird keine klare Unterscheidung zwischen dem Recht auf Ernährung und dem Recht auf Freiheit von Hunger gezogen. Zudem erkennt einerseits der zweite Absatz des Art. 11 das Recht auf Ernährung als „grundlegendes Recht“ an; andererseits verpflichtet Absatz 1 die Paktstaaten nur, geeignete Schritte zu unternehmen, um dieses Recht zu verwirklichen, ohne daß ein unmittelbarer Leistungsanspruch explizit statuiert wird.[625] Dieser Widerspruch wird von *Reimann* und anderen so gelöst, daß im zweiten Absatz die Kernverpflichtung als verankert gesehen wird, die die Staaten auf jeden Fall erfüllen müssen, während der erste Absatz die weitergehende Staatenverpflichtung zur schrittweisen Realisierung des Rechts festlegt. So soll auch der Schutzbereich des Rechts auf ausreichende Ernährung weiter sein als der der Freiheit von Hunger.[626]

---

[623] FAO: Micronutrients, http://www.fao.org/ag/agn/nutrition/household_micronutrients_en.stm.

[624] FAO: Fortification of food with micronutrients and meeting dietary micronutrient requirements, ftp://ftp.fao.org/ag/agn/nutrition/fortification.pdf.

[625] Dazu Craven: The International Covenant on Economic, Social and Cultural Rights, S.306ff.

[626] Reimann: Ernährungssicherung im Völkerrecht: der Menschenrechtsansatz und seine Ergänzungsmöglichkeiten angesichts der Welthungerproblematik, S.170; Breining-Kaufmann: Hunger als Rechtsproblem, S.62; Künnemann, The Right to Adequate Food, in Chapman/ Russell: Core Obligations: Building a Framework for Economic, Social and Cultural Rights, S.168.

Auch die Mitglieder des Ausschusses für wirtschaftliche, soziale und kulturelle Rechte haben sich um eine Unterscheidung bemüht. Das Recht auf Freiheit von Hunger solle eine Ergänzungsnorm sein: Es beinhaltete das Recht auf Schutz vor dem Verhungern, während das Recht auf Ernährung den Zugang zu Nahrung von der Menge und Qualität enthält, die mit der menschlichen Würde vereinbar sei.[627] Die Notwendigkeit einer Unterscheidung wird deshalb gesehen, weil das Recht auf Freiheit von Hunger im Unterschied zu allen anderen Rechten des Paktes als „grundlegend" bezeichnet wird. Hieraus wurde teilweise eine Sonderstellung dieses Rechts abgeleitet.[628] So solle der zweite Absatz eine direkte Verpflichtung der Staaten, Schutz vor dem Verhungern zu gewährleisten, beinhalten, ohne daß eine nur schrittweise Verwirklichung möglich sei. Dies entspricht der oben dargestellten Meinung von *Reimann*, der in Absatz 2 die Kernverpflichtung verankert sieht. Dagegen spricht, daß in den Travaux Préparatoires eine solche Differenzierung nicht vorgesehen ist.[629] Als weiteres Argument gegen die Verankerung einer Kernverpflichtung wird angeführt, daß es angesichts der großen Anzahl von hungernden Menschen in der Welt unrealistisch sei zu glauben, daß man die Pflicht auf Schutz vor Verhungern sofort umsetzen könne.[630]

Für die Verankerung der Kernverpflichtung in Absatz 2 von Art. 11 spricht, daß die Unterscheidung in Art. 11 (1) und (2) eine Bedeutung haben muß; insbesondere die Hervorhebung des Rechts auf Ernährung als „grundlegend" kann nicht als bloßer Zufall abgetan werden. Die Unterscheidung ist dann sinnvoll, wenn im ersten Absatz das Recht auf genügend Nahrung, um ein normales Leben zu führen verankert ist, im zweiten Absatz dagegen das Recht auf die minimale Nährstoffzufuhr, um nicht zu verhungern.[631] Für die besondere Bedeutung spricht auch die enge Verbindung mit dem Recht auf Leben, das unter anderem in Art. 6 IPBPR verankert ist.[632]

Jedoch hat dieser Streit keine praktischen Auswirkungen auf die Anwendung des Rechts auf Ernährung oder auf die Überprüfung der Staatenberichte in Hinsicht auf dieses Recht. Die sofort umzusetzende Kernverpflichtung ist jedem Recht immanent, sei sie schon aus dem Wortlaut des Vertrages klar abzulesen oder erst durch Auslegung zu entwickeln. Ob man im zweiten Absatz des Art. 11 IPWSKR nur eine Bestärkung des Rechts auf Ernährung sieht oder aber eine ausdrückliche Formulierung der Kernverpflichtung, bleibt ein akademischer

---

627 E/C.12/1989/SR.20, S.7 para.26 (Simma).

628 E/C.12/1989/SR.20, S.6 para.18 (Dobbert).

629 Craven: The International Covenant on Economic, Social and Cultural Rights, S.307.

630 Craven: The International Covenant on Economic, Social and Cultural Rights, S.307.

631 So auch Breining-Kaufmann: Hunger als Rechtsproblem, S.62.

632 Dagegen wohl Craven: The International Covenant on Economic, Social and Cultural Rights, S.307.

Streit. Nimmt man die Pflicht der Staaten, Kernverpflichtungen sofort umzusetzen, ernst, so kann man sich zwar auf Art. 11 (2) IPWSKR im Hinblick auf das Recht auf Ernährung als Bekräftigung stützen, ohne jedoch auf diesen Absatz angewiesen zu sein.

(3) Die "ilities" in der Arbeit des Ausschusses

Der Ausschuß verwendet in seinen General Comments den Ausdruck "*ilities*", um die essentiellen und voneinander abhängigen Elemente eines Rechts herauszustellen.[633] Diese Idee ist nicht im Sozialpakt begründet; ihr Charme liegt vielmehr in der Griffigkeit und Eingängkeit der Kriterien, die der Ausschuß unter dem Begriff „*ilities*" zusammenfaßt, nämlich *availability, affordability, acessibility* und *quality*. Im General Comment 4 zum Recht auf ausreichende Unterbringung wurden das erste Mal Sicherheit, Verfügbarkeit, Erreichbarkeit, Erschwinglichkeit, Bewohnbarkeit, Lage und kulturelle Akzeptanz erwähnt.[634] Seit General Comment 12 hat der Ausschuß die „*ilities*" immer wieder benutzt und verfeinert. Herausgebildet haben sich auf diese Weise die Kriterien der Verfügbarkeit, Zugänglichkeit und Qualität.[635] Die Zugänglichkeit unterteilt sich in physische, ökonomische und diskriminierungsfreie Zugänglichkeit sowie Zugang zu Informationen.[636]

(4) Anwendung der "ilities" auf das Recht auf ausreichende Ernährung

Nahrung muß verfügbar sein. Die ökonomische Verfügbarkeit erfordert, daß Personen als Resultat ihrer wirtschaftlichen Bemühungen Zugang zu Nahrung haben.[637] Dies umfaßt sowohl die selbständige Produktion von Nahrung als auch deren Erwerb, der durch mit anderen Tätigkeiten erworbenen Verdienst ermöglicht wird.

---

[633] Dazu Riedel, Allgemeine Kommentare zu Bestimmungen des Internationalen Paktes über wirtschaftliche, soziale und kulturelle Rechte der Vereinten Nationen, in Deutsches Institut für Menschenrechte: Die „General Comments" zu den VN-Menschenrechtsverträgen, S.168.

[634] General Comment 4, para.8. Im Englischen klingt es mehr nach *ilities: security, availability, affordability, habitability, location, cultural adequacy.*

[635] *Availability, accessibility, quality*, so verwendet in General Comment 12, paras.7f; General Comment 13, para.21; General Comment 14, para.12; General Comment 15, para.12; General Comment 17, para.18; General Comment 18, para.12; General Comment 20, para.11.

[636] General Comment 14, para.12; General Comment 15, para.12; General Comment 17, para.18; General Comment 18, para.12; General Comment 20, para.11.

[637] General Comment 12, para.13; Künnemann, The Right to Adequate Food, in Chapman/ Russell: Core Obligations: Building a Framework for Economic, Social and Cultural Rights, S.168.

Bei der physischen Verfügbarkeit geht es darum, daß Nahrung jedem unverzüglich zugänglich ist.[638] Dieses Erfordernis ist weit weniger trivial, als es im ersten Moment erscheint. Es ist dann nicht erfüllt, wenn der Zugang zur Nahrung für einige Bevölkerungsteile mit besonderen Härten verbunden ist. Dazu gehören zum Beispiel Fälle, in denen der Nahrungserwerb nur unter Verletzung der menschlichen Würde des einzelnen geschehen kann.[639] Ein Beispiel dafür ist gegeben, wenn Nahrung auf Mülldeponien oder in Abfallbehältern gesucht wird. Ebenso ist kein unverzüglicher Zugang gegeben, wenn es bestimmten Bevölkerungsgruppen oder -schichten nicht ermöglicht oder erschwert wird, ihren Nahrungsbedarf selbst zu decken, sei es, weil sie – wie indigene Bevölkerungsgruppen – von ihrem Land vertrieben werden,[640] oder wie Frauen in einigen Ländern nicht geschäftsfähig sind.[641] Weiterhin müssen Informationen zur angebotenen Nahrung erhältlich sein im Sinne von Auskünften zu Nahrhaftigkeit und eventueller Schädlichkeit der Nahrung.[642] Das Merkmal der „Qualität" der Ernährung fällt bei der hier vertretenen weiten Interpretation des Begriffs „ausreichend" mit diesem zusammen.

c) Verpflichtungen der Staaten

Das Recht auf ausreichende Ernährung erlegt den Staaten Achtungs-, Schutz- und Erfüllungspflichten auf. Wie aus allen Rechten des Sozialpakts erwächst auch aus dem Recht auf ausreichende Ernährung eine sofort umzusetzende Kernverpflichtung der Staaten.

(1) Kernverpflichtungen

In General Comment 3, in dem der Ausschuß sich explizit zur Existenz von Kernverpflichtungen äußert, wählt er das Recht auf Ernährung, um den Inhalt jener zu illustrieren:

---

[638] Künnemann, The Right to Adequate Food, in Chapman/ Russell: Core Obligations: Building a Framework for Economic, Social and Cultural Rights, S.169.

[639] Eide, Report on the Right to Adequate Food as Human Right, E/CN.4/Sub.2/1987/23, para.52; Künnemann, The Right to Adequate Food, in Chapman/ Russell: Core Obligations: Building a Framework for Economic, Social and Cultural Rights, S.170.

[640] Ausführlich Damman, The Right to Food of Indigenous People, in Eide/ Kracht: Food and Human Rights in Development, S.285ff.

[641] Künneman, The Right to Adequate Food, in Chapman/ Russell: Core Obligations: Building a Framework for Economic, Social and Cultural Rights, S.169.

[642] Craven: The International Covenant on Economic, Social and Cultural Rights, S.208f.

> "Thus, for example, a State party in which any significant number of individuals is deprived of essential foodstuffs [...] is failing to discharge its obligations under the Covenant."[643]

Dieses Beispiel zeigt, daß der Ausschuß „Zugang zu Grundnahrungsmitteln" als Teil der Kernverpflichtung des Rechts auf Ernährung sieht.[644] Auch andere Autoren umschreiben die Kernverpflichtung des Rechts auf Ernährung mit „Produktion und Zugang zu Nahrungsmitteln".[645] Diese Betrachtungsweise allein ist aber zu eng, da der Begriff „Nahrungsmittel" nicht allen Anforderungen an Nahrung im Sinne des Art. 11 (1) IPWSKR gerecht wird: Das Merkmal der „Angemessenheit" muß in die Kernverpflichtung miteinfließen. So wurde die Kernverpflichtung des Rechts auf Ernährung in General Comment 12 spezifiziert: Sie beinhaltet, daß jede Person Zugang zu Nahrung hat, die quantitativ und qualitativ die ernährungsbezogenen Grundbedürfnisse ihres Körpers befriedigt und frei ist von schädlichen Zusatzstoffen, ohne daß zur Erlangung der Nahrung andere Menschenrechte verletzt werden.[646]

Zum Teil wird das fundamentale menschenrechtliche Prinzip der Nicht-Diskriminierung als Teil der Kernverpflichtung des Rechts auf ausreichende Nahrung gesehen.[647] Diese Annahme ist zu allgemein gefaßt: Bei der Erfüllung der Kernverpflichtung muß der Staat diskriminierungsfrei vorgehen. Darüber hinausgehend ist die Pflicht zur Nicht-Diskriminierung auf allen drei Erfüllungsebenen verankert und löst auf jeder Ebene unterschiedliche Verpflichtungen für die Staaten aus.

(2) Achtungs-, Schutz und Erfüllungspflichten

Die Verpflichtungen der Staaten lassen sich beim Recht auf Ernährung wie bei anderen wsk Rechten in Achtungs-, Schutz- und Erfüllungspflichten aufteilen. Diese Klassifizierung hilft gerade bei einem so aktuellen politischen und wirtschaftlichen Thema, Forderungen und Fakten in einen rechtlichen Kontext einzuordnen und zu bewerten.

---

643 General Comment 2, para.10.

644 So auch Künnemann, The Right to Adequate Food, in Chapman/ Russell: Core Obligations: Building a Framework for Economic, Social and Cultural Rights, S.171.

645 So Andreassen *et al.*, Compliance with Economic and Social Human Rights – Realistic Evaluations and Monitoring in the Light of Immediate Obligations, in Eide/ Hagtvet: Human Rights in Perspective, S.260.

646 General Comment 12 para.8, dazu ausführlicher Eide, The Right to Food: From Vision to Substance, in Borghi/ Blommestein: For an effective Right to adequate Food, S.28.

647 Künnemann, The Right to Adequate Food, in Chapman/ Russell: Core Obligations: Building a Framework for Economic, Social and Cultural Rights, S.178.

(aa) Achtungspflichten

Die grundlegendste Achtungsverpflichtung des Staates ist es, in allen Fällen, in denen Menschen selbst für die Erfüllung ihrer Bedürfnisse sorgen, ohne dabei die Möglichkeit anderer, ebenfalls ihre Bedürfnisse zu erfüllen, zu schwächen, nicht einzugreifen.[648] Der Staat muß die Freiheit jedes einzelnen respektieren, Nahrung selbst zu produzieren oder vorhandene Mittel gegen Nahrung einzutauschen.[649] Wie generell bei wsk Rechten soll die Verwirklichung so weit wie möglich durch die Initiative des Individuums selbst geschehen. Der Staat ist vorrangig verpflichtet, die rechtliche und tatsächliche Situation so zu gestalten, daß seine Einwohner die Möglichkeit dazu haben.[650] Dazu gehört auch Respekt für den Freiraum, der benötigt wird, um Nahrung zu produzieren oder zu verkaufen.[651] Dies betrifft insbesondere Gruppen wie die ländliche Bevölkerung, deren Lebensgrundlage durch Bauprojekte des Staates wie den Bau von Dämmen und vorangehende Enteignungen zerstört werden kann.[652]

Die Achtungsverpflichtung ist keinesfalls ein theoretisches Konstrukt ohne Bedeutung für die realen politischen und wirtschaftlichen Entscheidungen der Staaten. Es ist nicht ungewöhnlich, daß Menschen die Möglichkeit genommen wird, sich selbst zu ernähren. Ein Beispiel aus jüngster Zeit ist der Bau des „Drei-Schluchten-Staudamms (*Three-gorges-project*)“ in China, für den über eine Million Menschen zur Umsiedlung gezwungen wurden, also ihre angestammten Häuser und Felder verlassen mußten.[653] Im Falle des „Drei-Schluchten-Staudamms“ liegt die Vermutung sehr nahe und wurde auch von China nicht widerlegt, daß weder ausreichende Entschädigungen gezahlt wurden, noch den Betroffenen, die zumeist Bauern sind, genügend fruchtbares Land

---

[648] United Nations: Right to adequate food as a human right, para.170; Golay, The Right to Food and Access to Justice, in Borghi/ Blommestein: The Right to Adequate Food and Access to Justice, S.129f.

[649] Eide, The Right to an Adequate Standard of Living including the Right to Food, in Eide/Krause/Rosas: Economic, Social and Cultural Rights, S.142f.; Eide, The Right to Food: From Vision to Substance, in Borghi/ Blommestein: For an effective Right to adequate Food, S.36, Reimann: Ernährungssicherung im Völkerrecht: der Menschenrechtsansatz und seine Ergänzungsmöglichkeiten angesichts der Welthungerproblematik, S.175f.

[650] Kabir, Development and Human Rights: Litigating the Right to Adequate Housing, Asia Pacific Journal on Human Rights, S.107; Koch, The Justiciability of Indivisible Rights, Nordic Journal of International Law 72 (2003), S.16, Eide, The Right to Food: From Vision to Substance, in Borghi/ Blommestein: For an effective Right to adequate Food, S.33.

[651] Eide, The Right to an Adequate Standard of Living including the Right to Food, in Eide/ Krause/ Rosas: Economic, Social and Cultural Rights, S.142.

[652] Eide, The Right to an Adequate Standard of Living including the Right to Food, in Eide/ Krause/ Rosas: Economic, Social and Cultural Rights, S.142f.

[653] Hierzu und zu anderen Zwangsräumungen http://www.cohre.org.

zugewiesen wurde, um sich eine neue Existenz aufzubauen.[654] Eine Verletzung der Achtungsverpflichtung kann nicht damit gerechtfertigt werden, daß sie zu wirtschaftlichem Wachstum führe oder im staatlichen Interesse liege.[655] Eine Rechtfertigung wäre deshalb allein unter den Voraussetzungen des Art. 4 IPWSKR möglich.

(bb) Schutzpflichten

Die Schutzverpflichtung umfaßt den Schutz vor Maßnahmen Dritter, die den Genuß des Rechts auf Ernährung behindern oder sogar ganz verhindern können.[656] Mögliche Eingriffe von Seiten Dritter, die der Staat abwenden muß, sind Maßnahmen, die verhindern, daß Landwirtschaft betrieben wird, um Nahrung zu erzeugen. Dazu gehören vor allem die Vernichtung und Unbrauchbarmachung natürlicher Ressourcen zum Beispiel dergestalt, daß Wasser aus einem Fluß nicht mehr trinkbar oder Land nicht mehr bebaubar ist.[657] Ebenso muß der Staat helfend eingreifen, um zu verhindern, daß Menschen in Krisensituationen, seien es wirtschaftliche oder ökologische Krisen, gezwungen sind, ihr Land zu verkaufen und damit auch die Möglichkeit, sich selbst mit Nahrung zu versorgen, aufgeben müssen.[658]

Falls notwendig, muß eine Kontrolle der Preise vorgenommen werden, mit Hilfe derer sichergestellt wird, daß sowohl ausreichende Nahrung für alle Bevölkerungsgruppen bezahlbar ist, als auch, daß Produzenten von Lebensmitteln einen angemessenen Preis erhalten, mit dessen Hilfe sie wiederum ihre Lebensgrundlage sichern können.[659]

---

[654] Nähere Informationen z.B. unter http://www.threegorgesprobe.org/tgp/index.cfm?DSP= content&ContentID= 7008.

[655] So auch Künnemann, The Right to Adequate Food, in Chapman/ Russell: Core Obligations: Building a Framework for Economic, Social and Cultural Rights, S.179.

[656] Eide, The Right to Food: From Vision to Substance, in Borghi/ Blommestein: For an effective right to adequate food, S.37; Reimann: Ernährungssicherung im Völkerrecht: der Menschenrechtsansatz und seine Ergänzungsmöglichkeiten angesichts der Welthungerproblematik, S.179ff.

[657] Reimann: Ernährungssicherung im Völkerrecht: der Menschenrechtsansatz und seine Ergänzungsmöglichkeiten angesichts der Welthungerproblematik, S.179ff.

[658] Eide, The Right to an Adequate Standard of Living including the Right to Food, in Eide/ Krause/ Rosas: Economic, Social and Cultural Rights, S.143, mit Beispielen Reimann: Ernährungssicherung im Völkerrecht: der Menschenrechtsansatz und seine Ergänzungsmöglichkeiten angesichts der Welthungerproblematik, S.179ff.; Eide, The Right to Food: From Vision to Substance, in Borghi/ Blommestein: For an effective right to adequate food, S.37.

[659] Eide, The Right to an Adequate Standard of Living including the Right to Food, in Eide/ Krause/ Rosas: Economic, Social and Cultural Rights, S.144.

Gerade beim Recht auf Ernährung hat die Schutzverpflichtung aber auch noch eine weitergehende Dimension, nämlich den Schutz vor Gefahren, die von Nahrung ausgehen können. So muß die Nahrung, die in dem jeweiligen Mitgliedstaat erhältlich ist, sicher und unschädlich sein.[660] Die Forderung nach der Unschädlichkeit der Nahrung ist nicht unproblematisch, da eine Reihe von Lebensmitteln, die für den Organismus schädlich sind, gesellschaftlich anerkannt und zu bestimmten gesellschaftlichen Anlässen sogar erwünscht sind. Dazu gehören Alkoholika oder auch aktuellere Erscheinungen wie *Fast Food.* Hinter der Forderung nach unschädlicher Nahrung steht die Frage, inwieweit der Staat verpflichtet ist, seine Bevölkerung vor sich selbst zu schützen.

Im Rahmen der Schutzverpflichtung muß der Staat durch legislative oder andere wirksame Maßnahmen und Kontrollen gewährleisten, daß Nahrung sicher ist, also frei von toxischen Bestandteilen. Die erhältliche Nahrung muß sicher und gesund sein, was strenge Kontrolle der Nahrung voraussetzt; notwendig ist auch ein Schutz gegen unethisches Verhalten bei der Vermarktung von Nahrung.[661] Diese Aussagen müssen aber in ihrem Zusammenhang gesehen werden. Längst nicht alle Nahrung, die erhältlich ist, ist gesund. Jedoch wird dies bei dem Konsum vieler Nahrungsmittelgruppen, gerade bei Genußmitteln, auch nicht erwartet. Die Forderung, daß erhältliche Nahrung gesund sein muß, ist zu relativieren: Nahrung, von der erwartet werden darf, daß sie gesund ist, muß gesund sein. Aus diesem Grund ist in vielen Staaten irreführende Werbung für Lebensmittel verboten.[662] Für alle Maßnahmen, die darüber hinausgehen, ist zu bedenken, daß wsk Rechte in erster Linie Eigeninitiative der Individuen voraussetzen. Die Staaten sollen erst dann aktiv tätig werden, wenn es den Menschen nicht mehr möglich ist, die Verwirklichung der Rechte aus dem Sozialpakt

---

660 Eide, The Right to Food: From Vision to Substance, in Borghi/ Blommestein: For an effective right to adequate food, S.38; Eide, The Right to an Adequate Standard of Living including the Right to Food, in Eide/ Krause/ Rosas: Economic, Social and Cultural Rights, S.144.

661 Eide, The Right to an Adequate Standard of Living including the Right to Food, in: Eide/Krause/Rosas: Economic, Social and Cultural Rights, 144; Eide, The Right to Adequate Food and to be Free from Hunger, E/CN.4/Sub.2/1999/12, para.52 (b). Unethisches Verhalten bei der Vermarktung von Lebensmitteln betrifft aktuell z.B. Werbung für Kinderprodukte oder Regelungen von nährwert- und gesundheitsbezogenen Aussagen über Lebensmittel (s. dazu „Lebensmittelwerbung für Kinderprodukte – Strategieentwürfe für den vorbeugenden Verbraucherschutz“ sowie Pressemitteilung Nr. 338 vom 8.12.2005 auf den Seiten des Bundesministeriums für Ernährung, Landwirtschaft und Verbraucherschutz, www.bmelv.de).

662 Siehe dazu die Informationen des Bundesministeriums für Verbraucherschutz und Lebensmittelsicherheit, www.BLV.de; United Nations: Right to adequate food as a human right, para.177 verweist auf den *Codex Alimentarius* und weitere Maßnahmen zum Verbraucherschutz.

selbst zu gewährleisten.[663] Dementsprechend ist ein Schutz vor schädlicher Nahrung dann zu gewähren, wenn es keine Alternative gibt, Menschen also schädliche Nahrung zu sich nehmen müssen, um ihren Kalorien- und Nährstoffbedarf zu decken. Die Alternativlosigkeit kann sich sowohl aus einem mangelnden Angebot als auch aus mangelndem Zugang zu unschädlicher Nahrung ergeben. Letzterer wäre gegeben, wenn diese für Teile der Bevölkerung nicht bezahlbar oder nicht erhältlich ist.

Wohl kann aber eine Schutzpflicht des Staates dergestalt bestehen, daß er über Risiken und mögliche Folgen des Verzehrs bestimmter Lebensmittel aufklären muß.[664] Zusammenhänge und Entwicklungen, die dem einzelnen Einwohner nur schwer oder nicht zugänglich sind, müssen durch staatliche Informationen aufbereitet und verbreitet werden, um den Einwohnern die Möglichkeit zu geben, sich umfassend zu informieren und daraufhin eine Entscheidung bezüglich ihrer Ernährung zu treffen. An dieser Stelle dürfen die Begriffe „Schutzpflicht" des Staates und „Schutzbereich" des Art. 11 (1) IPWSKR nicht vermengt werden. Obwohl der Staat hier eine Schutzpflicht hat, bedeutet dies nicht, daß das Recht auf ausreichende Ernährung auch ein Recht auf Alkoholkonsum oder ungesunde Nahrung umfaßt. Diese Schutzpflicht des Staates in Bezug auf Risiken, die beim Verzehr bestimmter Nahrungsmittel entstehen können, gewinnt zusätzliche Bedeutung, wenn es um „ausreichende" Ernährung in Bezug auf die Versorgung mit Vitaminen und Spurenelementen geht. Risiken können durch irreführende Angaben und Bezeichnungen entstehen, die es erschweren, den Wirkstoffgehalt der Nahrung richtig einzuschätzen. Hierunter fallen z.B. Süßwaren, die mit dem Hinweis, sie seien reich an Vitaminen, versehen werden, aber trotzdem denkbar ungeeignet zur Deckung des täglichen Vitaminbedarfs sind. Das gleiche gilt für den in Deutschland bekannten Werbesatz „Mit dem besten aus einem Drittel Liter entrahmter Milch", obwohl ein süßer Brotaufstrich kein geeigneter Vitamin- und Mineralstofflieferant ist. Jedoch sind nicht alle Fälle der Anpreisung von Nahrungsmitteln als reich an Vitaminen oder Spurenelementen so offensichtlich wie die hier angesprochenen. Die meisten Mangelerscheinungen können durch eine ausgewogene Diät verhindert werden, wobei viele Obst- und Gemüsesorten geeignete Mikronährstoffquellen sind. Die Schutzpflicht des Staates kann deshalb eingreifen, wenn von Seiten Dritter die Ernährungsge-

---

[663] Chapman/ Russell, Introduction, in Chapman/ Russell: Core Obligations: Building a Framework for Economic, Social and Cultural Rights, S.10; Koch, The Justiciability of Indivisible Rights, Nordic Journal of International Law 72 (2003), S.16; Eide/ Barth Eide, Art. 25, in Alfredsson/ Eide: The Universal Declaration of Human Rights, a common standard of achievement, S.535.

[664] So auch in den Voluntary Guidelines (I 3 b) (3), S.148), Guideline 9: Food Safety and Consumer Protection, insb. 9.7: Schutz vor Täuschung und Fehlinterpretation durch die Vermarktung von Nahrung) und Guideline 10: Nutrition, nach der der Staat gesunde Ernährungsgewohnheiten fördern und bestärken soll.

wohnheiten der Bevölkerung so beeinflusst werden, daß Mangelerscheinungen zu befürchten sind oder sogar schon auftreten. Maßnahmen, die von Seiten des Staates ergriffen werden müssen, sind Informationen und Schulungen dazu, wie Mangelerkrankungen in Folge von unzureichender Zufuhr von Vitaminen, Mineralien und Spurenelementen verhindert werden können. Weitere Maßnahmen können die Beschränkungen von Dritten durch entsprechende Gesetzgebung sein. In dieser Hinsicht wäre vom deutschen Standpunkt aus z.B. die Beschränkung von Werbung für Fastfood und Fertignahrung eine interessante Option.

(cc) Erfüllungspflichten

Die Erfüllungspflicht weist dem Staat die Rolle des Versorgers zu. Sie ist einschlägig, wenn die Erfüllung der Achtungs- und Schutzverpflichtungen allein nicht mehr ausreichen, um die ausreichende Ernährung der Bevölkerung sicherzustellen. Der Staat ist verpflichtet, aktiv sicherzustellen, daß seine Einwohner Zugang zu Nahrungsressourcen haben und diese auch nutzen können, um ihr Überleben zu sichern.[665] Dazu gehört auch die Versorgung mit Informationen über angebotene Nahrungsmittel, in denen auf Gesundheitsgefahren durch Lebensmittel, aber auch auf Mangelerscheinungen, die bei einem überwiegenden Konsum bestimmter Lebensmittelgruppen auftreten können, hingewiesen wird. Für Personen, die ihr Recht auf Ernährung nicht oder nicht vollständig selbst verwirklichen können, wie Kinder, Insassen von Anstalten, aber auch Asylsuchende oder Flüchtlinge, muß der Staat wenn notwendig als Versorger tätig werden und ihnen die benötigten Nahrungsmittel oder Mittel zum Erwerb von Nahrung zur Verfügung stellen.[666] Diese Verpflichtung kann in ihrer Intensität variieren, abhängig von der tatsächlichen Lage in einem Land, wobei besonderes Augenmerk auf die Versorgung von besonders gefährdeten Gruppen zu legen ist.[667]

Unzureichende Versorgung von Individuen mit Nahrung kann sowohl die Folge von äußeren Umständen (wie Naturkatastrophen, Krieg oder wirtschaftlicher Depression) als auch von personenbezogene Umständen (wie Arbeitslosig-

---

665 General Comment 12: The right to adequate food, para.14; Reimann: Ernährungssicherung im Völkerrecht: der Menschenrechtsansatz und seine Ergänzungsmöglichkeiten angesichts der Welthungerproblematik, S.181ff.

666 General Comment 12 para.14; Eide, The right to adequate food and to be free from hunger, E/CN.4/Sub.2/1999/12, para.52 (d); Eide, The Right to an Adequate Standard of Living including the Right to Food, in Eide/ Krause/ Rosas: Economic, Social and Cultural Rights, S.145.

667 Ausführlich Künnemann, The Right to Adequate Food, in: Chapman/ Russell: Core Obligations: Building a Framework for Economic, Social and Cultural Rights, S.174ff.; Eide, The Right to an Adequate Standard of Living including the Right to Food, in: Eide/Krause/Rosas: Economic, Social and Cultural Rights, S.144f.

keit, Krankheit, Alter) sein. In beiden Fällen muß der Staat Vorsorge treffen, um für die Betroffenen eine ausreichende Ernährung sicherzustellen.[668] Abhängig von der tatsächlichen Situation kann es ausreichen, vorhandenen Zugang zu Nahrung zu verbessern; es kann aber auch notwendig sein, Zugang zu Nahrung überhaupt erst herzustellen. Diese Verpflichtung greift nicht nur ein, wenn einzelne Teile der Bevölkerung betroffen sind, sondern auch, wenn die Bevölkerung eines Landes insgesamt betroffen ist, zum Beispiel durch Natur- oder andere Katastrophen.[669]

Zur Vermeidung von Mangelerkrankungen, die durch unzureichende Aufnahme von Vitaminen, Mineralien und Spurenelemente entstehen, treffen den Staat im Bedarfsfall umfassende Erfüllungspflichten. Als erster Schritt ist ein Programm zu erstellen und umzusetzen, das die Behebung von Mangelerscheinungen und die Vermeidung ihres Auftretens zum Ziel hat. Hierzu gehört auch die Information über Arten der Zubereitung, Lagerung und Konservierung von Nahrung, durch die der Wirkstoffgehalt der Nahrungsmittel möglichst hoch bleibt.[670] Dabei ist Rücksicht auf die lokale Nahrungsmittelproduktion und lokale Ernährungsgewohnheiten zu nehmen, um ein Höchstmaß an Akzeptanz in der Bevölkerung zu erreichen.[671]

In Fällen, in denen bereits Mangelerscheinungen aufgetreten sind, ist die Versorgung mit fehlenden Vitaminen und Spurenelementen auf dem effektivsten Weg zu gewährleisten; dies kann z.B. durch entsprechende pharmazeutische Präparate geschehen.[672] Besonderes Augenmerk ist hierbei auf gefährdete Bevölkerungsgruppen wie Frauen im gebärfähigen Alter, Kleinkinder und Kinder, ältere Leute, Flüchtlinge und Obdachlose zu richten.

Als weitere Maßnahme kommt eine Anreicherung der Böden mit benötigten Spurenelementen durch gezielte Düngung in Betracht, durch die angebaute Pflanzen reicher an Spurenelementen werden.[673]

---

[668] Mechlem, Food Security and the Right to Food in the Discourse of the United Nations, European Law Journal 10 (2004) 5, S.640.

[669] General Comment 12, para.14.; Künnemann, The Right to Adequate Food, in: Chapman/ Russell: Core Obligations: Building a Framework for Economic, Social and Cultural Rights, S.174ff.

[670] FAO: Preventing micronutrient malnutrition: a guide to food-based approaches, Kapitel "Implanting food-based strategies".

[671] FAO: Preventing micronutrient malnutrition: a guide to food-based approaches, Kapitel "Implanting food-based strategies".

[672] FAO: Preventing micronutrient malnutrition: a guide to food-based approaches, Kapitel "Implanting food-based strategies".

[673] FAO: Preventing micronutrient malnutrition: a guide to food-based approaches, Kapitel "Implanting food-based strategies".

Um eine Anreicherung der Grundnahrungsmittel mit den notwendigen Mikronährstoffen zu erreichen, ist der Staat auf die Kooperation des privaten Sektors, namentlich der Produzenten von Grundnahrungsmitteln wie Weizenmehl, Zucker, Pflanzenöl und Salz, die als Träger von Mikronährstoffen geeignet sind,[674] angewiesen. Wünschenswert sind Anstöße des Staates für Nahrungsproduzenten, die Anreicherung ihrer Produkte vorzunehmen. Dies kann durch die Bereitstellung der technischen Voraussetzungen, finanzielle Hilfe, aber auch Informationskampagnen für die Bevölkerung, durch die diese auf die Vorteile des Verzehrs von angereicherter Nahrung aufmerksam gemacht wird, geschehen.

Abgesehen von der „klassischen" Erfüllungsverpflichtung, die den Staat als Versorger sieht, verpflichtet die Erfüllungsebene den Staat auch, Rahmenbedingungen zu schaffen, die es so vielen Individuen wie möglich erlauben, ihre Versorgung mit Nahrung selbst sicherzustellen.[675] Zu der Schaffung dieser Rahmenbedingungen gehören Maßnahmen wie die Korrektur von Gesetzen, die die Verwirklichung des Rechts auf Ernährung behindern, der Erlaß von notwendigen neuen Gesetzen sowie die Entwicklung einer nationalen Strategie zur Umsetzung des Rechts auf Ernährung.[676] Konkret können dies zum Beispiel die Gewährung von Kleinkrediten für Produzenten von Nahrung oder technische Hilfe zur Steigerung der Produktivität sein.[677]

(dd) Die Freiwilligen Leitlinien zur Unterstützung der progressiven Umsetzung des Rechts auf ausreichende Ernährung

Zu der Schaffung des *enabling frameworks*[678] gehört die Ausarbeitung eines Aktionsplans zur Umsetzung des Rechts auf Ernährung.[679] Dabei können sich die Staaten an den „Freiwilligen Leitlinien zur Unterstützung der progressiven

---

674 BASF: An investment in the future: The fortification of staple foods, S.9.

675 Eide, The Right to an Adequate Standard of Living including the Right to Food, in Eide/ Krause/ Rosas: Economic, Social and Cultural Rights, S.145f.; Mechlem, Food Security and the Right to Food in the Discourse of the United Nations, European Law Journal 10 (2004) 5, S.640.

676 Mechlem, Food Security and the Right to Food in the Discourse of the United Nations, European Law Journal 10 (2004) 5, S.639f.

677 Mit weiteren Beispielen Eide, The Right to an Adequate Standard of Living including the Right to Food, in Eide/ Krause/ Rosas: Economic, Social and Cultural Rights, S.144f.

678 So der englische Ausdruck, der nicht ohne Bedeutungsverlust in die deutsche Sprache zu übersetzen ist.

679 Ausführlich dazu Coomans/ Yakpo, A framework law on the right to food – An international and South African perspective, African Human Rights Journal 4 (2004), S.17ff.

Umsetzung des Rechts auf ausreichende Ernährung im Kontext nationaler Ernährungssicherheit"[680] orientieren:

Die „Freiwilligen Leitlinien" sind unverbindliche Richtlinien, die den Staaten als Vorgaben für eine effektive Verwirklichung des Menschenrechts auf Ernährung dienen. Ziel ist die Implementierung des Rechts auf Ernährung auf nationaler und internationaler Ebene, um die Ziele des *World Food Summit* zu erreichen und so die Nahrungssicherheit weltweit zu verbessern.[681] Sie stellen das erste menschenrechtsbasierte Instrumentarium dar, durch das Nahrungssicherheit international garantiert werden soll.[682]

Die „Freiwilligen Leitlinien" wurden am 24.11.2004 während der 127. Sitzung des Rats der FAO verabschiedet.[683] Vorangegangen waren zweijährige Vorbereitungsarbeiten und Verhandlungen im Rahmen einer zwischenstaatlichen Arbeitsgruppe unter dem Dach des Rats der FAO.[684] Schon während der Vorbereitungen wurde kritisiert, daß die Leitlinien nicht detailliert genug seien, zu schwache Formulierungen benutzten und wesentliche Faktoren bei der Um-

---

680 www.fao.org/righttofood.

681 Jonsén/ Söllner: The »Breakthrough« of the Right to Food": The Meaning of General Comment No. 12 and the Voluntary Guidelines for the Interpretation of the Human Right to Food, in Max Planck Yearbook of United Nations Law Bd. 11 (2007), S. 408ff.; Nouri-Naeini, The Right to Food and the Voluntary Guidelines in Perspective, in Borghi/ Blommestein: The Right to Adequate Food and Access to Justice, S.293ff.

682 Jonsén/ Söllner: The »Breakthrough« of the Right to Food": The Meaning of General Comment No. 12 and the Voluntary Guidelines for the Interpretation of the Human Right to Food, in Max Planck Yearbook of United Nations Law Bd. 11 (2007), S. 391ff.

683 Näher dazu Germann/ Rathen/ Windfuhr, Policies against hunger IV: Implementing the Voluntary Guidelines, S. 15.

684 Intergovernmental Working Group, eingerichtet durch den FAO Council. Siehe dazu auch die Berichte der *Intergovernmental Working Group For the Elaboration of a Set of Voluntary Guidelines to Support the Progressive Realisation of the Right to Adequate Food in the Context of National Food Security*, 1. Sitzung (Rom, 21. – 26. März 2003); 2. Sitzung (Rom, 27. – 29. Oktober 2003); 3. Sitzung (Rom, 5. – 9. Juli 2004); 4. Sitzung (Rom, 23. September 2004). Ausführlich auch Lopez, Voluntary Guidelines on the right to food. Overview of the process and outcome, SNCNews 30 (2005), S.10ff.; Söllner, Die Freiwilligen Leitlinien zum Recht auf Ernährung: Bekenntnis zum Menschenrechtsansatz, entwicklung & ländlicher Raum 1/ 2006, S.11ff.; Windfuhr, Das Recht auf Ernährung: Ein neues Rechtsinstrument verabschiedet, entwicklung & ländlicher Raum 1/ 2006, S.4ff.; International Working Group for the Elaboration of a Set of Voluntary Guidelines to Support the Progressive Realization of the Right to Adequate Food in the Context of National Food Security: Information Paper: Implications of the Voluntary Guidelines for Parties and Non-Parties to the ICESCR, IGWG RTFG INF/1, http://www.fao.org/DOCREP/MEETING/007/J1632E.HTM.

setzung nicht berücksichtigten.[685] Auch konnte sich die Forderung nach einem Verhaltenskodex zum Recht auf Ernährung, der sich (ebenfalls in rechtlich nicht verbindlicher Form) auch an private Akteure wie transnationale Konzerne gewendet hätte, nicht durchsetzen.[686] Letztendlich sind die „Freiwilligen Leitlinien" wie viele internationale Dokumente ein Kompromiß.

Sie enthalten detaillierte Vorgaben für Maßnahmen, die zur Verbesserung der Nahrungssituation weltweit führen sollen.[687] Ein Maßnahmenkatalog ist ebenso enthalten wie eine Zusage der reichen Staaten, sich mit 0,7% ihres Bruttosozialprodukts in der Entwicklungshilfe zu engagieren.[688] Leitlinie 4 „Market Systems" enthält Vorschläge zum Aufbau eines nationalen Marktes, der dem Recht auf Ernährung gerecht wird, und der dem Staat hilft, seiner Schutzverpflichtung gerecht zu werden. Leitlinie 3 „*Strategies*", Leitlinie 5 „*Institutions*" mit Vorschlägen zur Reform von staatlichen Einrichtungen und Leitlinie 7 „*Legal Framework*" enthalten eine genaue Beschreibung der Elemente einer nationalen Strategie zur Umsetzung des Rechts auf Ernährung.[689] Leitlinie 8 „*Access*", die sich mit dem Zugang zu Nahrung beschäftigt, behandelt auch das Problem der Diskriminierung eingehend. Leitlinie 14 „*Safety Nets*" schließlich fordert die Staaten auf, ein Sicherheitsnetz für diejenigen zu schaffen, die ihr Recht auf Ernährung nicht selbst verwirklichen können, und gibt damit eine Anleitung zur Erfüllung der Kernverpflichtung.[690]

Aufgrund ihres nicht rechtsverbindlichen Charakters begründen die „Freiwilligen Leitlinien" keine rechtlichen Verpflichtungen.[691] Sie enthalten aber zu-

---

[685] *Intergovernmental Working Group For the Elaboration of a Set of Voluntary Guidelines to Support the Progressive Realisation of the Right to Adequate Food in the Context of National Food Security*, 2. Sitzung (Rom, 27. – 29. Oktober 2003).

[686] Windfuhr, Das Recht auf Ernährung: Ein neues Rechtsinstrument verabschiedet, entwicklung & ländlicher Raum 1/ 2006, S.5.

[687] Ein kurzer Überblick findet sich bei Vidar, Access to Justice in the Voluntary Guidelines on the Progressive Realization of the Right to Adequate Food, in Borghi/ Blommestein: The Right to Adequate Food and Access to Justice, S.299ff.

[688] Einen Überblick über die Struktur der „Freiwilligen Leitlinien" geben Jonsén/ Söllner: The Legal Content of the Right to Adequate Food, S.19ff.

[689] Cohen, Implementing the Voluntary Guidelines: challenges and options, entwicklung & ländlicher Raum 1/ 2006, S.22; Windfuhr, Das Recht auf Ernährung: Ein neues Rechtsinstrument verabschiedet, entwicklung & ländlicher Raum 1/ 2006, S.6f.

[690] Die *Guidelines* befinden sich in Teil 2 der *Voluntary Guidelines*: *Enabling Environment, Assistance and Accountability.*

[691] *Intergovernmental Working Group For the Elaboration of a Set of Voluntary Guidelines to Support the Progressive Realisation of the Right to Adequate Food in the Context of National Food Security*, 3. Sitzung (Rom, 5. – 9. Juli 2004); Jonsén/ Söllner: The Legal Content of the Right to Adequate Food, S.24; International Working Group for the Elaboration of a Set of Voluntary Guidelines to Support the Progressive Realization of the Right to Adequate Food

mindest für die Mitgliedstaaten des Sozialpakts eine Reihe von politischen Maßnahmen und Vorgaben zum Recht auf Ernährung aus Art. 11 IPWSKR, das seinerseits rechtlich verbindlich ist.[692] Optimisten sehen die „Freiwilligen Leitlinien" nicht als reines *Soft Law*[693], da sie zwar teilweise unverbindlich seien, andere Teile sich aber in verschiedenen Stadien von Verbindlichkeit befänden.[694] Deswegen werden sie auch mit dem Ausdruck „Zebra Law" bezeichnet.[695]

Die „Freiwilligen Leitlinien" können somit als Werkzeug dienen, um andere menschenrechtliche Verträge zu interpretieren.[696] Sie sind außerdem eine politische Absichtserklärung und Teil des politischen Instrumentariums, wenn es um die Verwirklichung des Rechts auf Ernährung geht.[697] Ob sie eines Tages den Schritt vom *Soft Law* zum Völkergewohnheitsrecht machen, ist zum jetzigen Zeitpunkt noch nicht abzusehen.

(3) Verpflichtung zur Nicht-Diskriminierung

Diskriminierung meint ein Verhalten, das Individuen Gleichbehandlung mit anderen Individuen verwehrt, weil sie einer bestimmten Bevölkerungsgruppe gehören.[698] Ein solches Verhalten liegt vor, wenn Menschen aufgrund ihres Geschlechts, ihrer Rasse, ihrer Religion etc. der Zugang zu Nahrung verweigert

---

in the Context of National Food Security: Information Paper: Implications of the Voluntary Guidelines for Parties and Non-Parties to the ICESCR, IGWG RTFG INF/1, http://www.fao.org/DOCREP/MEETING/007/J1632E.HTM.

692 Von Brandt, Die komplexen Verhandlungen zum Menschenrecht auf Ernährung – „Die Geburt eines Zebras", entwicklung & ländlicher Raum 1/ 2006, S.8ff.; Windfuhr, Das Recht auf Ernährung: Ein neues Rechtsinstrument verabschiedet, entwicklung & ländlicher Raum 1/ 2006, S.5.

693 Dazu Riedel, Theorie der Menschenrechtsstandards, S.154f.; Ipsen, Völkerrecht, S.250f., Rn.20ff.; Verdross/ Simma, Universelles Völkerrecht, S.419ff., paras.654ff., Riedel, Standards and Sources. Farewell to the Exclusivity of the Sources Triad in International Law?, European Journal of International Law Bd.2 (1991), S.58ff.

694 Jonsén/ Söllner: The Legal Content of the Right to Adequate Food, S.19.

695 So zum Beispiel von Brandt, Die komplexen Verhandlungen zum Menschenrecht auf Ernährung – „Die Geburt eines Zebras", entwicklung & ländlicher Raum 1/ 2006, S.8ff; Jonsén/ Söllner: The Legal Content of the Right to Adequate Food, S.19; Von Brandt, Die komplexen Verhandlungen zum Menschenrecht auf Ernährung – „Die Geburt eines Zebras", entwicklung & ländlicher Raum 1/ 2006, S.8ff.

696 Jonsén/ Söllner: The Legal Content of the Right to Adequate Food, S.25.

697 Germann/ Rathen/ Windfuhr, Policies against hunger IV: Implementing the Voluntary Guidelines, S. 17; Jonsén/ Söllner: The Legal Content of the Right to Adequate Food, S.25.

698 Generalsekretär der Vereinten Nationen: The main types and causes of discrimination, United Nations Publication, Sales No.49.XIV.3.

oder erschwert wird.[699] Das Recht auf ausreichende Ernährung muß diskriminierungsfrei verwirklicht werden. Grundlegende Diskriminierungen beim Zugang zu Nahrung sind schon als Teil der Kernverpflichtung zu beseitigen. Diskriminierungen können aber darüber hinausgehen und erfordern in einer Vielzahl von Fällen ein schrittweises Vorgehen des Staates.

Im Rahmen der Achtungsverpflichtung muß der Staat rechtliche Hindernisse für den Zugang zu Nahrung für Individuen und Gruppen beseitigen.[700] Dazu gehören Vorschriften, nach denen Individuen aufgrund ihres Status oder Geschlechts der volle oder gleiche Zugang zu ökonomischen und technischen Ressourcen verweigert wird, wie das Recht zu erben oder Land zu besitzen, der Erwerb von Wissen und Technologie sowie die Möglichkeit, durch Arbeit den Lebensunterhalt und damit die Ernährung zu sichern.[701] Was sich wie eine Selbstverständlichkeit anhört, findet in vielen Ländern der Erde noch keine Beachtung. Besonders betroffen sind Frauen, die oftmals kein Land erwerben, erben und besitzen können.[702] Ein anderes Beispiel waren die Regelungen in Südafrika während des Apartheid-Regimes.[703] Die Auswirkungen von Verletzungen dieser Verpflichtung sind auch überall dort sichtbar, wo Staaten das Recht eingeborener Völker, das Land auf traditionelle Weise zu nutzen, nicht respektierten.[704] Auch wenn das Recht auf ausreichende Ernährung nicht mit einem Recht auf Land als solchem gleichzusetzen ist, darf die Bedeutung der Möglichkeit, Nahrung selbst zu produzieren, insbesondere in Ländern, in denen gerade in den ländlichen Gegenden viele Menschen Selbstversorger sind, nicht unterschätzt werden.

In General Comment 16, der sich mit dem gleichen Recht von Männern und Frauen beschäftigt, wsk Rechte zu genießen, spricht der Ausschuß das Recht

---

[699] Eide, The Right to Food: From Vision to Substance, in: Borghi/ Blommestein: For an Effective ight to Adequate Food, S.41f.; Golay, The Right to Food and Access to Justice, in Borghi/ Blommestein: The Right to Adequate Food and Access to Justice, S.127f.

[700] General Comment 12, para.19.

[701] General Comment 12, para.26.

[702] Siehe z.B. für Uganda http://www.womensenews.org/article.cfm/dyn/aid/635/; allgemein LE MONDE diplomatique: Atlas der Globalisierung (Kapitel „Frauen und ihre Rechte"), S.76f.

[703] Dazu Eide, The Right to Food: From Vision to Substance, in Borghi/ Blommestein: For an effective Right to adequate Food, S.36.

[704] Eide, The Right to an Adequate Standard of Living including the Right to Food, in Eide/Krause/Rosas: Economic, Social and Cultural, S.142f.; Eide, The Right to Food: From Vision to Substance, in Borghi/ Blommestein: For an Effective Right to Adequate Food, S.37; sowie ausführlich Reimann: Ernährungssicherung im Völkerrecht: der Menschenrechtsansatz und seine Ergänzungsmöglichkeiten angesichts der Welthungerproblematik, S.175ff.

auf Ernährung an: Die Staaten müssen unter anderem dafür sorgen, daß Frauen Zugang zu und Kontrolle über Mittel zur Nahrungsmittelproduktion haben.[705]

Überlegungen zu Diskriminierungen auf der Ebene der Schutzverpflichtung spiegeln die Gedanken wider, die schon auf der Achtungsebene relevant geworden sind. Der Staat muß Diskriminierungen durch Dritte verhindern, durch die das Recht auf Ernährung behindert wird. So muß die Weitergabe von Ressourcen und Technologien diskriminierungsfrei erfolgen.

Bei der Wahrnehmung seiner Pflichten auf der Erfüllungsebene wird der Staat auch als Versorger tätig. Auch dies muß in diskriminierungsfreier Weise geschehen. Die Versorgung darf nicht Individuen benachteiligen, weil ihnen ein geringerer Status zugemessen wird. Das kann vor allem für Frauen, Kinder und benachteiligte Bevölkerungsgruppen relevant werden. Auch muß er sich aktiv darum bemühen, Sitten und Gebräuche, die einer angemessenen Ernährung aller Bevölkerungsgruppen entgegenstehen, zu ändern.[706] Beispiele hierfür sind Gebräuche, nach denen Frauen erst essen dürfen, nachdem die Männer satt sind, oder nach denen ihnen nur weniger nahrhaftes Essen zusteht.[707]

d) Das Recht auf ausreichende Ernährung im Staatenberichtsverfahren

Im Folgenden soll die Behandlung des Rechts auf ausreichende Ernährung im Rahmen des Staatenberichtsverfahrens untersucht werden. Der Fokus wird dabei auf der Darstellung des Rechts auf ausreichende Ernährung in den Staatenberichten sowie auf der Reaktion des Ausschusses und der Umsetzung der erarbeiteten Erkenntnisse im Staatenberichtsverfahren liegen. Nur dort kann sich zeigen, ob die Erkenntnisse, die der Ausschuß bezüglich des normativen Gehalts des Rechts auf ausreichende Ernährung und den aus ihm erwachsenden Verpflichtungen gewonnen hat, auch den Staaten zu vermitteln sind; ob die Erkenntnisse des Ausschusses also bei der Verwirklichung des Rechts helfen können.

(1) Aufbau der Staatenberichte zum Recht auf ausreichende Ernährung nach den Reporting Guidelines

Grundlage des Staatenberichts sollen die *Reporting Guidelines* sein. Für das Recht auf ausreichende Ernährung fordert der Ausschuß die Staaten auf, folgende Informationen zu geben:[708]

---

705 General Comment 16, para.28.

706 General Comment 16, para.28.

707 General Comment 16, para.28.

708 *Revised general guidelines regarding the form and contents of reports to be submitted by states parties under articles 16 and 17 of the International Covenant on Economic, Social and*

Einleitend soll ein Überblick über die Realisierung des Rechts im jeweiligen Land unter Angabe der Informationsquellen, darunter auch Studien über den Ernährungszustand und andere Überwachungsmaßnahmen, gegeben werden. Dazu gehören detaillierte Informationen (inklusive Statistiken, die nach den verschiedenen geographischen Gegenden aufgeteilt sind) über das Auftreten von Hunger und/oder Mangelernährung. Besondere Beachtung sollen dabei gefährdete oder benachteiligte Gruppen erfahren, wie landlose und marginalisierte Bauern, Landarbeiter, Arbeitslose auf dem Land und in der Stadt, Arme, Wanderarbeiter, indigene Volksgruppen, Kinder, ältere Menschen und andere besonders gefährdete Gruppen. Auch soll auf signifikante Unterschiede in der Situation von Männern und Frauen in den genannten Gruppen hingewiesen werden. Weiter von Bedeutung sind die Veränderungen in diesen Gruppen innerhalb der letzten fünf Jahre sowie Änderungen in der nationalen Politik, Gesetzgebung oder Praxis, die negative Auswirkungen hatten. Außerdem sollen die Staaten angeben, welche Maßnahmen ihre Regierung für notwendig erachtet, um den Zugang zu ausreichender Nahrung für jede der genannten Gruppen und topographisch benachteiligte Regionen des Mitgliedstaates zu garantieren.[709]

Weiterhin sind die Maßnahmen anzugeben, die ergriffen wurden, um das Recht auf Ernährung für Männer und Frauen vollständig zu verwirklichen, sowie die gesetzten Ziele und *benchmarks*, um den erreichten Erfolg zu messen. Maßnahmen zur verbesserten Produktion, Konservierung und Verteilung von Nahrung durch die Nutzung von technischem und wissenschaftlichem Wissen, durch die die Verwirklichung des Rechts auf Ernährung gefördert wurden, sollen benannt werden, mit besonderem Fokus auf ökologischer Nachhaltigkeit und dem Schutz und der Erhaltung der Ressourcen, die zur Nahrungsmittelproduktion notwendig sind.[710]

Schließlich soll gezeigt werden, welche Maßnahmen ergriffen werden, um Wissen über richtige Ernährung zu verbreiten, sowie spezifiziert werden, ob es Bevölkerungsgruppen gibt, denen dieses Wissen zu fehlen scheint. Reformprojekte, durch die sichergestellt werden soll, daß das Agrarsystem effektiv genutzt wird, um Nahrungssicherheit für die einzelnen Haushalte zu sichern ohne die Menschenwürde zu beeinträchtigen, sollen beschrieben werden. Insbesondere

---

Cultural Rights, E/C.12/1991/1, 17. Juni 1991; zuletzt zusammengestellt in *Compilation of guidelines on the form and content of reports to be submitted by State Parties to the International Human Rights Treaties*, HRI/GEN/2/Rev.3, 8. Mai 2006, S.15f., para.43.

[709] Compilation of guidelines on the form and content of reports to be submitted by State Parties to the International Human Rights Treaties, HRI/GEN/2/Rev.3, 8. Mai 2006, S.15f., para.43.

[710] Compilation of guidelines on the form and content of reports to be submitted by State Parties to the International Human Rights Treaties, HRI/GEN/2/Rev.3, 8. Mai 2006, S.15f., para.43.

sollen legislative Maßnahmen und ihre Durchsetzung und Überwachung aufgezeigt werden. Abschließend sollen Regierungsmaßnahmen zur Sicherstellung der gleichmäßigen Verteilung der Nahrungsvorräte in Relation zum Bedarf mit Berücksichtigung der Probleme von sowohl nahrungsimportierenden als auch exportierenden Ländern beschrieben werden.[711]

Für alle Rechte des Art. 11 IPWSKR wird um Informationen über Probleme sowie der Rolle von Internationaler Hilfe bei der Verwirklichung der Rechte gebeten.[712]

(2) Staatenberichte, „List of Issues“ und „Concluding Observations“

In den *Reporting Guidelines* werden sehr detaillierte Informationen gefordert. Vergleicht man die Anzahl der Fragen mit den Informationen, die die Staaten zu Art. 11 IPWSKR geben, und mit den Kommentaren des Ausschusses im Rahmen seiner *Concluding Observations*, so stößt man auf ein Mißverhältnis zwischen den Informationen, die der Ausschuß benötigt, um die Erfüllung der Verpflichtungen aus dem Recht auf ausreichende Ernährung durch die Mitgliedstaaten beurteilen zu können, und den Informationen, die die Staaten bereit sind zu geben.[713] Diese Diskrepanz setzt sich in den *Concluding Observations* des Ausschusses fort, in denen nur sehr knapp auf Probleme und Unzulänglichkeiten der Staatenberichte eingegangen wird.

Themen, die der Ausschuß regelmäßig anspricht, sind Hunger und Mangelernährung, insbesondere bei gefährdeten Bevölkerungsgruppen.[714] Da das Recht

---

[711] Compilation of guidelines on the form and content of reports to be submitted by State Parties to the International Human Rights Treaties, HRI/GEN/2/Rev.3, 8. Mai 2006, S.15f., para.43.

[712] Compilation of guidelines on the form and content of reports to be submitted by State Parties to the International Human Rights Treaties, HRI/GEN/2/Rev.3, 8. Mai 2006, S.19, paras.45, 46.

[713] Kritisiert wurde der Mangel an Daten z.B. bei Armenien, Report on the twentieth and twenty-first sessions (26 April-14 May 1999, 15 November-3 December 1999), E/C.12/1999/11, para.303; Jordanien, Report on the twenty-second, twenty-third and twenty-fourth sessions (25 April-12 May 2000, 14 August-1 September 2000, 13 November-1 December 2000), E/C.12/2000/21, para.255, Republik Korea, Report on the twenty-fifth, twenty-sixth and twenty-seventh sessions (23 April-11 May 2001, 13-31 August 2001, 12-30 November 2001), E/C.12/2001/17, para.255; Syrien, Report on the twenty-fifth, twenty-sixth and twenty-seventh sessions (23 April-11 May 2001, 13-31 August 2001, 12-30 November 2001), E/C.12/2001/17, para.393; Marokko, Summary record of the 71st meeting: Morocco, E/C.12/2000/SR.71, 28. November 2000, para.66.

[714] Zum Beispiel Gambia, Report on the tenth and eleventh sessions (2 – 20 May 1994, 21 November – 9 December 1994), E/C.12/1994/20, para.201; Mali, Report on the tenth and eleventh sessions (2 – 20 May 1994, 21 November – 9 December 1994), E/C.12/1994/20, para.349; Surinam, Report on the twelfth and thirteenth sessions (1 – 19 May 1995, 20 No-

auf Ernährung eng mit anderen ökonomischen und sozialen Faktoren verbunden ist, kommen unter der Überschrift des Art. 11 (1) IPWSKR auch weitere Themen zur Sprache, wie ein Absinken des Lohnniveaus in Verbindung mit steigenden Preisen, Umweltzerstörung und die Gefährdung des Lebensraums von indigenen Bevölkerungsgruppen.[715] Die internationale politische Relevanz des Themas zeigt sich am Beispiel des Iraks, in dessen Bericht die Auswirkungen des Wirtschaftsembargos in den neunziger Jahren in der Folge des zweiten Golfkrieges auf die Ernährungssituation der Bevölkerung thematisiert wurden.[716] Auch die Nahrungsknappheit in den von Israel besetzten palästinensischen Gebiete und die Folgen von ausbrechender Gewalt im Kongo und im Sudan, die zur Flucht der Bevölkerung und in der Folge gravierenden Problemen

---

vember – 8 December 1995), E/C.12/1995/18, para.168; Russische Föderation, Report on the sixteenth and seventeenth sessions (28 April – 16 May 1997, 17 November – 5 December 1997), E/1998/22, 20.Juni 1998, para.100; Aserbaidschan, Report on the sixteenth and seventeenth sessions (28 April – 16 May 1997, 17 November – 5 December 1997), E/1998/22, 20.Juni 1998, para.354; Sri Lanka, Report on the eighteenth and nineteenth sessions (27 April – 15 May 1998, 16 November – 4 December 1998), E/1992/22, 31. Mai 1999, para.71, bei dem der Ausschuß zusätzlich das Problem anspricht, daß Hilfe nicht diejenigen erreicht, für die sie bestimmt ist; Nigeria, Report on the eighteenth and nineteenth sessions (27 April – 15 May 1998, 16 November – 4 December 1998), E/1992/22, 31. Mai 1999, para.120; Kanada, Report on the eighteenth and nineteenth sessions (27 April – 15 May 1998, 16 November – 4 December 1998), E/1992/22, 31. Mai 1999, para.389; Mongolei, Report on the twenty-second, twenty-third and twenty-fourth sessions (25 April-12 May 2000, 14 August-1 September 2000, 13 November-1 December 2000), E/C.12/2000/21, para.272; Trinidad und Tobago, Report on the twenty-fifth, twenty-sixth and twenty-seventh sessions (23 April-11 May 2001, 13-31 August 2001, 12-30 November 2001), E/C.12/2001/17, para.247, Georgien, Report on the twenty-fifth, twenty-sixth and twenty-seventh sessions (23 April-11 May 2001, 13-31 August 2001, 12-30 November 2001), E/C.12/2001/17, para. para.430. Nachfragen richteten sich zum Beispiel an Spanien, den Jemen und Griechenland, Summary record of the 5th meeting: Spain, E/C.12/1996/SR.5, 28.Mai 1996, para.11 und List of Issues:Yemen, E/C.12/Q /YEM/1, 05. Juni 2002, para.25; List of issues: Greece, E/C.12/Q/GRC/1, 14.Januar 2003, para.22.

[715] So in den Bemerkungen zu dem Bericht von Weißrußland, Report on the fourteenth and fifteenth sessions, 30 April – 17 May 1996, 18 November – 6 December 1996), E/C.12/1996/6, para.277; Russische Föderation, Report on the sixteenth and seventeenth sessions (28 April – 16 May 1997, 17 November – 5 December 1997), E/1998/22, 20.Juni 1998, paras.100, 109, 124; St. Vincent und die Grenadinen, Report on the sixteenth and seventeenth sessions (28 April – 16 May 1997, 17 November – 5 December 1997), E/1998/22, 20.Juni 1998, para.432; Kamerun, Report on the twentieth and twenty-first sessions (26 April-14 May 1999, 15 November-3 December 1999), E/C.12/1999/11, paras.337, 353; Georgien, Summary Record of the 4th meeting : Georgia, E/C.12/2000/SR.4, 03. Mai 2000, para.30.

[716] Irak, Report on the sixteenth and seventeenth sessions (28 April – 16 May 1997, 17 November – 5 December 1997), E/1998/22, 20.Juni 1998, paras.266, 281 und Third periodic report: Iraq, E/1994/104/Add.9, 6.März 1996, paras.7, 8, 9, 91ff.

bei der Nahrungssicherheit führten,[717] verdeutlichen Relevanz und Aktualität von Ernährungsfragen.

Als gefährdete Bevölkerungsgruppen, die besonders unter Hunger und Mangelernährung leiden, werden Frauen, Kindern und Obdachlose benannt.[718] In diesen Zusammenhang gehört auch das Problem der Kindersterblichkeit aufgrund unzureichender Nahrung sowie der erhöhten Anfälligkeit für Infektionskrankheiten wie Masern oder Typhus.[719] Es ergehen zumeist ausdrückliche Auf-

---

[717] Israel, Report on the eighteenth and nineteenth sessions (27 April – 15 May 1998, 16 November – 4 December 1998), E/1992/22, 31. Mai 1999, para.244 und Report on the twenty-fifth, twenty-sixth and twenty-seventh sessions (23 April-11 May 2001, 13-31 August 2001, 12-30 November 2001), E/C.12/2001/17, para.704; Kongo, Report on the twenty-second, twenty-third and twenty-fourth sessions (25 April-12 May 2000, 14 August-1 September 2000, 13 November-1 December 2000), E/C.12/2000/21, para.205; Sudan, Report on the twenty-second, twenty-third and twenty-fourth sessions (25 April-12 May 2000, 14 August-1 September 2000, 13 November-1 December 2000), E/C.12/2000/21, para.312.

[718] Zum Beispiel Gambia, Report on the tenth and eleventh sessions (2 – 20 May 1994, 21 November – 9 December 1994), E/C.12/1994/20, para.201; Mali, Report on the tenth and eleventh sessions (2 – 20 May 1994, 21 November – 9 December 1994), E/C.12/1994/20, para.349; Surinam, Report on the twelfth and thirteenth sessions (1 – 19 May 1995, 20 November – 8 December 1995), E/C.12/1995/18, para.168; Russische Föderation, Report on the sixteenth and seventeenth sessions (28 April – 16 May 1997, 17 November – 5 December 1997), E/1998/22, 20.Juni 1998, para.100; Aserbaidschan, Report on the sixteenth and seventeenth sessions (28 April – 16 May 1997, 17 November – 5 December 1997), E/1998/22, 20.Juni 1998, para.354; Sri Lanka, Report on the eighteenth and nineteenth sessions (27 April – 15 May 1998, 16 November – 4 December 1998), E/1992/22, 31. Mai 1999, para.71, bei dem der Ausschuß zusätzlich das Problem anspricht, daß Hilfe nicht diejenigen erreicht, für die sie bestimmt ist; Nigeria, Report on the eighteenth and nineteenth sessions (27 April – 15 May 1998, 16 November – 4 December 1998), E/1992/22, 31. Mai 1999, para.120; Kanada, Report on the eighteenth and nineteenth sessions (27 April – 15 May 1998, 16 November – 4 December 1998), E/1992/22, 31. Mai 1999, para.389; Mongolei, Report on the twenty-second, twenty-third and twenty-fourth sessions (25 April-12 May 2000, 14 August-1 September 2000, 13 November-1 December 2000), E/C.12/2000/21, para.272; Trinidad und Tobago, Report on the twenty-fifth, twenty-sixth and twenty-seventh sessions (23 April-11 May 2001, 13-31 August 2001, 12-30 November 2001), E/C.12/2001/17, para.247, Georgien, Report on the twenty-fifth, twenty-sixth and twenty-seventh sessions (23 April-11 May 2001, 13-31 August 2001, 12-30 November 2001), E/C.12/2001/17, para. para.430. Nachfragen richteten sich zum Beispiel an Spanien, den Jemen und Griechenland, Summary record of the 5th meeting: Spain, E/C.12/1996/SR.5, 28.Mai 1996, para.11 und List of Issues:Yemen, E/C.12/Q/YEM/1, 05. Juni 2002, para.25; List of issues: Greece, E/C.12/Q/GRC/1, 14.Januar 2003, para.22.

[719] El Salvador, Report on the fourteenth and fifteenth sessions, 30 April – 17 May 1996, 18 November – 6 December 1996), E/C.12/1996/6, para.158; Irak, Third periodic report: Iraq, E/1994/104/Add.9, 06.März 1996, para.9.

forderungen an die Regierung, die Nahrungsversorgung der Bevölkerung zu sichern.[720]

Über den Abbau von Subventionen im Bereich der Grundnahrungsmittel zeigt sich der Ausschuß regelmäßig tief besorgt, speziell im Zusammenhang mit der Nahrungssicherheit von gefährdeten Gruppen.[721] In diesem Zusammenhang werden auch Agrarreformen in den Mitgliedstaaten diskutiert. Hier führt es zu Kritik, wenn die Reformen zwar mit lobenswerten Intentionen angegangen, doch die Umsetzung weder genügend vorangetrieben noch ausreichend überwacht wird.[722]

Ein aktuelles Thema ist die Belastung der Nahrung mit Schwermetallen, Pestiziden und anderen gesundheitsschädlichen Stoffen. Obwohl dieses Thema in den *Reporting Guidelines* nicht explizit angesprochen wird, hat der Ausschuß mehrfach darauf hingewiesen, daß Staaten verpflichtet sind, Nahrungsmittelproduzenten zu überwachen und zu verhindern, daß gesundheitsschädliche Nahrung erhältlich ist.[723]

Der Ausschuß beschäftigt sich dagegen nicht mit dem Problem des Mikronährstoffmangels. Weder wird in den Reporting Guidelines das Problem von Mangelerscheinungen behandelt, noch gehen die Staaten in ihren Berichten oder der Ausschuß bei der Diskussion dieser Berichte auf dieses Thema ein. Im

---

[720] Sri Lanka, Report on the eighteenth and nineteenth sessions (27 April – 15 May 1998, 16 November – 4 December 1998), E/1992/22, 31. Mai 1999, para.86; Kanada, Report on the eighteenth and nineteenth sessions (27 April – 15 May 1998, 16 November – 4 December 1998), E/1992/22, 31. Mai 1999, para.403, wobei der Rückgang von sozialen Hilfsprogrammen der Regierung gerüft wurde sowie die Zunahme der Lebensmittelhilfe für sozial Schwache („Suppenküchen"), ohne daß damit der bestehende Bedarf gedeckt werden konnte; Mongolei, Report on the twentieth and twenty-first sessions (26 April-14 May 1999, 15 November-3 December 1999), E/C.12/1999/11, para.282. Nachfragen ergingen an die Salomonen, Armenien, Marokko, Summary record of the first part (public of the 37th meeting: Solomon Islands, E/C.12/1999, SR.37, 21.März 2000, paras.19, 28; Summary record of the 39th meeting: Armenia, E/C.12/1999/SR.39, 10.Februar 2000, para.52; Summary record or the second part of the 10th meeting: Morocco, E/C.12/1994/SR.10/Add.1, 13.Mai1994, para.28.

[721] Mauritius, Report on the tenth and eleventh sessions (2 – 20 May 1994, 21 November – 9 December 1994), E/C.12/1994/20, para.178. Positiv angemerkt wird die Subventionierung von Grundnahrungsmittel auf Sri Lanka, Report on the eighteenth and nineteenth sessions (27 April – 15 May 1998, 16 November – 4 December 1998), E/1992/22, 31. Mai 1999, para.68.

[722] So auf den Philippinen, Report on the twelfth and thirteenth sessions (1 – 19 May 1995, 20 November – 8 December 1995), E/C.12/1995/18, para.119.

[723] Russische Föderation, Report on the sixteenth and seventeenth sessions (28 April – 16 May 1997, 17 November – 5 December 1997), E/1998/22, 20.Juni 1998, paras.110, 116; Marokko, Report on the twenty-second, twenty-third and twenty-fourth sessions (25 April-12 May 2000, 14 August-1 September 2000, 13 November-1 December 2000), E/C.12/2000/21, paras541, 565; Nigeria, Summary record of the 8th meeting: Nigeria, E/C.12/1998/SR.8, 04. Mai 1998, para.16.

Hinblick auf Auswirkungen und weltweite Verbreitung des Mikronährstoffmangels verwundert dies. Unter den Begriff der ausreichenden Ernährung fällt auch die Aufnahme von ausreichenden Mikronährstoffen, um das Auftreten von Mangelerscheinungen, insbesondere solchen, die zu chronischen Folgeschäden führen können, zu verhindern.

(3) Die Problematik der Staatenberichte und „Concluding Observations" anhand zweier Beispiele

Anhand von zwei konkreten Beispielen sollen im folgenden die Probleme der Staatenberichterstattung und der *Concluding Observations* aufgezeigt werden.

(aa) Der zweite Staatenbericht des Vereinigten Königreichs von Großbritannien und Nordirland (Überseeinseln)

Als Beispiel für die Berichterstattung über das Recht auf ausreichende Ernährung soll der zweite Staatenbericht des Vereinigten Königreichs dienen, in dem es unter anderem um die Verwirklichung des Art. 11 (1) IPWSKR in den Überseegebieten geht.[724] Der Staatenbericht behandelt das Recht auf Ernährung in zehn verschiedenen Gebieten, jeweils vom Standpunkt der Regierung des Vereinigten Königreichs aus, weswegen er sich für eine Analyse besonders anbietet.

Die Ausführungen zum Recht auf Ernährung sind sehr knapp gehalten. Sie schwanken zwischen einem[725] und acht Paragraphen[726]. Im Durchschnitt machen die Ausführungen zum Recht auf ausreichende Ernährung ein Zehntel des Abschnitts zum jeweiligen Überseegebiet und weniger als ein Zehntel des Gesamtberichtes aus. Bedenkt man, daß in dem Bericht die Rechte aus den Art. 10 – 12 IPWSKR thematisiert werden, unterteilt in die Unterabschnitte Schutz der Familie, von Müttern und Kindern und jungen Personen für Art. 10 IPWSKR, in das Recht auf ausreichende Ernährung, Unterkunft und Bekleidung für Art. 11 IPWSKR sowie in physische und psychische Gesundheit für Art. 12 IPWSKR,[727] und daß das Recht auf Bekleidung nur sehr geringe Ausführungen

---

[724] Vereinigtes Königreich, Second periodic reports, arts. 10 – 12 (Dependent Territories): United Kingdom of Great Britain and Northern Ireland, E/1986/4/Add.27, 24.November 1993.

[725] Für Pitcairn, Vereinigtes Königreich, Second periodic reports, arts. 10 – 12 (Dependent Territories): United Kingdom of Great Britain and Northern Ireland, E/1986/4/Add.27, 24.November 1993, para.382 und Gibraltar, para.255.

[726] Hong Kong, Vereinigtes Königreich, Second periodic reports, arts. 10 – 12 (Dependent Territories): United Kingdom of Great Britain and Northern Ireland, E/1986/4/Add.27, 24.November 1993, paras.81ff.

[727] Die Aufteilung wird dann vorgenommen, wenn die Unterabschnitte für den einzelnen Berichtsabschnitt relevant erscheinen. So wird das Recht auf Bekleidung für die British Virgin

in Anspruch nimmt,[728] so zeigen die aufgeführten Zahlen, daß das Recht auf Ernährung auch im Gesamtverhältnis der Ausführungen vergleichsweise kurz abgehandelt wird.

Für mehrere Überseegebiete wird betont, daß es weder Hunger noch Mangelernährung gebe und weitere Maßnahmen insbesondere legislativer Art zum Schutz des Rechts auf Ernährung deshalb nicht erforderlich seien.[729] Angesprochen werden Maßnahmen zur Verbesserung der Erträge in Fischerei und Landwirtschaft,[730] Forschung mit eben diesem Ziel,[731] die Vermittlung von Wissen über gesunde Ernährung sowie Maßnahmen zur Gewährleistung von Nahrungsmittelsicherheit und Hygiene.[732]

Die Ausführungen des Vereinigten Königreichs nehmen damit nur zu wenigen der in den *Reporting Guidelines* aufgeführten Punkten Stellung. Insbesondere fehlt weitestgehend der Bezug auf gefährdete Bevölkerungsgruppen. Hierzu wird für die Falkland Inseln bemerkt, daß es keine Randgruppen und kaum Arbeitslose gebe.[733] Es fehlen Stellungnahmen zu so wichtigen Fragen wie der Ernährungssituation von Frauen und Kindern oder Obdachlosigkeit. Ebenso fehlt ein Überblick über Änderungen, die während der vergangenen Berichterstattungsperiode stattgefunden haben sowie die Nennung von konkreten Maßnahmen zur Verwirklichung des Rechts auf ausreichende Ernährung. Diese

---

Islands (para.51), die Cayman Inseln (para.88), Montserrat (para.361), Pitcairn (para.383), St.Helena (para.407) und die Turks- und Caicosinseln (para.445) behandelt, nicht jedoch für die Bermudas, die Falkland-Inseln, Gibraltar und Hong Kong.

[728] Siehe dazu Kapitel 3 II 4 c).

[729] British Virgin Inseln, Vereinigtes Königreich, Second periodic reports, arts. 10 – 12 (Dependent Territories): United Kingdom of Great Britain and Northern Ireland, E/1986/4/Add.27, 24.November 1993, para.50; Cayman Inseln, ebd., para.82; Falkland Inseln, ebd., para.197; Gibraltar, ebd., para.255; Montserrat, ebd., paras.356, 360; Pitcairn, ebd., para.382.

[730] Bermudas, Vereinigtes Königreich, Second periodic reports, arts. 10 – 12 (Dependent Territories): United Kingdom of Great Britain and Northern Ireland, E/1986/4/Add.27, 24.November 1993, para.25f.; Hong Kong, ebd., para.295; Montserrat, ebd., para.357; St.Helena, ebd., para.404.

[731] Bermudas, Vereinigtes Königreich, Second periodic reports, arts. 10 – 12 (Dependent Territories): United Kingdom of Great Britain and Northern Ireland, E/1986/4/Add.27, 24.November 1993, para.25f.; Cayman Inseln, ebd., para.83,

[732] Cayman Inseln, Vereinigtes Königreich, Second periodic reports, arts. 10 – 12 (Dependent Territories): United Kingdom of Great Britain and Northern Ireland, E/1986/4/Add.27, 24.November 1993, para.86f.; Montserrat, ebd., para.359; Turks- und Caicos-Inseln, ebd., paras.441ff.

[733] Falkland Inseln, Vereinigtes Königreich, Second periodic reports, arts. 10 – 12 (Dependent Territories): United Kingdom of Great Britain and Northern Ireland, E/1986/4/Add.27, 24.November 1993, para.197.

Auslassungen erklären sich dadurch, daß von Seiten des Mitgliedstaats wenig Handlungs- und damit auch wenig Berichtsbedarf gesehen wurden. Damit wurde jedoch, ohne damit eine konkrete Aussage zur tatsächlichen Situation in den Überseegebieten zu treffen, der Geltungsbereich und Verpflichtungsumfang des Rechts auf ausreichende Ernährung verkannt. Insbesondere die Lage von gefährdeten Bevölkerungsgruppen, darunter zum Beispiel auf den Falklandinseln die „wenigen Arbeitslosen", hätte näher beleuchtet werden müssen. Auch stellt sich in Staaten, in denen die Ernährung der Bevölkerung als gesichert angesehen werden kann, die Frage nach dem Auftreten von sogenannten Zivilisationskrankheiten wie Diabetes Typ II, Adipositas oder Mikronährstoffmangel, die durch falsche Ernährungsgewohnheiten hervorgerufen werden.

Abschließend läßt sich festhalten, daß der Staatenbericht die menschenrechtliche Bedeutung des Rechts auf ausreichende Ernährung nur ansatzweise berücksichtigt.

(bb) Der vierte Staatenbericht der Bundesrepublik Deutschland

Als Beispiel für Kommentare des Ausschusses zu der Berichterstattung der Mitgliedstaaten zum Recht auf ausreichende Ernährung diene der Kommentar des Ausschusses zum vierten Staatenbericht der Bundesrepublik Deutschland, der in der 48. und 49. Sitzung des Ausschusses diskutiert wurde und zu dem in der 57. und 58. Sitzung im Jahr 2001 die *Concluding Observations* des Ausschusses ergingen. Hinsichtlich des Rechts auf ausreichende Ernährung drückt der Ausschuß seine tiefe Besorgnis über unmenschliche Zustände in Pflegeheimen aus, die in strukturellen Defiziten im Pflegebereich begründet seien, was der Medizinische Dienst der Spitzenverbände der Krankenkassen bestätigt habe.[734] Daß sich diese Kritik auf die mangelnde Umsetzung des Rechts auf ausreichende Ernährung bezieht, wird erst durch weitere Hintergrundinformationen deutlich. Konkret ging es um die von einer Nichtregierungsorganisation[735] genannte Zahl von rund 10.000 Menschen, die in deutschen Pflegeheimen aufgrund mangelnder Pflege und dabei zuvorderst mangelnder Ernährung sterben.[736]

Die vom Ausschuß gewählten Formulierungen wurden als Benennung von Menschenrechtsverletzungen, wo diese auch vorlägen, gelobt.[737] Das Lob dieser

---

[734] Report on the twenty-fifth, twenty-sixth and twenty-seventh sessions (23 April-11 May 2001, 13-31 August 2001, 12-30 November 2001), E/C.12/2001/17, para.666.

[735] „Forum zur Verbesserung der Situation pflegebedürftiger alter Menschen in Deutschland", weitere Informationen unter http://www.verhungern-im-heim.de.

[736] Zum Hintergrund siehe Hausmann, „Wir leugnen nicht, daß es Defizite gibt", Jahrbuch Menschenrechte 2002, S.313ff.

[737] Hausmann, „Wir leugnen nicht, daß es Defizite gibt", Jahrbuch Menschenrechte 2002, S.313f.

kurzen und verklausulierten Stellungnahme kann nur vor dem Hintergrund der Problematik des Staatenberichtsverfahrens verstanden werden. Der Ausschuß ist wegen der fehlenden Sanktionsmöglichkeiten auf die Kooperation der Mitgliedstaaten angewiesen und bedient sich deshalb einer diplomatischen und vermittelnden Sprache.[738] So wird Kritik, gestaffelt nach ihrer Intensität, zumeist durch die Formulierung „der Ausschuß ist besorgt", „sehr besorgt", „ernsthaft besorgt" bzw. „ernstlich besorgt", „ist alarmiert" oder „ist entsetzt" wiedergegeben.[739] In den extremsten Fällen spricht der Ausschuß von „krassen Verletzungen von wsk Rechten."[740] Vor diesem Hintergrund enthalten die *Concluding Observations* harsche Kritik an Deutschland. Jedoch hätte eine Strukturierung der Kritik mit Hilfe der Systematik des Rechts auf ausreichende Ernährung die Möglichkeit gegeben, die Verpflichtungen der Bundesrepublik Deutschland konkreter zu benennen. Der Ausschuß hätte zunächst explizit feststellen können, daß der Kernbereich des Rechts auf Ernährung betroffen ist und deshalb unverzügliche Abhilfemaßnahmen verpflichtend sind. Mit einer Untersuchung der Verpflichtungen zu achten, zu schützen und zu erfüllen hätte der Ausschuß auf legislative Defizite und strukturelle Defizite aufmerksam machen können. Einer solchen Vorgehensweise stehen in der Praxis jedoch sowohl die zeitlichen und finanziellen Restriktionen des Ausschusses entgegen, als auch das schon erwähnte Fehlen rechtlicher Instrumentarien zur Behebung erkannter Mängel.[741]

(4) Bewertung

Die Auswertung der Dokumente zeigt, daß das Recht auf Ernährung als Ansatzpunkt für eine Reihe von politischen, wirtschaftlichen und sozialen Problemen dienen kann. Durch die Interdependenz der Menschenrechte kann das Recht auf Ernährung nicht isoliert gesehen werden. Zudem müssen die auslösenden Faktoren für mangelnde Umsetzung des Rechts sowie die Folgen bei der Frage, wie

---

[738] Siehe dazu schon Einleitung II.

[739] So geschehen zum Beispiel in den *Concluding Observations* zum Staatenbericht der russischen Föderation im Jahr 1997, Report on the sixteenth and seventeenth sessions (28 April – 16 May 1997, 17 November – 5 December 1997), E/1998/22, 20.Juni 1998, paras.108 – 111; Nigeria, Report on the eighteenth and nineteenth sessions (27 April-15 May 1998, 16 November-4 December 1998), E/1999/22, 31.Mai 1999, para.1999; Kanada, Report on the eighteenth and nineteenth sessions (27 April-15 May 1998, 16 November-4 December 1998), E/1999/22, 31.Mai 1999, para.399.

[740] So in den *Concluding Observations* zum Staatenbericht von Israel in Bezug auf die Behandlung der in den besetzten Gebieten lebenden Palästinenser, Report on the twenty-fifth, twenty-sixth and twenty-seventh sessions (23 April-11 May 2001, 13-31 August 2001, 12-30 November 2001), E/C.12/2001/17, para.704.

[741] Siehe dazu schon Einleitung II.

in den Mitgliedstaaten eine Verbesserung der Ernährungslage erreicht werden kann, berücksichtigt werden.

Das Bild, das sich in den Staatenberichten und ihrer Besprechung durch den Ausschuß zeigt, spiegelt die Probleme des Staatenberichtsverfahrens wieder. Obwohl das Recht auf ausreichende Ernährung eines der grundlegendsten Rechte des Sozialpakts ist, wird es in einer Vielzahl der Staatenberichte nur sehr knapp thematisiert. Die Vorgaben der *Reporting Guidelines* werden häufig bestenfalls rudimentär eingehalten. Oft sind die Informationen unvollständig. Der Ausschuß setzt in seiner Besprechung einen Schwerpunkt auf die Lage von Randgruppen und die Nahrungsmittelsicherheit der Bevölkerung. Diese Vorgehensweise ist aus pragmatischen Gesichtspunkten nachvollziehbar. Es werden zunächst die kritischsten Punkte angesprochen, um auf die gröbsten Mißstände hinzuweisen. Trotzdem ist anzumerken, daß auf diese Weise das Potential des Rechts auf ausreichende Ernährung bei weitem nicht ausgeschöpft wird.

Auffällig ist, daß sich der Ausschuß vielfach nicht zu konkreten Kernverpflichtungen der Mitgliedstaaten zu äußern scheint. Diese stellen unmittelbar umzusetzende Verpflichtungen dar und wären damit konkrete Handlungsanweisungen, deren Umsetzung einfacher zu bewerten wäre als die Frage, ob und wann ein Staat seine Verpflichtung zur progressiven Verwirklichung eines Rechts erfüllt. Auch ordnet der Ausschuß positive und negative Schritte der Staaten bei der Verwirklichung des Rechts häufig nicht den einzelnen Verpflichtungsebenen zu. Letzteres würde helfen, eine schrittweise Verwirklichung zu strukturieren und Verpflichtungen der Staaten auf den einzelnen Ebenen stärker herauszuarbeiten und damit zu konkretisieren.

Die Staatenberichte sind ein Bild dessen, was die Mitgliedstaaten preiszugeben bereit sind; die *Concluding Observations* geben die Dichotomie des Ausschusses zwischen Kritik an den Mitgliedstaaten und dem Versuch, im Rahmen eines konstruktiven Dialogs ein Klima zu erhalten, in dem Gespräche möglich bleiben, wieder. Obwohl es wünschenswert wäre, wenn die Mitgliedstaaten Kritik gegenüber aufgeschlossen wären und diese als Teil ihrer Verpflichtung aus dem Sozialpakt akzeptieren würden, ist das Vorgehen des Ausschusses an den Möglichkeiten orientiert, die er realiter hat.

2. Das Recht auf Wasser

Das Recht auf Wasser ist im Sozialpakt nicht als ausdrücklicher Bestandteil des Rechts auf einen angemessenen Lebensstandard erwähnt. So ist auch umstritten, ob das Recht auf Wasser ein anerkanntes Menschenrecht darstellt.[742] Der Auss-

---

742 Sehr vorsichtig z.B. McCaffrey, The Human Right to Water, in Brown Weiss/ Boisson de Chazournes/ Bernasconi-Osterwalder: Fresh Water and International Economic Law, S. 93f.,

chuß widmete ihm jedoch im November 2002 einen eigenen General Comment,[743] um auf die besondere Bedeutung der Ressource Wasser aufmerksam zu machen.[744] Im Rahmen dieses General Comments erläutert er auch, warum das Recht auf Wasser auf die gleiche Ebene zu stellen ist wie die in Art. 11 (1) ausdrücklich genannten Bestandteile des Rechts auf einen angemessenen Lebensstandard: Ohne sauberes Wasser ist weder das Recht auf Ernährung noch auf das erreichbare Höchstmaß an Gesundheit zu verwirklichen.[745] Das Recht auf Wasser findet deshalb seine rechtliche Grundlage in Art. 11 und Art. 12 IPWSKR.[746] Es fällt damit auch in die Kategorie der essentiellen Bestandteile

---

der darauf hinweist, daß zwar der Ausschuss das Recht auf Wasser zwar anerkannt habe und seine Aussage hohe Autorität genieße, aber dadurch die Mitgliedstaaten nicht gebunden würden, ganz zu schweigen von den Staaten, die keine Mitgliedstaaten sind. Ähnlich Tully, A Human Right to Access Water?, Netherlands Quarterly of Human Rights 23 (2005), S.35ff. Gegen ein Menschenrecht auf Wasser Pejan, The Right to Water, The Geo.Wash.Int'l L. Rev. 36 (2004), S.1182: „[...], the right to water has yet to become a binding human right". Dafür z.B. Smets: Economics of Water Services and the Right to Water, in Brown Weiss/ Boisson de Chazournes/ Bernasconi-Osterwalder: Fresh Water and International Economic Law, S.173, der sich auf S. 178ff. mit den Argumenten gegen ein Menschenrecht auf Wasser auseinandersetzt. "Meilensteine" auf dem Weg zu einem Recht auf Wasser stellt Strigel, Wasser und die Vereinten Nationen, in Hydrologie und Wasserbewirtschaftung 49 (2005) H. 6, S. 320f., dar. Ausführlich zur Entstehung des „Rechts auf Wasser" Lohse, Das Recht auf Wasser als Verpflichtung für Staaten und nichtstaatliche Akteure, S.52ff.

743 General Comment 15: The right to water; dazu McCaffrey, The Human Right to Water, in Brown Weiss/ Boisson de Chazournes/ Bernasconi-Osterwalder: Fresh Water and International Economic Law, S. 104ff. Lohse, Das Recht auf Wasser als Verpflichtung für Staaten und nichtstaatliche Akteure, S.64ff.; kritisch zu den „Lücken" in diesem General Comment Craven, Some Thoughts on the Emergent Right to Water, in Riedel/ Rothen: The Human Right to Water, S.37ff. und Cahill, 'The Human Right to Water – A Right of Unique Status': The Legal Status and Normative Content of the Right to Water, The International Journal of Human Rights 9 (2005), S.393ff., insb. S.399ff.

744 In einigen Staaten wird das Recht auf Wasser inzwischen durch die Verfassung oder zumindest einfachgesetzlich geschützt, siehe dazu die Ausführungen bei Langford, The Right to Water in National Law: A Review, in Riedel/ Rothen: The Human Right to Water, S.115ff.

745 General Comment 15, para.3 ; dazu schon Dupuy, Le droit à la santé et la protection de l'environment, in Dupuy: Le droit à la santé en tant que droit de l'homme, S.344f.; Bartram *et al.*: Water and Health in Europe, WHO 2002; Riedel, The Human Right to Water, in Dicke *et al.*: Weltinnenrecht. Liber amicorum Jost Delbrück, S.598f.

746 General Comment 15, para.3, zu den kritischen Stimmen zu diesem General Comment Craven, Some Thoughts on the Emergent Right to Water, in Riedel/ Rothen: The Human Right to Water, S.37ff.; siehe zu den weiteren Hintergründen und dem Recht auf Wasser im Völkerrecht Riedel, The Human Right to Water, in: Dicke *et al.*: Weltinnenrecht. Liber Amicorum Jost Delbrück, S.589ff. Eine ausführlichere Untersuchung nimmt McCaffrey vor, der die AEMR, die beiden Pakte und weitere internationale Verträge auf eine Grundlage für das Recht hin untersucht: McCaffrey, The Human Right to Water, in Brown Weiss/ Boisson de

des Rechts auf einen angemessenen Lebensstandard, ebenso wie es eng mit dem Recht auf Leben, das in Art. 3 UDHR und in Art. 6 (1) IPBPR verankert ist, verbunden ist.[747] Schon im General Comment 6 wurde die Bedeutung von Wasser für die Verwirklichung der Menschenrechte älterer Menschen dargestellt,[748] ebenso wie es im General Comment 14 zu dem Recht auf den höchsten erreichbaren Gesundheitsstandard als ein bestimmender Faktor für dieses Recht Erwähnung findet.[749] Der General Comment 15 ist der tatsächlichen Staatenpraxis voraus; man könnte ihn daher eher als ein Ausdruck de lege ferenda denn als Ausdruck des lex lata bezeichnen.[750] Der Ausschuß erwartet jedoch, daß die Mitgliedstaaten über die Umsetzung des Rechts auf Wasser Bericht erstatten. So wird zumindest die Aufmerksamkeit auf das Problem gerichtet.[751]

Chazournes/ Bernasconi-Osterwalder: Fresh Water and International Economic Law, S. S. 95ff. und Cahill, 'The Human Right to Water – A Right of Unique Status': The Legal Status and Normative Content of the Right to Water, The International Journal of Human Rights 9 (2005), S.389ff. Anders mit einem eher teleologischen Ansatz Pejan, The Right to Water, The Geo.Wash.Int'l L. Rev. 36 (2004), S.1183: "It is thus logical to recognize water as a human right."

747 McCaffrey, A Human Right to Water: Domestic and International Implications, Georgetown International Environmental Law Review 5 (1992/93), S.1; General Comment 15, para.3.

748 General Comment 6: The economic, social and cultural rights of older persons, paras.5, 32.

749 General Comment 14, paras.4, 11f.

750 McCaffrey, The Human Right to Water, in Brown Weiss/ Boisson de Chazournes/ Bernasconi-Osterwalder: Fresh Water and International Economic Law, S.103. Dieser merkt auch kritisch an, daß die Aussage des General Comments 15 in dessen para.4, daß ein Recht auf Wasser in vielen internationalen Dokumenten anerkannt werde, so nicht stimme; eine Untersuchung dieser Dokumente ergebe, daß es da nicht explizit um ein Recht auf Wasser gehe, sondern eher um Zugang zu Wasser im Zusammenhang mit anderen Rechten, Verpflichtungen und Prinzipien, wie angemessene Lebensumstände und die Bekämpfung von Mangelernährung und Krankheiten: Mc Caffrey, The Human Right to Water, in Brown Weiss/ Boisson de Chazournes/ Bernasconi-Osterwalder: Fresh Water and International Economic Law, S.107. Etwas weiter faßt es Khalfan, Implementing General Comment No. 15 on the Right to Water in National and International Law and Policy, S.3, der den GC 15 als "offizielle Interpretation" der einschlägigen Normen des Sozialpakts bezeichnet.

Viel zu weit in Hinblick auf die Bedeutung des General Comments 15 geht z.B. Smets, der meint, das Recht auf Wasser sei als fundamentales Recht ebenso anerkannt wie das Recht auf Ernährung oder auf Gesundheit, und durch den General Comment 15 sei eine Zeit der Unsicherheit, was den rechtlichen status des Rechts auf Wasser angehe, beendet worden: Smets: Economics of Water Services and the Right to Water, in Brown Weiss/ Boisson de Chazournes/ Bernasconi-Osterwalder: Fresh Water and International Economic Law, S.173.

751 McCaffrey, The Human Right to Water, in Brown Weiss/ Boisson de Chazournes/ Bernasconi-Osterwalder: Fresh Water and International Economic Law, S.103. Hoffnungsvoller

a) Aktuelle Situation

> „Medicina si quis vult recte querere hec debet agere: [...]De aquis autem uolo disputare que sunt morbida et salubres. Et que ex aquis uidentur mala accidere. Es quanta bona maxime enim parte confert ad salutem."[752]

Dieser Text stammt nicht aus hydro-klimatologischen oder medizinischen Aufsatz, sondern aus einem Bericht von Hippokrates (ca. 460 - ca. 370 v.Chr). Er zeigt, wie lange der Zusammenhang zwischen Wasser und Gesundheit der Menschen schon bekannt ist.

Ebenso wie Nahrung ist Wasser eines der fundamentalsten Voraussetzungen für das Überleben der Menschheit. Die Erde ist zwar ein blauer, da mit Wasser bedeckter Planet; jedoch sind nur 2,5% des Wasser Süßwasserreserven, die zur Erhaltung menschlichen Lebens unabdingbar sind, und von diesen sind weniger als 1% für Menschen zugänglich.[753] Die Zeitspanne, die ein Mensch ohne Aufnahme von Flüssigkeit überlebt, ist noch wesentlich kürzer als die, die ohne Nahrungsaufnahme überlebt werden kann.[754] Doch die Bedeutung des Wassers geht weit über die als Grundnahrungsmittel hinaus: Wasser ist sowohl notwendiger Bestandteil der täglichen Hygiene als auch zur Zubereitung von Nahrung erforderlich; außerdem ist zur Produktion von Nahrung durch die Landwirtschaft eine ausreichende Wassermenge notwendig.[755] Nicht zu vergessen ist, daß auch die überwiegende Mehrheit der Industrieunternehmen als wichtige Arbeitgeber auf Wasserversorgung angewiesen ist, sei es direkt zur Herstellung der Produkte oder auch „nur" zur Kühlung. Verschmutztes Wasser ist zudem

---

sieht es Khalfan, Implementing General Comment No. 15 on the Right to Water in National and International Law and Policy, S.3.

[752] „Wenn irgendein Arzt richtig forschen will, muß dieser so handeln: Er soll die Quellen erforschen, ob sie tödlich oder heilsam sind und ob aus dem Wasser Krankheiten herrühren, weil nämlich der größte Teil der Gesundheit von ihm (dem Wasser) herrührt und zu es zu einem großen Teil das Gute beiträgt zur Gesundheit.". Hippocrates: De aeribus aquis locis: interlineare Ausgabe der spätlateinischen Übersetzung und des Fragments einer hochmittelalterlichen Übersetzung. Hrsg. von Hermann Grensemann, Absatz 1 Satz 1, Absatz 6.2 Satz 3, Absatz 7 Satz 1; Übersetzung von Judith Richling.

[753] Suzuki, Water in our Future, in van Ginkel: Human Development and the Environment, S.197, 198f.; Riedel, The Human Right to Water, in Dicke *et al.*: Weltinnenrecht. Liber amicorum Jost Delbrück, S.568; McCaffrey, The Human Right to Water, in Brown Weiss/ Boisson de Chazournes/ Bernasconi-Osterwalder: Fresh Water and International Economic Law, S. 93.

[754] McCaffrey, The Human Right to Water, in Brown Weiss/ Boisson de Chazournes/ Bernasconi-Osterwalder: Fresh Water and International Economic Law, S. 93.

[755] Eine ausführliche Analyse enthält Howard/ Bartram: Domestic Water Quantity, Service Level and Health, S.1ff.; siehe auch Gleick, Basic Water Requirements for Human Activities: Meeting Basic Needs, in: Water International 21 (1996), S.83ff.

der Hauptgrund für Durchfallerkrankungen, die mehr als zwei Millionen Menschen pro Jahr töten. Hiervon sind vor allem Kinder betroffen.[756] Zugang zu sauberem Wasser berührt damit sowohl das Recht auf Ernährung, das Recht auf das erreichbare Höchstmaß an Gesundheit als auch das auf Arbeit (Art. 11 (1), 12 (1), 6 (1) IPWSKR).[757]

Dieser immensen Bedeutung des Wassers steht seine globale Knappheit gegenüber. Aktuell leben über eine Milliarde Menschen ohne ausreichende Wasserversorgung, noch mehr Menschen haben keinen Zugang zu sanitären Einrichtungen.[758] Die Kosten für Krankheit und Tod, die durch unsauberes Wasser verursacht werden, werden auf jährlich 125 Milliarden US$ allein für medizinische Kosten und verringerte Produktivität geschätzt.[759] Der Grund für die zunehmende Wasserknappheit ist unmittelbar einsichtig: Während die Wasserreserven der Erde stabil bleiben, steigen sowohl die Anzahl der Menschen insgesamt als auch der Pro-Kopf-Verbrauch an.[760] So wird Wasserknappheit eines der größten Probleme werden, denen sich die gesamte Erdbevölkerung in den nächsten Jahrzehnten stellen muß.[761] Von den Vereinten Nationen wurden des-

---

[756] Ausführliche Informationen: www.menschen-recht-wasser.de, siehe auch OHCHR/WHO: The Right to Water, S.6f.

[757] Weiter geht McCaffrey, der sagt, daß ohne Wasser andere Menschenrechte keine Bedeutung haben: McCaffrey, The Human Right to Water, in Brown Weiss/ Boisson de Chazournes/ Bernasconi-Osterwalder: Fresh Water and International Economic Law, S. 95. Zu diesen Zusammenhängen und allgemein zum Recht auf Wasser aus menschenrechtlicher Sicht Gleick, The Human Right to Water, 1 (5) Water Policy 1999, S.487ff. und McCaffrey, A Human Right to Water: Domestic and International Implications, Georgetown International Environmental Law Review 5 (1) 1992, S.1ff.; Lohse, Das Recht auf Wasser als Verpflichtung für Staaten und nichtstaatliche Akteure, S.15f.

[758] General Comment 15, para.1, OHCHR/WHO: The Right to Water, S.7; ausführlich Lohse, Das Recht auf Wasser als Verpflichtung für Staaten und nichtstaatliche Akteure, S.18ff.; Gorsboth, Identifying and Adressing Violations of the Human Right to Water Applying the Human Rights Approach, S.3.

[759] Bluemel, The Implications of Formulating a Human Right to Water, Ecology Law Quarterly 31 (2004), S.1003.

[760] Dazu weitergehend McCaffrey, A Human Right to Water: Domestic and International Implications, Georgetown International Environmental Law Review 5 (1992/93), S.3ff.; Suzuki, Water in our Future, in van Ginkel: Human Development and the Environment, S.197.

[761] Ausführlich zu dieser Problematik Lohse, Das Recht auf Wasser als Verpflichtung für Staaten und nichtstaatliche Akteure, S.5ff. Siehe auch (insb. für Europa) Bartram *et al.*: Water and Health in Europe, WHO 2002, S.xiff.; einen kurzen Überblick über die Probleme, die wegen Wassermangels entstehen, gibt auch Fitzmaurice, Water Management in the 21st Century, in: Anghie/ Sturgess: Legal Visions of the 21st Century, S.425ff.

halb das Jahr 2003 zum *International Year of Freshwater* und die Jahre 2005 – 2015 zur *International Decade for Action, "Water for Life"* erklärt.[762]

b) Inhalt des Rechts auf Wasser

Der Ausschuß weist in seinem General Comment 15 zunächst auf die Bedeutung der Ressource „Wasser"[763] hin: "*The human right to water is indispensable for leading a life in human dignity.*"[764] Anschließend spezifiziert er den Inhalt dieses Rechts:

> "The human right to water entitles everyone to sufficient, safe, acceptable, physically accessible and affordable water for personal and domestic uses."[765]

Art. 11 (1) IPWSKR gibt ein Recht auf ausreichende Ernährung, Bekleidung und Unterbringung. Ebenso muß für die Verwirklichung des Rechts auf Wasser dieses „ausreichend" sein.[766] Eine ausreichende Wasserversorgung erfordert zunächst, daß genügend sauberes Wasser zur Verfügung steht.[767] Dabei ist auch die Wasserversorgung der zukünftigen Generationen zu berücksichtigen. Zu verneinen ist die ausreichende Wasserversorgung dann, wenn Wasserquellen durch übermäßige Nutzung erschöpft werden, ohne daß die Möglichkeit der Regeneration der Quellen besteht.[768]

(1) Wesentliche Elemente des Rechts auf Wasser

Die wesentlichen Elemente, die das Recht auf Wasser ausmachen, lassen sich anhand der „ilities" anschaulich darstellen. Wasser ist verfügbar, wenn genügend Wasser für den persönlichen und häuslichen Gebrauch vorhanden ist.[769] Ausreichende Flüssigkeitsaufnahme muß ebenso möglich sein wie persönliche

---

[762] A/Res/58/217. Daneben sollen die World Health Organization's Drinking Water Supply and Sanitation Decade (1981 – 1990), die United Nations Millennium Conference im Jahr 2000, der Gipfel von Johannesburg im Jahre 2002 und das Dritte Weltwasserforum im Jahr 2003 Erwähung finden.

[763] Einen Überblick sowohl zur aktuellen Situation als auch zum Recht auf Wasser i.S.d. Art. 11 (1) IPWSKR gibt Windfuhr, Das Menschenrecht auf Wasser – Was steht hinter dem Konzept?, www.menschen-recht-wasser.de.

[764] General Comment 15, para.1.

[765] General Comment 15, para.2.

[766] Vgl. General Comment 15, para.11.

[767] General Comment 15, para.11.

[768] Dazu General Comment 15, paras.11ff.

[769] General Comment 15, para.12; ausführlich zu diesem Aspekt Lohse, Das Recht auf Wasser als Verpflichtung für Staaten und nichtstaatliche Akteure, S.124f.

Hygiene, Essenszubereitung, das Waschen von Kleidung, die Nutzung von Sanitäreinrichtungen und Haushaltshygiene.[770] Es besteht allerdings keine Einigkeit darüber, wieviel Liter Wasser dafür täglich mindestens zur Verfügung stehen müssen; die Empfehlungen reichen von 7 l[771] bis 50 l[772] am Tag.

Wasser muß zugänglich sein. Der physische Zugang erfordert, daß die Wasserquelle (wobei „Quelle" hier im weiteren Sinn gemeint ist) für alle Individuen ohne Gefahr für Leben oder Gesundheit zugänglich ist.[773] Ökonomische Zugänglichkeit ist gegeben, wenn der Erwerb von Wasser für alle Schichten der Bevölkerung erschwinglich ist. Insbesondere die Randgruppen und Schwachen der Gesellschaft dürfen nicht Diskriminierungen ausgesetzt sein.[774] Schließlich müssen alle Einwohner Zugang zu Informationen zu dem Wasser, das sie nutzen, erhalten. Dazu gehören Informationen darüber, wie vorhandenes Wasser ohne Gefahren für die Gesundheit nutzbar ist (zum Beispiel durch Abkochen), zu den Mindestmengen, die notwendig sind, um Beeinträchtigungen von Körperfunktionen zu verhindern, aber auch zu Hygiene und Möglichkeiten des Gesundheitsschutzes. Ein weiterer Schwerpunkt der Informationsvermittlung muß auf Möglichkeiten liegen, Wasser effizient zu nutzen und Vergeudung von Wasser zu vermeiden.

Ausschlaggebend ist weiterhin die Qualität des Wassers. Wasser muß sauber und kulturell akzeptabel sein. Unter den Aspekt der Sauberkeit des Wassers fällt auch, daß keine mikrobiologischen Kontaminationen des Wassers vorliegen dürfen.[775]

---

[770] General Comment 15, para.12.

[771] So Howard/ Bartram: Domestic Water Quantity, Service Level and Health, S.iii.

[772] Vorgeschlagen von Gleick, Basic Water Requirements for Human Activities: Meeting Basic Needs, Water International 21 (1996), S.83 und Gleick, Implementing the Human Right to Water, in Riedel/ Rothen: The Human Right to Water, S.145; ebenso Gorsboth, Identifying and Adressing Violations of the Human Right to Water Applying the Human Rights Approach, S.6; *Riedel* läßt 20l am Tag ausreichen: Riedel, The Human Right to Water, in Dicke *et al.*: Weltinnenrecht. Liber amicorum Jost Delbrück, S.586; Südafrika setzt die Mindestmenge an Wasser, die jedem Bürger pro Tag zusteht, nach Vorgaben der WTO bei 25l an: Human, The Human Right to Water in Africa: The South African Example, in Riedel/ Rothen: The Human Right to Water, S.88.

[773] General Comment 15, para.12; Riedel, The Human Right to Water and General Comment No.15 of the CESCR, in Riedel/ Rothen: The Human Right to Water, S.29; OHCHR/WHO: The Right to Water, S.25ff.; Lohse, Das Recht auf Wasser als Verpflichtung für Staaten und nichtstaatliche Akteure, S.137ff.

[774] OHCHR/WHO: The Right to Water, S.16; General Comment 15, para.12.

[775] Ausführlich Bartram *et al.*: Water and Health in Europe, S.XII; OHCHR/WHO: The Right to Water, S.16; auch General Comment 15 para.8 geht auf dieses Problem ein.

(2) Besondere Bedeutung von Wasser für indigene Bevölkerungsgruppen

Besondere Bedeutung hat Wasser für die ursprünglichen Einwohner der verschiedenen Paktstaaten, wie zum Beispiel die Aborigines in Australien oder die Ureinwohner Nordamerikas. Wasser ist essentiell für ihre traditionelle und gegenwärtige Existenz, insbesondere was die Produktion und das Sammeln von Nahrung angeht. Mehr noch als die „Durchschnittsbürger" sind sie auf sauberes, unkontaminiertes Wasser aus natürlichen Quellen angewiesen, das gleichzeitig auch eine Grundvoraussetzung ist, um Land zum Lebensraum für Tiere und Pflanzen zu machen. Wegen dieser erhöhten Abhängigkeit von ursprünglichen Wasserquellen wurden in Kanada den Ureinwohnern zugehörige Ansprüche auf Wasser anerkannt, die das Recht auf die traditionelle Nutzung von sauberem und nicht durch eingeleitete Stoffe beeinträchtigtem Wasser sowie der in ihm lebenden Tiere beinhalten.[776] General Comment 15 weist auf die Notwendigkeit von Wasser für die Produktion von Nahrung hin und erkennt die Bedeutung des Zugangs zu Wasser für landwirtschaftliche Zwecke und zur Sicherung des Lebensunterhalts der indigenen Bevölkerung an.[777] Es wird herausgestellt, daß die Verwirklichung des Rechts auf Wasser der Ureinwohner besondere Anforderungen stelle. Dazu gehören der ungehinderte Zugang zu Wasserquellen auf ihrem angestammten Land sowie die Befugnis, selbst über die Verwendung des Wassers und den Zugang zu diesem entscheiden zu können.[778] Auffallend ist, daß General Comment 15 sich einer sehr vorsichtigen Sprache bedient, wenn es um die besondere Bedeutung des Wassers für Ureinwohner geht. Unter der Überschrift "Water and Covenant Rights"[779] werden die Staaten aufgefordert, eine ausreichende Wasserversorgung zu gewährleisten, um existenzsichernde Landwirtschaft und die Sicherung des Lebensunterhalts zu ermöglichen. Die Bedeutung von sauberem Wasser für die besondere Lebensweise vieler Ureinwohner findet an dieser Stelle keine Erwähnung. Unter der Überschrift „Special topics of broad application: Non-discrimination and equality" wird besondere Beachtung für solche Gruppen gefordert, die traditionell Schwierigkeiten bei der Verwirklichung dieses Rechts haben, wobei Ureinwohner zu dieser Gruppe gezählt werden.[780] Dies wird dahingehend spezifiziert, daß der Zugang von Ureinwohnern zu ihren traditionellen Wasserquellen vor Beeinträchtigungen und

---

776 Detailliert zu dieser Thematik Bartlett: Aboriginal Water Rights in Canada, S.7ff.

777 General Comment 15, paras.6, 7.

778 General Comment 15, para.16 d).

779 General Comment 15, para.7: States parties should ensure that there is adequate access to water for subsistence farming and for securing the livelihoods of indigenous peoples.

780 General Comment 15, para.16: Whereas the right to water applies to everyone, States parties should give special attention to those individuals and groups who have traditionally faced difficulties in exercising this right, including [...] indigenous peoples [...].

widerrechtlicher Verschmutzung geschützt werden soll und ihnen Ressourcen zur Verfügung gestellt werden sollen, um Zugang zum Wasser zu schaffen, zu fördern und zu kontrollieren.[781] Hier ist zu bemerken, daß diese Verhaltensvorgaben an die Staaten nicht unter der Überschrift „States Parties' Obligations" stehen, unter der General Comment 15 minutiös die Verpflichtungen der Staaten zur Verwirklichung des Menschenrechts auf Wasser aufzählt. Es wird aus dieser Einordnung und der sprachlichen Gestaltung deutlich, daß der Ausschuß die verbindlichen Verpflichtungen der Staaten aus dem Menschenrecht auf Wasser nicht auf die kulturelle Bedeutung von Wasser ausdehnt, sondern die Berücksichtigung des kulturellen Aspekts von Wasser durch die Staaten als *desiderat* betrachtet.

Von anderen Seiten werden die aus dem Menschenrecht auf Wasser erwachsenden Verpflichtungen aber auch weiter gefasst und eine Verletzung des Rechts auf Wasser dann bejaht, wenn Regierungen keine geeigneten Schritte unternehmen, um die kulturelle Identität von religiösen und ethnischen Gruppen zu sichern, was angenommen wird, wenn kulturelle Stätten, die mit Wasser in Verbindung stehen, zerstört oder verschmutzt werden.[782]

Hinsichtlich der besonderen Ausprägung des Rechts auf Wasser für Ureinwohner ist zu differenzieren: Die in Art. 11 und 12 IPWSKR enthaltenen Rechte, die die rechtliche Grundlage des Menschenrechts auf Wasser darstellen, sichern die Voraussetzungen für ein menschenwürdiges Überleben. Die Ausführungen zu den einzelnen Rechten zeigen zwar, daß die Umsetzung eines Rechts immer in kulturell akzeptabler Weise geschehen muß. So müssen Nahrungsmittel kulturell akzeptabel sein und Kleidung den kulturellen Anforderungen entsprechen. Es geht in diesen Fällen jedoch nicht darum, durch die Verwirklichung eines Rechts kulturelles Leben erst möglich zu machen. So wäre die Nutzung von Wasser und natürlichen Wasserquellen zu kulturellen Zwecken eher im Bereich von Art. 15 (1) a) IPWSKR[783] anzusiedeln, der das Recht auf Teilnahme am kulturellen Leben beinhaltet. Es ist deshalb folgerichtig, wenn der Ausschuß in General Comment 15 sehr zurückhaltend mit der Formulierung von Verpflichtungen ist, die sich mit Wasser als Teil des kulturellen Lebens befassen.

Soweit es jedoch um die Nutzung von Wasser zur Sicherung des Lebensunterhalts, z.B. zum Fischen, als Trinkwasser etc. geht, liegt eine enge Verwandt-

---

[781] General Comment 15: In particular, States parties should take steps to ensure that: [...](d) Indigenous peoples' access to water resources on their ancestral lands is protected from encroachment and unlawful pollution. States should provide resources for indigenous peoples to design, deliver and control their access to water.

[782] OHCHR/WHO: The Right to Water, S.21.

[783] "The States Parties to the present Covenant recognize the right of everyone: (a) To take part in cultural life [...]."

schaft mit dem Recht auf ausreichende Ernährung aus Art. 11 (1) IPWSKR vor. In dieser Hinsicht erwachsen aus dem Recht auf Wasser auch Verpflichtungen für die Mitgliedstaaten.

Die Abgrenzung kann im Einzelfall problematisch sein, da kulturelle Verhaltensweisen und die Sicherung des Lebensunterhalts sich häufig überschneiden. Dies ist eine Folge der engen Verflechtung und Untrennbarkeit der Menschenrechte und darf nicht als Argument genutzt werden, um Verpflichtungen der Mitgliedstaaten auf Verwirklichung des Rechts auf Wasser von Ureinwohnern, durch die auch kulturelle Aspekte betroffen werden, auszublenden.

c) Verpflichtungen der Staaten

(1) Kernverpflichtungen

In General Comment 15 spricht der Ausschuß von Verpflichtungen, die nicht dem Vorbehalt der schrittweisen Verwirklichung des Art. 2 (1) IPWSKR unterliegen, sondern sofortige Wirkung haben.[784] Diese sofortigen Verpflichtungen, denen der Staat auch nicht Ressourcenmangel entgegenhalten kann, sind Kernverpflichtungen, auch wenn der Ausschuß sie an dieser Stelle nicht ausdrücklich als solche bezeichnet. Für das Recht auf Wasser gehört es zu den sofort zu verwirklichenden Verpflichtungen des Staates, jegliche Form von Diskriminierung zu verhindern. Zudem müssen die Schritte, die der Staat dazu unverzüglich einleiten muß, überlegt, konkret und auf die Verwirklichung des Rechtes zielend sein.[785]

Weitere Kernverpflichtungen, die General Comment diesmal auch unter dem Titel „Kernverpflichtungen" aufzählt, sind:[786]

> sicherzustellen, daß jede Person mit einer Mindestmenge Wasser versorgt ist; insbesondere sind hier benachteiligte Gruppen und Randgruppen der Bevölkerung zu beachten;
>
> Sorge dafür zu tragen, daß die Versorgung mit der Mindestmenge Wasser erreichbar ist. Dazu gehört auch die Begrenzung von Weg- und Wartezeiten sowie die Bekämpfung von physischen oder psychischen Gefahren beim Zugang zum Wasser;

---

[784] General Comment 15, para.17.

[785] General Comment 15, para.17.

[786] General Comment 15, para.37. Die scharfe Kritik von McCaffrey, der Ausschuss lasse durch seine Formulierung die Leser im Dunkeln, da er die Kernverpflichtungen nicht als solche bennene, sondern sich hinter dem Ausdruck „immediate obligations" verstecke, ist in Hinblick auf die Ausführungen in General Comment 15 para.37 nur teilweise gerechtfertigt - McCaffrey, The Human Right to Water, in Brown Weiss/ Boisson de Chazournes/ Bernasconi-Osterwalder: Fresh Water and International Economic Law, S.109.

> die Erstellung eines nationalen Aktions- und Strategieplans für die Verwirklichung des Rechts auf Wasser, insbesondere zur Eindämmung und Verhinderung von Krankheiten, die durch verschmutztes Wasser erzeugt werden, und daran anschließend die Beobachtung und Kontrolle der erreichten Fortschritte.[787]

Die Kernverpflichtungen sind in einem Satz zusammenzufassen: Der ungehinderte Zugang der Menschen zu ausreichendem und sauberem Wasser, um Dehydrierung und Krankheiten zu verhindern, muß gesichert sein.[788]

Im Vergleich zu anderen Rechten erscheint hier die Liste mit den Kernverpflichtungen besonders lang und ausführlich.[789] Bedenkt man die Situation in vielen Staaten insbesondere in der sog. Dritten Welt, so erscheint die Verpflichtung der Staaten gewaltig. Stundenlanges Laufen zu verschmutzten Wasserlöchern und die Besetzung von traditionellen Wasserquellen durch internationale Unternehmen,[790] so daß der Zugang für die Bevölkerung versperrt ist, all das soll gemäß den Ausführungen des Ausschusses eine Verletzung der Kernverpflichtungen aus Art. 11 (1) IPWSKR darstellen und unverzüglich zu beheben sein.

Eher zu gering als zu umfangreich erscheinen die Forderungen an die Staaten jedoch, wenn man sich verdeutlicht, was es für die Betroffenen heißt, ohne direkten Zugang zu Wasser zu sein: Es sterben im 21. Jahrhundert immer noch mehr Kinder an durch verschmutztes Wasser bedingter Diarrhöe als an Aids und an den Folgen von bewaffneten Konflikten.[791] Die zu verwirklichenden Kernverpflichtungen sollten deshalb eine Selbstverständlichkeit darstellen anstatt eines Ziels, von dem fraglich ist, ob es jemals erreicht werden wird, obwohl eine unmittelbare Pflicht der Staaten zur Verwirklichung der Kernverpflichtung besteht. Zudem können nach Meinung von *Riedel* die Kernverpflichtungen ohne hohe finanzielle Ausgaben sowohl von armen als auch von reichen Ländern verwirklicht werden; notwendig seien vor allem gleicher Zugang zu

---

[787] Siehe dazu auch OHCHR/WHO: The Right to Water, S.9.

[788] OHCHR/WHO: The Right to Water, S.9.

[789] So auch McCaffrey, The Human Right to Water, in Brown Weiss/ Boisson de Chazournes/ Bernasconi-Osterwalder: Fresh Water and International Economic Law, S.105, der annimmt, daß es nicht alles Kernverpflichtungen sind. Als wahre Kernverpflichtung sieht er nur die Verpflichtungen, nicht zu diskrimieren und Schritte zur Verwirklichung zu unternehmen. Damit verfehlt er aber den Begriff der Kernverpflichtungen um ein weites, so daß seine Meinung so nicht stehen bleiben kann.

[790] Konkrete Beispiele nennt Filmer-Wilson, The Human Right to Water and the Human Rights-Based Approach to Development, in Riedel/ Rothen, The Human Right to Water, S.53ff. und Kothari, Obstacles to Making Water a Human Right, in Riedel/ Rothen, The Human Right to Water, S.149ff.

[791] Ausführliche Informationen: www.menschen-recht-wasser.de; siehe auch OHCHR/WHO: The Right to Water, S.6f.

den vorhandenen Ressourcen und besondere Beachtung für Randgruppen wie Kinder oder ältere Leute.[792]

(2) Achtungs-, Schutz- und Erfüllungspflichten

(aa) Achtungspflichten

Die Verpflichtung, das Recht auf Wasser zu respektieren, heißt auch hier, daß der Staat alle Maßnahmen zu unterlassen hat, mit denen er die Verwirklichung des Rechts be- oder sogar verhindert. Dies beinhaltet die Pflicht, den Zugang zu existierenden Wasserquellen, die notwendig für die Verwirklichung des Rechts auf Wasser sind, zu erhalten.[793] Insbesondere darf die traditionelle Wasserversorgung, zum Beispiel durch gemeinschaftliche genutzte Brunnen, nicht be- oder verhindert werden; es sind jegliche Aktivitäten, die den Wasserstand oder die Wasserqualität vermindern, zu unterlassen.[794] Beteiligungen an Aktivitäten Dritter, die das Recht auf Wasser beeinträchtigen, sind zu unterlassen, ebenso wie eigene Maßnahmen des Staates, die die Qualität des Wassers beeinträchtigen.[795]

(bb) Schutzpflichten

Die Schutzverpflichtung zwingt den Staat, Dritte davon abzuhalten, die Verwirklichung des Rechts auf Wasser zu be- oder verhindern. Dazu gehört die Pflicht, vor Störungen des Zugangs zu schützen.[796] Vorhandene sichere Wasserquellen sind aktiv vor Verschmutzung durch Dritte zu schützen. Auch wird der Staat nicht durch eine Privatisierung der Wasserversorgung aus seiner Verantwortung entlassen. Im Gegenteil muß er wegen der besonderen Bedeutung des Rechts auf Wasser private Unternehmen kontrollieren und sicherstellen, daß die Menschenrechtsverletzungen unterbleiben.[797]

---

792 Riedel, The Human Right to Water, in Dicke *et al.*: Weltinnenrecht. Liber amicorum Jost Delbrück, S.602.

793 General Comment 15, para.10.

794 General Comment 15, para.21.

795 OHCHR/WHO: The Right to Water, S.15, General Comment 15, para.21.

796 General Comment 15, paras.10, 13.

797 General Comment 15, para.24, siehe auch die Fallstudien mit rechtlicher Würdigung von Fairstein, Legislation and the Right to Water in Argentina, in Riedel/ Rothen, The Human Right to Water, S.95ff. und Gorsboth, Identifying and Adressing Violations of the Human Right to Water Applying the Human Rights Approach, S.10ff.; sehr kritisch zu der faktischen Umsetzung der Schutzverpflichtung im Rahmen von Privatisierungen Kothari, Obstacles to Making Water a Human Right, in Riedel/ Rothen, The Human Right to Water, S.150ff. und

(cc) Erfüllungspflichten

Die Erfüllungspflicht erlegt dem Staat auch für das Recht auf Wasser Handlungspflichten auf. Grundlegend ist die Verpflichtung des Staates, auf seinem Gebiet Bedingungen zu schaffen, unter denen es den Einwohnern möglich ist, ihr Recht auf Wasser selbst zu verwirklichen: Es muß ein System der Wasserversorgung und des Wassermanagements geschaffen werden, das Gleichheit in der Möglichkeit der Versorgung mit Wasser für alle Einwohner herstellt, wozu auch die Abschaffung von de-facto-Diskriminierungen gehört.[798] Damit ein solcher Zustand überhaupt möglich ist und langfristig erhalten bleiben kann, muß über den hygienischen Gebrauch von Wasser und über die Verhinderung von Wasserverschmutzung und -verlust informiert werden.[799] Für Einwohner, die nicht fähig sind, die Realisierung ihres Rechts selbst zu unterstützen, muß der Staat versorgend tätig werden.[800]

Auch auf der Ebene der Gesetzgebung bestehen Verpflichtungen des Gesetzgebers, um die Erreichung dieser Ziele zu sichern; wichtig ist hier vor allem die Absicherung der Versorgung für die Gesamtheit der Bevölkerung und die Kontrolle der Wasserpreise dahingehend, daß eine ausreichende Menge Wasser für alle Bevölkerungsgruppen bezahlbar bleibt.[801]

(3) Verpflichtung zur Nicht-Diskriminierung

Auf der Ebene der Achtungsverpflichtung muß der Staat den diskriminierungsfreien Zugang zu Wasserquellen ermöglichen.[802] Der Staat darf keine Regelungen erlassen, durch die Individuen die notwendigen Mittel oder Rechte versagt werden, um Zugang zu Wasser zu erhalten.[803] Auch im Rahmen von Gesetzgebungs- oder politischen Maßnahmen dürfen keine nach Art. 2 (2), 3 IPWSKR unzulässigen Ungleichheiten geschaffen oder verstärkt werden.[804]

---

von Bluemel, The Implications of Formulating a Human Right to Water, Ecology Law Quarterly 31 (2004), S.965ff.

[798] General Comment 15, paras.10, 14, 27.

[799] OHCHR/WHO: The Right to Water, S.15; General Comment 15, para.28.

[800] General Comment 15, para.27.

[801] Filmer-Wilson, The Human Right to Water and the Human Rights-Based Approach to Development, in Riedel/ Rothen, The Human Right to Water, S.57; Fairstein, Legislation and the Right to Water in Argentina, in Riedel/ Rothen, The Human Right to Water, S.95ff.

[802] General Comment 15, paras.10, 12c), 13.

[803] General Comment 15, para.14.

[804] General Comment 15, para.8

Diskriminierungsfreiheit spielt auch bei der Schutzverpflichtung eine Rolle: Der Staat muß sicherstellen, daß die Anforderungen, die für ihn selbst im Rahmen der Achtungsverpflichtung gelten, auch von Dritten erfüllt werden.[805]

Auf der Erfüllungsebene sollte an Stelle kostspieliger Projekte, die wenigen Menschen Zugang zu Wasser geben, die grundlegende Versorgung für alle gesichert werden.[806] Damit kann die Gefahr gebannt werden, daß die Versorgung von benachteiligten Randgruppen mit Wasser immer wieder zu Gunsten von bevorzugten Bevölkerungsgruppen verschoben wird.[807]

d) Das Recht auf Wasser im Staatenberichtsverfahren

Im folgenden sollen die Ausführungen des Ausschusses zum Recht auf Wasser analysiert werden. Sinn der Untersuchung ist wiederum die Beantwortung der Frage, ob es gelingt, den erarbeiteten normativen Gehalt des Rechts auf Wasser und die aus ihm erwachsenen Verpflichtungen im Staatenberichtsverfahren zu nutzen und damit die Stellung des Rechts auf Wasser als Menschenrecht zu stärken.

Es ist dabei zu berücksichtigen, daß das Recht auf Wasser erst durch General Comment 15 im Jahr 2002[808] vom Ausschuß ausdrücklich als elementarer Bestandteil des Rechts auf einen angemessenen Lebensstandard und des Rechts auf das erreichbare Höchstmaß an Gesundheit genannt wurde.[809] Dem schlossen sich Fragen an die Mitgliedstaaten an, welche Maßnahmen von ihnen ergriffen würden, um das Recht auf Wasser im Sinne der in General Comment 15 genannten Ziele zu verwirklichen.[810] Trotzdem hat die Frage des Zugangs zu sicherem Trinkwasser in der Arbeit des Ausschusses auch schon vorher eine

---

805 Mit Beispielen Muralidhar, The Right to Water: An Overview of the Indian Legal Regime, in Riedel/ Rothen: The Human Right to Water, S.69ff.; Fallbeispiele mit rechtlicher Würdigung gibt Fairstein, Legislation and the Right to Water in Argentina, in Riedel/ Rothen, The Human Right to Water, S.97f.

806 General Comment 15, para.14.

807 Filmer-Wilson, The Human Right to Water and the Human Rights-Based Approach to Development, in Riedel/ Rothen, The Human Right to Water, S.59; mit Beispielen Fairstein, Legislation and the Right to Water in Argentina, in Riedel/ Rothen, The Human Right to Water, S.95ff.

808 CESCR: The right to water, E/C.12/2002/11, 20.Januar 2003.

809 General Comment 15, para.3.

810 Serbien, List of issues: Serbia, E/C.12/Q/SEMO/1, 18. Dezember 2003, para.37; Italien, List of issues: Italy, E/C.12/Q/ITA/2, 18. Dezember 2003, para.25; Polen, Summary Record of the 34th meeting: Poland, E/C.12/2002/SR.34, 19. November 2002, para.47 mit dem Hinweis, daß ein General Comment bald verabschiedet werde; Russische Föderation, List of issues: Russian Federation, E/C.12/Q/RUS/2, 14.Januar 2003, paras.32,37.

wichtige Rolle gespielt. Während des *Day of General Discussion* in der 17. Sitzungsperiode, an dem der normative Gehalt des Rechts auf ausreichende Ernährung diskutiert wurde, wurde Wasser als Element des Kerngehalts des Rechts auf Ernährung benannt.[811] Als Unterpunkte des Rechts auf Unterkunft ebenso wie des Rechts auf Gesundheit wurden die Wasserversorgung und auch das Fehlen sanitärer Einrichtungen im Staatenberichtsverfahren regelmäßig thematisiert.[812] Die Mitgliedstaaten wurden aufgefordert, Maßnahmen zu ergreifen,

---

[811] *Day of General Discussion: Normative Content of the Right to Food*, Report on the sixteenth and seventeenth sessions (28 April – 16 May 1997, 17 November – 5 December 1997), E/1998/22, 20.Juni 1998, para.486.

[812] Dominikanische Republik, Report on the tenth and eleventh sessions (2 - 20 May 1994, 21 November – 9 December 1994), E/C.12/1994/20, para.319; Mali, Report on the tenth and eleventh sessions (2 - 20 May 1994, 21 November – 9 December 1994), E/C.12/1994/20, para.350; Kolumbien, Report on the twelfth and thirteenth sessions 1 - 19 May 1995, 20 November - 8 December 1995), E/C.12/1995/18, para.200, Panama, Report on the twelfth and thirteenth sessions 1 - 19 May 1995, 20 November - 8 December 1995) Annex V, E/C.12/1995/18, para.26; Guatemala, Report on the fourteenth and fifteenth sessions, (30 April – 17 May 1996, 18 November – 6 December 1996), E/C.12/1996/6, para.134; El Salvador, Report on the fourteenth and fifteenth sessions, (30 April – 17 May 1996, 18 November – 6 December 1996), E/C.12/1996/6, para.179; Guinea, Report on the fourteenth and fifteenth sessions, (30 April – 17 May 1996, 18 November – 6 December 1996), E/C.12/1996/6, para.206; Dominikanische Republik, Report on the sixteenth and seventeenth sessions (28 April – 16 May 1997, 17 November – 5 December 1997), E/1998/22, 20.Juni 1998, para.222 – die Staatenvertreter hatten in der Diskussion angegeben, daß es viele Gegenden ohne Versorgung mit sicherem Trinkwasser gebe und es unter den armen Bevölkerungsschichten hohe Kindersterblichkeit aufgrund von Dehydrierung gebe: Dominikanische Republik, Summary record of the 31st meeting: Dominican Republic, E/C.12/1997/SR.31, 21. November 1997, paras.2f.; Nigeria, Report on the eighteenth and nineteenth sessions (27 April-15 May 1998, 16 November-4 December 1998), E/1999/22, 31.Mai 1999, para.121, Israel, Report on the eighteenth and nineteenth sessions (27 April-15 May 1998, 16 November-4 December 1998), E/1999/22, 31.Mai 1999, paras.236,252,254; Solomon Islands, Report on the twentieth and twenty-first sessions (26 April-14 May 1999, 15 November-3 December 1999), E/C.12/1999/11, para.205; Kamerun, Report on the twentieth and twenty-first sessions (26 April-14 May 1999, 15 November-3 December 1999), E/C.12/1999/11, para.336; Mexiko, Report on the twentieth and twenty-first sessions (26 April-14 May 1999, 15 November-3 December 1999), E/C.12/1999/11, para.389; Kongo, Report on the twenty-second, twenty-third and twenty-fourth sessions (25 April-12 May 2000, 14 August-1 September 2000, 13 November-1 December 2000), E/C.12/2000/21, para.206; Kirgistan, Report on the twenty-second, twenty-third and twenty-fourth sessions (25 April-12 May 2000, 14 August-1 September 2000, 13 November-1 December 2000), E/C.12/2000/21, para.249. Aufschlußreich ist auch der Dialog zwischen den Staatenvertretern von Uruguay und dem Ausschuß, wo Angaben über die Prozentzahl der Einwohner mit Wasserversorgung auf Nachfrage sehr relativiert werden: Uruguay, Summary record of the 44th meeting: Uruguay, E/C.12/1997/SR.44, 3.Dezember 1997, paras.13,16,18,19; Mexiko, Summary record of the 33rd meeting: Mexico, E/C.12/1993/SR.33, 11.November 1994, paras.17,18,23.

um eine Versorgung ihrer Bevölkerung mit ausreichendem und sicherem Trinkwasser zu gewährleisten.[813]

(1) Aufbau der Staatenberichte zum Recht auf ausreichende Ernährung nach den Reporting Guidelines

Die *Reporting Guidelines*, die aus dem Jahr 1991 stammen, enthalten keinen eigenen Fragenkatalog zum Recht auf Wasser. Einige Aspekte sind in die Fragen zu den Rechten auf Ernährung und Unterbringung integriert. So beinhaltet der Katalog zum Recht auf Unterbringung die Frage nach der Anzahl der Personen, die in Häusern ohne Wasseranschluß wohnen.[814] Zum Recht auf Gesundheit wird nach dem Anteil der Bevölkerung ohne Zugang zu sicherem Wasser und sanitären Einrichtungen gefragt.[815] Es gilt für das Recht auf Wasser die auf alle Rechte des Art. 11 IPWSKR bezogene Frage, welche Probleme es bei der Umsetzung des Rechts gibt und welche Rolle internationale Hilfe spielt.[816]

(2) Staatenberichte, „List of Issues“ und „Concluding Observations“

Das Recht auf Wasser wurde vielfach auch schon vor dem Jahr 2002 eigenständig behandelt. So drückte der Ausschuß regelmäßig seine Besorgnis darüber aus, daß in Mitgliedstaaten größere Teile der Bevölkerung keinen Zugang zu ausreichendem und sicheren Trinkwasser hatten, ohne sich dafür auf das Recht

---

[813] Dominikanische Republik, Report on the tenth and eleventh sessions (2 - 20 May 1994, 21 November – 9 December 1994), E/C.12/1994/20, para.332; El Salvdor, Report on the fourteenth and fifteenth sessions, (30 April – 17 May 1996, 18 November – 6 December 1996), E/C.12/1996/6, para.206; Russische Föderation, Report on the sixteenth and seventeenth sessions (28 April – 16 May 1997, 17 November – 5 December 1997), E/1998/22, 20.Juni 1998, para., 124; Israel, Report on the eighteenth and nineteenth sessions (27 April-15 May 1998, 16 November-4 December 1998), E/1999/22, 31.Mai 1999, paras.258, 268; Kamerun, Report on the twentieth and twenty-first sessions (26 April-14 May 1999, 15 November-3 December 1999), E/C.12/1999/11, para.336; Jmen, Concluding observations of the Committee on Economic, Social and Cultural Rights: Yemen, E/C.12/1/Add.92, 12. Dezember 2003, para.38.

[814] *Revised general guidelines regarding the form and contents of reports to be submitted by states parties under articles 16 and 17 of the International Covenant on Economic, Social and Cultural Rights*, E/C.12/1991/1, 17. Juni 1991, zuletzt enthalten in *Reporting Guidelines:* Compilation of Guidelines on the Form and Content of Reports to be Submitted by States Parties to the International Human Rights Treaties, HRI/GEN/2/Rev.3, 8.Mai 2006, para.44 b ii.

[815] *Reporting Guidelines*: Compilation of Guidelines on the Form and Content of Reports to be Submitted by States Parties to the International Human Rights Treaties, HRI/GEN/2/Rev.3, 8.Mai 2006, S.19, para.50 b, c.

[816] Compilation of guidelines on the form and content of reports to be submitted by State Parties to the International Human Rights Treaties, HRI/GEN/2/Rev.3, 8. Mai 2006, S.19, paras.45, 46.

auf Unterbringung oder Gesundheit zu stützen.[817] Auch nennt der Ausschuß Zugang zu Trinkwasser ausdrücklich als Bestandteil eines angemessenen Lebensstandards.[818]

Seltener als bei der Besprechung des Rechts auf Ernährung werden beim Recht auf Wasser die Umstände von besonders gefährdeten Gruppen thematisiert.[819] Zum Teil werden Probleme angesprochen, die mit Wassermangel und unsicherem Trinkwasser in Zusammenhang stehen, wie Umweltzerstörung und

---

[817] Guatemala, Report on the fourteenth and fifteenth sessions (30 April – 17 May 1996, 18 November – 6 December 1996), E/C.12/1996/6, para.134; Guinea, Report on the fourteenth and fifteenth sessions, (30 April – 17 May 1996, 18 November – 6 December 1996), E/C.12/1996/6, para.235; Russische Föderation, Report on the sixteenth and seventeenth sessions (28 April – 16 May 1997, 17 November – 5 December 1997), E/1998/22, 20.Juni 1998, para.111; Dominikanische Republik, Report on the sixteenth and seventeenth sessions (28 April – 16 May 1997, 17 November – 5 December 1997), E/1998/22, 20.Juni 1998, para.239; Irak, Report on the sixteenth and seventeenth sessions (28 April – 16 May 1997, 17 November – 5 December 1997), E/1998/22, 20.Juni 1998, paras.265f.; Aserbaidschan, Report on the sixteenth and seventeenth sessions (28 April – 16 May 1997, 17 November – 5 December 1997), E/1998/22, 20.Juni 1998, para.340, 354: hier wird das Wasser schon gleichberechtigt neben Ernährung und Unterbringung als Elemente des Rechts auf einen angemessenen Lebensstandard gestellt; Report on the eighteenth and nineteenth sessions (27 April-15 May 1998, 16 November-4 December 1998), E/1999/22, 31.Mai 1999, para.392. Sehr deutlich zu Jordanien, indem der Ausschuß anmerkt, daß Wassermangel den Staat daran hindert, die Verpflichtungen aus dem Sozialpakt voll zu erfüllen: Report on the twenty-second, twenty-third and twenty-fourth sessions (25 April-12 May 2000, 14 August-1 September 2000, 13 November-1 December 2000), E/C.12/2000/21, para.229; Marokko, Report on the twenty-second, twenty-third and twenty-fourth sessions (25 April-12 May 2000, 14 August-1 September 2000, 13 November-1 December 2000), E/C.12/2000/21, para.537.

[818] Tunesien, Report on the twentieth and twenty-first sessions (26 April-14 May 1999, 15 November-3 December 1999), E/C.12/1999/11, para.168; Marokko, Report on the twenty-second, twenty-third and twenty-fourth sessions (25 April-12 May 2000, 14 August-1 September 2000, 13 November-1 December 2000), E/C.12/2000/21, para.561.

[819] Zum Beispiel bei der Besprechung der Lage der Ureinwohner von Kanada, deren Siedlungen zum Teil ohne Wasseranschluß sind: Report on the eighteenth and nineteenth sessions (27 April-15 May 1998, 16 November-4 December 1998), E/1999/22, 31.Mai 1999, para.392; sowie der indigenen Bevölkerung von Mexiko, Summary record of the 33rd meeting: Mexico, E/C.12/1993/SR.33, 11.November 1994,paras.6,9 und der Russischen Föderation: Russische Föderation, List of issues: Russian Federation, E/C.12/Q/RUS/2, 14.Januar 2003, para.12; oder bei der Besprechung der Situation von nicht-jüdischen Einwohnern in Israel, Report on the eighteenth and nineteenth sessions(27 April-15 May 1998, 16 November-4 December 1998), E/1999/22, 31.Mai 1999, para.236; auf die Lage von insbesondere weiblichen Häftlingen im Jemen in Concluding observations of the Committee on Economic, Social and Cultural Rights: Yemen, E/C.12/1/Add.92, 12. Dezember 2003, paras.18, 37.

Pestizidbelastung des Wassers,[820] aber auch die Privatisierung der Trinkwasserversorgung in den Mitgliedstaaten.[821]

(3) Bewertung

Die Fragen und Antworten zum Recht auf Wasser sind weniger ausdifferenziert als diejenigen zum Recht auf Ernährung. Der Grund mag darin liegen, daß das Bewußtsein sowohl des Ausschusses als auch der Mitgliedstaaten dafür, daß das Recht auf Wasser ein Menschenrecht ist, seit der Verabschiedung des General Comments 15 zwar nachhaltig geweckt wurde, aber trotzdem noch nicht den Grad der Akzeptanz erreicht hat, den die explizit im Sozialpakt genannten Rechte genießen.

3. Das Recht auf eine ausreichende Unterbringung

Das Recht auf Unterbringung wird nicht nur im Sozialpakt gewährleistet, sondern auch in mehreren anderen internationalen Dokumenten.[822] Die Ausprägung des Rechtes auf Unterbringung, wie sie im Sozialpakt enthalten ist, findet jedoch die größte Beachtung.[823] Der Ausschuß widmet diesem Recht besondere Aufmerksamkeit.[824] Dies zeigt sich insbesondere in seinem General Comment 4, der sich eingehend mit dem Recht auf Unterbringung beschäftigt. Sechs Jahre später folgte General Comment 7, der sich mit *forced evictions*, also Zwangsräumungen beschäftigt. Die Menschenrechtskommission ernannte *Miloon*

---

[820] Jemen, Concluding observations of the Committee on Economic, Social and Cultural Rights: Yemen, E/C.12/1/Add.92, 12. Dezember 2003, para.19; Dominikanische Republik, Summary record of the 31st meeting: Dominican Republic, E/C.12/1997/SR.31, 21. November 1997, paras.6, 9; Russische Föderation, Summary record of the public part of the 14th meeting: Peru, Russian Federation, E/C.12/1997/SR.14, 24.Juni 1997, paras.10,15.

[821] Malta, Summary record (partial) of the 33rd meeting: Malta, E/C.12/2004/SR.33, 15.November 2004, paras.33f.; Benin, Summary record of the first part (public) of the 10th meeting: Benin, E/C.12/2002/SR.10, 14.Mai 2002, paras.14f.

[822] Art. 25 (1) AEMR, Art. 5 e iii CERD, Art. 14 (2) CEDAW, Art. 27 (3) CRC und andere, vgl. die Aufstellung bei Leckie, The Right to Housing, in Eide/Krause/Rosas: Economic, Social and Cultural Rights, S.151f.; Human Rights Fact Sheet Nr.21: The Right to Adequate Housing, Annex 1 oder Report of the Special Rapporteur on adequate housing as a component of the right to an adequate standard of living, Mr. Miloon Kothari, submitted pursuant to Commission resolution 2000/9, E/CN.4/2001/51, 25. Januar 2001, paras.13ff.

[823] Craven: The International Covenant on Economic, Social and Cultural Rights, S.330.

[824] Kabir, Development and Human Rights: Litigating the Right to Adequate Housing, Asia Pacific Journal on Human Rights, S.104; siehe dazu auch Kothari, UN Special Rapporteur on the Right to Adequate Housing: Priority Issues and Impediments to Realizing the Right to Adequate Housing, in Goldewijk *et al.*: Dignity and Human Rights, S.63ff.

Kothari zum Sonderberichterstatter für das Recht auf Unterbringung und bestätigte damit ebenfalls die Wichtigkeit dieses Rechts.[825]

Ursprünglich sollte die Formulierung des Art. 11 (1) IPWSKR lauten: „Les Etats parties au présent Pacte reconnaissent le droit de toute personne à un meilleur niveau de vie, y compris des conditions de logements suffisantes."[826] Diskutiert wurde, ob die Unterbringung „angemessen und ausreichend" oder „menschenwürdig" sein müsse.[827] Angenommen wurde schließlich der Vorschlag conditions de logement suffisantes.[828] Da „ausreichend" im Deutschen eher in quantitativer Hinsicht gebraucht wird, wäre hier eine Übersetzung mit „adäquat" oder „angemessen" passender gewesen.[829]

a) Aktuelle Situation

„My home is my castle". Dieses alte englische Sprichwort sagt viel über den hohen materiellen und immateriellen Wert einer Unterbringung aus, die die Bezeichnung „home", also „Heim" oder „Zuhause" verdient. Demgegenüber stehen die nüchternen Fakten. Nach Schätzungen von *Habitat*[830] leben fast 1,2 Milliarden Menschen, was ungefähr einem Fünftel der Weltbevölkerung entspricht, in Unterkünften und unter Umständen, die sowohl ungesund als auch gefährlich sind. Dazu gehören auch mehr als 100 Millionen, die obdachlos sind.[831] Die Hälfte der Weltbevölkerung genießt nicht das volle Spektrum der Rechte, deren Verwirklichung notwendig ist, damit eine Unterkunft ausreichend im Sinne des Art. 11 (1) IPWSKR ist.[832] Allein in Europa leben schätzungsweise 18 Millionen Menschen unter unzureichenden Bedingungen, wobei die Zahl

825 Commission on Human Rights, Resolution 2000/9 vom 17. April 2000.

826 Economic and Social Council, E/CN.4/SR.222, S.17.

827 Economic and Social Council, E/CN.4/SR.222, S.21.

828 Economic and Social Council, E/CN.4/SR.222, S.24; in der endgültigen Version heißt es *une nourriture, un vêtement et un logement suffisants*, siehe die französische Version des Sozialpakts unter http://www.ohchr.org/french/law/cescr.htm.

829 Die offizielle deutsche Übersetzung findet sich in BGBl. 1973 II 1569.

830 *United Nations Centre for Human Settlement*, mehr Informationen unter www.unhabitat.org.

831 Report of the Special Rapporteur on adequate housing as a component of the right to an adequate standard of living, Miloon Kothari, E/CN.4/2005/48, März 2005, S.2, 3; der Bericht beschäftigt sich eingehend mit dem Problem der Obdachlosigkeit.

832 Report of the Special Rapporteur on adequate housing as a component of the right to an adequate standard of living, Miloon Kothari, E/CN.4/2005/48, S.2, 3, März 2005.

der Kinder, die auf der Straße leben, im Jahr 2001 auf 30 – 70 Millionen geschätzt wurde, mit steigender Tendenz.[833]

Im Rahmen der Verhandlungen über den Text des Sozialpakts war die Bedeutung des Rechts auf Unterbringung ein vieldiskutierter Tagesordnungspunkt. Während von einigen Staatenvertretern wegen der Bedeutung einer angemessenen Unterkunft für jeden Menschen ein eigener Artikel für dieses Recht gefordert wurde,[834] glaubten andere, daß der Wohnungsmangel der 50er Jahre ein vorübergehendes Problem sei.[835] Diese Hoffnung hat sich nicht erfüllt.

Die Aktualität des Problems zeigt sich in der wachsenden Anzahl von Slums in den Randgebieten von Großstädten. Die Schaffung von neuem, ausreichendem Wohnraum hält mit der Urbanisierung nicht Schritt.[836]

b) Inhalt des Rechts auf Unterbringung

(1) Die Bedeutung des Rechts auf Unterbringung für die Verwirklichung der Rechte des Sozialpakts

Das Recht auf eine ausreichende Unterbringung ist das Recht jeder Frau, jedes Mannes, jedes Jugendlichen und Kindes, ein sicheres Heim und eine sichere Gemeinschaft zu gewinnen und zu erhalten, in der ein Leben in Frieden und Würde möglich ist.[837] Ebenso wie das Recht auf Ernährung gehört auch das Recht auf Unterbringung zu den grundlegendsten Rechten des Sozialpakts. Das „Recht auf Unterbringung“ meint dabei nicht nur das Recht darauf, „ein Dach über dem Kopf“ zu haben.[838] Der Begriff „Unterbringung“ oder „*housing*“ ist vielmehr in einem weiteren Kontext zu verstehen. Er beinhaltet eng mit einer ausreichenden Unterbringung verbundene Eigenheiten wie Zugang zu Trink-

---

[833] Report of the Special Rapporteur on adequate housing as a component of the right to an adequate standard of living, Mr. Miloon Kothari, E/CN.4/2001/51, 25. Januar 2001, S.3.

[834] E/CN.4/SR.222/S.19 (Morosov, UDSSR).

[835] E/CN.4/SR.222/S.22 (Whitlam, Australien).

[836] Kothari, Priority Issues and Impediments to Realizing the Right to Adequate Housing, in Goldewijk *et al.*: Dignity and Human Rights, S.63f.; weitergehende Informationen z.B. bei www.cohre.org oder www.unhabitat.org.

[837] So die „Working Definition“ des Sonderberichterstatters für das Recht auf Unterbringung, Miloon Kothari, in Report of the Special Rapporteur on adequate housing as a component of the right to an adequate standard of living, Mr. Miloon Kothari, E/CN.4/2001/51, 25. Januar 2001, para.8.

[838] Kabir, Development and Human Rights: Litigating the Right to Adequate Housing, Asia Pacific Journal on Human Rights, S.106.

wasser, zu Elektrizität und sanitären Installationen.[839] Zudem sind ohne Unterbringung der Schutz und die Erhaltung der Gesundheit und damit auch der Arbeitskraft kaum möglich.[840] Die Erfüllung des Rechts auf Unterbringung ist folglich eine elementare Voraussetzung für die Verwirklichung von anderen wirtschaftlichen, sozialen und kulturellen Rechten.[841] Zwingende Voraussetzung für die Verwirklichung des Rechts auf Unterbringung ist der Schutz vor Zwangsräumungen, die in vielen Fällen eine Verletzung des Rechts auf Unterbringung darstellen. Im Rahmen der Schutzverpflichtung der Staaten wird auf dieses Problem noch näher einzugehen sein. Bei der Diskussion von Zwangsräumungen im Rahmen des Art. 11 (1) IPWSKR wird der Terminus in einem menschenrechtlichen Sinn gebraucht und meint die zeitweilige oder permanente Verbringung von Individuen, Familien und Gemeinschaften von ihren Heimen oder dem Land, auf dem sie leben, ohne die Gewährleistung von oder den Zugang zu rechtlicher oder anderer Hilfe. Nicht hiervon umfasst sind Räumungen, die zwangsweise ausgeführt werden in Übereinstimmung mit dem Gesetz und den Vorschriften des Internationalen Pakts für wirtschaftliche, soziale und kulturelle Rechte.

(2) Essentielle Elemente des Rechts auf Unterbringung

Auch für dieses Recht ist die Frage, wann eine Unterbringung „ausreichend" ist, von Land zu Land unterschiedlich zu beantworten. Es ist in erster Linie Aufgabe der einzelnen Staaten, überwacht durch den Ausschuß, festzulegen, welche Anforderungen eine ausreichende Unterbringung erfüllen muß.[842]

In seinem vierten General Comment gibt der Ausschuß sechs Voraussetzungen vor, die eine Unterkunft als Minimum erfüllen muß, um als ausreichende Unterkunft i.S.v. Art. 11 (1) IPWSKR zu gelten. In diesem frühen Stadium (General Comment 4 ist der erste General Comment, der sich mit einem der Rechte des dritten Teils des Sozialpakts beschäftigt) faßt der Ausschuß die „ilities" unter dem Oberbegriff der „Angemessenheit" zusammen. Dies entspricht nicht der Systematik der späteren General Comments. Auch ist der natürliche Wortsinn

---

[839] Kabir, Development and Human Rights: Litigating the Right to Adequate Housing, Asia Pacific Journal on Human Rights, S.106.

[840] Marks/ Clapham: International Human Rights Lexicon: Housing, S.211.

[841] Dazu Leckie, Housing Rights and Human Development: Intertwined and Inseparable, http://hdr.undp.org/docs/publications/ocational_papers/oc21c.htm; Kabir, Development and Human Rights: Litigating the Right to Adequate Housing, Asia Pacific Journal on Human Rights, S.97ff., 104; Engels: Verbesserter Menschenrechtsschutz durch Individualbeschwerdeverfahren, S.133; zu Verbindungen zu anderen Menschenrechten auch des Zivilpakts Craven: The International Covenant on Economic, Social and Cultural Rights, S.330.

[842] Craven: The International Covenant on Economic, Social and Cultural Rights, S.345.

zu berücksichtigen: Während sich die Angemessenheit auf die Voraussetzungen bezieht, die eine Unterbringung erfüllen muß, um menschenrechtlichen Ansprüchen und insbesondere denen des Sozialpakts zu genügen, beziehen sich die „i-lities“ auf die Wohnraumsituation im Mitgliedstaat insgesamt.[843]

Damit eine Unterbringung ausreichend im Sinne des Art. 11 (1) IPWSKR ist, muß sie bewohnbar sein, das heißt ausreichend Platz und garantierten Schutz vor der Witterung und daraus resultierenden Gefahren für die Gesundheit sowie vor anderen physischen Gefahren bieten.[844] Zudem muß die Lage der Unterkunft so gewählt sein, daß Zugang zu Arbeitsplätzen und grundlegenden Dienstleistungen besteht, zugleich muß die Unterkunft entfernt sein von gesundheitsgefährdenden Schadstoffemissionen.[845]

Bezogen auf die Situation insgesamt, muß Wohnraum verfügbar, zugänglich und sicher sein. Die Verfügbarkeit von Unterbringungen erfordert den Zugang zu Diensten, Materialien, Einrichtungen und Infrastruktur, um Gesundheit, Sicherheit und Wohnlichkeit in würdigen Umständen zu garantieren.[846] Es ist ausdrücklich nicht gemeint, daß der Staat Wohnraum für alle zur Verfügung stellen muß.[847]

Die Zugänglichkeit wurde in General Comment 4 noch nicht ausdrücklich in physische und ökonomische aufgeteilt, auch die Aspekte von Zugang zu Information und Nicht-Diskriminierung wurden nicht unter die Zugänglichkeit gefaßt. Die physische Zugänglichkeit setzt voraus, daß Ansprüche auf Wohnraum durchsetzbar sind.[848] Hier gewinnt das Prinzip der Nicht-Diskriminierung an Bedeutung: Insbesondere für benachteiligte und verletzbare Gesellschaftsgruppen muß das Recht auf ausreichende Unterkunft vorrangig verwirklicht werden.[849] Die ökonomische Zugänglichkeit, vom Ausschuß als Erschwinglichkeit bezeichnet, erfordert, daß die Kosten für die Unterbringung nicht die Befriedigung anderer grundlegender Bedürfnisse gefährden dürfen.[850]

Der Zugang zu Informationen wird in General Comment 4 nicht angesprochen. Informationen, die jedem Einwohner zugänglich sein müssen, sind solche über mögliche Gefahren, welche von Unterbringungen, die nicht den Anforde-

---

[843] Dazu auch Marks/ Clapham: International Human Rights Lexicon: Housing, S.213ff.

[844] General Comment 4, para.8: *Habitability*.

[845] General Comment 4 para.8: *Location*.

[846] General Comment 4, para.8.

[847] Craven: The International Covenant on Economic, Social and Cultural Rights, S.335f.

[848] General Comment 4, para.8.

[849] General Comment 4, para.8; Craven: The International Covenant on Economic, Social and Cultural Rights, S.337.

[850] General Comment 4, para.8: *Affordability*; Craven: The International Covenant on Economic, Social and Cultural Rights, S.338.

rungen an eine ausreichende Unterkunft entsprechen, ausgehen können, sowie über die Beseitigung oder Minimierung dieser Gefahren. Ebenso müssen sowohl Mieter als auch Vermieter über ihre Rechte und Pflichten Bescheid wissen; dies gilt vor allem im Zusammenhang mit Zwangsräumungen.

Schließlich muß die Unterbringung sicher sein. Rechtlicher Schutz vor Vertreibung, Schikanen und anderen Bedrohungen muß gewährleistet sein.[851]

c) Verpflichtungen der Staaten

(1) Kernverpflichtungen

Bei den Voraussetzungen, die zur Kernverpflichtung des Rechts auf Unterbringung gehören, muß es sich um die Essenz des Rechtes auf eine Unterbringung handeln, also die Elemente, ohne die es seine substantielle Bedeutung als Menschenrecht verliert.[852] Die Anforderungen, die eine Unterbringung erfüllen muß, um nicht der substantiellen Bedeutung des Art. 11 (1) IPWSKR zuwider zu laufen, sind dahingehend zu spezifizieren, daß die Unterkunft von Menschen ohne Gefährdung oder Verletzung ihrer Menschenwürde und Gesundheit bewohnbar sein muß. Dazu gehört, daß sauberes Wasser erreichbar ist, die Räumlichkeiten bei entsprechenden klimatischen Bedingungen heizbar sind, es die Möglichkeit gibt, sanitäre Einrichtungen zu benutzen und den Müll zu beseitigen. Diese Anforderungen können auch in dem von *Nenemann* genannten und schon vorher angesprochenen Beispiel der Massai-Hütten in Afrika erfüllt sein. Die Erreichbarkeit von Trinkwasser ist von ausschlaggebender Bedeutung für die Errichtung eines Lagers. Die Frage nach der Möglichkeit, Müll zu beseitigen, stellt sich nicht, soweit nur organischer Abfall produziert wird und dieser als „selbstentsorgend“ betrachtet werden kann. Das Problem der Müllentsorgung hat aber inzwischen die meisten Bevölkerungsgruppen erreicht.

Der Ausschuß weist zudem auf Mindestverpflichtungen hin, die in der „*UN Shelter Strategy to the Year 2000 (GSS)*“[853] aufgeführt sind. Demnach muß eine Wohnung Zugang zu Wasser, Heizmöglichkeiten (wenn notwendig), Müllentsorgung, sanitären Anlagen, Elektrizität und postalen Diensten haben, sofern solche Annehmlichkeiten für das jeweilige Land relevant sind. Zudem dürfen

---

[851] General Comment 4, para.8: *Security*; Craven: The International Covenant on Economic, Social and Cultural Rights, S.339.

[852] Nach Chapman/ Russell, Introduction, in Chapman/ Russell: Core Obligations: Building a Framework for Economic, Social and Cultural Rights, S.9; allgemein dazu Örücü, The Core of Rights and Freedoms: The Limit of Limits, in Campbell *et al.*: Human Rights: From Rhetoric to Reality, S.37ff.

[853] Official Records of the General Assembly, A 43/8/Add.1, 6. Juni 1988.

Unterbringungen nicht überfüllt, feucht, baufällig oder gesundheitsgefährdend sein.[854] Folgende sieben Bestandteile werden als konstituierend für die Kernverpflichtung des Rechts auf Unterbringung benannt: (1) rechtliche Sicherheit des Wohnraumbesitzes, (2) Verfügbarkeit von Dienstleistungen, Infrastruktur und Rohstoffen, (3) Erschwinglichkeit, (4) Bewohnbarkeit, (5) Zugänglichkeit, (6) Lage, (7) Angemessenheit nach kulturellen Gesichtspunkten, wobei die Reihenfolge der aufgezählten Faktoren hier beliebig ist.[855]

Die unverzügliche Umsetzung dieser Standards ist mehr als fraglich. In vielen Ländern ist noch nicht einmal der Zugang zu sauberem Trinkwasser gesichert, noch viel weniger haben die Einwohner Zugang zu Elektrizität oder gar Möglichkeiten der geregelten Müllentsorgung. Die Konsequenz daraus ist, daß eine erhebliche Anzahl von Staaten ihre Kernverpflichtung aus dem Recht auf Unterbringung nicht erfüllt und ihnen damit *prima facie* die Verletzung ihrer Verpflichtungen aus Art. 11 (1) IPWSKR vorzuwerfen ist.

In seinem ersten General Comment zum Recht auf Unterbringung nennt der Ausschuß bestimmte Schritte, die ungeachtet des Entwicklungsstandes eines Landes unverzüglich verwirklicht werden müssen. Auch wenn hier der Ausdruck „Kernverpflichtung" nicht ausdrücklich fällt, deutet die Umschreibung auf die Verwendung dieses Konzeptes hin. Als einen der sofort zu verwirklichenden Schritte werden die Mitgliedstaaten des Sozialpakts aufgefordert, sich „gewisser Praktiken" zu enthalten sowie betroffenen Gruppen den Zugang zu Möglichkeiten der Selbsthilfe zu erleichtern.[856]

(2) Achtungs-, Schutz- und Erfüllungspflichten

Der Sozialpakt verpflichtet die Staaten nicht, das Recht auf ausreichende Unterbringung unverzüglich umzusetzen. Vielmehr steht auch die Verwirklichung dieses Rechts unter dem Vorbehalt der progressiven Verwirklichung gemäß Art. 2 (1) IPWSKR. Das Recht auf Unterbringung korrespondiert auch nicht mit einer Pflicht der Staaten, für alle Einwohner Häuser zu bauen oder kostenlose Wohnungen zur Verfügung zu stellen.[857] Vielmehr existiert, wie auch für die anderen Rechte, eine mehrstufige Verpflichtung, die von Achtung über Schutz bis zur Erfüllung reicht.[858]

---

[854] Craven: The International Covenant on Economic, Social and Cultural Rights, S.345.

[855] General Comment 4, para.8; dazu auch Kabir, Development and Human Rights: Litigating the Right to Adequate Housing, Asia Pacific Journal on Human Rights, S.105.

[856] General Comment 4, para.10.

[857] General Comment 4 para.14; Report of the Special Rapporteur on adequate housing as a component of the right to an adequate standard of living, Mr. Miloon Kothari, E/CN.4/2002/59, 1. März 2002, para.26 (a) und (b).

[858] General Comment 4, paras.14ff.

(aa) Achtungspflichten

Im Rahmen der Achtungsverpflichtung hat der Staat inklusive aller seiner Organe und Vertreter Maßnahmen, seien sie politischer, gesetzlicher oder tatsächlicher Natur, zu unterlassen, die das Recht auf Unterbringung gefährden können.[859] Zu nennen sind insbesondere die Zerstörung von vorhandenem Wohnraum im Rahmen der „Um- und Neugestaltung" von Städten[860] oder Maßnahmen, die Personen davon abhalten, alle zur Verfügung stehenden Materialien und Ressourcen zu nutzen, um eine Unterkunft für sich und ihre Familien zu schaffen.[861]

Das Problem der Zwangsräumungen[862] erfordert im Rahmen der Achtungsverpflichtung die besondere Aufmerksamkeit der Mitgliedstaaten. Zwangsräumungen sollen, soweit möglich, vermieden werden. Sind Zwangsräumungen zum Schutz der Rechte anderer Personen unumgänglich, dürfen sie nur unter gesetzlichen Voraussetzungen durchgeführt werden, unter strikter Wahrung des Grundsatzes der Verhältnismäßigkeit.[863] In General Comment 7 sind Voraussetzungen festgehalten, die die gesetzlichen und sonstigen Regelungen, durch die die Durchführung von Zwangsräumungen geregelt wird, erfüllen müssen, um den Anforderungen des Art. 11 (1) IPWSKR gerecht zu werden: Gesetzliche Regelungen müssen effektiven Schutz vor widerrechtlichen Zwangsräumungen bieten. Dazu gehören Maßnahmen, die Bewohnern von Häusern und Land größtmöglichen Schutz bieten, konform zum Sozialpakt sind und restriktive Voraussetzungen für die Durchführung von Zwangsräumungen vorsehen.[864] Immer ist der Grundsatz der Verhältnismäßigkeit zu wahren und der Einsatz von unmittelbarem Zwang so weit wie möglich zu vermeiden.[865] Die Gesetzgebung muß alle Personen binden, die vom Staat autorisiert werden, Zwangsräumungen durchzuführen. Dieselben Voraussetzungen müssen auch für Zwangsräumungen gelten, die von Dritten ausgeführt werden. Bei Verstößen gegen die Regelungen müssen Sanktionsmöglichkeiten vorgesehen sein, die den Betroffe-

---

[859] Leckie, The Human Right to Adequate Housing, in Eide/Krause/Rosas: Economic, Social and Cultural Rights, S.155f.

[860] Ausführliche Informationen unter http://www.cohre.org; vgl. auch das Beispiel des *Titipara basti* in Bangladesh, dargestellt in Kabir, Development and Human Rights: Litigating the Right to Adequate Housing, Asia Pacific Journal on Human Rights, S.112f.

[861] Leckie, The Human Right to Adequate Housing, in Eide/Krause/Rosas: Economic, Social and Cultural Rights, S.155f.

[862] Dazu ausführlich Report of the Special Rapporteur on adequate housing as a component of the right to an adequate standard of living, Miloon Kothari, E/CN.4/2004/48, 8. März 2004.

[863] General Comment 7, paras.8, 14.

[864] General Comment 7, para.9.

[865] General Comment 7, para.14.

nen auch offen stehen. Die Mitgliedstaaten müssen ihre Gesetzgebung und Politik auf die Vereinbarkeit mit diesen Vorgaben überprüfen,[866] um so einen Ausgleich zwischen Besitzer (zumeist Mieter) und Eigentümer zu finden.[867]

(bb) Schutzpflichten

Im Rahmen der Schutzverpflichtung ist es Aufgabe der Staaten, das Recht auf Unterbringung vor Beeinträchtigungen durch Dritte zu schützen. Es ist sicherzustellen, daß keine Maßnahmen getroffen werden, durch die das Recht auf ausreichende Unterbringung unterlaufen oder behindert wird.[868] In diesem Kontext ist der Staat aufgefordert, Verletzungen des Rechts, sei es durch Private oder sonstige nichtstaatliche Akteure, zu verhindern. So sind insbesondere Mieter vor rechtswidrigen Handlungen und Willkür der Hauseigentümer und Vermieter zu schützen.[869] Hier kann auch eine Pflicht der Legislative zu gesetzlichen Reformen entstehen.[870] Voraussetzung für all dies ist aber zunächst, daß der Staat sich seiner Verpflichtung bewußt wird und Strategien erarbeitet, wie er Beeinträchtigungen und Verletzungen des Rechts auf Unterbringung in seinem Wirkungskreis begegnen kann.[871]

Das Argument von Staaten, daß ihnen nicht genügend Ressourcen zur Verfügung stünden, um für alle Einwohner Wohnungen zu bauen, geht deshalb offensichtlich in die falsche Richtung: Art. 11 (1) IPWSKR verpflichtet die Staaten erst im Rahmen der Erfüllungsverpflichtung, selbst als Bauherr tätig zu werden. Diese Verpflichtung kann Teil der Kernverpflichtung sein, wenn es in einem Mitgliedstaat auf andere Weise nicht möglich ist, den Einwohnern genügend Wohnraum zur Verfügung zu stellen, der den Anforderungen, die in der Kernverpflichtung des Rechts auf eine ausreichende Unterbringung formuliert sind, entspricht. Das wird jedoch die Ausnahme bleiben: In erster Linie ist es den Staaten auferlegt, Bedingungen zu schaffen, unter denen es möglich ist, das Recht auf Unterbringung selbst zu verwirklichen.[872] Zwar wird der Staat, auch

---

[866] General Comment 7, para.9.

[867] Craven: The International Covenant on Economic, Social and Cultural Rights, S.339.

[868] Human Rights Fact Sheets Nr.21: The Right to Adequate Housing, S.15f.

[869] Leckie, The Human Right to Adequate Housing, in Eide/Krause/Rosas: Economic, Social and Cultural Rights, S.157.

[870] Leckie, The Human Right to Adequate Housing, in Eide/Krause/Rosas: Economic, Social and Cultural Rights, S.156.

[871] So auch Leckie, The Human Right to Adequate Housing, in Eide/Krause/Rosas: Economic, Social and Cultural Rights, S.156.

[872] Robertson, Measuring State Compliance with the Obligation to Devote the "Maximum Available Resources" to Realizing Economic, Social and Cultural Rights, Human Rights Quarterly 16 (1994), S.699.

wenn die Schaffung und Erhaltung von Wohnraum hauptsächlich durch den privaten Sektor geschieht, nicht aus seiner Verantwortung entlassen, diesen zu kontrollieren und, sollten Verletzungen des Rechts auf eine ausreichende Unterbringung durch Private auftreten, zu reglementieren. Jedoch ist diese Verpflichtung weit weniger kostenintensiv und ressourcenverbrauchend als das Tätigwerden des Staates selbst im Rahmen der Erfüllungsverpflichtung.

So muß der Staat einen rechtlichen und politischen Schwerpunkt darauf legen, daß das Recht auf Unterbringung erfüllt wird.[873] Dazu darf die Politik eines Landes nicht allein darauf ausgelegt sein, die Unterbringungssituation derjenigen zu verbessern, deren Lage vom Ausgangspunkt her schon günstig ist.[874]

Auch bei der Umsetzung der Schutzpflichten wird das Problem von Zwangsräumungen relevant. Der Staat muß sicherstellen, daß keine widerrechtlichen Zwangsräumungen von Dritten durchgeführt werden.[875] Gesetzgebung wird hierbei in vielen Fällen nicht ausreichend sein, weswegen Staaten auch dazu verpflichtet sein können, tatsächliche Maßnahmen zum Schutz der Betroffenen zu erreichen. Diese können zum Beispiel in einer effektiven Hilfe für Betroffene durch die örtliche Polizei bestehen. In Fällen, in denen Dritte nach der nationalen Gesetzeslage und in Konformität mit den Vorgaben des Sozialpakts Zwangsräumungen durchführen können, muß der Staat seiner Schutzpflicht in der Weise gerecht werden, daß er Kontrollmaßnahmen ergreift, um sicherzustellen, daß der Grundsatz der Verhältnismäßigkeit gewahrt bleibt und kein unnötiger Zwang angewendet wird.[876]

(cc) Erfüllungspflichten

Letztendlich hat auch das Recht auf Unterbringung für den Staat eine Erfüllungsdimension. Diese Verpflichtung ist die problematischste der Verpflichtungstrias, da sie, wenn der Staat als Versorger tätig werden muß, positives Tun und finanziellen Einsatz des Staates verlangt. Maßnahmen, um die Erfüllungspflichten zu erfüllen, sind öffentliche Ausgaben zur Förderung des (sozialen) Wohnungsbaus, Unterstützungen, die es finanziell schlecht gestellten Gruppen

---

[873] Leckie, The Human Right to Adequate Housing, in Eide/Krause/Rosas: Economic, Social and Cultural Rights, S.156.

[874] General Comment 4, para.11; Leckie, The Human Right to Adequate Housing, in Eide/Krause/Rosas: Economic, Social and Cultural Rights, S.156f.

[875] General Comment 7, para.8.

[876] General Comment 7, para.14.

ermöglichen, ihre Miete zu zahlen, eine Kontrolle des Mietspiegels oder lenkend eingesetzte Steuern.[877]

Schließlich verlangt die Generalversammlung der Vereinten Nationen von den Staaten, eine Strategie zu entwickeln, um den Problemen bei der Unterbringung ihrer Einwohner zu begegnen.[878] Erforderlich hierfür ist ein Aktionsplan, der Ziele zur Verwirklichung des Rechts auf Unterbringung und den Weg, auf dem die Ziele erreicht werden, genau beschreibt. Dafür müssen auch die verfügbaren Ressourcen und der effektivste Weg, sie zu nutzen, identifiziert werden; schließlich müssen die Verantwortlichen benannt und ein Zeitrahmen für die Implementierung der notwendigen Maßnahmen geschaffen werden.[879]

Der Staat hat somit die Pflicht, eine nationale Strategie zu entwickeln, um auf die volle Verwirklichung des Rechts auf eine ausreichende Unterbringung hinzuarbeiten.[880] Der Staat kann seinen Verpflichtungen auch auf „indirekte" Weise nachkommen, indem er den privaten Sektor ermutigt, bezahlbaren Wohnraum zur Verfügung zu stellen. Dies wird in der *„Global Strategy for Shelter to the Year 2000"* als *„enabling approach"* bezeichnet: Das Potential und die finanziellen Ressourcen nicht nur des Staates, sondern auch Privater wie Unternehmen, NGOs und kommunaler Gruppen sind zu mobilisieren, um es den Einwohnern der Mitgliedstaaten zu ermöglichen, ihre Wohnsituation selbstbestimmt zu verbessern.[881]

Erfüllungspflichten können sich für die Mitgliedstaaten auch als Folge von Zwangsräumungen ergeben. General Comment 7 spricht das Problem des Verbleibs von Personen an, die ihre Unterkunft zwangsweise verlassen mussten: Hier ist der Staat aufgefordert, dafür zu sorgen, daß gegebenenfalls Entschädigungen gezahlt werden und, falls Obdachlosigkeit droht, Unterkünfte zur Verfügung gestellt werden.[882]

---

[877] Aufzählung (erweitert) nach Leckie, The Human Right to Adequate Housing, in Eide/Krause/Rosas: Economic, Social and Cultural Rights, S.157f., siehe auch Human Rights Fact Sheets Nr.21: The Right to Adequate Housing, S.16.

[878] Global Strategy for Shelter to the Year 2000, A/43/8/Add.1, S.19, dazu Human Rights Fact Sheets Nr.21: The Right to Adequate Housing, S.11f.

[879] Siehe zu den genauen Voraussetzungen des zu erstellenden Aktionsplans die Ausführungen der *Commission on Human Settlements* in der *Global Strategy for Shelter to the Year 2000*, A/43/8/Add.1 vom 6. Juni 1988, S.19.

[880] Leckie, The Human Right to Adequate Housing, in Eide/Krause/Rosas: Economic, Social and Cultural Rights, S.157.

[881] Global Strategy for Shelter for the Year 2000, A 43/8/Add.1 vom 6. Juni 1988, paras.14ff.

[882] General Comment 7, paras.13,16.

(3) Verpflichtung zur Nicht-Diskriminierung

In dem ersten General Comment zum Recht auf Unterbringung geht der Ausschuß auf das Problem der Diskriminierung von Bevölkerungsgruppen und den daraus entstehenden Problemen für die vollständige Verwirklichung der Rechte des Sozialpakts noch sehr verklausuliert ein. Unter dem Stichwort „*accessibility*" betont er, daß Unterkünfte für alle Bevölkerungsgruppen zugänglich sein müssen, insbesondere für benachteiligte Gruppen wie Kranke, Ältere, Kinder, Behinderte etc. Damit spricht er das Problem von Diskriminierungen an, ohne den Ausdruck direkt zu nennen.[883]

Weiterhin sind auf der Ebene der Achtungsverpflichtung Ungleichbehandlungen abzustellen, die es Menschen aufgrund ihres Geschlechts oder Status unmöglich machen, Unterkunft, Land oder Eigentum zu besitzen, nutzen oder auf andere Weise zu kontrollieren, oder die notwendigen Ressourcen zu erlangen, um dies zu tun.[884] Da Frauen, Kinder, alte Leute und Randgruppen unverhältnismäßig unter Zwangsräumungen leiden,[885] muß der Staat sicherstellen, daß Gesetze und politische Praxis das Recht auf eine ausreichende Unterbringung diskrimierungsfrei gewährleisten, indem er für gefährdete Gruppen wie die genannten besondere Schutzvorkehrungen trifft. Ebenso darf er keine Regelungen erlassen, die bestimmten Gruppen den Zugang zu adäquaten Wohnraum erschweren bzw. unmöglich machen.[886] Beispielhaft sind Ausländer, Frauen und ethnische Minderheiten zu nennen. Auch wenn sämtliche Maßnahmen, die der Staat zur Regelung der Unterbringungssituation trifft, frei von Diskriminierungen sind,[887] kann es notwendig sein, temporär besondere Maßnahmen zu ergreifen, um benachteiligte Personen oder Gruppen auf das gewünschte Niveau zu bringen.[888] Vor allem Frauen sind von nachteiligen Regelungen betroffen, die Eigentumsrechte und Zugangsrechte zu Eigentum und Unterkunft betreffen, so daß *de jure* und *de facto* Gleichheit hergestellt werden muß.[889]
Im Rahmen der Schutzverpflichtung muß der Staat seine Einwohner vor Diskrimierungen durch Dritte schützen, indem er Sorge dafür trägt, daß auch von

---

[883] General Comment 4, para.8.

[884] Beispiele aus General Comment 16, para.28.

[885] General Comment 7, para.10.

[886] Kabir, Development and Human Rights: Litigating the Right to Adequate Housing, Asia Pacific Journal on Human Rights, S.112f.

[887] Leckie, The Human Right to Adequate Housing, in Eide/Krause/Rosas: Economic, Social and Cultural Rights, S.156.

[888] General Comment 16, para.15; General Comment 18 des Menschenrechtsausschuß der Vereinten Nationen, in HRI/GEN/1/Rev.3, S.28 para.10.

[889] General Comment 7, para.10.

Dritten keine Individuen oder Bevölkerungsgruppen beim Zugang zu einer ausreichenden Unterkunft diskriminiert werden.

Wird der Staat im Rahmen der Erfüllungsverpflichtung als Versorger mit Wohnraum tätig, so muß dies diskriminierungsfrei Weise geschehen. Die Zuweisung des geschaffenen Wohnraums muß sich am Bedarf der Berechtigten orientieren, ohne daß sachfremde Erwägungen ausschlaggebend sein dürfen.

d) Das Recht auf ausreichende Unterbringung im Staatenberichtsverfahren

Im folgenden soll die Behandlung des Rechts auf ausreichende Unterbringung im Staatenberichtsverfahren näher beleuchtet werden. Auch hier ist Ziel der Analyse, die Nutzung des erarbeiteten normativen Gehalts des Rechts auf Unterbringung und der aus ihm erwachsenen Verpflichtungen im Staatenberichtsverfahren zu untersuchen.

Der Fragenkatalog der *Reporting Guidelines* zum Recht auf ausreichende Unterbringung[890] ist sehr ausführlich, weswegen er hier in verkürzter Form wiedergegeben wird. Einleitend sollen die Staaten detaillierte statistische Informationen über die Unterbringungssituation geben. Besonderes Augenmerk soll dabei auf den Informationen über sozial benachteiligte und gefährdete Gruppen liegen, wie Obdachlose, Personen, die in unzureichenden oder illegalen Unterkünften wohnen, Personen, deren Unterkünfte zwangsgeräumt wurden, die auf die Zuweisung einer Wohnung warten und solche, bei denen die Ausgaben für die Unterbringung einen überproportionalen Teil der zur Verfügung stehenden Mittel ausmachen.[891]

Im Anschluß daran geht es um nationale Gesetze, die die Unterbringungssituation betreffen. Hier werden vorrangig solche Gesetze angesprochen, die die Voraussetzungen für Zwangsräumungen, Standards für Gebäude und die (Um-) Verteilung von Land betreffen.[892]

Weiterhin sollen die Staaten Auskunft über Maßnahmen geben, die ergriffen wurden, um das Recht auf ausreichende Unterbringung zu verwirklichen. Dazu

---

[890] Compilation of guidelines on the form and content of reports to be submitted by State Parties to the International Human Rights Treaties, HRI/GEN/2/Rev.3, 8. Mai 2006, S.16ff., para.44.

[891] Compilation of guidelines on the form and content of reports to be submitted by State Parties to the International Human Rights Treaties, HRI/GEN/2/Rev.3, 8. Mai 2006, S.16ff., para.44 a, b i-vii.

[892] Compilation of guidelines on the form and content of reports to be submitted by State Parties to the International Human Rights Treaties, HRI/GEN/2/Rev.3, 8. Mai 2006, S.16ff., para.44 c i-xi.

gehören insbesondere der Bau von Sozialwohnungen[893] und das Budget, das der zuständigen Regierungsstelle für die Verbesserung der Unterbringungssituation zur Verfügung steht.[894] Von Interesse sind auch Änderungen in der politischen Linie, Gesetzeslage oder Staatenpraxis, die das Recht auf Unterbringung beeinflussen können.[895]

Wie bei den übrigen Rechten des Art. 11 IPWSKR auch, soll für das Recht auf Unterbringung angegeben werden, inwieweit Probleme bei der Verwirklichung auftreten und welche Rolle internationale Hilfe spielt.[896]

(1) Staatenberichte, „List of Issues" und „Concluding Observations"

Bei der Besprechung des Rechts auf ausreichende Unterbringung geht es inhaltlich hauptsächlich die zwei Hauptproblemfelder des Wohnungsmangels und der Zwangsräumungen.[897] Wohnungsmangel bringt es in den betroffenen Mitglied-

---

[893] Der Begriff „Sozialwohnungen" wird in diesem Abschnitt als Überbegriff für staatlich geförderte Wohnungen für sozial schwache Bevölkerungsgruppen gebraucht.

[894] Compilation of guidelines on the form and content of reports to be submitted by State Parties to the International Human Rights Treaties, HRI/GEN/2/Rev.3, 8. Mai 2006, S.16ff., para.44 d i-vii.

[895] Compilation of guidelines on the form and content of reports to be submitted by State Parties to the International Human Rights Treaties, HRI/GEN/2/Rev.3, 8. Mai 2006, S.16ff., para.44 e.

[896] Compilation of guidelines on the form and content of reports to be submitted by State Parties to the International Human Rights Treaties, HRI/GEN/2/Rev.3, 8. Mai 2006, S.19, paras.45, 46.

[897] Uruguay, Report on the tenth and eleventh sessions (2 - 20 May 1994, 21 November – 9 December 1994), E/C.12/1994/20, para.72; Gibraltar, ebd., para.274; Dominikanische Republik, ebd., paras.316ff.; Philippinen, Report on the twelfth and thirteenth sessions 1 - 19 May 1995, 20 November - 8 December 1995), E/C.12/1995/18, paras.116, 161; Kolumbien, ebd., para.191; Algerien, ebd., para.297; Guatemala, Report on the fourteenth and fifteenth sessions, (30 April – 17 May 1996, 18 November – 6 December 1996), E/C.12/1996/6, para.134; El Salvador, ebd., para.167; Dominikanische Republik, ebd., para.235; Aserbaidschan, Report on the sixteenth and seventeenth sessions (28 April – 16 May 1997, 17 November – 5 December 1997), E/1998/22, 20.Juni 1998, para.341; Urugay, Report on the sixteenth and seventeenth sessions (28 April – 16 May 1997, 17 November – 5 December 1997), E/1998/22, 20. Juni 1998, para.374; St.Vincent/ Grenadinen, Report on the sixteenth and seventeenth sessions (28 April – 16 May 1997, 17 November – 5 December 1997), E/1998/22, 20.Juni 1998, paras.430f.; Sri Lanka, Report on the eighteenth and nineteenth sessions (27 April-15 May 1998, 16 November-4 December 1998), E/1999/22, 31.Mai 1999, para.79; Nigeria, ebd., para. 121; Argentinien, Report on the twentieth and twenty-first sessions (26 April-14 May 1999, 15 November-3 December 1999), E/C.12/1999/11, para.268; Mexiko, ebd., para.389; Ägypten, Report on the twenty-second, twenty-third and twenty-fourth sessions (25 April-12 May 2000, 14 August-1 September 2000, 13 November-1 December 2000), E/C.12/2000/21, para. 164; Jordanien, ebd., para.256; Marokko, ebd., para.538; Bolivien, Report on the twenty-fifth,

staaten zumeist mit sich, daß die Einwohner gezwungen sind, auf Wohnraum auszuweichen, der nicht „ausreichend" im Sinne des Art. 11 (1) IPWSKR ist; ebenso kann Obdachlosigkeit die Folge sein.[898] Wann eine Wohnung „ausreichend" im Sinne des Art. 11 (1) IPWSKR ist, wurde sowohl in General Comment 4, der sich mit dem Recht auf ausreichende Unterbringung beschäftigt,[899] als auch in der *UN Shelter Strategy to the year 2000*[900] ausführlich erläutert; auf diese Anforderungen wird vom Ausschuß regelmäßig hingewiesen.[901] Bei den Zwangsräumungen steht das Problem im Vordergrund, in wie weit sie mit dem Recht auf ausreichende Unterbringung zu vereinbaren sind. Diskussionspunkte sind zum Beispiel Zwangsräumungen, die zwar nach dem nationalen Recht legal sind, bei denen die gesetzlichen Regelungen aber nicht mit Art. 11 (1) IPWSKR vereinbar sind.[902]

Ebenso ist die Diskriminierung von sozial schwachen Bevölkerungsgruppen und Randgruppen ein häufiger Kritikpunkt.[903] Zu diesen Gruppen gehören speziell Frauen, Obdachlose und Minderheiten.[904] In Staaten mit indigener Bevöl-

---

twenty-sixth and twenty-seventh sessions (23 April-11 May 2001, 13-31 August 2001, 12-30 November 2001), E/C.12/2001/17, para.276; Senegal, ebd., para.356; Panama, ebd., para.457; Ukraine, ebd., para.490; Jordanien, ebd., para.938; Algerien, ebd., para.822.

898 England/ Wales, Report on the tenth and eleventh sessions (2 - 20 May 1994, 21 November – 9 December 1994), E/C.12/1994/20, para.274; Philippinen, Report on the twelfth and thirteenth sessions 1 - 19 May 1995, 20 November - 8 December 1995), E/C.12/1995/18, paras.116, 131, 132, 161; Algerien, ebd., para.297; El Salvador, Report on the fourteenth and fifteenth sessions, (30 April – 17 May 1996, 18 November – 6 December 1996), E/C.12/1996/6, para.167.

899 General Comment 4, para.8.

900 Official Records of the General Assembly, A 43/8/Add.1, 6. Juni 1988.

901 Vergleiche die schon zitierten Staatenberichte.

902 Sri Lanka, Report on the eighteenth and nineteenth sessions (27 April-15 May 1998, 16 November-4 December 1998), E/1999/22, 31.Mai 1999, para.154, in dem Zwangsräumungen ohne Angebot von alternativem Wohnraum möglich sind.

903 Philippinen, Report on the twelfth and thirteenth sessions 1 - 19 May 1995, 20 November - 8 December 1995), E/C.12/1995/18, para.124, 126; Kanada, Report on the eighteenth and nineteenth sessions (27 April-15 May 1998, 16 November-4 December 1998), E/1999/22, 31.Mai 1999, para.389, 392; Irland, Report on the twentieth and twenty-first sessions (26 April-14 May 1999, 15 November-3 December 1999), E/C.12/1999/11, para.142: Diskriminierung von Personen mit Behinderungen; Marokko, Report on the twenty-second, twenty-third and twenty-fourth sessions (25 April-12 May 2000, 14 August-1 September 2000, 13 November-1 December 2000), E/C.12/2000/21, para.538; Nepal, Report on the twenty-fifth, twenty-sixth and twenty-seventh sessions (23 April-11 May 2001, 13-31 August 2001, 12-30 November 2001), E/C.12/2001/17, para.538; Japan, ebd., paras.592; 619.

904 Dominikanische Republik, Report on the fourteenth and fifteenth sessions, (30 April – 17 May 1996, 18 November – 6 December 1996), E/C.12/1996/6, para.233, hier rügt der Ausschuß, daß Frauen beim Wohnungsprogramm der Regierung benachteiligt würden; Irak, Report

kerung oder ethnischen Minderheiten weist der Ausschuß regelmäßig darauf hin, daß diese sowohl auf dem privaten Wohnungsmarkt als auch bei der Vergabe von öffentlichen Wohnungen benachteiligt würden und fordert die Staaten auf, den Diskriminierungen entgegenzuwirken.[905]

Abschließend ergeht an einen Großteil der Mitgliedstaaten die ausdrückliche Aufforderung, Maßnahmen zu ergreifen, um die gerügten Mißstände zu beseitigen; die Maßnahmen werden dabei vom Ausschuß zumeist sehr detailliert aufgeführt.[906] Am häufigsten gefordert werden die Schaffung von Sozialwohnun-

---

on the sixteenth and seventeenth sessions (28 April – 16 May 1997, 17 November – 5 December 1997), E/1998/22, 20.Juni 1998, para.264; Sri Lanka, Report on the eighteenth and nineteenth sessions (27 April-15 May 1998, 16 November-4 December 1998), E/1999/22, 31.Mai 1999, para.136; Kanada, Report on the eighteenth and nineteenth sessions (27 April-15 May 1998, 16 November-4 December 1998), E/1999/22, 31.Mai 1999, para.389, 392: Belgien, Report on the twenty-second, twenty-third and twenty-fourth sessions (25 April-12 May 2000, 14 August-1 September 2000, 13 November-1 December 2000), E/C.12/2000/21, para.476; Senegal, Report on the twenty-fifth, twenty-sixth and twenty-seventh sessions (23 April-11 May 2001, 13-31 August 2001, 12-30 November 2001), E/C.12/2001/17, para.341.

[905] Hong Kong, Report on the fourteenth and fifteenth sessions, (30 April – 17 May 1996, 18 November – 6 December 1996), E/C.12/1996/6, paras.350, 362 bezüglich Immigranten aus China; Israel, Report on the eighteenth and nineteenth sessions (27 April-15 May 1998, 16 November-4 December 1998), E/1999/22, 31.Mai 1999, para.236 bezüglich Einwohnern arabischer Herkunft und palästinensischen Beduinen; Deutschland, ebd., para.3117 für Sinti und Roma; Kanada, ebd., para.392 für die indigene Bevölkerung; Mexiko, Report on the twentieth and twenty-first sessions (26 April-14 May 1999, 15 November-3 December 1999), E/C.12/1999/11, para.389 ebenfalls für die indigene Bevölkerung; Italien, Report on the twenty-second, twenty-third and twenty-fourth sessions (25 April-12 May 2000, 14 August-1 September 2000, 13 November-1 December 2000), E/C.12/2000/21, paras.116, 129: Diskriminierung von Roma – das Problem wurde 2004 erneut angesprochen udn gerügt: Concluding observations of the Committee on Economic, Social and Cultural Rights: Italy, E/C.12/1/Add.103, 14. Dezember 2004, paras.24f.; Australien, ebd., para.380: Diskriminierung der Aborigines; Venezuela, Report on the twenty-fifth, twenty-sixth and twenty-seventh sessions (23 April-11 May 2001, 13-31 August 2001, 12-30 November 2001), E/C.12/2001/17, para.85: Diskriminierung der indigenen Bevölkerung; ebenso in Bolivien, ebd., para.269; Japan, ebd., paras.592, 619; Tschechische Republik, Concluding observations of the Committee on Economic, Social and Cultural Rights: Czech Republic, E/C.12/1/Add.76, 5. Juni 2002, para.12: Diskriminierung von Roma.

[906] Belgien, Report on the tenth and eleventh sessions (2 - 20 May 1994, 21 November – 9 December 1994), E/C.12/1994/20, para.157 mit der Aufforderung, mehr Sozialwohnungen zu schaffen, einen Ausschuß einzusetzen, der sich mit der Problematik des Wohnungsmangels beschäftigt und der Diskriminierung von ethnischen Minderheiten entgegenzuwirken; Hong Kong, ebd., para.302 mit der Aufforderung, mehr auch für sozial schwache Gruppen bezahlbaren Wohnraum zu schaffen, diese Diskussion beinhaltete auch die Rüge, daß Statistiken beschönigt seien: Hong Kong, Summary Record of the 37th meeting: United Kingdom of Great Britain and Northern Ireland, E/C.12/1994/SR.37, 30. November 1994, paras.7, 10, 15, 30, 32, 45 ; Dominikanische Republik, ebd., para.313, in dem die Schaffung von Sozialwoh-

gen und die Erstellung eines Aktionsplans, um den nationalen Problem zu begegnen.[907] Der Ausschuß weist in vielen Fällen darauf hin, daß staatliche Maßnahmen, die schon getroffen wurden, nicht ausreichen, nicht ausreichend umgesetzt werden, die Umsetzung nicht ausreichend überwacht wird oder sogar kontraproduktive Maßnahmen ergriffen wurden.[908]

---

nungen gelobt wird, aber verbunden mit der Aufforderung in para.327, Wohnraum für Leute zu schaffen, die in Not- oder unzureichenden Unterkünften leben; Gibraltar, ebd., para.331; Republik Korea, ebd., para.83; Portugal, ebd., para.99; Portugal, Report on the twelfth and thirteenth sessions 1 - 19 May 1995, 20 November - 8 December 1995), E/C.12/1995/18, para.99; Philippinen, ebd., paras.118, 124, 126 mit dem Hinweis des Ausschusses, daß zur Schaffung von bezahlbarem Wohnraum der private Sektor miteinbezogen werden solle; Algerien, ebd., para.302; El Salvador, Report on the fourteenth and fifteenth sessions, (30 April – 17 May 1996, 18 November – 6 December 1996), E/C.12/1996/6, para.179: Schaffung von Wohnraum für Personen mit niedrigem Einkommen; Dominikanische Republik, Report on the fourteenth and fifteenth sessions, (30 April – 17 May 1996, 18 November – 6 December 1996), E/C.12/1996/6, para.236; Simbabwe, Report on the sixteenth and seventeenth sessions (28 April – 16 May 1997, 17 November – 5 December 1997), E/1998/22, 20.Juni 1998, para.84; Aserbaidschan, Report on the sixteenth and seventeenth sessions (28 April – 16 May 1997, 17 November – 5 December 1997), E/1998/22, 20.Juni 1998, para.341; Sri Lanka, Report on the eighteenth and nineteenth sessions (27 April-15 May 1998, 16 November-4 December 1998), E/1999/22, 31.Mai 1999, para.163, hier wird die Ergänzung der gesetzlichen Regelung über Zwangsräumungen gefordert, damit sie den Anforderungen des Art. 11 (1) IPWSKR genügt; in Deutschland, Report on the eighteenth and nineteenth sessions (27 April-15 May 1998, 16 November-4 December 1998), E/1999/22, 31.Mai 1999, para.327, werden sofortige Maßnahme für die Verbesserung der Situation von Asylsuchenden gefordert; Kamerun, Report on the twentieth and twenty-first sessions (26 April-14 May 1999, 15 November-3 December 1999), E/C.12/1999/11, para.355; Mexiko, ebd., para.403.

[907] Siehe schon die Zitate in der vorangegangenen Fußnote; ein Aktionsplan wird von der Ukraine, Report on the twelfth and thirteenth sessions 1 - 19 May 1995, 20 November - 8 December 1995), E/C.12/1995/18, para.274, gefordert sowie von Bulgarien, Report on the twentieth and twenty-first sessions (26 April-14 May 1999, 15 November-3 December 1999), E/C.12/1999/11, para.240; Ägypten, Report on the twenty-second, twenty-third and twenty-fourth sessions (25 April-12 May 2000, 14 August-1 September 2000, 13 November-1 December 2000), E/C.12/2000/21, para.179; Algerien, Report on the twenty-fifth, twenty-sixth and twenty-seventh sessions (23 April-11 May 2001, 13-31 August 2001, 12-30 November 2001), E/C.12/2001/17, para.838.

[908] Belgien, Report on the tenth and eleventh sessions (2 - 20 May 1994, 21 November – 9 December 1994), E/C.12/1994/20, para.154, hier wurde gerügt, daß das Recht auf Unterbringung zwar in der Verfassung stehe, aber unzureichend umgesetzt werde; Mauritius, ebd., para.179 wo ein Regierungsprogramm für den Bau von Sozialwohnungen gestoppt wurde; Argentinien, ebd., para.235; Gibraltar, ebd., paras.311f., hier trat Mißwirtschaft bei der Vergabe von öffentlichen Wohnungen auf und vorhandene Regelungen wurden nicht voll umgesetzt; Algerien, Report on the twelfth and thirteenth sessions 1 - 19 May 1995, 20 November - 8 December 1995), E/C.12/1995/18, para.309ff., hier liefen politische Maßnahmen der Schaffung von Unterbringungen, die den Anforderungen des Art. 11 (1) IPWSKR genügten, zuwi-

Die strukturelle Kritik an den Staatenberichten beinhaltet noch häufiger als bei den übrigen Rechten des Art. 11 (1) IPWSKR die Feststellung, daß die Mitgliedstaaten keine, nicht ausreichende oder veraltete Daten und Statistiken vorlegen.[909]

---

der; Guinea, Report on the fourteenth and fifteenth sessions, (30 April – 17 May 1996, 18 November – 6 December 1996), E/C.12/1996/6, para.205; Haiti, Report on the sixteenth and seventeenth sessions (28 April – 16 May 1997, 17 November – 5 December 1997), E/1998/22, 20.Juni 1998, para.273, die Maßnahmen der Regierung leiden nach Meinung des Ausschusses an unzureichender Finanzierung, mangelnder Koordination und der Fokussierung auf den städtischen Lebensraum; Dominikanische Republik, ebd., para.240; Uruguay, Report on the sixteenth and seventeenth sessions (28 April – 16 May 1997, 17 November – 5 December 1997), E/1998/22, 20.Juni 1998, para.374; Bulgarien, Report on the twentieth and twenty-first sessions (26 April-14 May 1999, 15 November-3 December 1999), E/C.12/1999/11, para.230; Argentinien, ebd., para.283; Armenien, Report on the twentieth and twenty-first sessions (26 April-14 May 1999, 15 November-3 December 1999), E/C.12/1999/11, para.302; in Kolumbien wurden Subventionen für den Bau von Wohnungen gekürzt: Report on the twenty-fifth, twenty-sixth and twenty-seventh sessions (23 April-11 May 2001, 13-31 August 2001, 12-30 November 2001), E/C.12/2001/17, para.770; Tschechische Republik, Concluding observations of the Committee on Economic, Social and Cultural Rights: Czech Republic, E/C.12/1/Add.76, 5. Juni 2002, para.19 und Italien, Concluding observations of the Committee on Economic, Social and Cultural Rights: Italy, E/C.12/1/Add.103, 14. Dezember 2004, para.26: Besorgnis hinsichtlich der Privatisierung von öffentlichen Wohnungen.

909 Uruguay, Report on the tenth and eleventh sessions (2 - 20 May 1994, 21 November – 9 December 1994), E/C.12/1994/20, para.72; Philippinen, ebd., paras.218, 270; Argentinien, ebd., para.231; Gambia, ebd., para.201; Republik Korea, Report on the twelfth and thirteenth sessions 1 - 19 May 1995, 20 November - 8 December 1995), E/C.12/1995/18, para.77; Dominikanische Republik, Report on the fourteenth and fifteenth sessions, (30 April – 17 May 1996, 18 November – 6 December 1996), E/C.12/1996/6, para.236, wobei sie 1997 gelobt wurde für das Nachliefern von Informationen und die verbesserte Politik der neuen Regierung: Report on the sixteenth and seventeenth sessions (28 April – 16 May 1997, 17 November – 5 December 1997), E/1998/22, 20.Juni 1998, paras.202, 206f.; Simbabwe, Report on the sixteenth and seventeenth sessions (28 April – 16 May 1997, 17 November – 5 December 1997), E/1998/22, 20.Juni 1998, para.84 zu fehlenden Infos über Zwangsräumungen; Sri Lanka, Report on the eighteenth and nineteenth sessions (27 April-15 May 1998, 16 November-4 December 1998), E/1999/22, 31.Mai 1999, para.92; Armenien, Report on the twentieth and twenty-first sessions (26 April-14 May 1999, 15 November-3 December 1999), E/C.12/1999/11, para.303, 313; Ägypten, Report on the twenty-second, twenty-third and twenty-fourth sessions (25 April-12 May 2000, 14 August-1 September 2000, 13 November-1 December 2000), E/C.12/2000/21, para.173; Australien, ebd., para.401; Belgien, ebd., para.488; Republik Korea, Report on the twenty-fifth, twenty-sixth and twenty-seventh sessions (23 April-11 May 2001, 13-31 August 2001, 12-30 November 2001), E/C.12/2001/17, para.224, 235: Der Ausschuß rügt die Unzuverlässlichkeit der Daten; Syrien, ebd., para.432; Panama, ebd., para.457; Kolumbien, Report on the twenty-fifth, twenty-sixth and twenty-seventh sessions (23 April-11 May 2001, 13-31 August 2001, 12-30 November 2001), E/C.12/2001/17, para.759. Siehe auch die detaillierten Nachfragen zu Jamaica, List of Issues: Jamaica, E/C.12/Q/JAM/1, 18. Mai 2001, paras.23f. Syrien hatte angegeben, es gebe keine

(2) Bewertung

Von den Rechten des Artikels 11 (1) IPWSKR wird das Recht auf eine ausreichende Unterbringung am ausführlichsten diskutiert. Auffällig ist die Genauigkeit und Bestimmtheit, mit der der Ausschuß auf Mißstände hinweist und die Schaffung von Abhilfe durch die Staaten fordert. Ein Grund hierfür kann darin liegen, daß das Recht auf Unterbringung schon sehr früh und ausführlich vom Ausschuß analysiert und thematisiert wurde. Es blickt damit in der Geschichte des Staatenberichtsverfahrens des Sozialpakts auf eine wesentlich längere Tradition zurück als beispielsweise das Recht auf Wasser. Damit stehen dem Ausschuß auch größere Erfahrungswerte bei der Behandlung von Problemen bei der Verwirklichung des Rechts zur Verfügung.

Es finden sich eine Reihe von Beispielen dafür, daß der Ausschuß sehr deutliche Worte für Mißstände in den Mitgliedstaaten findet. So merkte er zu dem Staatenbericht von Algerien an, daß Programme für den sozialen Wohnungsbau nicht einfach auf der Macht des Marktes basieren dürfen, sondern die armen Bevölkerungsschichten unterstützen müßten.[910] An den Berichten von Haiti und der Dominikanischen Republik kritisierte der Ausschuß, daß die Maßnahmen der Regierung unzureichend finanziert und koordiniert seien und an mangelnder Effektivität litten.[911] Für Aserbaidschan forderte er ein höheres Budget für die Schaffung von Wohnraum für Personen mit niedrigem Einkommen.[912] Zu Kanada war der Ausschuß ernsthaft besorgt, daß ein so reiches Land es zugelassen habe, daß das Problem der Obdachlosigkeit und unzureichenden Unterbringung solche Ausmaße angenommen habe, daß die Bürgermeister der zehn größten Städte es zu einer nationalen Katastrophe erklärt hätten.[913] In der Diskussion mit dem Vertreter des Vereinigten Königreichs in Bezug auf Hong Kong be-

---

Obdachlosen, was nach anderen Informationen unrichtig war und vom Ausschuß deshalb auch nicht akzeptiert wurde: Syrien, Summary record of the 35th meeting, E/C.12/2001/SR.35, 22. 08.2001, para.9. Häufig werden Informationen nachgefragt; siehe nur China, List of Issues: China, E/C.12/Q/CHN/1, 07.Juni 2004, paras.30ff., Australia, List of Issues: Australia, E/ C.12/Q/Austral/1, 23.Mai 2000, paras.23, 25, 27, Israel, List of Issues: Israel, E/C.12/Q/ISR/1, 10.Juni 1998, paras.19ff. oder Zypern, List of Issues: Cyprus, E/C.12/Q/CYP/1, 23.Mai 1997, paras.53ff.

910 Algerien, Report on the twelfth and thirteenth sessions 1 - 19 May 1995, 20 November - 8 December 1995), E/C.12/1995/18, para.311.

911 Haiti, Report on the sixteenth and seventeenth sessions (28 April – 16 May 1997, 17 November – 5 December 1997), E/1998/22, 20.Juni 1998, para.223, Dominikanische Republik, ebd., paras.240f.

912 Aserbaidschan, Report on the sixteenth and seventeenth sessions (28 April – 16 May 1997, 17 November – 5 December 1997), E/1998/22, 20.Juni 1998, para.341.

913 Kanada, Report on the eighteenth and nineteenth sessions (27 April-15 May 1998, 16 November-4 December 1998), E/1999/22, 31.Mai 1999, para.399.

merkte ein Mitglied des Ausschusses, daß es seltsam sei, daß eine so reiche Gegend 15 Milliarden US$ für einen neuen Flughafen ausgeben könne, während eine alte Dame immer noch in einem „Cage house“[914] leben müsse.[915]

Jedoch nutzt der Ausschuß auch für das Recht auf eine ausreichende Unterbringung nicht die strukturellen Vorgaben, die er selbst in seinen General Comments macht. Unmittelbare Verpflichtungen aus dem Kernbereich werden nicht als solche benannt; zwischen den einzelnen Verpflichtungsebenen wird nicht unterschieden. Es zeigen sich aber beim Recht auf ausreichende Unterbringung deutlicher als bei den übrigen Rechten des Art. 11 (1) IPWSKR die vom Ausschuß gesetzten Schwerpunkte, bei denen er ein sofortiges Tätigwerden des jeweiligen Mitgliedstaats für notwendig hält. Ebenso werden die den Staaten anheim fallenden Verpflichtungen konkret benannt und die Dringlichkeit ihrer Umsetzung deutlich zum Ausdruck gebracht. Kritisch läßt sich anmerken, daß der Ausschuß es bei der Besprechung eines der Hauptthemen, nämlich der durch Wohnungsmangel verursachten Nutzung von nicht ausreichenden Unterbringungen zumeist bei dem Verweis auf seinen General Comment 4 belässt, ohne näher zu konkretisieren, aus welchen Gründen Unterkünfte nicht ausreichend sind.[916] Wenn es um das Problem von Zwangsräumungen geht, wird zum Teil erwähnt, daß eine Zwangsräumung ohne finanziellen Ausgleich oder mit der Folge der Obdachlosigkeit, nicht mit den Vorgaben des General Comment 7 vereinbar ist.[917] Häufig bleibt aber der reine Hinweis auf General Comment 7,

---

[914] Unterkünfte, die aus einem Doppelbett oder Schlafkojen bestehen; vgl. die Berichterstattung der BBC unter http://news.bbc.co.uk/1/hi/business/4541116.stm.

[915] Hong Kong, Summary Record of the 37th meeting: United Kingdom of Great Britain and Northern Ireland, E/C.12/1994/SR.37, 30. November 1994, para.45. Im Jahre 2001 wurde die Situation der Bewohner von Cage Houses erneut gerügt, insbesondere da sich die Wohnungssituation insgesamt verbessert habe: Concluding observations of the Committee on Economic, Social and Cultural Rights (Hong Kong): China, E/C.12/1/Add.58, 21. Mai 2001, para.25.

[916] Siehe die *Concluding Observations* zu Tschechien, Report on the twenty-eigth and twenty-ninth sessions (29 April-17 May 2002, 11-29 November 2002), E/C.12/2002/13, para 105; Irland, ebd., para.146; Benin, ebd., para.194; Trinidad und Tobago, ebd., para.199; Estland, ebd., para.530; Honduras, Report on the twenty-fifth, twenty-sixth and twenty-seventh sessions (23 April-11 May 2001, 13-31 August 2001, 12-30 November 2001), E/C.12/2001/17, para.150; China, ebd., para.168; Bolivien, ebd., para.269; Ukraine, ebd., para.490; Jordanien, Report on the twenty-second, twenty-third and twenty-fourth sessions (25 April-12 May 2000, 14 August-1 September 2000, 13 November-1 December 2000), E/C.12/2000/21, para.256; Ägypten, ebd., para.179, Kirgistan, ebd., paras.349, 360; Australien, ebd., para.399; Argentinen, Report on the twentieth and twenty-first sessions (26 April-14 May 1999, 15 November-3 December 1999), E/C.12/1999/11, para.284; Kamerun, ebd., para.355; Mexiko, ebd., para.403.

[917] So in den *Concluding Observations* zu Benin, Report on the twenty-eigth and twenty-ninth sessions (29 April-17 May 2002, 11-29 November 2002), E/C.12/2002/13, para.194; Polen, ebd., para.367; Estland, ebd., para.508

ohne daß näher erläutert wird, welche von den dort genannten Umständen angesprochen werden oder ob die Zwangsräumungen gerechtfertigt werden könnten, wenn Ersatzunterkünfte angeboten würden.[918] Zum Teil fehlt auch der Hinweis auf den General Comment 7, so daß der Ausschuß seiner Besorgnis über Zwangsräumungen Ausdruck verleiht.[919] Vorzuziehen wäre es, wenn anstelle eines pauschalen Verweises die kritischen Punkte gezielt angesprochen würden.

Obwohl es wünschenswert wäre, wenn die rechtliche Struktur des Rechts auf eine ausreichende Unterbringung verstärkt als Strukturierungshilfe sowohl der Staatenberichte als auch der Bemerkungen des Ausschusses genutzt würden (was auch eine Überarbeitung der *Reporting Guidelines* voraussetzen würde), zeigt sich doch, daß auch in einem Gremium, das auf einen konstruktiven Dialog mit den Staatenvertretern angewiesen ist, konkrete Verpflichtungen der Mitgliedstaaten aufgezeigt und ihre Umsetzung angemahnt werden können.

4. Das Recht auf ausreichende Bekleidung

Dem Recht auf Bekleidung wurde bisher wenig Beachtung geschenkt.[920] Auch wird es in der „Standardliteratur" zum Sozialpakt[921] gar nicht oder nur mit einem Satz angesprochen.

---

[918] So in den *Concluding Observations* zu Tschechien, Report on the twenty-eigth and twenty-ninth sessions (29 April-17 May 2002, 11-29 November 2002), E/C.12/2002/13, para 105; Irland, ebd., para.146; Benin, ebd., para.194; Trinidad und Tobago, ebd., para.199; Polen, ebd., para.367; Estland, ebd., para.530; Honduras, Report on the twenty-fifth, twenty-sixth and twenty-seventh sessions (23 April-11 May 2001, 13-31 August 2001, 12-30 November 2001), E/C.12/2001/17, para.130, 150; Korea, ebd., para.252; Nepal, ebd., para.544; Bolivien, Report on the twenty-fifth, twenty-sixth and twenty-seventh sessions (23 April-11 May 2001, 13-31 August 2001, 12-30 November 2001), E/C.12/2001/17, paras.276, 297; Senegal, ebd., paras.357, 378; Syrien, ebd., para.432; Panaman, ebd., para.457; Jordanien, Report on the twenty-second, twenty-third and twenty-fourth sessions (25 April-12 May 2000, 14 August-1 September 2000, 13 November-1 December 2000), E/C.12/2000/21, para.256; Ägypten, ebd., para.179; Australien, ebd., para.399; Marokko, ebd., para.538; Argentinen, Report on the twentieth and twenty-first sessions (26 April-14 May 1999, 15 November-3 December 1999), E/C.12/1999/11, para.284; Kamerun, ebd., para.355; Mexiko, ebd., para.389.

[919] *Concluding Observations* zu den Staateberichten der tschechischen Republik, Report on the twenty-eigth and twenty-ninth sessions (29 April-17 May 2002, 11-29 November 2002), E/C.12/2002/13, paras.86, 105; Trinidad und Tobago, ebd., para.276.

[920] Craven: The International Covenant on Economic, Social and Cultural Rights, S.349, so auch Engels: Verbesserter Menschenrechtsschutz durch Individualbeschwerdeverfahren, S.131; Eide/ Barth Eide, Art. 25, in Alfredsson/ Eide: The Universal Declaration of Human Rights, a common standard of achievement, S.549: *"The right to clothing is the least specified of all the elements of the adequate standard of living due to the enormous variation in cultural clothing needs."*

a) Aktuelle Situation

Informationen über die Verwirklichung des Rechts auf Kleidung sind nur schwer zu erhalten. Informationen über Mangel an Kleidung stehen meist im Zusammenhang mit humanitären Katastrophen wie Bürgerkriegen und sonstigen kriegerischen Auseinandersetzungen oder Naturkatastrophen wie Erdbeben oder Orkanen.[922] Sind die klimatischen Bedingungen in den betroffenen Gebieten dergestalt, daß ausreichende Kleidung zum Schutz vor der Witterung unverzichtbar ist, werden auch die Folgen eines Mangels unmittelbar ersichtlich.

Konkrete Zahlen und Statistiken über Zusammenhänge zwischen einem Mangel an ausreichender Kleidung und seinen Auswirkungen auf die Lebensumstände der Betroffenen sind noch rarer. Meist bleibt es bei der Erwähnung, daß warme Kleidung fehle und damit verbunden die Zahl der Krankheits- und Todesfälle steige.[923]

Häufiger erwähnt werden die Probleme von Kindern, die wegen fehlender Schulkleidung die Schule verlassen.[924] Letzteres Problem betrifft nicht nur das Recht auf Bekleidung, sondern auch das auf Bildung aus Art. 13 IPWSKR.

Die UNESCO geht im Rahmen ihrer Aktion *Poverty and Human Rights: UNESCO's Anti-Poverty Projects*[925] auf das Recht auf Bekleidung ein. Sie bemerkt dazu, daß das Recht auf ausreichende Bekleidung ein wichtiger Bestandteil des allgemeinen Rechts eines jeden auf einen angemessenen Lebensstandard ist. Die Kleidung, die Bedürftigen, insbesondere Armen, zur Verfügung gestellt werden müsse, hänge von den jeweiligen kulturellen, klimatischen und anderen Bedingungen in dem betroffenen Land ab. Mindestens seien arme Leute berechtigt, Kleidung zu erhalten, die es ihnen ermögliche, in der Öffentlichkeit ohne Scham aufzutreten.[926] Die UNESCO bezieht sich hier offensichtlich auf die von

---

921 Siehe nur Craven: The International Covenant on Economic, Social and Cultural Rights: A Perspective on its Development, 1998 und Eide/ Krause/ Rosas: Economic, Social and Cultural Rights: A Textbook, 2001.

922 Informationen dazu gibt es z.B. unter www.un.org, Stichword „lack of clothes" oder „lack of clothing" sowie auf den Seiten von UN- und Hilfsorganisationen wie Unicef, www.unicef.org oder Unifeed, www.un.org/unifeed, etc.

923 Siehe dazu die schon erwähnten Internetseiten.

924 http://www.swedishcommittee.se/zoricadecember05.html für Bosnien-Herzegovina, The impact of HIV/AIDS on primary and secondary schooling in Malawi: Developing a comprehensive strategic response von Esme Chipo Kadzamira, Dixie Maluwa Banda, Augustin Kamlongera, Nicola Swainson unter http://hivaidsclearinghouse.unesco.org/ev_en.php?ID=1129_201&ID2=DO_TOPIC; Alternativreport zum CESCR für Serbien, erhältlich unter www.GeneralCommentbentar.org.yu/documents/Alternative%20Report%20for%20the%20ESCR.doc und viele mehr.

925 www.unesco.org/shs/poverty.

926 www.unesco.org/shs/poverty.

Eide aufgestellte Definition eines angemessenen Lebensstandards.[927] Sie stellt einen wichtigen Aspekt des Rechts auf Kleidung heraus, nämlich die Bedeutung der Bekleidung für die Integration in die Gesellschaft.

Das Recht auf ausreichende Bekleidung aus Art. 11 (1) IPWSKR findet im Bewußtsein der Organisationen und der Öffentlichkeit wenig Beachtung. Der Sozialpakt stellt es jedoch auf die gleiche Stufe wie das Recht auf Ernährung oder Unterbringung, indem er es ausdrücklich als Element des Rechts auf einen angemessenen Lebensstandard erwähnt. Dem Recht auf Bekleidung soll deshalb in dieser Arbeit größere Beachtung geschenkt werden, als bisher geschehen.

b) Inhalt des Rechts auf ausreichende Bekleidung

Eine menschenrechtliche Definition des Begriffs „Kleidung“ oder „Bekleidung“ enthält weder der Sozialpakt, noch wurde eine solche in der völkerrechtlichen Literatur entwickelt. Als Ausgangspunkt können deshalb nur die Definitionen benutzt werden, die im allgemeinen Sprachgebrauch verwendet werden. Diese müssen auf ihre Vereinbarkeit mit der Definition des angemessenen Lebensstandards überprüft und gegebenenfalls angepaßt werden.

(1) Funktionen und Bedeutung der Bekleidung

Eine umfassende Definition beschreibt Kleidung als die den Menschen in höheren Lagen für die Erhaltung seiner Gesundheit unentbehrliche Hülle, welche hauptsächlich den Wärmeverlust des Körpers herabsetze, den allmählichen Austausch zwischen der Außenluft und der am Körper befindlichen Luftschicht vermitteln und das vom Körper abgegebene Wasser aufnehmen solle. Neben diesem Zweck diene die Kleidung stets und überall zum Ausdruck des sich geltend machenden ästhetischen Gefühls.[928] Eine inhaltlich ähnliche, wenn auch wesentlich knappere Definition nennt Kleidung die Bedeckung des menschlichen Körpers zum Schutz gegen Nässe, Kälte, Hitze, zum Verhüllen oder zum Schmuck.[929]

Kleidung erfüllt demzufolge zunächst den offensichtlichen Zweck, vor der Witterung zu schützen. Ihr kommt in den Teilen der Erde, die nahe am Äquator liegen und daher ein gleichbleibend warmes Klima besitzen, in dieser Hinsicht eine geringere Bedeutung zu als in Regionen mit kälterer Witterung. Doch erfüllt Kleidung darüber hinausgehend eine weitaus vielschichtigere Funktion, indem sie sowohl Zugehörigkeit wie auch Ausschluß innerhalb der Gesellschaft

---

[927] Erläutert im 1. Kapitel, V. 4. b), S.94f.

[928] Meyers Konversationslexikon, 10. Band, Stichwort „Kleidung“.

[929] Brockhaus, 12. Band, Stichwort „Kleidung“.

symbolisiert und damit das Individuum vom Kollektiv differenziert.[930] Ganz allgemein zeigt Kleidung die soziale Stellung eines Individuums an, wobei diese sich ändern kann. In vielen Gesellschaften durch klare Vorschriften unterstützt, unterscheidet Kleidung die einzelnen Klassen innerhalb einer Gesellschaft.[931] So erfüllt Bekleidung eine der Hauptrollen, wenn es um die soziale Konstruktion der eigenen Identität innerhalb der Gesellschaft geht: Sie ist eine der sichtbarsten Zeichen des sozialen Status und geeignet, symbolische Grenzen aufrecht zu erhalten oder zu unterwandern.[932]

Schon im 13. Jahrhundert bestand in mehreren Staaten des heutigen Europas eine Kleidergesetzgebung, die Zuschnitt, Material, Ausstattung und die zulässige Anzahl einzelner Kleidungsstücke vorschrieb.[933] Kleidungsvorschriften, die Personengruppen zwangen, bestimmte Arten von Kleidung zu tragen oder nicht zu tragen, dienten immer auch der Ausgrenzung. Dies gilt sowohl für den „Judenstern“ des Dritten Reiches als auch für die Bekleidungsvorschriften für Knechte und Mägde bis zur französischen Revolution und wieder aufkommend für Dienstpersonal ab der zweiten Hälfte des 19. Jahrhunderts,[934] durch die eine Grenze zwischen den Schichten gezogen werden sollte.

Bis zur Mitte des 19. Jahrhunderts machte die Kleidung einen erheblichen Anteil des Besitzstandes einer Arbeiterfamilie aus. Junge Ehefrauen mehrten mit ihrer Aussteuer den Wohlstand der gegründeten Familie in beachtlichem Maße.[935] Seit dem Ende des 19. Jahrhunderts hat die Kleidung weitgehend ihre ökonomische, nicht aber ihre symbolische Wichtigkeit verloren.[936] So wird in der Psychologie von der „Sprache der Kleider“ gesprochen, indem aus der Bekleidung des Individuums Rückschlüsse auf Eigenschaften, Vorlieben und Sozialverhalten gezogen wird.[937] In diesem Sinne ist Kleidung ein codiertes, sensorisches System der non-verbalen Kommunikation, das bei der menschlichen Interaktion behilflich ist.[938]

---

930 Brändli: „Der herrlich biedere Mann“, S.15.

931 Brändli: „Der herrlich biedere Mann“, S.15; Kosche: Was trugen jene Badener im Biedermeier, die sich Biedermeiermode nicht leisten konnten? zu der Ablesbarkeit der sozialen Stellung an Zustand und Art der Kleidung, S.1ff.

932 Amtmann: Mode und Moral, S.63; Crane: Fashion and its social agendas, S.1; ausführliche Beispiele in dem Sammelband von Eicher: Dress and Ethnicity, 1995.

933 Eisenbart: Kleiderordnungen der deutschen Städte, S.6.

934 Vgl. dazu Brändli: „Der herrlich biedere Mann“, S.226ff.

935 Crane: Fashion and its social agendas, S.5f.

936 Crane: Fashion and its social agendas, S.5f.

937 Vgl. dazu Hoffmann: Kleidersprache, S.1ff. mit weiteren Nachweisen.

938 Eicher: Dress and Ethnicity, S.1.

(2) Menschenrechtliche Definition der Bekleidung

Das Recht auf ausreichende Bekleidung ist Bestandteil des Rechts auf einen angemessenen Lebensstandard. Auch beim Recht auf Bekleidung ist daher maßgeblich, daß es Menschen ermöglichen soll, in einer Umgebung und unter Bedingungen zu leben, die sie befähigen, unter Bewahrung ihrer Würde am sozialen Leben teilzunehmen und ihre Rechte selbständig zu verwirklichen. Sowohl die Komponente des Witterungsschutzes als auch die der Integration in eine gesellschaftliche Gruppe müssen deshalb Berücksichtigung finden.

Bekleidung im Sinne des Art. 11 (1) IPWSKR muß deshalb den nötigen Schutz vor der Witterung bieten und darf der Teilnahme am sozialen Leben, das heißt der Integration in eine soziale Gruppe und dem Miteinander mit anderen Menschen, nicht entgegenstehen.

An dieser Stelle ist zu betonen, daß das Recht auf angemessene Bekleidung ein Menschenrecht ist, aber keine Pflicht der Menschen, die sich auf es berufen können. Es steht Menschen frei, sich durch Bekleidung der Witterung auszusetzen und sich auch gerade von der Gruppe, in die sie integriert sind, abzusetzen und nicht am sozialen Leben teilzunehmen.

(3) Normativer Inhalt des Rechts auf angemessene Bekleidung

Der Inhalt des Rechts auf Bekleidung läßt sich anschaulich mit Hilfe einer Aufteilung nach „ilities", wie sie der Ausschuß in den jüngeren General Comments benutzt, darstellen:[939] Kleidung muß verfügbar, zugänglich und qualitativ angemessen sein.

Die Verfügbarkeit der Kleidung ist gegeben, wenn Kleidung produziert oder importiert und für den Erwerb freigegeben wird. Die Zugänglichkeit kann auch beim Recht auf Bekleidung nach physischer, ökonomischer, diskriminierungsfreier und informationeller Zugänglichkeit unterteilt werden. Kleidung muß physisch zugänglich sein. Der Erwerb von Kleidung nach eigener Wahl muß für alle Bevölkerungsgruppen möglich sein. Weiterhin muß sie bezahlbar sein, ohne daß die Ausgaben für ausreichende Kleidung die vorhandenen Mittel einer Person so sehr belasten, daß die Verwirklichung anderer Rechte gefährdet ist. Schließlich gehört zur Zugänglichkeit auch der Gesichtspunkt der Nicht-Diskriminierung. Kleidung darf nicht dazu dienen, einzelne Personengruppen zu benachteiligen, indem diese durch bestimmte Kleidungsvorschriften gegen ihren Willen gekennzeichnet werden. Informationen zur Kleidung müssen auf Gefahren aufmerksam machen, die von Kleidung ausgehen können, zum Beispiel durch Schadstoffbelastung in der Kleidung. So muß für Kinderkleidung

---

[939] Anfänge in General Comments 12 und 13, jeweils paras.7ff., ausdrücklich in General Comments 14, 15, 18 jeweils para.12 und General Comment 17 para.18.

sichergestellt werden, daß Eltern darüber informiert sind, wie Hautreizungen, Allergien etc. durch Kleidung verhindert werden können.

Die Akzeptabilität hängt eng mit kulturellen Maßstäben zusammen. Die in einem Land erhältliche Kleidung muß mit den sozialen und kulturellen Vorgaben, mit denen die Individuen leben, vereinbar sein. Sie darf nicht dazu dienen, bestimmte Personengruppen bloßzustellen oder moralische und ethische Anschauungen zu verletzen. Es ist nicht auszuschließen, daß diese Anforderungen innerhalb eines Mitgliedstaates zwischen den Angehörigen verschiedener Bevölkerungsgruppen stark variieren.

Die Qualität der Kleidung muß dergestalt sein, daß Kleidung ihre Funktion erfüllen kann. „Qualität" in diesem Sinne kann stark abweichen von der gewöhnlichen Wortbedeutung. Zwar leistet Kleidung auch Schutz vor der Witterung, jedoch sind nur wenige Kleidungsstücke explizit für diesen Zweck konzipiert. Dagegen hat die Funktion, Zugehörigkeit oder Ausschluß innerhalb der Gesellschaft zu zeigen, an Bedeutung gewonnen, weshalb Kleidung andere qualitative Merkmale als nur Beständigkeit und Belastbarkeit zeigen muß. Die Qualität der Kleidung ist deshalb in einem weiteren sozialen Kontext zu gewährleisten.

c) Das Recht auf ausreichende Bekleidung im Staatenberichtsverfahren

Das Recht auf angemessene Kleidung hat in der Arbeit des Ausschusses bislang wenig Beachtung gefunden. Somit wurde es auch wenig spezifiziert und konkretisiert. General Comment 5, der sich mit den Rechten von Personen mit Behinderungen beschäftigt, enthält den Passus, daß das Recht auf Bekleidung für Personen mit Behinderungen von besonderer Bedeutung sei, da sie besondere Bekleidungsbedürfnisse hätten, die erfüllt sein müßten, damit sie voll und effektiv in der Gesellschaft agieren könnten.[940] Der Aspekt des Agierens in der Gesellschaft paßt zu der Definition des Lebensstandards, die fordert, daß jede Person unter Wahrung ihrer Würde am sozialen Leben ihres Umfelds teilnehmen kann. Doch ist dies allein für die Konkretisierung des Rechts auf Bekleidung nicht ergiebig.

Eine Auswertung der Staatenberichte und Dokumente des Ausschusses ergibt, daß das Recht auf ausreichende Bekleidung nur in wenigen Staatenberichten Erwähnung findet. Die Staatenberichte, die den Stand dieses Rechts behandeln, werden deshalb näher betrachtet.

---

[940] General Comment 5, para.33.

(1) Großbritannien – Überseegebiete

In seinem zweiten Staatenbericht behandelt Großbritannien unter anderem die Verwirklichung von Art. 11 (1) IPWSKR in seinen Überseegebieten.[941] Der Staatenbericht ist zwar nicht aktuell, jedoch ist die Behandlung der Problematik typisch für die Staatenberichte, die sich überhaupt mit dem Recht auf Bekleidung beschäftigen.

Die behandelten Überseegebiete von Großbritannien bis auf Guernsey haben durchweg warmes bis tropisches Klima, so daß nach Ansicht der Regierung kein Bedürfnis nach Gesetzgebung bestehe, zumal das Recht auf Bekleidung in der Praxis verwirklicht sei.[942] Zum Teil würden die Kosten für Bekleidung bei der Berechnung von Sozialhilfe berücksichtigt[943] oder für bedürftige Kinder und Familien Schuluniformen und Kleidung gestellt.[944]

In diesem Staatenbericht wird davon ausgegangen, daß ausreichend warmes Klima das Recht auf Bekleidung größtenteils obsolet macht. Zwar wird im Rahmen der Pflicht zum Tragen von Schuluniformen erkannt, daß diese, obwohl sie eigentlich einen homogenen Kleiderstandard schaffen soll, bei mangelnden finanziellen Möglichkeiten ein Problem darstellen kann, das Problem gesellschaftlicher Erwartungen bezüglich der Kleidung ihrer Mitglieder wird aber nicht weiter vertieft.[945]

(2) Philippinen

Auch die Regierung der Philippinen führt in ihrem ersten Staatenbericht aus, daß es in diesem tropischen Land keine Probleme bei der Realisierung des Rechts auf Kleidung gebe.[946] Durch Gesetzgebung würden In- und Export von Kleidung geregelt, um den lokalen Herstellern zu helfen. Auch werde versucht, zur Herstellung von Kleidung einheimische Materialien zu benutzen. Für Opfer von Naturkatastrophen und Unglücksfällen werde Kleidung bereitgestellt.[947]

Die Ausführungen im Staatenbericht der Philippinen haben deutliche Parallelen zu denen von Großbritannien. Auch hier wird die Notwendigkeit der Um-

---

941 E/1986/4/Add.27, 24.11.1993.

942 E/1986/4/Add.27, para.51 (British Virgin Islands), para.88 (Cayman Islands), para.361 (Montserrat); para.383 (Pitcairn); para.407 (St.Helena); para.445 (Turks und Caicos Inseln).

943 E/1986/4/Add.27, para.21 (Bermudas).

944 E/1986/4/Add.27, para.88 (Cayman Islands), para.407 (St. Helena), para.445 (Turks and Caicos Islands); E/1986/4/Add.28, 30.9.1994, para.126 (Guernsey – die einzige erwähnte Überseeregion mit mitteleuropäischem Klima).

945 E/1986/4/Add.28, 30.9.1994, para.126.

946 E/1986/3/Add.17, 15.10.1994, para.327.

947 E/1986/3/Add.17, para.327.

setzung des Rechts auf Bekleidung vom Klima abhängig gemacht und folglich nur der Aspekt des Schutzes vor der Witterung berücksichtigt.

(3) Mexiko

Mexiko gibt in seinem Initialbericht zum Stand des Rechts auf Kleidung an, daß es für Arme und Randgruppen verbilligte Kleidung gebe.[948]

(4) Kanada

Kanada behandelt in seinem dritten Staatenbericht[949] die Verwirklichung des Rechts auf Bekleidung in den einzelnen Bundesstaaten. Kanada gewähre im Rahmen von Sozialhilfe sowie von Flüchtlingshilfe und auch als Teil von vorübergehender Hilfe, die in Notzeiten gewährt werde, finanzielle Beihilfe, die Basisbedürfnisse abdecken solle, darunter auch die Kosten für Bekleidung.[950] Die Kosten für Bekleidung würden auch bei der Ermittlung der Armutsgrenze berücksichtigt.[951] Von den Bundesstaaten werde teilweise eine Pauschale für angemessene Kleidung und Schuhe gezahlt, wenn Sozialhilfeempfänger eine Stelle annähmen,[952] teilweise seien Schuhe und Kleidung, deren Preis unter 100 Dollar liegt, steuerbefreit.[953]

Aus dem Staatenbericht ist zu schließen, daß es keine einheitliche Strategie zur Verwirklichung des Rechts auf Kleidung gibt. Da die Staaten differierende Gesetzgebung haben, variieren die Methoden, die zur Realisierung des Rechts gewählt werden. Aus dem, was im Staatenbericht nicht erwähnt wird, ergibt sich zudem, daß das Recht auf Bekleidung in der Gesetzgebung und Politik der Mehrzahl der Bundesstaaten keine Rolle spielt.

(5) Auswertung

Bei der Untersuchung des Rechts auf Bekleidung ist von den Mitgliedstaaten die menschenrechtliche Definition von Bekleidung zugrunde zu legen. Die Staaten müßten, um ihrer Berichtspflicht aus Art. 16 IPWSKR gerecht zu werden, nicht nur untersuchen, ob alle Einwohner eines Mitgliedstaates ausreichend vor der Witterung geschützt sind, sondern auch, ob es Einwohner gibt, denen es aufgrund der ihnen zur Verfügung stehenden Kleidung gegen ihren Willen nicht

---

948 E/C.12/1990/3 oder E/1990/23, para.104.

949 E/1994/104/Add.17, 20.01.1998.

950 E/1994/104/Add.17, paras.184, 219, 485.

951 E/1994/104/Add.17, para.580.

952 E/1994/104/Add.17, para.880.

953 E/1994/104/Add.17, para.1321.

möglich ist, sich in das soziales Umfeld zu integrieren und aktiv auf die Verwirklichung ihrer Rechte hinzuwirken. Staatenberichte, aus denen hervorgeht, daß das Recht auf angemessene Bekleidung wegen eines milden Klimas für obsolet gehalten wird, verkennen die menschenrechtliche Bedeutung von Bekleidung.

Mit der Berücksichtigung der Kosten für Kleidung bei der Berechnung von Sozialhilfe und der Versorgung von Bedürftigen mit Kleidung kann die Verwirklichung des Rechts auf Bekleidung gefördert werden. Allerdings wird aus den Darstellungen nicht deutlich, ob die geförderte beziehungsweise zur Verfügung gestellte Kleidung den Anforderungen des Art. 11 (1) IPWSKR genügt. Anders ist nur der Staatenbericht von Kanada zu beurteilen, in dem die Maßnahme eines Bundesstaates erwähnt wird, Berufswiedereinsteigern Kleidung und Schuhe zu finanzieren: Es soll verhindert werden, daß die erfolgreiche Aufnahme einer existenzsichernden Tätigkeit schon am Äußeren des Arbeitnehmers scheitert. Ähnliches gilt für den Staatenbericht von Großbritannien, nach dem in einigen Überseeterritorien für bedürftige Kinder Schuluniformen gestellt werden.

Zusammenfassend läßt sich feststellen, daß das Recht auf Bekleidung in der Mehrzahl der Staatenberichte keine Erwähnung findet und auch von Seiten des Ausschusses keine Überprüfung des Standes der Verwirklichung dieses Rechts vorgenommen wird.

d) Verpflichtungen der Staaten

(1) Kernverpflichtung der Staaten

Die Kernverpflichtung beinhaltet den Schlüsselgehalt des normativen Inhalts eines Rechts. An dieser Stelle ist deshalb zu klären, was als zentraler Inhalt eines Rechts auf Bekleidung gelten kann.

Wie oben dargestellt, erfüllt Kleidung eine Doppelfunktion: Sie bietet einerseits Schutz vor der Witterung und dient andererseits der Identifikation des einzelnen und der Integration innerhalb der Gesellschaft. Bei der Ermittlung der Kernverpflichtung der Staaten sind beide Bedeutungen der Bekleidung in Betracht zu ziehen. Falsch wäre es, hier nur auf den Witterungsschutz als die elementarere Funktion der Kleidung abzustellen und die soziale Bedeutung der Bekleidung außer Betracht zu lassen. Die Verwirklichung anderer sozialer Rechte wie des Rechts auf Unterbringung oder Arbeit wird erschwert, wenn nicht unmöglich gemacht, wenn die Kleidung des einzelnen diesen ausgrenzt oder stigmatisiert, da er für ihre Verwirklichung oft auf die Wahrnehmung sozialer Kontakte angewiesen ist. Beispiele hierfür sind die persönliche Kommunikation mit Vermietern oder Arbeitgebern. Zudem sind Menschen auf den Zusammenhalt und die Anerkennung anderer innerhalb einer Gruppe angewiesen.[954]

Dem Staat obliegt es deshalb, die Versorgung seiner Einwohner mit Kleidung sicherzustellen, die einerseits einen Mindestschutz vor der Witterung bietet und andererseits einer Integration in die Gesellschaft nicht im Wege steht. So beschlossen deutsche Gerichte schon in den 80er Jahren, daß es Sozialhilfeträgern verwehrt sei, Empfänger von Sozialhilfe auf gebrauchte Kleidung zu verweisen, um Kosten zu senken, ohne daß sie jedoch Bezug auf das Recht auf Bekleidung aus Art. 11 (1) IPWSKR nahmen.[955] Dieses Beispiel ist auf die Lage Deutschlands zugeschnitten; es hat keine allgemeine Geltung für die Vertragsstaaten des Sozialpakts. Ob der Verweis auf gebrauchte Kleidung in Konflikt mit dem Recht auf Bekleidung steht, hängt von der tatsächlichen Situation in den einzelnen Staaten ab. Es ist den Staaten verwehrt, rein auf die Funktionalität der Bekleidung abzustellen; vielmehr hat der Aspekt der gesellschaftlichen Integration besondere Bedeutung.

(2) Achtungs-, Schutz- und Erfüllungspflichten

(aa) Achtungspflichten

Der Staat muß das Recht seiner Bürger respektieren, die Versorgung mit solcher Kleidung selbst sicherzustellen, die sowohl Schutz vor der Witterung gibt als auch die Integration in eine gewählte Gruppe ermöglicht. Verletzungen der Achtungsverpflichtung können vorliegen, wenn eine bestimmte Art der Kleidung von staatlichen Stellen oder ihren Vertretern vorgeschrieben wird. Einen möglichen Konfliktfall bieten Kleidervorschriften, die dem Schutz anderer Menschenrechte dienen. So ist es zum Beispiel in Deutschland gemäß § 86a StGB untersagt, die Kennzeichen von verfassungswidrigen Organisationen zu verwenden. Darunter fällt gemäß § 86 a (2) StGB auch das Tragen von Uniformstücken und Abzeichen beziehungsweise Kennzeichen, die diesen zum Verwechseln ähnlich sehen. Sinn der Vorschrift ist die Vermeidung von Gefährdungen des demokratischen Rechtsstaats.[956] In einem solchen Fall der Kollision von Menschenrechten mit berechtigten Interessen des Staates oder auch den Menschenrechten anderer Personen ist im Rahmen des Art. 4 IPWSKR ein Ausgleich zu suchen, der alle geschützten Interessen angemessen berücksich-

---

[954] Baron/ Byrne: Social Psychology, S.480ff., 484f.; Esser: Soziologie, S.323 drückt es sehr anschaulich aus: „Menschen leben immer in Gesellschaft. Sie können gar nicht anders."

[955] Genauere Nachweise bei Bader: Die einmaligen Leistungen zur Hilfe zum Lebensunterhalt nach dem Bundessozialhilfegesetz, S.96.

[956] Vgl. die Überschrift des Dritten Titels des deutschen Strafgesetzbuches: Gefährdung des demokratischen Rechtsstaats.

tigt. Im vorliegenden Fall wird man der Wertung des Strafgesetzbuches zustimmen müssen und dem Schutz des demokratischen Rechtsstaats höheren Wert beimessen als dem Interesse an der Zurschaustellung verfassungswidriger Kennzeichen. Ein ähnlicher Fall liegt vor, wenn von staatlichen Stellen das Tragen von bestimmter Kleidung vorgeschrieben wird. Beispiele sind Kleidung für Gefängnisinsassen, Schuluniformen, Soldatenuniformen etc. Wieder ist nach Art. 4 IPWSKR zu prüfen, ob eine zulässige Beschränkung des Rechts auf ausreichende Bekleidung vorliegt.

Weiterhin kann die Achtungsverpflichtung praktisch relevant werden, wenn es um die Pfändung von Eigentum zur Befriedigung von Forderungen Dritter geht. Hier müssen Kleidungsstücke, die dem Recht auf ausreichende Kleidung unterliegen, ausgenommen werden.[957]

(bb) Schutzpflichten

Schutzpflichten verpflichten den Staat einzugreifen, wenn das Recht auf Bekleidung durch Dritte gefährdet wird. Gefährdungen des Aspektes des Witterungsschutzes durch Dritte sind in Fällen denkbar, wo Menschen ihre Kleidung als Sanktion oder um Terror zu verbreiten genommen wird. Dies kommt insbesondere in Ländern vor, in denen aufgrund eines Bürgerkrieges oder innerer Unruhen keine rechtsstaatlichen Verhältnisse mehr vorliegen.[958]

Kollisionen mit anderen Rechten können auftreten, wenn Personen, die sich in Abhängigkeitsverhältnissen befinden, durch Dritte bestimmte Kleidung vorgeschrieben wird. Dies kann für eine verpflichtende Arbeitsuniform, Schutzkleidung oder Schuluniformen an Privatschulen der Fall sein. Es ist Aufgabe des Staates zu überwachen, daß die Kleidungsvorschriften mit dem Recht auf Bekleidung vereinbar sind, also weder die Würde der Betroffenen noch ihre soziale Integration gefährden.[959]

---

[957] Vgl. für die deutsche Rechtslage § 811 (1) Nr.1 ZPO, der „die dem persönlichen Gebrauch oder dem Haushalt dienenden Sachen, insbesondere Kleidungsstücke" von der Pfändung ausschließt. § 811 (1) Nr. 7 ZPO nimmt darüber hinaus „Dienstkleidungsstücke [...] bei Beamten, Geistlichen, Rechtsanwälten, Notaren, Ärzten und Hebammen die zur Ausübung des Berufes erforderlichen Gegenstände einschließlich angemessener Kleidung" von der Pfändung aus.

[958] Beispiele dazu finden sich unter www.un.org, z.B. vom *United Nations Office for the Coordination of Humanitarian Affairs*, Issue No.151 vom 20.8.2004 über Flüchtlinge im Kongo, die von Rebellen erst mißhandelt und dann ihrer Kleidung beraubt wurden.

[959] Dazu ausführlich, wenn auch nicht mit Bezug auf Art. 11 (1) IPWSKR, Thüsing, Kleiderordnungen, JZ 2006, S.223ff.

(cc) Erfüllungspflichten

Erfüllungspflichten schließlich verpflichten den Staat, seine Einwohner, wenn diese es selbst nicht vermögen, mit der nötigen Kleidung zu versorgen. Dies muß nicht in Naturalien erfolgen, denkbar ist es auch, wie zum Beispiel in Deutschland üblich, in die Sozialhilfe eine „Kleiderpauschale" zu integrieren, mit deren Hilfe Kleidung dann selbständig erworben werden kann. Der Staat muß seiner Rolle als Versorger insbesondere für Menschen genügen, die nicht oder nur sehr eingeschränkt in der Lage sind, ihr Recht auf ausreichende Bekleidung selbst zu verwirklichen. Zu nennen sind Insassen von Anstalten, insbesondere Gefängnissen, aber auch Flüchtlinge und Katastrophenopfer. Beispiele für Fälle, in denen ein echter Mangel an Kleidung als Schutz vor Kälte und Nässe besteht, werden weniger von offiziellen staatlichen Stellen als vielmehr von Hilfsorganisationen zusammengestellt, die auf die tödlichen Auswirkungen von mangelnder Kleidung gerade in der kalten Jahreszeit hinweisen.[960] Gleichzeitig ist hier auch das Recht auf eine ausreichende Unterbringung betroffen, da ein Mangel an warmer Kleidung für diejenigen Personen, die nicht der Witterung ausgesetzt sind, weniger ins Gewicht fällt.

(3) Verpflichtung zur Nicht-Diskriminierung

Auch im Rahmen des Rechts auf Bekleidung ist der Nichtdiskriminierungsaspekt Teil der Verpflichtung der Staaten. Aufgabe des Staates ist es zu verhindern, daß Personen durch ihre Kleidung Diskriminierungen ausgesetzt werden. Unzulässig sind deshalb Kleidervorschriften, die Bevölkerungsgruppen als solche kennzeichnen und dadurch Diskriminierungen veranlassen. Darunter würden auch Vorschriften für Berufskleidung fallen, durch die Menschenrechte verletzt werden, etwa weil sie den Träger lächerlich machen.[961]

(4) Mode aus Sicht des Rechts auf angemessene Bekleidung

(aa) Bedeutung von Mode

Der Begriff der Kleidung ist eng mit dem Begriff der Mode verbunden. Ein Wandel der Mode kann ein Sinnbild für einen Wandel der Gesellschaft sein. Die Entscheidung, die durch das Folgen oder Nicht-Folgen einer Mode für oder

---

960 Médecins sans Frontières – Ärzte ohne Grenzen, Akut 1 /2006, berichtet über Flüchtlinge in Pakistan und Tschad; Informationen finden sich auch auf den Seiten der Vereinten Nationen, www.un.org, zum Beispiel über Flüchtlinge in Uganda.

961 Es ist auch an dieser Stelle an eine Rechtfertigung im konkreten Fall nach Art. 4 IPWSKR zu denken.

gegen gesellschaftliche Strömungen getroffen wird, muß keine bewußte sein, ist aber oft Ausdruck einer bestimmten Einstellung. So wie die „*Sansculottes*" nach der Französischen Revolution die Kniebundhosen gegen lange Hosen eintauschten, um ihren Bruch mit dem alten Regime zu demonstrieren, so tauschten revolutionäre Frauen Mitte des letzten Jahrhunderts die Röcke gegen Hosen und kämpften damit explizit für die Gleichberechtigung.[962] Kleidung ist auch ein Mittel, um einen Wandel der gesellschaftlichen Strukturen einzuleiten oder zu demonstrieren.[963]

(bb) Mode als Element eines angemessenen Lebensstandards?

Zu klären ist, ob die Beurteilung von Kleidung als „modisch" oder „unmodisch" im Rahmen des Art. 11 (1) IPWSKR relevant ist.

Der Begriff „Mode" hat zwei Bedeutungen: Als „Mode" im engeren Sinne wird die zu einer bestimmten Zeit nach Schnitt, Form, Farbe und Material herrschende Art, sich zu kleiden, bezeichnet.[964] Mode im weiteren Sinne ist der schneller als der Stil einer Epoche sich wandelnde Geschmack in Kultur, Zivilisation und Lebensweise. Darunter fallen alle jene sozialen Erscheinungen, die kurzlebig sind und sich vor allem in Sprache, Kleidung, Tanz, manchen Konsum- und Freizeitgewohnheiten, aber auch in bestimmten Umgangsformen und der Wohnweise äußern.[965] Vorliegend geht es um Mode im engeren Sinne, also um die Art, wie sich die Menschen zu einer bestimmten Zeit und in einer bestimmten Gegend kleiden.

Mode beinhaltet sowohl das Element des politischen Statements als auch das des „gut gekleidet Seins". Zunächst ist der erstgenannte Aspekt der Mode unter der Fragestellung zu betrachten, ob aus dem Recht auf Bekleidung gemäß Art. 11 (1) IPWSKR auch ein Recht auf Bekleidungsstücke, die eine bestimmte politische oder soziale Botschaft vermitteln, besteht. Zur Beantwortung dieser Frage ist der Inhalt der Menschenrechtspakte entscheidend: Während sich im Sozialpakt wirtschaftliche, soziale und kulturelle Rechte finden, enthält der Zivilpakt bürgerliche und politische Rechte. Dazu gehört auch das Recht, seine Meinung durch jedes gewünschte Medium kundzutun, Art. 19 (2) IPBPR. Dieses Recht schließt die Kundgabe jeder subjektiven Idee und Meinung, die weitergabefähig ist, durch das Medium der Wahl der jeweiligen Person, ein.[966] Die Idee,

[962] Vgl. dazu Brändli: Der herrlich biedere Mann, S.271.

[963] Dazu Crane: Fashion and its social agendas, S.6ff.

[964] dtv-Lexikon Band 12 Med – Nen, Stichwort „Mode".

[965] dtv-Lexikon Band 12 Med – Nen, Stichwort „Mode".

[966] Human Rights Committee General Comment 10, para.2; Bair: The International Covenant on Civil and Political Rights and its (First) Optional Protocol, Art. 19 (2) S.90; Carlson/ Gis-

seine Einstellung durch Kleidung kundzutun, wäre deshalb eher im Rahmen des Pakts für bürgerliche und politische Rechte einzuordnen. Das Recht auf Bekleidung, wie es im Sozialpakt zu finden ist, steht in einer Reihe mit dem Recht auf Ernährung, auf Wasser und auf Unterbringung, also mit Rechten, die sich auf die Lebensbedingungen von Menschen beziehen, so wie sich die Rechte des Sozialpakts allgemein auf die Umstände konzentrieren, unter denen Menschen arbeiten und leben.[967] In diesen Kontext paßt ein Recht auf Meinungsäußerung durch das Medium „Kleidung" nicht. Das Recht auf ausreichende Bekleidung aus Art. 11 (1) IPWSKR gibt also kein Recht auf eine bestimmte Kleidung, um dadurch eine politische oder gesellschaftliche Meinung zu artikulieren.

Der zweite Aspekt von Mode ist der des „gut gekleidet Seins". Der Wortlaut spricht weder dafür noch dagegen, diesen Aspekt von dem Recht auf ausreichende Bekleidung umfaßt zu sehen. Systematisch stellt das Recht auf Bekleidung einen Unterfall des Rechts auf einen angemessenen Lebensstandard dar. Die Auslegung muß deshalb immer im Lichte der Bedeutung des Lebensstandards geschehen. Ausgehend von der durch Art. 11 (1) IPWSKR vorgegebenen Prämisse, daß die Bekleidung einen Teil des Lebensstandards darstellt, soll sie also auch dazu dienen, dem Menschen die Teilnahme am sozialen Leben zu ermöglichen, ohne daß er seine Würde verliert, und ihn weiterhin in die Lage versetzen, die Verwirklichung seiner wsk Rechte möglichst eigenständig zu gestalten. Oben wurde bereits dargestellt, daß die Kleidung eines Menschen Auskunft über seine Stellung in der Gesellschaft geben kann. Durch diese wortlose Botschaft wird auch die Behandlung, die ihm durch seine Mitmenschen zuteil wird, mitbestimmt. Kleidung, die ihren Träger als „minderwertig" charakterisiert, wird andere Personen im Umgang mit ihm zu tendenziell negativer Behandlung veranlassen.

Zudem gewährleistet der Sozialpakt nicht nur ein Recht auf Bekleidung, sondern auf ausreichende Bekleidung. Die genaue Bedeutung von „ausreichend" wird zu einem großen Teil von den vorliegenden sozialen, wirtschaftlichen, kulturellen, klimatischen, ökologischen und anderen Gegebenheiten bestimmt.[968] Mit dieser Bedeutung könnte der Terminus „ausreichend" zum Anlaß genommen werden, eine sich nicht verbessernde Situation zu rechtfertigen und damit die Notwendigkeit für Verbesserungen zu verneinen: Für Einwohner eines Staates, die sich in einer sehr schlechten ökonomischen und sozialen Lage befinden, ist Kleidung, an der dies abzulesen ist, „den gegebenen Umständen entsprechend", also ausreichend. Dies ist jedoch mit der Intention des Sozialpaktes, die Situation in den Paktstaaten auch bezüglich des Lebensstandards Schritt für

---

vold: Practical Guide to the International Covenant on Civil and Political Rights, Art. 19 (2), S.121.

[967] Coomans: Economic, Social and Cultural Rights, S.3f.

[968] General Comment 11, para.7.

Schritt zu verbessern, nicht vereinbar. Der Ausschuß hat das Merkmal der Angemessenheit zum Anlaß genommen, den aktuellen Stand der wirtschaftlichen und sozialen Entwicklung der Staaten zu berücksichtigen, um so der besonderen Lage der einzelnen Staaten gerecht zu werden. Mit dieser Interpretation sollten aber nicht bestehende Zustände festgeschrieben werden, sondern es sollte im Gegenteil festgestellt werden, daß die Entwicklungsschritte hin zur Verwirklichung der Rechte für jedes Land unterschiedlich aussehen können.

Gegen ein Recht auf Mode spricht, daß ein Recht auf Luxusgegenstände nur schwer mit dem Verständnis eines Menschenrechts vereinbar ist. Menschenrechte zeichnen sich dadurch aus, daß sie mit dem Mensch-Sein untrennbar verbunden sind, also in dem begründet sind, was den Menschen als Menschen auszeichnet: im Wesen bzw. in der Natur des Menschen, in der dem Mensch eigenen Würde.[969] Das Prinzip der Menschenrechte fordert die Möglichkeit, ein menschengemäßes Dasein, d.h. ein Dasein ohne den Verlust der Menschenwürde führen zu können.[970] Menschenrechte benennen damit einen Grundbestand an Daseinsbedingungen und Persönlichkeitsäußerungen, die einem Menschen unter gar keinen Umständen entzogen werden dürfen.[971]

Es klingt daher wie bloßer Hohn, in einer Welt, in der Millionen Menschen um das tägliche Überleben kämpfen, ein Recht auf Gegenstände zuzugestehen, die keinen konkreten Nutzen für den Alltag bringen und ganz offensichtlich für die überwiegende Mehrheit eine Illusion bleiben müssen. Durch das Zugeständnis eines solchen Rechts könnte die Glaubwürdigkeit des Sozialpakts erheblich leiden. Trotz der Absurdität der Frage in der Praxis darf sie aber nicht einfach verworfen werden mit der Begründung, daß ein solches Recht sowieso nicht zu verwirklichen wäre – das gleiche Argument träfe auch auf andere Rechte des Sozialpakts zu. Zudem muß immer berücksichtigt werden, daß die Rechte aus dem Sozialpakt keinen Anspruch auf sofortige Umsetzung gegenüber den Staaten begründen. Vielmehr müssen die Staaten die Rechte „nach und nach“ verwirklichen.

Das Recht auf Bekleidung beinhaltet nicht ein Recht auf Bekleidung, die jedem modischen Trend folgt; sie gibt auch kein grundsätzliches Recht auf Luxusaccessoires. Es beinhaltet jedoch ein Recht auf ausreichende Kleidung, die nicht an dem sozialen Minimum eines Landes orientiert ist: Ausreichende Bekleidung setzt voraus, daß sie ihren Träger in die Lage versetzt, ohne Verletzung seiner Würde aktiv am alltäglichen sozialen Leben teilzunehmen und sich selbst für die Verwirklichung seiner wsk Rechte einzusetzen. Dies bedeutet für

---

969 Vgl. statt vieler König: Zur Begründung der Menschenrechte: Hobbes – Locke – Kant, S.25ff.

970 König: Zur Begründung der Menschenrechte, S.324; dazu auch Alan Gewirth: Human Rights: Essays on Justification and Applications, Chicago 1982.

971 König: Zur Begründung der Menschenrechte, S.48.

das Beispiel der Luxusbekleidung, daß sie, an heutigen Verhältnissen gemessen, nicht vom Recht auf Bekleidung umfaßt wird, da auch ohne sie die Voraussetzungen für einen angemessenen Lebensstandard erfüllt werden können. Über eine mögliche Änderung dieser Situation soll hier nicht spekuliert werden; eine andere Beantwortung dieser Frage ist aber unter geänderten Umständen möglich.

Das Recht auf Bekleidung beinhaltet deshalb kein Recht auf Mode, wohl aber ein Recht auf Kleidung eigener Wahl.

5. Ein Recht auf Energie

Der Begriff „Energie" läßt uns meist an moderne Energiequellen wie Strom und Gas denken. Doch hat er eine viel weitergehende Bedeutung:

> "One way of looking at human development is in terms of the choices and opportunities available to individuals. Energy can dramatically widen these choices. Simply harnessing an ox, for example, multiplied the power available to a human being by a factor of 10. The invention of the vertical waterwheel increased productivity by another factor of 6; the steam engine increased it by yet another order of magnitude. The use of motor vehicles greatly reduced journey times and expanded human ability to transport goods to markets."[972]

Seit den Ursprüngen der Menschheit vor etwa 1 Millionen Jahren bis zum heutigen Tage hat sich der Energieverbrauch pro Kopf drastisch erhöht: Während die Urmenschen, denen die Nutzung des Feuers noch nicht bekannt war, allein auf die Energie aus der aufgenommenen Nahrung angewiesen waren (etwa 2000 Kilokalorien pro Tag), verbrauchte ein Bürger der Vereinigten Staaten von Amerika schon in den siebziger Jahren 230.000 Kilokalorien pro Tag, also die 115-fache Menge.[973] In den frühen 80er Jahren machte *Muhyi al-Din* den Versuch, den Energieverbrauch von Haushalten in Ägypten als Maßstab für Einkommensverteilung und Lebensstandard zu benutzen.[974] Soweit ersichtlich, wurde diese interessante Idee jedoch nicht weiter verfolgt.

Der Ausdruck „Recht auf Energie" darf in diesem Kontext nicht mißverstanden werden: Es geht nicht um ein Recht auf Energie an sich. Ähnlich wie das „Recht auf Wasser" kein Recht auf unbegrenzte Mengen an Trinkwasser ist,[975] sondern ein Recht auf Zugang zu Wasser ist, geht es bei dem Recht auf Energie

---

[972] World Energy Assessment: Energy and the challenge of sustainability, S.3.

[973] Goldemberg, Development and Energy, in Bradbrook/ Ottinger: Energy Law and Sustainable Development, S.1.

[974] Muhyi al-Din: Income Distribution and Basic Needs in Urban Egypt, insb. S.97ff.

[975] Siehe die sehr anschaulichen Beispiele und Erläuterungen in WHO/ OHCHR: The Right to Water, 2003.

um ein Recht auf Zugang zu bestehenden Energiequellen sowie auf den Ausbau der Energieversorgung in Fällen, in denen noch keine Möglichkeit des Zugangs besteht.

a) Aktuelle Situation

Energierecht im weiteren Sinne (d.h. Gesetzgebung die Erzeugung und Nutzung von Energie betreffend) wurde in der rechtswissenschaftlichen Debatte der 90er Jahre sowie im Völkerrecht lange Zeit stiefmütterlich behandelt.[976] Das ist insofern verwunderlich, als die Bedrohung der Energieversorgung eines Staates in Zusammenhang mit so einschneidenden Ereignissen wie dem ersten Golfkrieg 1991 stehen kann.[977] In den letzten Jahren wurde es jedoch verstärkt zum Thema im Umweltvölkerrecht, was eine Reihe von internationalen Konventionen und Protokollen belegen, wie die *United Nations Framework Convention on Climate Change* (UNFCCC), die *International Convention for the Prevention of Pollution by Ships* (MARPOL) oder die *Convention on Long-Range Transboundary Air Pollution* (IRTAP), um nur einige zu nennen.[978] Bis zum jetzigen Zeitpunkt ausgeblieben ist eine Debatte über Auswirkungen von Energieerzeugung und Zugang zu Energie auf Menschenrechte und speziell auf die Verpflichtungen der Staaten aus menschenrechtlichen Verträgen.

Energie, gewonnen aus Erdgas, Erdöl, Biomasse oder anderen Energieträgern, wird vor allem zum Heizen von Räumen und zur Erzeugung von Hitze zum Kochen verwendet, Energie in Form von Elektrizität zur Erzeugung von Licht und zu vielfältigen anderen Zwecken. Ohne diese Energiequellen sind Menschen darauf angewiesen, feste Brennstoffe wie Holz, Kohle oder auch Tierdung in Innenräumen zu verbrennen, was ungesund ist und erhebliche Luftverschmutzung verursacht.[979] Wie ernst dieses Problem ist, zeigen Statistiken:

---

[976] Ausführlich Bradbrook, Energy Law: The neglected Aspect of Environmental Law, Melbourne University Law Review 19 (1993/94) S.1; derselbe: A Legislative Framework for Renewable Energy and Energy Conservation, Journal of Energy and Natural Resources Law 15 (1997), S.313ff.; derselbe, Energy, Sustainable Development and Motor Fuels: Legal Barriers to the Use of Ethanol, Environmental and Planning Law Journal 16 (1999), S.196ff.

[977] Dazu Bradbrook, Energy Law: The neglected Aspect of Environmental Law, Melbourne University Law Review 19 (1993/94) S.1.

[978] Ausführlich Hanschel: Verhandlungslösungen im Umweltvölkerrecht, 2003; für weitergehende Literatur siehe die Verweise bei Bradbrook, Energy Efficiency and the Energy Charter Treaty, Environmental and Planning Journal 14 (1997), S.327; Bradbrook/ Ottinger: Energy Law and Sustainable Development, IUCN 2003; Goldemberg: Energy and the Challenge of Sustainability, UNDP New York 2000.

[979] Holdren/ Smith, Energy, the Environment and Health, in Goldemberg *et al.*: Energy and Sustainable Development, S.63ff.; Bradbrook/ Wahnschafft, A Statement of Principles for a

Jährlich sterben weltweit über 1,5 Millionen Menschen an den Folgen der Luftverschmutzung, die beim Verbrennen von Kohle, Holz und Dung im Haus entsteht.[980] Rund 3 Milliarden Menschen kochen mit festen Brennstoffen, vor allem in China, Indien und etlichen Ländern Afrikas, in denen Frauen und Kinder bis zu sieben Stunden am Tag große Mengen Kohlenmonoxid einatmen. Die Auswirkungen auf die Gesundheit entsprechen denen von zwei Packungen Zigaretten pro Tag. Nicht verwunderlich ist deshalb, daß schlechte Luft als Risikofaktor in den Entwicklungsländern Platz vier gleich hinter Unterernährung, ungeschütztem Geschlechtsverkehr und schmutzigem Wasser einnimmt.[981]

Eine aktuelle Studie der Weltgesundheitsorganisation aus dem Jahr 2006 kommt zu folgenden Schlußfolgerungen:[982] Kochen mit festen Brennstoffen ist ein Hauptrisiko für Lungenentzündung bei Kindern und chronische Atemwegserkrankungen bei Erwachsenen. Jedes Jahr sterben daran etwa 1,5 Millionen Menschen, davon mehr als zwei Drittel in Süd-Ost-Asien und in Afrika südlich der Sahara. Seit 1990 wurden kaum Fortschritte erzielt. Um bis 2015 die Anzahl der Menschen ohne Zugang zu modernen Brennstoffen zu halbieren, müssen für die nächsten 10 Jahre jeden Tag fast eine halbe Millionen Menschen Zugang zu modernen Energiequellen erhalten.[983] Gesundheits- und Produktivitätssteigerungen würden sich lohnen: Investitionen von 13 Milliarden US-Dollar pro Jahr bis zum Jahre 2015 würden sich über einen Zehn-Jahres-Zeitraum mit 105 Milliarden Dollar pro Jahr amortisieren.[984]

Heute verbrauchen 20% der Weltbevölkerung 60% der erzeugten Energie;[985] von den übrigen 80 % haben etwa 2 Milliarden Menschen keinen Zugang zu modernen Energiequellen.[986] Damit bleiben ihnen nicht nur Annehmlichkeiten wie elektrisches Licht, fließendes warmes Wasser, Kühlung von Lebensmitteln

---

Global Consensus on Sustainable Energy Production and Consumption, Journal of Energy and Natural Ressources Law 19 (2001), S.145.

980 McDade, Gender and Energy for Sustainable Development: Fueling the Fight Against Poverty, UNDP 2005, Folie 8; weitere Informationen z.B. in WHO, Situation Analysis of Household Energy Use and Indoor Air Pollution in Pakistan, S.4ff.

981 Süddeutsche Zeitung vom 3.12.2003, S.8, „Tod am Herd". Ausführlich zum Thema Energie und Gesundheit Holdren/ Smith, Energy, the environment, and health, in Goldemberg: Energy and Sustainable Development, S.65ff.

982 WHO: Fuel for Life. Household Energy and Health, 2006.

983 WHO: Fuel for Life. Household Energy and Health, S.8ff.

984 WHO: Fuel for Life. Household Energy and Health, S.30.

985 World Energy Council: Energy for Tomorrow's Word – Action Now, Executive Summary S.2.

986 Fridleifsson, Energy requirements for the new millenium, in van Ginkel: Human Development and the Environment, S.220; UNDP: Sharing Innovative Experiences: Examples of Successful Uses of Renewable Energy Sources in the South, S.9.

etc. vorenthalten, sondern es werden auch der ökonomische Fortschritt und die Verbesserung der Lebensumstände der betroffenen Regionen gebremst.[987]

b) Herleitung eines Rechts auf Energie

Sollte ein Recht auf Zugang zu Energie dem Recht auf einen angemessenen Lebensstandard gemäß Art. 11 (1) IPWSKR immanent sein, so wäre es, ebenso wie die Rechte auf Ernährung, Unterbringung oder Bekleidung, ein Menschenrecht. Anders als diese wird es jedoch von Art. 11 (1) IPWSKR nicht ausdrücklich erwähnt. Sein Zusammenhang mit den ausdrücklich genannten Bestandteilen ist auch nicht so unmittelbar ersichtlich wie der zwischen Wasser und Ernährung.

(1) Menschenrechte als unveräußerliche Rechte

Menschenrechte erheben den Anspruch, unveräußerliche Rechte zu sein, die jedem Menschen unabhängig von staatlicher Garantie und Gewährleistung zukommen.[988] Zugleich sind sie jedoch in der Praxis, das heißt für ihre tatsächliche Realisierung und Implementierung, immer darauf angewiesen, in Form von Menschenrechtskonventionen oder Grundrechtskatalogen in positives Recht umgesetzt zu werden. Dies darf jedoch nicht zu der irrigen Annahme führen, daß als Menschenrechte nur diejenigen Rechte zu qualifizieren seien, die in Menschenrechtskonventionen gewährt werden. Den Menschenrechten eigentümlich ist gerade, daß sie nicht der Positivierung durch Staaten bedürfen.[989] So ist die Feststellung, ob ein Recht als Menschenrecht gilt, unabhängig von seiner Positivierung durch Staaten zu treffen; Menschenrechte gelten gegebenenfalls auch gegen ausdrückliche Gesetze des Staates.[990] Durch die Positivierung von Menschenrechten werden diese nicht geschaffen, sondern lediglich garantiert.[991]

---

987 Dazu Goldemberg: Energy and Sustainable Development, S.4.

988 Häusermann, The Realisation and Implementation of Economic, Social and Cultural Rights, in Beddard/ Hill: Economic, Social and Cultural Rights – Progress and Achievement, S.47.

989 König: Zur Begründung der Menschenrechte, S.34.

990 Häusermann, The Realisation and Implementation of Economic, Social and Cultural Rights, in Beddard/ Hill: Economic, Social and Cultural Rights – Progress and Achievemnt, S.47; König: Zur Begründung der Menschenrechte, S.34. Dazu sehr bildhaft Klein: „Wie Rohdiamanten geschliffen werden müssen, um ihren Glanz entfalten zu können, so bedürfen Menschenrechte der Bearbeitung durch Kodifikation, um als Ansprüche durchsetzbar zu sein.", aus Universeller Menschenrechtsschutz – Realität oder Utopie?, EuGRZ 1999, S.110.

991 Piechowiak, What are human rights? The concept of human rights and their extra-legal justification, in Hanski/ Suksi: An introduction to the international protection of human rights, S.9, 12. Preuß mißt dieser Garantie allerdings wesentlich mehr Bedeutung zu: „[... Z]um ei-

Zwar schiene unsere heutige Welt ein menschenrechtliches Paradies zu sein,[992] ginge man nur von völkerrechtlichen Verträgen und Absichtserklärungen aus: Es existiert eine europäische, eine amerikanische, eine afrikanische und eine islamische Menschenrechtskonvention, ganz zu schweigen von der Allgemeinen Erklärung der Menschenrechte und den beiden Internationalen Pakten.[993] Der Einfluß dieser Vielzahl von schriftlichen Fixierungen von Menschenrechten auf die tatsächliche Situation ist jedoch sehr fraglich.[994]

Die Idee eines Menschenrechts[995] auf Zugang zu Energiequellen erscheint auf den ersten Blick fernliegend. Nicht jedes einigermaßen vertretbare Interesse kann unter dem Titel „Menschenrecht" abgehandelt werden.[996] Sollte dies auch

---

nen, daß Menschenrechte nicht kraft ihrer eigenen inneren moralischen Evidenz oder kraft der spontanen und intuitiven Erkenntnis eines allen Menschen innewohnenden moralischen Organs gelten, sondern kraft eines bewußten Aktes der Anerkennung durch Staaten [...].: Preuß, Der politische Charakter der Menschenrechte, EuGRZ 2004, S.611f.

992 Riedel spricht von einer „beeindruckenden Fülle von Menschenrechtsstandards": Universeller Menschenrechtsschutz, in Baum/ Riedel/ Schaefer: Menschenrechtsschutz in der Praxis der Vereinten Nationen, S.26. Zur Afrikanischen Menschenrechtscharta Evans/ Murray: The African Charter on Human and Peoples' Rights. The System in Practice, 1986 – 2000, darin insb. Odinkalu, Implementing economic, social and cultural rights under the African Charter on Human and Peoples' Rights, S.178ff.

993 (Europäische) Konvention zum Schutz der Menschenrechte und Grundfreiheiten vom 30. Juni 1998; Amerikanische Konvention über Menschenrechte vom 22. November 1969; (Afrikanische) Banjul Charta der Menschenrechte und Rechte der Völker vom 27. Juni 1981; Allgemeine Erklärung der Menschenrechte im Islam vom 19. September 1981.

994 Camp Keith, The United Nations International Covenant on Civil and Political Rights: Does It Make a Difference in Human Rights Behavior?, Journal of Peace Research Bd.36 Nr.1 (1999), S.95ff.; Hathaway, Do human rights treaties make a difference?, The Yale law journal 111 (2002) 8, S.1935ff.; Goodman/ Jinks, Measuring the effects of human rights treaties, European journal of international law 14 (2003) 1, S.171ff., Bayefsky, Chapter 10: Making Human Rights Treaties Work, in Henkin/ Hargrove: Human Rights: An Agenda for the Next Century, S.229ff.

995 Näheres zur Idee und Geschichte der Menschenrechte findet sich im ausführlichen Schrifttum, mit weiteren Nachweisen Riedel: Theorie der Menschenrechtsstandards, S.182ff.; Schwartländer, Staatsbürgerliche und sittlich-institutionelle Menschenrechte, in Schwartländer: Menschenrechte, S.77ff.; Riedel, Menschenrechte der dritten Dimension, EuGRZ 1989, S.9f; Arambulo: Strengthening the Supervision of the International Covenant on Economic, Social and Cultural Rights, S.9ff.; Donelly: The Concept of Human Rights, S.27ff.; König: Zur Begründung der Menschenrechte: Hobbes – Locke – Kant, Freiburg 1994; Gewirth, Human Rights: Essays on Justification and Applications, Chicago 1982; zu der Frage der Grundbedürfnisse Maslow, Criteria for Judging Needs to be Instinctoid, in Jones: Human Motivation, S.33ff., kritisch zu Maslows Vorschlägen Stewart: Planning to Meet Basic Needs, S.4f.; Tomuschat: Human Rights: Between Idealism and Realism, S.6ff.

996 So eindrücklich Alston: *„Reason for serious concern [...] arises [...] from the haphazard, almost anarchical manner in which this expansion is achieved."*, Alston, Conjuring up New

oft aus legitimen Gründen geschehen, so führt es doch dazu, daß der Begriff der Menschenrechte langfristig trivialisiert wird. Ein Grund für diese Inflation der Menschenrechte mag darin liegen, daß es heute kein verbindliches normatives Begründungsmodell für ethische Werte mehr gibt. Soll ein Anliegen ethisch untermauert werden, so bietet sich die Idee der Menschenrechte als einziges universelles Ethos an, auch wenn bis heute keine Einigkeit über ihren Inhalt besteht. Menschenrechtsrhetorik ist sowohl in der rechtlichen als auch in der philosophischen, ethischen und politischen Diskussion *„en vogue“*; die Idee von der Unveräußerlichkeit dieser Rechte hat ihre Faszination behalten.[997] Es ist deshalb sorgfältig und kritisch zu untersuchen, ob die Qualifizierung des Rechts auf Energie als Menschenrecht in Frage kommt. Sollte dies allerdings der Fall sein, steht ihm die mangelnde Kodifizierung in menschenrechtlichen Erklärungen und Verträgen nicht entgegen.

Dem Zusammenhang zwischen dem Zugang zu Energie und der Verwirklichung von Menschenrechten wird erst seit kurzem Aufmerksamkeit geschenkt.[998] In keinem völkerrechtlichen Vertrag wird ein solches Menschenrecht bisher angesprochen. Trotzdem hat Zugang zu Energiequellen eine große Bedeutung für die Verwirklichung anderer Menschenrechte, insbesondere der Rechte des Sozialpakts. Da Zugang zu Energie, die der Gesundheit nicht schadet, die Lebensumstände von Menschen erheblich verbessert, liegt auch ein enger Zusammenhang mit dem Recht auf einen angemessenen Lebensstandard vor. Einer der führenden Experten auf dem Gebiet des Energierechts, *Adrian Bradbrook*, hebt die Bedeutung des Zugangs zu modernen Energiequellen für

---

Human Rights: A Proposal for Quality Control, American Journal of International Law 78 (1984), S.607.

[997] Lang, The philosophical foundations of human rights, in Justynski: The Origin of Human Rights, S.13; Landmann dagegen merkt die *"absence of strong philosophical foundations for the existence of human rights"* an, in Landmann, Measuring Human Rights: Principles, Practice and Policy, Human Rights Quarterly 26 (2004), S.910; Ishay: The Human Rights Reader, S.1ff.; näher zur Geschichte der Menschenrechte mit weiteren Nachweisen Donnelly: The Concept of Human Rights, S.2; zur Geschichte der wsk Rechte Hunt: Reclaiming Social Rights, S.5ff.; Campbell: An Analysis of Austin's Lectures on Jurisprudence or the Philosophy of Positive Law, S.6ff., 110ff.; Hutter: Menschenrechtspolitik im Zeitalter der Globalisierung, S.29ff., 145ff., 203ff.; Ishay: The History of Human Rights: From Ancient Times to the Globalization Era, S.16ff.

[998] Was jedoch nicht gegen die Qualifizierung als Menschenrecht spricht; vgl. zu „neuen“ Menschenrechten Cançado Trindade, Human Rights and the Environment, in Symonides: Human Rights: New Dimensions and Challenges, S.117ff.

Die Weltgesundheitsorganisation weist in ihrer Publikation „Fuel for Life. Household Energy and Health“ aus dem Jahr 2006 nachdrücklich auf den engen Zusammenhang zwischen ausreichender Nahrung, Gesundheit, Bildung und Energieversorgung hin, ohne jedoch den menschenrechtlichen Aspekt aufzunehmen.

die Verwirklichung von Menschenrechten hervor und schließt mit der These, daß auch das Recht auf Energie, ebenso wie es das Recht auf eine Unterbringung ist, ein Menschenrecht sein sollte.[999] Ähnlich betont *Riedel*, daß vom Recht auf einen angemessenen Lebensstandard die Bereitstellung von Energie umfaßt sei.[1000]

Die Aufzählung des Art. 11 (1) IPWSKR, namentlich Ernährung, Bekleidung und Unterbringung, ist nicht abschließend.[1001] Sollte Zugang zu Energie ein zwingender Bestandteil des Rechts auf einen angemessenen Lebensstandard sein, so stünde es in einer Reihe mit den explizit genannten Komponenten des angemessenen Lebensstandards. Konsequenterweise ergäbe sich daraus für die Mitgliedstaaten des Sozialpaktes die Verpflichtung, geeignete Schritte zur Verwirklichung dieses Rechts zu unternehmen.

(2) Die Qualifizierung des Rechts auf Energie als soziales Menschenrecht

Die Bedeutung von bürgerlichen und politischen Rechten bedarf weniger Erklärungen. Zumindest in der nordwestlichen Hemisphäre hat das Bewußtsein, Träger solcher Menschenrechte zu sein, Eingang in das Rechtsbewußtsein gefunden.[1002] Dagegen kann bei wirtschaftlichen, sozialen[1003] und kulturellen Men-

---

[999] Rede von Prof. Adrian Bradbrook anläßlich der Verleihung der Ehrendoktorwürde an ihn durch die Universität Mannheim am 06. November 2003, Redemanuskript liegt der Verfasserin vor.

[1000] Riedel, International Law Shaping Constitutional Law. Realization of Economic, Social and Cultural Rights, in Riedel: Constitutionalism – Old Concepts, New Worlds, S.116.

[1001] General Comment 15, para.3; Engels: Verbesserter Menschenrechtsschutz durch Individualbeschwerdeverfahren, S.123; Craven: The International Covenant on Economic, Social and Cultural Rights, S.289; Bluemel, The Implications of Formulating a Human Right to Water, Ecology Law Quarterly 31 (2004), S.969.

[1002] Zu diesem Unterschied Machacek, Über das Wesen der wirtschaftlichen und sozialen Grundrechte, in Matscher: Die Durchsetzung wirtschaftlicher und sozialer Grundrechte, S.23ff.; Castermans-Hollemann, The Protection of Economic, Social and Cultural Rights within the UN Frameword, NILR 199f, S.363ff.

[1003] Das Recht auf Energie wäre als Konkretisierung des Rechts auf einen angemessenen Lebensstandard ein soziales Menschenrecht: *„At the core of social rights is the right to an adequate standard of living.":* Eide, The Importance of Economic and Social Rights in the Age of Economic Globalisation, in Eide/ Kracht: Food and Human Rights in Development, S.7; Riedel, The Examination of State Reports, in Klein: The Monitoring System of Human Rights Treaty Obligations, S.97; kritisch zu der Unterteilung von Rechten des Sozialpakts in wirtschaftliche und soziale Rechte Alston, Chapter 6: Economic and Social Rights, in Henkin/ Hargrove: Human Rights: An Agenda for the Next Century, S.138.

schenrechten nicht auf eine lange Rechtstradition zurückgegriffen werden; es gibt keine generelle Vorstellung von ihrer Bedeutung.[1004]

Wsk Rechte verlangen die Befriedigung existentieller Bedürfnisse. Sie spezifizieren damit die Forderung der Menschenrechte, Menschen unter würdigen Daseinsbedingungen leben zu lassen. Bezieht sich der Grundtatbestand an Daseinsbedingungen, der Menschen unter gar keinen Umständen entzogen werden kann, auf bürgerliche und politische Umstände, so wird ihre Ausgestaltung und Bewertung in verschiedenen Kulturen sehr unterschiedlich ausfallen. Dagegen werden wsk Rechte häufig als normative Reflexionen der natürlichen Bedürfnisse, die allen Menschen, unabhängig von ihrer Herkunft und ihren Lebensumständen, gemeinsam sind, um ein Leben in Würde zu führen, gesehen.[1005] Dies darf aber nicht dazu führen, daß wsk Menschenrechte nur auf Grundbedürfnisse gestützt werden.[1006] Auch sollte nicht verkannt werden, daß im Rahmen der „Angemessenheit" die Frage, was notwendig ist, um ein Leben in Würde zu führen, sehr unterschiedlich beantwortet wird.

(3) Auslegung des Art. 11 (1) IPWSKR nach der Wiener Vertragsrechtskonvention[1007]

(aa) Anwendbarkeit der Wiener Vertragsrechtskonvention auf den Sozialpakt

Völkerrechtliche Verträge werden nach der Wiener Vertragsrechtskonvention (WVK) vom 23. Mai 1969 ausgelegt, die am 27. Januar 1980 in Kraft getreten ist. Hierbei ist zunächst fraglich, ob die WVK auf den Sozialpakt anwendbar ist. Art. 2 (1) a WVK definiert einen Vertrag im Sinne der Konvention als „eine in Schriftform geschlossene und vom Völkerrecht bestimmte internationale Übereinkunft zwischen Staaten, gleichviel ob sie in einer oder in mehreren zusammengehörigen Urkunden enthalten ist und welche besondere Bezeichnung sie hat". Demnach ist der Sozialpakt ein Vertrag im Sinne der WVK. Gemäß Art. 1 WVK findet das Übereinkommen auf solche Verträge Anwendung.

[1004] Zu den Unterschieden zwischen wsk Rechten und bürgerlichen und politischen Rechten für viele Matscher, La mise en œuvre des droits économiques et sociaux, in Matscher: Die Durchsetzung wirtschaftlicher und sozialer Rechte, S.18ff.

[1005] Lang, The philosophical foundations of human rights, in Justynski: The Origin of Human Rights, S.18; Coomans: Economic, Social and Cultural Rights, S.3.

[1006] Siehe zur Kritik am *„needs-based approach"* Riedel, Theorie der Menschenrechtsstandards, S.204f.; Bielefeldt, Access to Water, Justice and Human Rights, in Riedel/ Rothen: The Human Right to Water, S.49.

[1007] Für den deutschen Text siehe BGBl.1985 II S.926.

Gem. Art. 4 der Konvention ist jedoch die Rückwirkung auf bereits abgeschlossene Verträge ausgeschlossen. Der Sozialpakt wurde 1966 von der Generalversammlung verabschiedet und trat 1976 in Kraft. Jedoch hat die WVK im Bereich der Auslegung von völkerrechtlichen Verträgen in erster Linie Völkergewohnheitsrecht kodifiziert und kein neues Recht geschaffen.[1008] Dies zeigt sich darin, daß die in der WVK kodifizierten Grundsätze bei der Auslegung von völkerrechtlichen Verträgen auch für Staaten gelten, die die WVK nicht ratifiziert haben.[1009] So können zur Interpretation des Sozialpakts die Regelungen der WVK herangezogen werden.[1010] Für den vorliegenden Fall sind in erster Linie Art. 31 und 32 WVK einschlägig.

(bb) Auslegung des Rechts auf einen angemessenen Lebensstandard nach Art. 31 und 32 WVK

Art. 31 und 32 WVK lauten:

> Art. 31: Allgemeine Auslegungsregel
>
> (1) Ein Vertrag ist nach Treu und Glauben in Übereinstimmung mit der gewöhnlichen, seinen Bestimmungen in ihrem Zusammenhang zukommenden Bedeutung und im Lichte seines Zieles und Zwecks auszulegen.
>
> (2) Für die Auslegung eines Vertrages bedeutet der Zusammenhang außer dem Vertragswortlaut samt Präambel und Anlagen
>
> a) jede sich auf den Vertrag beziehende Übereinkunft, die zwischen allen Vertragsparteien anläßlich des Vertragsschlusses getroffen wurde;
>
> b) jede Urkunde, die von einer oder mehreren Vertragsparteien anläßlich des Vertragsschlusses abgefaßt und von den anderen Vertragsparteien als eine sich auf den Vertrag beziehende Urkunde angenommen wurde.
>
> (3) Außer dem Zusammenhang sind in gleicher Weise zu berücksichtigen
>
> [...]

[1008] Doehring: Völkerrecht, S.132 Rn. 299; Malanczuk: Akehurst's Introduction to International Law, S.40; Bleckmann: Völkerrecht, S.101 Rn.278; Verdross: Quellen des universellen Völkerrechts, S.68; Grzeszick, Rechte des Einzelnen im Völkerrecht, Archiv des Völkerrechts 43 (2005), S.319.

[1009] Hobe/ Kimminich: Einführung in das Völkerrecht, S.207; Seidl-Hohenveldern: Völkerrecht, S.48f., Rn. 196ff.; Grzeszick, Rechte des Einzelnen im Völkerrecht, Archiv des Völkerrechts, Bd. 43 (2005), S.319.

[1010] So Engels: Verbesserter Menschenrechtsschutz durch Individualbeschwerdeverfahren, S.39f. mit ausführlicher Argumentation; Malanczuk: Akehurst's Modern Introduction to International Law, S.130.

Art. 32 Ergänzende Auslegungsmittel

Ergänzende Auslegungsmittel, insbesondere die vorbereitenden Arbeiten und die Umstände des Vertragsabschlusses, können herangezogen werden, um die sich unter Anwendung des Art. 31 ergebende Bedeutung zu bestätigen oder die Bedeutung zu bestimmen, wenn die Auslegung nach Artikel 31 die Bedeutung mehrdeutig oder dunkel lässt oder zu einem offensichtlich sinnwidrigen oder unvernünftigen Ergebnis führt.

Aus Art. 31 WVK ergibt sich zunächst die wörtliche Auslegungsregel (*plain/ ordinary meaning rule*).[1011] Nach ihr ist ein Begriff nach seiner üblichen Bedeutung auszulegen. Jedoch ergibt sich die übliche Bedeutung eines Begriffes oft erst aus dem Zusammenhang mit anderen Begriffen, in die er eingebunden ist, wobei „Zusammenhang" die Wortgruppe in einem Satz oder Gesamttext meint. Hier wird also häufig eine systematische Auslegung nötig sein, innerhalb derer gemäß Art. 31 (2) WVK auch der Vertrag in seiner Gesamtheit zu berücksichtigen ist.[1012] Der wörtlichen Auslegung kommt kein Vorrang zu; aus der Überschrift des Art. 31 WVK („Allgemeine Auslegungsregel") folgt vielmehr, daß die Auslegung einen einheitlichen Vorgang unter Anwendung der Auslegungsmethoden in einem sachgemäßen Verbund darstellt. Auch enthält Art. 31 WVK keine Rangordnung der einzelnen Auslegungsmethoden[1013]. Somit ist gemäß Art. 31 (1) a.E. WVK auch auf die teleologische Auslegung und subsidiär (vgl. Art. 32 WVK) auf die *travaux préparatoires* zurückzugreifen.

Zum Teil wird als maßgeblich die subjektive Auslegung, orientiert am Willen der Parteien gesehen. Entscheidend soll sein, wie ein Partner die Erklärung des anderen hat verstehen dürfen.[1014] Dies wird auch damit begründet, daß in Art. 31 und 32 WVK objektive Auslegungsarten keine Erwähnung fänden.[1015] Die subjektive Auslegung gelangt jedoch an ihre Grenzen, wenn ein einheitlicher Parteiwille insbesondere bei mehrsprachigen authentischen Texten nicht erkennbar ist und Sinn und Zweck des Vertrages trotz Auslegung unklar bleiben.[1016]

Vorzugswürdig ist deshalb die Auffassung, daß Art. 31 und 32 WVK auch einen objektiven Ansatz ermöglichen.[1017] Gerade bei rechtssetzenden Verträgen

[1011] Ipsen: Völkerrecht, § 11 S.141 Rn.12.

[1012] Grzeszick, Rechte des Einzelnen im Völkerrecht, Archiv des Völkerrechts 43 (2005), S.320; Verdross: Quellen des universellen Völkerrechts, S.69; Ipsen: Völkerrecht, § 11 S.140, Rn.6.

[1013] Ipsen: Völkerrecht, § 11 S.141 Rn.12.

[1014] So Doehring: Völkerrecht, S.1 Rn. 391.

[1015] Doehring: Völkerrecht, S.170 Rn. 393.

[1016] Ipsen: Völkerrecht, § 11 S.139, Rn.4; dies sieht auch Doehring: Völkerrecht, S.170 Rn. 392.

[1017] Ipsen: Völkerrecht, § 11 S.139 Rn. 5; was früher sehr strittig war, vgl. zu diesem Streit Köck: Vertragsinterpretation und Vertragsrechtskonvention, S.26.

ist die subjektive Auslegung nämlich oft zu eng: Diese sollen ein gemeinsames Verhalten für die Zukunft festlegen, wofür eine Anpassung der Vorgaben an die Realität notwendig ist. Vergleichbar ist dies mit der Notwendigkeit objektiver Auslegung im Verfassungsrecht.[1018] Erforderlich ist also auch im Völkerrecht eine Auslegung, die der aktuellen Anwendung der Norm genügt. Zwar unterscheidet die WVK nicht zwischen rechtsetzenden und gegenseitigen Verträgen, die allgemeine Meinung geht jedoch dahin, rechtssetzende Verträge tendenziell objektiv und extensiv auszulegen.[1019] *Malanczuk* geht sogar so weit zu sagen, daß es eine Vermutung für eine Auslegung von internationalen Verträgen dergestalt gebe, daß sie zur Verwirklichung ihres Zwecks volle Wirkung entfalten sollten.[1020] Dies entspreche auch dem Gedanken des „*effet utile*".

Die Auslegung des Rechts auf einen angemessenen Lebensstandard müßte zu dem Ergebnis führen, daß das Recht auf Energie als sein Bestandteil von ihm umfaßt ist. Zugang zu Energie müßte also *conditio sine qua non* dafür sein, daß Individuen in einer Umgebung und unter Bedingungen leben, die es ihnen ermöglichen, unter Bewahrung ihrer Würde am sozialen Leben teilzunehmen und ihre Rechte selbständig zu verwirklichen.

Energie ist eine essentielle Voraussetzung für die Verwirklichung anderer Rechte. Es ist gerechtfertigt, von der Untrennbarkeit des Zugangs zu Energie und der Verwirklichung wirtschaftlicher, sozialer und kultureller Menschenrechte sprechen.

Ohne Energie zum Kochen, Heizen und Beleuchten der Unterkunft wird die Verwirklichung des Rechts auf Ernährung und Unterbringung erschwert, wenn nicht sogar verhindert.[1021] Die Wichtigkeit des Zugangs zu nicht gesundheitsgefährdenden Formen von Energie wurde schon erläutert, ebenso die Gefahr, wenn nur unzureichende Energiequellen verfügbar sind. Zugang zu Energie ist kein Luxus, sondern eine grundlegende Voraussetzung, um ein Leben unter Bedingungen führen zu können, durch die Gesundheit und körperliche Unversehrtheit nicht gefährdet werden. Das Recht auf Zugang zu Energie steht damit auf einer Stufe mit dem Recht auf Unterbringung. Ein Dach über dem Kopf kann zwar das Überleben sichern, aber erst die Möglichkeit, sich dort auch entfalten und weiterentwickeln zu können, wozu Energiequellen unerläßlich sind, macht vier Wände und ein Dach zu einer ausreichenden Unterbringung im Sinne des Art. 11 (1) IPWSKR.

Ebenso ist der Zugang zu Energie fundamentale Voraussetzung der Verwirklichung des Rechts auf Ernährung: Der menschliche Organismus ist nur in be-

---

[1018] So auch Doehring: Völkerrecht, S.171 Rn. 394.

[1019] Doehring: Völkerrecht, S.171 Rn. 395.

[1020] Malanczuk: Akehurst's Modern Introduction to International Law, S.367.

[1021] World Energy Council: Energy for Tomorrow's Word – Action Now, Executive Summary S.1.

grenztem Umfang imstande, rohe Nahrung zu verwerten. Von rohem Fleisch und Fisch können erhebliche Gefahren für die Gesundheit ausgehen. Erst die Verarbeitung von Nahrungsmitteln wie Kochen, Braten etc. ermöglicht sicheren Verzehr. Dazu gehört auch die Möglichkeit, Nahrungsmittel haltbar zu machen, die in nahrungsärmeren Zeiten wie dem Winter oder während einer Dürreperiode das Überleben sichert.

Der Gesundheitszustand und auch der Bildungsgrad von Frauen und Kindern wird stark durch den Zugang zu Energiequellen beeinflußt: In vielen Ländern wird ein großer Teil des Tages mit dem Sammeln von Brennmaterialien verbracht. So scheitert ein Schulbesuch oft nicht nur an fehlenden finanziellen Mitteln, sondern auch an der fehlenden Zeit, da die Kinder als Arbeitskräfte benötigt werden.[1022] Auch ermöglicht es Elektrizität als Energieform, die in den meisten entwickelten Ländern selbstverständlich ist, nach Erledigung der täglich anfallenden Arbeit Bildungsmöglichkeiten wahrzunehmen. Eine einfache Lichtquelle wie eine Glühbirne kann es sowohl Jungen als auch Mädchen ermöglichen, auch nach Einbruch der Dämmerung schulische Kenntnisse zu erwerben.[1023]

Die Bedeutung des Zugangs zu Energiequellen für die Verwirklichung von Menschenrechten wird bis zum heutigen Tag maßgeblich unterschätzt. Eine mögliche Ursache dafür könnte sein, daß entstehende Schäden in erster Linie anderen Ursachen als dem Fehlen moderner Energiequellen zugeordnet werden können. Brandwunden und Atemwegserkrankungen, ausgelöst durch das Verbrennen von Holz, Kohle und Dung, scheinen in erster Linie das Recht auf die bestmöglichste Gesundheitsversorgung nach Art. 12 IPWSKR zu betreffen, hohe Kindersterblichkeit wegen Diarrhöe aufgrund von verdorbener Nahrung oder schmutzigem Wasser das Recht auf Ernährung aus Art. 11 (1) IPWSKR. Hier spielt jedoch der fehlende Zugang zu Energie eine ebenso große Rolle wie die Ursachen, die sich im allgemeinen Bewußtsein in den Vordergrund drängen.[1024] Diese Liste ließe sich beliebig verlängern. Es wäre deshalb wünschenswert, daß die Staaten sich dieser Tatsache bewußt würden und ihre Anstrengung auf dem Sektor des Energierechts verstärken, um allen Einwohnern die Möglichkeit zu geben, Zugang zu nicht gesundheitsschädigenden Energiequellen zu erhalten.

[1022] WHO: Fuel for Life. Household Energy and Health, S.18ff.

[1023] Karlsson/ McDade, Introduction, in UNDP: Generating Opportunities. Case studies on energy and women, S.7ff.; Khan, Battery-operated lamps produced by rural women – Bangladesh, in UNDP: Generating Opportunities. Case studies on energy and women, S.29, 34; Khamati Njenga, Upesi rural stoves project – Kenya, in UNDP: Generating Opportunities. Case studies on energy and women, S.45ff. Mehr Informationen gibt das Baker Institute Energy Forum, http://www.rice.edu/energy/research/women/conference.html.

[1024] Weitere Informationen in WHO, Fuel for Life. Household Energy and Health, S.30.

Aus den schon dargestellten Gründen ist auch die Teilnahme am sozialen Leben unter Bewahrung der Würde ohne Zugang zu Energie nur schwer möglich. Die oben beschriebenen Auswirkungen des Fehlens von Zugang zu nicht gesundheitsschädlichen Energiequellen lassen sich mit der Menschenwürde nicht vereinbaren.

Rogner und *Popescu* nennen Zivilisation und alles, was sie erreicht hat, letztlich das Ergebnis gebündelter Energie.[1025] Auch wenn fraglich ist, ob diese absolute These aufrecht zu halten ist, kann an der grundlegenden Bedeutung eines Rechts auf Zugang zu Energie kein Zweifel bestehen. Zugang zu Energie gehört als konstituierender Bestandteil zu einem angemessenen Lebensstandard.

Die Auslegung des Vertrages „im Lichte seines Ziels und Zwecks" geht über eine rein textimmanente Interpretation hinaus. Hier werden auch der Kontext des Vertrages und die Umstände, unter denen er zustande gekommen ist, berücksichtigt.[1026] Wie oben dargestellt, ist bei der Auslegung auch der systematische Zusammenhang, in dem der auszulegende Passus sich befindet, zu berücksichtigen. Der „angemessene Lebensstandard" ist der Oberbegriff zu angemessener Ernährung, Bekleidung und Unterbringung, die als Konkretisierungen des Lebensstandards im selben Absatz des Art. 11 IPWSKR garantiert werden. In den benachbarten Artikeln werden zudem das Recht auf das erreichbare Höchstmaß an Gesundheit (Art. 12 (1) IPWSKR) sowie auf Bildung (Art. 13 (1) IPWSKR) garantiert. Ebenfalls zu erwähnen sind das Recht auf Arbeit (Art. 6 (1) IPWSKR) und hier insbesondere das Recht auf gesunde und sichere Arbeitsbedingungen (Art. 7 b IPWSKR). Der enge Zusammenhang zwischen der Verwirklichung dieser Rechte und dem Zugang zu Energiequellen wurde bereits erläutert. Bei systematischer Betrachtung ergibt sich damit, daß der angemessene Lebensstandard Zugang zu Energie umfasst.

Im Rahmen der teleologischen Auslegung sind Ziel und Zweck des Vertrages aus dem Vertragstext und aus der Präambel zu ermitteln. Die teleologische Auslegung birgt in besonderem Maße die Gefahr, daß die Grenze zwischen zulässiger Auslegung des Vertragstextes und unzulässiger Ergänzung des Vertrages überschritten wird.[1027] Wichtig ist deshalb die Kombination mit der wörtlichen und der systematischen Auslegung.[1028] Nicht in Art. 31 WVK erwähnt, jedoch völkergewohnheitsrechtlich anerkannt ist der *Effektivitätsgrundsatz*, nach dem

---

[1025] Rogner/ Popescu, An introduction to energy, in Goldemberg: Energy and the challenge of sustainability, S.31.

[1026] Dazu näher Doehring: Völkerrecht, S.169 Rn. 390ff.; Engels: Verbesserter Menschenrechtsschutz durch Individualbeschwerdeverfahren, S.40ff., Verdross: Quellen des universellen Völkerrechts, S.69ff.

[1027] Auf diese Gefahr weist *Riedel* hin: Riedel, New Bearings to the State Reporting Procedure, in Schorlemer: Praxishandbuch UNO, S.346.

[1028] Ipsen: Völkerrecht, § 11 S.143 Rn.15.

ein Vertrag so auszulegen ist, daß sein Gestaltungsziel und sein Regelungszweck bestmöglich erreicht werden (*effet utile*).[1029] Die teleologische Auslegung muß Ziel und Zweck des Sozialpakts berücksichtigen. Ziel und Zweck eines Vertrages erscheinen nicht isoliert, sondern aus dem Text und Zusammenhang des Vertrages.[1030] Im Rahmen des Sozialpakts ergeben sie sich insbesondere aus der Präambel, die gemäß Art. 31 (2) WVK auch für die systematische Auslegung zu berücksichtigen ist. Die Präambel betont die „allen Mitgliedern der menschlichen Gesellschaft innewohnende Würde und Gleichheit und Unveräußerlichkeit ihrer Rechte, die die Grundlage von Freiheit, Gerechtigkeit und Frieden in der Welt bilden". Zudem proklamiert sie, daß „nach der Allgemeinen Erklärung der Menschenrechte das Ideal vom freien Menschen, der frei von Furcht und Not lebt, nur verwirklicht werden kann, wenn Verhältnisse geschaffen werden, in denen jeder seine wirtschaftlichen, sozialen und kulturellen Rechte ebenso wie seine bürgerlichen und politischen Rechte genießen kann". Die Idee des Sozialpakts beinhaltet also die Schaffung von Verhältnissen, in denen der Einzelne die Möglichkeit hat, die Verwirklichung seiner wsk Rechte selbst zu fördern. Dies ergibt sich aus dem Ideal eines freien Menschen, der unter Umständen lebt, die ihm den Genuß seiner Rechte ermöglichen. Zu diesen Verhältnissen, die die Verwirklichung der oben angesprochenen Rechte aus dem Sozialpakt (insbesondere Art. 12, 13, 6 und 7 IPWSKR) ermöglichen, gehört die Versorgung mit Energie aus Quellen, die nicht die Gesundheit, Sicherheit oder Würde der Individuen, die auf sie angewiesen sind, verletzen. Auch hier tritt der enge Zusammenhang zwischen den einzelnen Rechten des Sozialpakts und dem Zugang zu Energie klar zu Tage. Der Telos des Sozialpakts steht somit der Einbeziehung eines Rechts auf Energie nicht entgegen.

Die Auslegung nach Wortlaut, Systematik und Telos erlaubt die Integration des Rechts auf Energie in das Recht auf einen angemessenen Lebensstandard.

Gemäß Art. 32 WVK sind die *Travaux Préparatoires* sowie die Umstände des Vertragsschlusses zu berücksichtigen. Ein Recht auf Energie findet in den *Travaux Préparatoires* erwartungsgemäß keine Erwähnung. Jedoch kann das Lesen „zwischen den Zeilen" Aufschluss über die Möglichkeit der Einbeziehung dieses Rechts geben. Vom Delegierten *Yu* (China) wurde vorgeschlagen, ein Recht auf *means of transportation*, also Transportmittel, als Bestandteil des angemessenen Lebensstandards zu nennen.[1031] Es wurde auch vorausgesehen, daß die explizit genannten Elemente im Laufe der Jahre von anderen Problemfeldern abgelöst werden könnten.[1032] Die Aufzählung war also weder abschließend, noch wurde es für notwendig befunden, alle Aspekte, von denen Lebens-

---

[1029] Ipsen: Völkerrecht, § 11 S.144 Rn. 16.

[1030] Köck: Vertragsinterpretation und Vertragsrechtskonvention, S.39.

[1031] E/CN.4/SR.222, S.17.

[1032] E/CN.4/SR.222, S.19 (Bowie, Großbritannien).

umstände maßgeblich beeinflußt werden, aufzunehmen. Die Einigung auf Ernährung, Bekleidung und Unterbringung nennt wesentliche Aspekte des Lebensstandards, ohne damit auszuschließen, daß es andere, vergleichbar wichtige Aspekte gibt. Zudem war die Aufzählung des Art. 11 (1) IPWSKR davon beeinflußt, welche nationalen Probleme den Mitgliedern des Menschenrechtsausschusses in ihrem eigenen Land dringlich erschienen: *Cassin* (Frankreich) stimmte für die Miteinbeziehung eines Rechts auf Unterbringung, weil dies in den 50er Jahren eines der größten Probleme in Frankreich darstellte;[1033] andere argumentierten gegen seine Aufnahme mit der These, daß Wohnungsmangel nur ein vorübergehendes Problem darstelle.[1034] Die Auswahl der einzelnen Elemente war also auch von der zu diesem Zeitpunkt aktuellen Situation bestimmt, so daß unter heutigen Bedingungen die Aufzählung anders ausfallen könnte. Es liegt nahe, unter den heutigen Umständen anstelle des Rechts auf Bekleidung das Recht auf Energie in Artikel 11 (1) IPWSKR aufzunehmen oder die Aufzählung des Art. 11 (1) IPWSKR um ein Recht auf Energie zu ergänzen.

Zudem wurde bei den Diskussionen zum Inhalt des heutigen Art. 11 IPWSKR betont, daß es unmöglich sei, alle wsk Rechte in den Sozialpakt aufzunehmen, und deshalb eine „Generalklausel", eben der heutige Art. 11 (1) IPWSKR, geschaffen werden müsse.[1035] Dieser sollte alle Aspekte des Lebensstandards umfassen. Wegen der großen Bedeutung des Zugangs zu Energie für die Lebensumstände und Möglichkeiten der Lebensgestaltung spricht viel dafür, auch ein Recht auf Energie vom Recht auf einen angemessenen Lebensstandard umfaßt zu sehen. Ohne eine minimale Versorgung mit modernen Energiequellen ist das Erreichen eines angemessenen Lebensstandards nicht möglich.[1036]

(cc) Vergleich mit der Argumentation des General Comment 15 zum Recht auf Wasser

Durch General Comment 15 zum Recht auf Wasser hat der Ausschuß „durch die Hintertür" das Recht auf Wasser als unabdingbares Element von Art. 11 (1) IPWSKR konstituiert. Obwohl ein Recht auf Wasser in Art. 11 (1) IPWSKR nicht ausdrücklich erwähnt wird, wird es sowohl vom Ausschuß als auch von Teilen der neueren völkerrechtlichen Literatur als selbstverständlicher Bestandteil des Rechts auf einen angemessenen Lebensstandard und darüber hinaus

---

[1033] E/CN.4/SR.222, S.17.

[1034] E/CN.4/SR.222, S.19 (Bowie, Großbritannien) und 21 (Whitlam, Australien).

[1035] E/CN.4/SR.222, S.22 (Cassin, Frankreich).

[1036] World Energy Council: Energy for Tomorrow's Word – Action Now, Executive Summary S.2.

häufig auch als selbständiges Menschenrecht behandelt.[1037] Im folgenden wird überprüft, ob die Argumentation, die der Ausschuß in General Comment 15 verwendet, um die rechtliche Grundlage des Rechts auf Wasser darzulegen, auch für das Recht auf Energie verwendbar ist.

General Comment 15 beginnt mit der Feststellung, daß das Menschenrecht auf Wasser unentbehrlich ist, um ein Leben in Würde zu leben.[1038] Dies trifft, wie oben dargestellt, auch auf Zugang zu Energie zu. In den folgenden Paragraphen wird die rechtliche Basis des Rechts auf Wasser ausgeführt. Zunächst weist der Ausschuß darauf hin, daß die Aufzählung in Art. 11 (1) IPWSKR, namentlich Nahrung, Bekleidung und Unterbringung, nicht abschließend sei, wie das Wort „einschließlich" zeige.[1039] Diese Feststellung ermöglicht auch die Aufnahme weiterer Komponenten wie des Rechts auf Zugang zu Energie. Weiterhin falle Wasser in die Kategorie der Komponenten, die für die Sicherung eines angemessenen Lebensstandards unverzichtbar seien.[1040] Obwohl Energie nicht dieselbe absolute Bedeutung hat wie Wasser, ist auch der Zugang zu ihr unter den heutigen Lebensbedingungen unverzichtbar, um einen angemessenen Lebensstandard, der ein Leben in Würde ermöglicht, zu realisieren. Die obigen Ausführungen zeigen, wie grundlegend es für die Verbesserung der Lebensumstände ist, Zugang zu Energie zu haben, ohne dafür andere Rechte, wie zum Beispiel das Recht auf Gesundheit, gefährden zu müssen.

Der Ausschuß führt weiterhin aus, daß das Recht auf Wasser untrennbar mit dem Recht auf Gesundheit, Unterbringung und Ernährung verbunden sei, ebenso mit dem Recht auf Leben und Würde.[1041] Auch hier wird die Parallele zum Recht auf Zugang zu Energie deutlich. Ohne Energie ist es nicht möglich, das Recht auf Ernährung zu verwirklichen, da rohe Nahrung nur in sehr begrenztem Maße für den menschlichen Verzehr geeignet und in vielen Fällen gesundheitsschädlich ist. Eine Unterkunft ohne Anschluß an Energie kann weder ohne Gesundheitsgefährdung beheizt noch beleuchtet werden, auch fehlt die Möglichkeit, Lebensmittel zu erhitzen oder zu kühlen. Sie entspräche damit nicht den Voraussetzungen, die Art. 11 (1) IPWSKR an eine ausreichende Unterbringung stellt. Auch geht es sowohl bei Wasser als auch bei Energie um einen Zugang zu der Ressource, von dem keine Gefährdung für die Gesundheit ausgeht. So hängt der Zugang zu Energie eng mit dem Recht auf Gesundheit zusammen:

[1037] Siehe dazu die einzelnen Beiträge in Riedel/ Rothen, The Human Right to Water, Berlin 2006, insbesondere Engbruch, Workshop Report – Day One: The Right to Water in International and National Law, S. 127ff. und Roaf, Workshop Report – Day Two: The Right to Water in Practice, S. 189ff.

[1038] General Comment 15, para.1.

[1039] General Comment 15, para.3.

[1040] General Comment 15, para.3.

[1041] General Comment 15, para.3.

Die Verbrennung von festen Brennstoffen führt bei den Betroffenen zu erheblichen Gesundheitsschädigungen. Zudem besteht ein enger Zusammenhang zwischen dem Recht auf Energie und dem Recht auf Bildung aus Artikel 13 IPWSKR.[1042] Die Bedeutung des Rechts auf Zugang zu Energie hält also der Argumentation des General Comment 15 bis zu dieser Stelle stand.

Der Ausschuß fügt hinzu, daß das Recht auf Wasser von einer großen Anzahl internationaler Verträge anerkannt werde und ständig vom Ausschuß angesprochen werde.[1043] Dies trifft auf das Recht auf Zugang zu Energie nicht zu. Jedoch ist die Anerkennung eines Menschenrechts durch Staaten oder internationale Organisationen nicht ausschlaggebend für seinen Bestand.

Schließlich stellt der Ausschuß fest, daß das Recht auf Wasser notwendig ist für die Verwirklichung einer Reihe anderer Rechte des Sozialpakts.[1044] Auch diese Voraussetzung trifft auf das Recht auf Zugang zu Energie zu: Es ist eng verknüpft mit den anderen Rechten aus Art. 11 (1) IPWSKR, ebenso mit Art. 12 IPWSKR. Zuverlässige Energieversorgung kann helfen, das Recht auf Arbeit aus Art. 6 IPWSKR zu verwirklichen, da Zugang zu Energiequellen eine Voraussetzung für Unternehmen als potentielle Arbeitgeber ist, um in einen Standort zu investieren.

Es ist daher festzustellen, daß die Argumentation des General Comments 15 zur Darstellung der rechtlichen Grundlage des Rechts auf Wasser mit geringen Modifikationen für die Begründung eines Rechts auf Zugang zu Energie als Bestandteil des Rechts auf einen angemessenen Lebensstandard übernommen werden kann.

(dd) Energie in der Arbeit des Ausschusses für wirtschaftliche, soziale und kulturelle Rechte

Die Versorgung der Bevölkerung der Mitgliedstaaten mit Energie und die Auswirkungen von Energiekrisen auf die Verwirklichung der Rechte in den Mitgliedstaaten spielen in der Arbeit des Ausschusses eine Rolle von wachsender Bedeutung. Angesichts der steigenden Energiepreise weltweit liegt es nahe, daß auch die Mitglieder des Ausschusses für die Auswirkungen von mangelndem Zugang zu Energie auf die Verwirklichung wirtschaftlicher, sozialer und kultureller Rechte sensibilisiert sind und dieses Thema in das Vertragsüberwachungsverfahren miteinbeziehen.

[1042] Zu dem Zusammenhang zwischen Zugang zu nicht gesundheitsschädlicher Energie und der Erfüllung grundlegender Bedürfnisse siehe die Publikation der WHO: Fuel for Life. Household Energy and Health, S.24.

[1043] General Comment paras.4, 5.

[1044] General Comment 15, para.6.

Sowohl die Fragen des Ausschusses als auch die Stellungnahmen der Staaten beziehen sich auf Probleme der Staaten bei der Energieversorgung und die Auswirkungen auf die Preise für Verbraucher, nicht nur für Energie selbst, sondern auch für Güter des täglichen Bedarfs und insbesondere Nahrungsmittel.[1045] Die Versorgung mit Energie ist eine Grundvoraussetzung für eine ausreichende Unterbringung.[1046] Der Ausschuß nennt das Problem von Energiekrisen in einem Satz mit dem Problem der Armut.[1047] Zudem wird Zugang zu vorhandenen Energiequellen vom Ausschuß als Bestandteil des Rechts auf einen angemessenen Lebensstandard in einer Reihe mit Unterbringung und Wasser genannt.[1048]

Es ist evident, daß der Weg zu einem Recht auf Energie von diesen ersten Anfängen noch sehr weit ist. Trotzdem bleibt festzuhalten, daß der Ausschuß sich der Bedeutung von Zugang zu Energie bewußt ist. Es ist im Bereich des Möglichen, daß Energie in der Anwendung des Sozialpakts eine ähnliche Entwicklung durchläuft, wie es Wasser getan hat, und in nicht zu ferner Zukunft von einem Recht auf Energie gesprochen wird.

c) Inhalt eines Rechts auf Energie

(1) Grundlagen

Zugang zu Energie hängt eng mit der Verwirklichung anderer wsk Rechte wie dem Recht auf Ernährung und Gesundheit zusammen. Die Auswirkungen fehlender Energie ähneln stark denen, die sich aus einem Mangel an angemessener Nahrung und sauberem Wasser ergeben. Zu überprüfen ist, welchen Inhalt das Recht auf Zugang zu Energie hat.

Bei der Beschreibung des Inhalts dieses Rechts hilft seine Einbettung in das Recht auf einen angemessenen Lebensstandard. Ebenso wie die Verfügbarkeit von ausreichender Ernährung, Unterbringung und Bekleidung helfen, das Recht

---

[1045] Weißrußland, E/C.12/1/Add.7/Rev.1, para.10, 2. Dezember 1996; Moldawien, E/C.12/Q/MOL/1, para.4, 17. Dezember 2001; Ukraine, E/C.12/1995/15, para.11, 28. Dezember 1995 und E/C.12/1995/SR.42, para.3, 5. Dezember 1995, Demokratische Republik Korea, E/C.12/2003/SR.46, para.6, 9. Dezember 2003.

[1046] Vergleiche nur Tunesien, Report on the twentieth and twenty-first sessions (26 April-14 May 1999, 15 November-3 December 1999), E/C.12/1999/11, para.168 und Mexiko, Report on the twentieth and twenty-first sessions (26 April-14 May 1999, 15 November-3 December 1999), E/C.12/1999/11, para.389.

[1047] Georgien, E/C.12/2000/3, para.3, 8. November 2000.

[1048] Israel, Report on the eighteenth and nineteenth sessions (27 April-15 May 1998, 16 November-4 December 1998), E/1999/22, 31.Mai 1999, paras.236, 252, 254; Marokko, Report on the twenty-second, twenty-third and twenty-fourth sessions (25 April-12 May 2000, 14 August-1 September 2000, 13 November-1 December 2000), E/C.12/2000/21, para.537.

auf einen angemessenen Lebensstandard zu verwirklichen, darf auch Zugang zu Energie nicht isoliert gesehen werden, sondern muß im Kontext der ihn umgebenden wsk Rechte betrachtet werden. Es kann die Idee der „ilities“ genutzt werden, um die essentiellen Elemente des Rechts auf Zugang zu Energie parallel zum Inhalt der übrigen Rechte aus Art. 11 (1) IPWSKR zu bestimmen.

(2) Essentielle Elemente des Rechts auf Energie

Die Verfügbarkeit von Energie ist gegeben, wenn die Möglichkeit für jeden Einwohner der Mitgliedstaaten besteht, Energiequellen nutzen zu können, ohne dabei die Verwirklichung seiner Rechte oder der Rechte anderer zu gefährden, sondern um sie im Gegenteil zu fördern. Die zur Verfügung stehenden Energiequellen sollen es also ermöglichen, Nahrung zuzubereiten, eine Wohnung zu heizen etc., ohne dabei Gesundheit, Arbeitskraft oder Menschenwürde zu gefährden.

Die Zugänglichkeit kann auch für das Recht auf Energie in die Unterpunkte des physischen, ökonomischen und diskriminierungsfreien Zugangs sowie des Zugangs zu Informationen unterteilt werden. Die physische Zugänglichkeit beinhaltet den Anschluß von Haushalten an eine nationale oder regionale Energieversorgung. Für Gegenden, in denen die Ausweitung des Netzes nicht möglich ist, müssen Lösungen zur Energieerzeugung vor Ort, beispielsweise durch Generatoren, Solarenergie oder ähnliches gefunden werden.[1049] Ebenso gehört die ökonomische Zugänglichkeit zur Zugänglichkeit.[1050] Energie aus modernen Energiequellen muß für alle Bevölkerungsschichten bezahlbar sein.[1051] Die Kosten dürfen nicht einen so großen Teil des Haushaltsbudgets beanspruchen, daß die Verwirklichung anderer Rechte gefährdet wird. Sie schließt weiterhin den diskriminierungsfreien Zugang zu vorhandenen Energienetzen mit ein. Der Zugang darf nicht zu Lasten von benachteiligten Gruppen gehen.[1052] Auch Kappungen der Energiezufuhr im Falle von Energieknappheit[1053] dürfen nicht zu

---

[1049] Beispiele dafür sind z.B. in United Nations Development Programme: Sharing Innovative Experiences: Examples of Successful Use of Renewable Energy Sources in the South (Volume 8), New York 2003 zu finden; siehe auch World Energy Council: Energy for Tomorrow's Word – Action Now, Executive Summary S.6.

[1050] So der Ausschuß in General Comment 13, para.6 b), General Comment 14, para.12 b), General Comment 15, para.12 c) und General Comment 17, para.18 b); General Comment 20, para.11 c): *economic accessibility*.

[1051] World Energy Council: Energy for Tomorrow's Word – Action Now, Executive Summary S.6.

[1052] World Energy Council: Energy for Tomorrow's Word – Action Now, Executive Summary S.6.

[1053] Eine im Winter 2005/ Frühjahr 2006 wegen der anhaltend extrem kalten Witterung in Osteuropa und Rußland aktuelle und dringliche Problematik.

Lasten von Randgruppen und sonstigen gefährdeten Bevölkerungsgruppen gehen.

Die „Qualität“ der Energie bemißt sich nach der Zuverlässigkeit ihrer Bereitstellung: Erforderlich ist ein kontinuierlicher Energiefluß. Unter dieses Kriterium fallen auch die Auswirkungen der Erzeugung von Energie auf die Umwelt sowie auf die Lebensumstände für die Menschen, die in der Umgebung wohnen. Umweltverschmutzung durch die Erzeugung von Energie belastet überproportional solche Bevölkerungsgruppen, die generell benachteiligt sind.[1054] Benötigte Energie muß deshalb in einer Weise erzeugt werden, deren Auswirkungen für die betroffenen Personen akzeptabel ist. Dies gilt auch für etwaige Beeinträchtigungen anderer Menschenrechte: Die Sicherstellung der Energieversorgung kann nicht als pauschale Rechtfertigung für Verletzungen anderer Menschenrechte dienen.

d) Verpflichtungen der Staaten

(1) Kernverpflichtung

Die Kernverpflichtungen, die aus den Rechten des Sozialpakts erwachsen, verlangen die Befriedigung von Bedürfnissen, die so rudimentär sind, daß sie allen Menschen gemein sind, in welchem Teil der Welt auch immer sie leben. Die von Menschen genutzten Energieformen sind sehr unterschiedlich und sowohl von den Gegebenheiten der Umwelt als auch von dem Entwicklungsstand des jeweiligen Landes abhängig. So hängt es von den vorhandenen Ressourcen ab, ob Kohle, Holz oder Tierdung verbrannt wird, oder ob die Verbrennung von festen Stoffen unnötig ist, da andere Energiequellen zur Verfügung stehen. Diese anderen Energiequellen umspannen einen weiten Rahmen, der von Kohle- über Atomkraftwerke bis hin zur Nutzung erneuerbarer Energien reicht. So kann die Nutzung von Energie in sehr unterschiedlichen Formen auftreten: Ein Pflug kann sowohl von Menschen oder Tieren als auch von Traktoren gezogen werden. Wärme kann durch Verbrennung fester Stoffe oder durch das Einschalten der Heizung und damit meist durch die Nutzung von Erdgas oder –öl (oder zum Beispiel in Deutschland in steigendem Maße durch die Verbrennung von Holzpellets) gewonnen werden. Fabriken können auf die Muskelkraft ihrer Arbeiter oder auf Maschinen angewiesen sein. Dieses sehr divergierende Bild suggeriert zunächst, daß es eine für alle Staaten einheitliche Kernverpflichtung nicht geben kann. Dieser Eindruck trügt jedoch. Weltweit sind Menschen auf Zugang zu Energie angewiesen, um überleben zu können. Auch die Nutzung

---

[1054] World Energy Council: Energy for Tomorrow's Word – Action Now, Executive Summary S.6.

der Energie ist weltweit ähnlich: Es geht darum, menschliche Arbeitskraft zu vervielfachen und zu ersetzen sowie um die Erzeugung von Licht und Wärme. Im Rahmen der Kernverpflichtung müssen die Staaten deshalb Sorge dafür tragen, daß allen Einwohnern ein Minimum an Energie, in welcher Form auch immer, zur Verfügung steht, um ausreichend Wärme, Licht und Kraft zu erzeugen, um ein würdiges Überleben zu ermöglichen.

(2) Achtungs-, Schutz- und Erfüllungspflichten

Das Recht auf Energie ist, ebenso wie andere Menschenrechte, ein Recht, keine Pflicht. Das bedeutet auch, daß es den Einwohnern der Mitgliedstaaten freisteht, ob sie ihr Recht ausüben. So steht das Recht auf Zugang zu Energie der Nutzung traditioneller Energiequellen nicht entgegen, wenn dies der freien Entscheidung der Betroffenen entspricht. Es besteht kein Zwang, eine offene Feuerstelle zugunsten eines Gasherdes aufzugeben, obwohl der Wechsel auch aus menschenrechtlicher Sicht angezeigt sein kann. Traditionelle Verhaltensmuster können menschenrechtlich durch das Recht auf Teilnahme am kulturellen Leben nach Art. 15 (1) a IPWSKR geschützt sein. Es besteht demnach durch das Recht auf Energie keine Pflicht des Individuums, Veränderungen anzunehmen.

(aa) Achtungspflichten

Die Achtungsverpflichtung verpflichtet den Staat, es seinen Einwohnern zu ermöglichen, eigene Ressourcen zu gebrauchen und sie nicht an der Verwirklichung ihrer Rechte zu hindern. Für das Recht auf Energie ist es dem Staat untersagt, Menschen daran zu hindern, ihre eigene Versorgung mit Energie sicherzustellen. Das Sammeln von Brennstoffen muß ebenso möglich sein wie private Stromerzeugung, zum Beispiel mittels Generatoren. Diese mögen wegen ihres hohen Geräuschpegels und Schadstoffausstoßes aus staatlicher Sicht unerwünscht sein; solange ein Staat jedoch nicht in der Lage ist, seinen Einwohnern alternative Energiequellen anzubieten, muß er die private Erzeugung tolerieren und sich bei der Schaffung von Grenzen an die Vorgaben des Art. 4 IPWSKR halten.

(bb) Schutzpflichten

Die Schutzverpflichtung, also der Schutz der Einwohner vor Beeinträchtigungen durch nicht-staatliche Dritte, umfaßt auch den Schutz vor Unternehmen, womit sowohl energieerzeugende als auch energieverbrauchende Unternehmen gemeint sind: Überläßt der Staat die Versorgung seiner Einwohner mit Energie privaten Dritten, so muß er sicherstellen, daß sowohl die dauernde Energiezufuhr gewährleistet ist, als auch daß die Energie für alle Bevölkerungsschichten finanziell tragbar bleibt. Letzteres kann die Kontrolle der Energiepreise erfordern. Damit ist keine staatliche Festlegung von Preisen gemeint, wohl aber eine Aufsicht darüber, daß die Energiepreise nicht außer Verhältnis zum Einkommen der Bevölkerungsgruppen stehen.

Bezüglich der energieverbrauchenden Unternehmen spielt der Schutz der Arbeitnehmer eine wichtige Rolle: Bei der Verbrennung fester Materialien zur Erzeugung von Energie entstehen erhebliche Gesundheitsrisiken, sowohl durch die Gefahr von Verbrennungen als auch durch die Aufnahme von Mikropartikeln über die Atemwege.[1055] Hier ist es Aufgabe des Staates, sowohl nach Art. 11 (1) als auch nach Art. 12 IPWSKR sicherzustellen, daß der größtmögliche Schutz der Arbeitnehmer gewährleistet ist. Auch darf der Energieverbrauch großer Unternehmen nicht zu Lasten der Bevölkerung gehen: Sollte die zur Verfügung gestellte Energie nicht für alle Abnehmer ausreichen, muß ein Ausgleich zwischen den verschiedenen Bedürfnissen gefunden werden, der mit Art. 11 (1) IPWSKR vereinbar ist.

(cc) Erfüllungspflichten

Umfassend sind auch die Maßnahmen, die der Staat im Rahmen der Erfüllungspflicht vornehmen muß. Die naheliegendste Aufgabe ist die Ausweitung der Energieversorgung für die Einwohner des jeweiligen Staates. Dies bedeutet aber nicht, daß der Aufbau eines Energieversorgungsnetzes als Staatsaufgabe zu verstehen wäre. Vielmehr steht es dem Staat frei, seiner Verpflichtung dadurch nachzukommen, daß er privaten Investoren die Übernahme dieser Aufgabe gestattet. Die Ausweitung kann bei einer realistischen Sichtweise nur sukzessive, d.h. wie in Art. 2 (1) IPWSKR vorgesehen progressiv, erfolgen. Für längere Zeit werden Menschen auch weiterhin auf Energiegewinnung durch Verbrennung von festen Stoffen angewiesen sein, insbesondere im privaten Sektor. Hier obliegt es dem Staat, den Schaden, der sowohl für die Gesundheit als auch für die Umwelt entsteht, zu minimieren. Dies kann unter anderem durch Anleitung zum Bau von Abzugsschächten an Koch- und Heizstellen[1056] oder durch Aufklärung darüber, wie Brennstoffe effizienter genutzt und Gefahren durch die Rauchentwicklung minimiert werden können, geschehen.

[1055] Dazu Holdren/ Smith: Energy, the environment and health, in Goldemberg: Energy and the challenge of sustainability, S.61.

[1056] Vgl. Süddeutsche Zeitung vom 3.12.2003, S.8 „Tod am Herd" – In den kommenden 12 Jahren sollen 5 Millionen US-Dollar für den Bau von Abzugsschächten gebraucht werden.

(dd) Kollisionen mit anderen Menschenrechten

Im Rahmen des Rechts auf Energie kommt es zu Kollisionen mit anderen Menschenrechten. Die Erzeugung von Energie mit Hilfe von Wasserkraft und die dazu notwendige Stauung von Flüssen beansprucht Land, das vorher zur Nahrungsmittelgewinnung oder als Wohnraum genutzt werden konnte.[1057] Die Gewinnung von fossilen Brennstoffen macht Land meist unbrauchbar zur Bebauung und Bewirtschaftung.[1058] Die Rechte auf Nahrung und Unterkunft können betroffen sein, ebenso wie das Recht auf Arbeit für Landwirte oder das Recht auf Bildung für Kinder, deren Schulen weichen müssen. Ähnliche Auswirkungen hat der Bau von Atomkraftwerken.[1059] In Fällen, in denen es zu einer Kollision kommt, muß zwischen den widerstreitenden Positionen ein Ausgleich gefunden werden, der die betroffenen Interessen berücksichtigt und gegeneinander abwägt.[1060] Art. 4 (1) IPWSKR enthält die Voraussetzungen für Beschränkungen von Rechten des Sozialpakts. Weder die politischen und wirtschaftlichen Schwerpunkte des jeweiligen Staates noch die Interessen von Dritten wie Energiekonzernen sind bei der Entscheidung maßgeblich; ausschlaggebend für die zu findende Lösung ist, daß sie den betroffenen Menschenrechten die größtmögliche Geltung verschafft. Es kann im Rahmen einer theoretisch-abstrakten Lösung keinem Recht der Vorzug gegeben werden; die Entscheidung muß im Einzelfall getroffen werden.

(3) Verpflichtung zur Nicht-Diskriminierung

Diskriminierungen, die gegen die Verpflichtung zur Achtung des Rechts auf Energie verstoßen, liegen vor, wenn bei der Versorgung der Bevölkerung mit Strom von staatlichen Stellen zwischen Bevölkerungsgruppen ohne Rechtfertigung differenziert wird. Eine solche Differenzierung liegt vor, wenn nur „lohnende" Gegenden an ein vorhandenes nationales Stromnetz angeschlossen werden und arme Gegenden wie Slums oder entlegene ländliche Gegenden ver-

---

[1057] Zu dieser Thematik McNeely, Energy and biodiversity: Understanding complex relationships, in Bradbrook/ Ottinger: Energy Law and Sustainable Development, S.31ff. (33); Steiner/ Haas, The report of the World Commission on Dams: Some implications for energy law, in Bradbrook/ Ottinger: Energy Law and Sustainable Development, S.143ff.

[1058] Ausführlich zur Gewinnung von Rohöl und Erdgas und den Konsequenzen Lang Weaver, Sustainable Development in the petroleum sector, in Bradbrook/ Ottinger: Energy Law and Sustainable Development, S.45ff. (insb. 55ff.)

[1059] Dazu ausführlich Hodas, Energy, climate change and sustainable development, in Bradbrook/ Ottinger: Energy Law and Sustainable Development, S.11ff.

[1060] Zu dem Parallelproblem im Rahmen des Rechts auf Wasser Filmer-Wilson, The Human Right to Water and the Human Rights-Based Approach to Development, in Riedel/ Rothen, The Human Right to Water, S.61.

nachlässigt werden. Auch wenn es nicht möglich ist, allen Menschen sofortigen Zugang zu Energie zu verschaffen, muß bei Planungen der Gedanke der Nichtdiskriminierung beachtet werden. Die Bedürfnisse von benachteiligten (Rand)Gruppen müssen die gleiche Beachtung finden wie die der privilegierten Bevölkerungsgruppen. Die Ausweitung des Stromnetzes darf deshalb nicht nur nach wirtschaftlichen, sondern muß auch nach menschenrechtlichen Gesichtspunkten erfolgen. Ebenso darf in Fällen von Stromknappheit eine Kappung der Energieversorgung nicht einseitig zu Lasten bestimmter Bevölkerungsgruppen gehen. Auch muß, soweit es ein Energienetz gibt, gewährleistet sein, daß der Anschluß an dieses Netz diskriminierungsfrei möglich ist. Bei vorhandener Energieversorgung darf diese nicht als Sanktion genutzt werden, indem zum Beispiel die Stromversorgung willkürlich ausgesetzt wird oder bestimmte Bevölkerungsgruppen von der Versorgung abgeschnitten werden.

Bei der Wahrnehmung seiner Verpflichtungen auf der Schutzebene muß der Staat gewährleisten, daß Standards der Nicht-Diskriminierung auch von Dritten eingehalten werden. Wird der Ausbau oder die Erweiterung des Stromnetzes privaten Unternehmen überlassen, so muß der Staat sicherstellen, daß diese auch in Gebiete investierten, die wirtschaftlich nicht lohnend sind. Auch müssen die Geschäftspraktiken den menschenrechtlichen Anforderungen des Diskriminierungsverbots entsprechen, was unter anderem wiederum Unterbrechungen der Stromversorgung betrifft.

Wird der Staat auf der Erfüllungsebene selbst als Versorger tätig, so muß dies auf eine Weise geschehen, die keine Bevölkerungsgruppe benachteiligt.

(4) Schlußbetrachtung

Sollte das Recht auf Energie jemals vollständig realisiert sein, so müßte jeder Mensch Zugang zu Energie aus Quellen haben, die weder seine Gesundheit gefährden noch die Umwelt schädigen. Vorzuziehen wäre hierbei die Nutzung erneuerbarer Energiequellen wie Wind- und Solarenergie.[1061] Der erste Schritt bestünde jedoch in der Anerkennung des Rechts auf Energie als Bestandteil des Rechts auf einen angemessenen Lebensstandard und in der Schaffung einer Interessenvertretung für die über 2 Milliarden Menschen,[1062] die bis heute keinen Zugang zu modernen Energiequellen haben.

[1061] ..., wobei auch hier mögliche Problematiken für die Umwelt nicht übersehen werden dürfen; dazu Steiner, Bringing biodiversity concerns into the renewable debate, IUCN Newsletter 2004, S.4ff.

[1062] Goldemberg, Preface, in Goldemberg: World Energy Assessment: Energy and the Challenge of Sustainability, United Nations Development Programme, S.III.

6. Weitere Verpflichtungen der Staaten aus Art. 11 (1) IPWSKR

a) „... sowie eine stetige Verbesserung der Lebensbedingungen."

Art. 11 (1) IPWSKR betont, anders als die übrigen Artikel des Sozialpakts, ausdrücklich, daß es den Staaten obliegt, die Situation der Menschen in ihrem Hoheitsgebiet stetig4 zu verbessern. Der Halbsatz enthält eigentlich eine Selbstverständlichkeit: Auch Art. 2 (1) IPWSKR enthält die Verpflichtung, die Rechte des Sozialpakts nach und nach umzusetzen. Somit fordert schon Art. 2 (1) in Verbindung mit Art. 11 (1) IPWSKR die progressive Verbesserung der Lebensumstände in den Mitgliedstaaten. Auf der anderen Seite meint *Tomuschat*, daß Art. 11 (1) IPWSKR eine der unglücklichsten Vorschriften des Sozialpakts sei, da keine Regierung in der Lage sei, eine „stetige Verbesserung der Lebensbedingungen" zu gewährleisten.[1063] Seiner Meinung nach beruht Art. 11 (1) IPWSKR auf einem grundlegendem Mißverständnis bezüglich der Beziehung zwischen Menschen und ihrer natürlichen Umgebung.[1064]

Aus den *Travaux Préparatoires* ergibt sich, daß mit der fraglichen Formulierung der dynamische Charakter des Rechts auf einen angemessenen Lebensstandard unterstrichen werden sollte.[1065] Gleichzeitig wurde festgehalten, daß die „stetige Verbesserung der Lebensbedingungen" völlig mit dem Prinzip der schrittweisen Verwirklichung des Art. 2 (1) IPWSKR übereinstimme,[1066] und daß es aufgrund der fundamentalen Bedeutung des Rechts gerechtfertigt sei, dies ausdrücklich zu erwähnen.[1067] Es gab jedoch auch kritische Stimmen, die anmerkten, daß der Staat zwar die Umstände für einen angemessenen Lebensstandard schaffen könne, jedoch nur wenig Einfluß auf die konkreten Lebensbedingungen von Individuen habe.[1068] Hier klingt ein Kritikpunkt an, der auch von *Tomuschat* aufgegriffen wurde, nämlich daß ein Staat die Lebensbedingungen seiner Einwohner nur begrenzt direkt beeinflussen könne.[1069]

[1063] Tomuschat: Human Rights: Between Idealism and Realism, S.40.

[1064] Tomuschat: Human Rights: Between Idealism and Realism, S.40.

[1065] E/CN.4/SR.223, S.4 (Jevremovic, Jugoslawien); Craven: The International Covenant on Economic, Social and Cultural Rights, S.294; ebenso sieht es Human Rights Fact Sheet Nr.16 (1.Rev.): The Committee on Economic, Social and Cultural Rights, S.18 und schon 1974 Echterhölter, Zum VN-Pakt über wirtschaftliche, soziale und kulturelle Rechte, Vereinte Nationen 1/74, S.12.

[1066] A/C.3/SR.739, para.6, Baroody (Saudi-Arabia).

[1067] A/C.3/SR.739, para.21, Casanueva (Chile); dazu Craven: The International Covenant on Economic, Social and Cultural Rights, S.294.

[1068] A/C.3/SR.741, para.1, Massoud-Ansari (Iran).

[1069] Tomuschat: Human Rights: Between Idealism and Realism, S.40

Die Forderung nach „stetiger Verbesserung der Lebensbedingungen" differenziert nicht zwischen den verschiedenen Umständen, die von Land zu Land, aber auch schon von Stadtviertel zu Stadtviertel vorliegen. Während die Formulierung des Art. 2 (1) IPWSKR, der sich mit der schrittweisen Verwirklichung aller Rechte des Pakts beschäftigt, weit genug ist, um Prioritäten zu setzen und den Schwerpunkt auf die Bekämpfung der dringlichsten Probleme zu legen, ist die Idee einer stetigen Verbesserung der Lebensbedingungen sehr viel enger: Es wird nicht differenziert zwischen Personen, deren Lebensbedingungen bereits die Voraussetzungen des Sozialpakts erfüllen und solchen, bei denen Verbesserungen und die Umsetzung der Rechte aus dem Sozialpakt noch erforderlich sind.[1070] Eine gleichmäßige Verbesserung der Lebensbedingungen aller würde dazu führen, daß Ressourcen zur Verbesserung von Umständen, die der Verbesserung nicht bedürfen, verwendet würden und an anderer Stelle fehlten. Doch ist der Wortlaut des Art. 11 (1) IPWSKR an dieser Stelle eindeutig: Es wird im Rahmen der stetigen Verbesserung der Lebensbedingungen nicht nach dem Niveau des gegebenen Lebensstandards differenziert. Ausnahmen für Menschen, deren Lebensstandard der Verbesserung nicht bedarf, sind in Art. 11 (1) IPWSKR nicht vorgesehen.

Das Recht auf stetige Verbesserung der Lebensbedingungen ist deshalb kein exklusives Recht für Arme.[1071] Jedoch steht es den Staaten frei und ist von ihnen bei der Umsetzung der Paktrechte zu entscheiden, welche Präferenzen sie setzen und an welcher Stelle sie insbesondere im Rahmen der Erfüllungsverpflichtung beginnen, die Rolle des Versorgers aktiv wahrzunehmen.

„Stetige Verbesserung der Lebensbedingungen" stellt kein eigenes Recht im Rahmen des Art. 11 (1) IPWSKR dar.[1072] Es ist vielmehr das Konglomerat und die Konsequenz aus der Verwirklichung des Rechts auf einem angemessenen Lebensstandard, auf Ernährung, Wasser, Bekleidung, Energie und Unterbringung. Dem Ausdruck „Lebensbedingungen" kommt deshalb auch keine eigenständige Bedeutung im Rahmen des Art. 11 (1) IPWSKR zu; er geht in dem Begriff des Lebensstandards auf.

[1070] Dieses Problem war schon bei der Formulierung des Art. 11 (1) IPWSKR ein Thema, vgl. die Diskussion zwischen Dupont-Willemin (Guatemala) und Roosevelt (Vereinigte Staaten von Amerika), E/CN.4/SR.222, S.17f.

[1071] Ebenso wohl Craven: The International Covenant on Economic, Social and Cultural Rights, S.294f.

[1072] So auch Haugen: The Right to Food and the TRIPS Agreement, S.101.

b) Geeignete Schritte zur Verwirklichung des Rechts auf einen angemessenen Lebensstandard und Bedeutung von internationaler Zusammenarbeit

> „Die Staaten unternehmen geeignete Schritte, um die Verwirklichung des Rechts zu gewährleisten, und erkennen zu diesem Zweck die entscheidende Bedeutung einer internationalen, auf freier Zustimmung beruhenden Zusammenarbeit an."[1073]

Chile und Japan schlugen vor, an den neu geschaffenen Art. 11 IPWSKR die folgende Passage anzuhängen: „and likewise recognize the particular importance of international co-operation with a view to ensuring the full exercise of that right".[1074] Syrien schlug vor, die Worte „based on free consent" nach „international co-operation" anzuhängen.[1075]

Der zweite Satz des Art. 11 (1) IPWSKR war Gegenstand intensiver Diskussion in der Sitzung der Generalversammlung. Streitig war vor allem, in wie weit er notwendig oder überflüssig sei. Die Aussage, daß Staaten „geeignete Schritte unternehmen", sollte schon aus dem Grund unnötig sein, da die Verpflichtung zur progressiven Verwirklichung bereits in Art. 2 (1) IPWSKR enthalten sei.[1076] Durch die Betonung der Verpflichtung in Art. 11 (1), geeignete Schritte zu unternehmen, werde die Struktur des Sozialpakts unterlaufen[1077] und die Stellung des Art. 2 (1) geschwächt.[1078] Auch bestehe die Gefahr, daß eine Hierarchie der Normen geschaffen werde.[1079] Es setzte sich aber die Meinung durch, daß die besondere Erwähnung in Art. 11 (1) wegen der grundlegenden Bedeutung dieses Rechts gerechtfertigt sei.[1080]

[1073] Art. 11 (1) Satz 2 IPWSKR.

[1074] General Assembly, Report of the Third Committe, A/3525, 9. Februar 1957, para.31.

[1075] General Assembly, Report of the Third Committe, A/3525, 9. Februar 1957, para.137. Ausführlich dazu Skogly, The obligation of international assistance and co-operation in the International Covenant on Economic, Social and Cultural Rights, in Bergsmo: Human Rights and Criminal Justice for the Downtrodden, S.413.

[1076] Tsao (China), A/C.3/SR.742, para.3, ähnlich Castañeda (Mexico), A/C.3/SR.742, para.26, Martins de Carvalho (Portugal), A/C.3/SR.743, para.28; ausführlich zu der Verpflichtung in Art. 2 (1) IPWSKR Klee: Die progressive Verwirklichung wirtschaftlicher, sozialer und kultureller Menschenrechte, S.113ff.

[1077] A/C.3/SR.742, para.11, Hoare (Großbritannien).

[1078] A/C.3/SR.742, para.13, Juvigny (Frankreich).

[1079] A/C.3/SR.742, para.13, Juvigny (Frankreich).

[1080] So z.B. Malitza (Rumänien), A/C.3/SR.742, para.25, Tsuruoka (Japan), A/C.3/SR.742, para.39.

Hinweise auf Verpflichtungen der Staaten, die über die nationalen Grenzen hinausgehen, finden sich im Sozialpakt an mehreren Stellen.[1081] Aus den *Travaux Préparatoires* wird deutlich, daß diese Formulierung Entwicklungsstaaten ermutigen sollte, den Sozialpakt zu ratifizieren. Internationale Hilfe und Zusammenarbeit sollten Teil der „verfügbaren Ressourcen" sein.[1082] Zudem wurde auf die fundamentale Bedeutung von Art. 11 (1) IPWSKR hingewiesen, die es rechtfertige, die Verpflichtung zu internationaler Kooperation hier besonders zu erwähnen,[1083] und dies umso mehr, als die Verwirklichung der Rechte des Art. 11 (1) für viele Staaten nur durch internationale Hilfe möglich sein werde.[1084]

Es gab jedoch auch eine beträchtliche Zahl von Gegenstimmen, die gewichtige Argumente gegen den zweiten Teil des zweiten Halbsatzes von Art. 11 (1) IPWSKR vorbrachten. Zunächst sei die Formulierung des Art. 11 (1), nämlich daß die Mitgliedstaaten die Bedeutung internationaler Zusammenarbeit „anerkennen", schwächer als die des Art. 2 (1), nach dem die Staaten sich „verpflichten", die Rechte des Sozialpakts unter anderem durch internationale Zusammenarbeit zu verwirklichen. Es könne nicht sein, daß die schwächere Bestimmung des Art. 11 (1) die Auslegung des Art. 2 (1) determiniere.[1085] Auch werde die Struktur des Sozialpakts mit seiner Generalklausel in Art. 2 (1) unterlau-

---

[1081] Art. 2 (1): Jeder Vertragsstaat verpflichtet sich, einzeln und durch internationale Hilfe und Zusammenarbeit, insbesondere wirtschaftlicher und technischer Art, unter Ausschöpfung aller seiner Möglichkeiten Maßahmen zu treffen, um nach und nach mit allen geeigneten Mitteln, vor allem durch gesetzgeberische Maßnahmen, die volle Verwirklichung der in diesem Pakt anerkannten Rechte zu erreichen. Art. 15 (4): Die Vertragsstaaten erkennen die Vorteile an, die sich aus der Förderung und Entwicklung internationaler Kontakte und Zusammenarbeit auf wissenschaftlichem und kulturellem Gebiet ergeben. Art. 23: Die Vertragsstaaten stimmen überein, daß internationale Maßnahmen zur Verwirklichung der in diesem Pakt anerkannten Rechte u.a. folgendes einschließen: den Abschluß von Übereinkommen, die Annahme von Empfehlungen, die Gewährung technischer Hilfe sowie die Abhaltung von regionalen und Fachtagungen zu Konsultations- und Studienzwecken in Verbindung mit den betroffenen Regierungen.

[1082] General Comment 3, para.13; ausführlich dazu Skogly, The obligation of international assistance and co-operation in the International Covenant on Economic, Social and Cultural Rights, in Bergsmo: Human Rights and Criminal Justice for the Downtrodden, S.409, und Klee: Die progressive Verwirklichung wirtschaftlicher, sozialer und kultureller Menschenrechte, S.126ff. In den *Travaux Préparatoires* zeigt sich, daß der Punkt umstritten war, E/CN.4/SR.236, S.25ff.

[1083] Tsuruoka (Japan), A/C.3/SR.743, para.14; Eustathiacles (Griechenland), A/C.3/SR.742, para.18, der vertrat, daß alle anderen Rechte des Sozialpakts nur besondere Aspekte von Art. 11 (1) seien; Montero (Chile), A/C.3/SR.742, para.24; Malitzka (Rumänien), A/C.3/SR.742, para.25.

[1084] Tsuruoka (Japan), A/C.3/SR.740, para.25; Montero (Chile), A/C.3/SR.742, para.24.

[1085] Hamilton (Australia), A/C.3/SR.743 para.16.

fen,[1086] außerdem enthalte Teil IV des Sozialpakts speziellere und ausführlichere Bestimmungen.[1087] Darüber hinaus gelte die Verpflichtung zur Gewährung internationaler Unterstützung nicht nur für Art. 11 (1), sondern für den ganzen Sozialpakt.[1088] Zum Teil wurde befürchtet, die Betonung internationaler Unterstützung könne die Staaten entmutigen, selbständig tätig zu werden, um die Rechte des Art. 11 (1) zu verwirklichen.[1089] Auch wurde bemerkt, daß Diskussionen über internationale Zusammenarbeit nicht in die Kompetenz des Dritten Ausschusses fielen.[1090] Nüchternere Betrachter wiesen darauf hin, daß Hinweise zu grenzüberschreitenden Kooperationsverpflichtungen im ganzen Pakt verteilt seien und eine nochmalige Erwähnung deshalb nicht von entscheidender Bedeutung sei.[1091]

Sehr streitig war es auch, ob eine Pflicht bedürftiger Staaten bestehe, sich um internationale Hilfe zu bemühen, und als Gegenstück eine Verpflichtung reicher Staaten bestehe, Hilfe zu gewähren. Beide Standpunkte wurden, wie sich aus den *Travaux Préparatoires* ergibt, bei der Erstellung des Sozialpakts vertreten.[1092] Wie schon dargestellt, fällt unter den Begriff der Ressourcen,[1093] die die Staaten zur Verwirklichung der Rechte des Sozialpakts ausschöpfen müssen, auch die internationale Hilfe. Reichen also die eigenen Ressourcen eines Staates nicht aus, um die Rechte des Sozialpakts zu achten, zu schützen und zu verwirklichen, muß er sich, um seinen Verpflichtungen aus Art. 2 (1) IPWSKR gerecht zu werden, um internationale Unterstützung bemühen. Dies gilt für die Rechte des Art. 11 (1) IPWSKR, ebenso wie für die anderen Rechte des Sozialpakts. Dem entspricht die Feststellung des Ausschusses in General Comment 4, daß der Ausschuß bei der Überprüfung, ob die Staaten alle Schritte unternommen hätten, um die Rechte des Sozialpakts zu verwirklichen, auch überprüfe, ob die

---

[1086] Hoare (Großbritannien), A/C.3/SR.740, para.27, ebenso in A/C.3/SR.742, para.11; ebenso Juvigny (Frankreich), A/C.3/SR.742, para.14, Paulus (Indien), A/C.3/SR.742, para.41; die Pakistanische Delegation, A/C.3/SR.742, para.32.

[1087] Tsao (China), A/C.3/SR.742, para.3.

[1088] Shohan-Sharon (Israel), A/C.3/SR.742, para.16.

[1089] Brillantes (Philippinen), A/C.3/SR.743, para.7.

[1090] A/C.3/SR.1204, para.40, Albuquerque Mello (Brasilien); A/C.3/SR.1204, Glover (Großbritannien).

[1091] Brena (Uruguay), A/C.3/SR.742, para.21.

[1092] E/CN.4/SR.233, S.12, Eustathiades (Griechenland) und Mehta (Indien), dafür auch A/C.3/SR.1203, para.21, Afnan (Irak).

[1093] Vgl. Art. 2 (1) IPWSKR. Die deutsche Übersetzung spricht von „Möglichkeiten", wobei dieser Begriff für ein umfassendes Verständnis des Begriffs „Ressource" spricht, siehe Klee: Die progressive Verwirklichung wirtschaftlicher, sozialer und kultureller Menschenrechte, S.122f.

Möglichkeit, internationale Hilfe zu erlangen, genutzt und ausgeschöpft worden sei.[1094]

Der Begriff „internationale Unterstützung" soll weit verstanden werden; er beinhaltet sowohl finanzielle Unterstützung als auch Hilfe im technischen Sinn.[1095] Offensichtlich bestand zwar bei der Erstellung des Sozialpakts Einigkeit darüber, daß die Verwirklichung der Rechte des Sozialpakts ohne internationale Unterstützung nicht möglich sein würde. Es bestand aber keine Einigkeit darüber, wie weit diese Unterstützung gehen sollte.

Eine Fraktion der Entwicklungsländer vertrat, daß Art. 11 (1) IPWSKR, ebenso wie andere Vorschriften, die von internationaler Zusammenarbeit sprechen, rechtliche Verpflichtungen der wohlhabenden Länder gegenüber den Entwicklungsländern begründeten.[1096] Den Entwicklungsländern sei es trotz aller Bemühungen nicht möglich, die Rechte des Sozialpakts selbst zu verwirklichen. Die Gründe hierfür reichten von nationalen Gründen wie Krieg oder mangelnden Ressourcen bis zu internationalen Gründen, die häufig in den wirtschaftlichen Umständen begründet lägen: die von Industriestaaten diktierten niedrigen Weltmarktpreise für Rohstoffe und die hohen Preise für fertige Produkte, durch die Entwicklungsländer benachteiligt würden ebenso wie die Folgen der Ausbeutung ehemaliger Kolonien, auf der der Reichtum vieler Industriestaaten begründet sei.[1097] Ehemalige Kolonien wollten kein Mitleid und keine Spenden, sondern Ausgleich für die systematische Plünderung durch die Kolonialherren.[1098] Die Industriestaaten seien ebenso abhängig von der Wirtschaft der Entwicklungsländer wie umgekehrt.[1099] Am weitesten von den westlichen Vertretern ging der französische, der festhielt, daß Länder mit substantiellen Ressourcen Entwicklungshilfe leisen sollten.[1100] Er war damit nur einen kurzen

---

1094 General Comment 4, para.13.

1095 A/C.3/SR.1202, para.51, Diaz Casanueva (Chile); A/C.3/SR.1202, para.8, Baroody (Saudi-Arabien); Skogly, The obligation of international assistance and co-operation in the International Covenant on Economic, Social and Cultural Rights, in Bergsmo: Human Rights and Criminal Justice for the Downtrodden, S.409.

1096 A/C.3/SR.1202, para.10, Diaz Casanueva (Chile): „multilateral assistance [...] tended to entail, by its nature, binding commitments"; E/CN.4/SR.1391, S.4ff., M'Baye (Senegal).

1097 E/CN.4/SR.1391, S.4ff. M'Baye (Senegal); A/C.3/SR.1202, para.10, Diaz Casanueva (Chile).

1098 A/C.3/SR.1204, para.22, Rousseau (Mali).

1099 A/C.3/SR.1204, para.52, Ben Mebarek (Algerien).

1100 E/CN.4/SR.233, S.8; Cassin (Frankreich).

Schritt davor, eine rechtliche Verpflichtung, Entwicklungshilfe zu leisten, zu bestätigen.[1101]

Die Mehrzahl der Staatenvertreter sprach sich gegen eine Verpflichtung aus, internationale Hilfe zu gewähren, darunter auch Vertreter von Entwicklungsländern.[1102] Art. 11 (1) IPWSKR solle zwar ein Recht beinhalten, aber keine entsprechende Verpflichtung der Staaten.[1103] Diesen Bedenken wurde schließlich durch die Formel „auf freier Zustimmung beruhend" Rechnung getragen, durch die die Souveränität der Staaten über ihre Ressourcen, die auch in Art. 1 (2), 25 Ausdruck findet, gewahrt bleibt.[1104] Die Entwicklung eines Landes müsse auf der Leistung seines Volkes beruhen; internationale Hilfe könne nur eine Ergänzung sein.[1105] Letztlich impliziert auch die Formulierung "erkennen an" in Art. 11 (1), daß keine rechtliche Verpflichtung zur Leistung von internationaler Unterstützung beinhaltet sein sollte.[1106] Ähnlich bedeutet die Formulierung „auf freier Zustimmung beruhend" eine Absicherung wohlhabender gegenüber den Ansprüchen armer Staaten.[1107]

Die Entstehungsgeschichte spricht deshalb dafür, daß eine Bindung der Paktstaaten nicht gewollt war.[1108] Es bleibt aber zu berücksichtigen, daß unabhängig von der Interpretation des Art. 11 (1) IPWSKR die Verpflichtung aus Art. 2 (1) besteht, laut dem die Vertragsstaaten sich verpflichten, durch internationale Hilfe und Zusammenarbeit die volle Verwirklichung der Paktrechte zu erreichen.[1109] Der Ausschuß hat für Art. 2 (1) IPWSKR ausdrücklich betont, daß die Leistung von internationaler Hilfe für die Staaten, die dazu imstande sind, eine

---

1101 So die Einschätzung von Alston/ Quinn, The Nature and Scope of States Parties' Obligations under the International Covenant on Economic, Social and Cultural Rights, Human Rights Quarterly 9 (1987), S.188.

1102 A/C.3/SR.739, Quan (Guatemala), para.9; A/C.3/SR.1204, Mantzoulinos (Griechenland); A/C.3/SR.1204, para.20, De Santiago Lopez (Mexiko).

1103 A/C.3/SR.739, Quan (Guatemala), para.9, A/C.3/SR.740, para.27, Hoare (Großbritannien), Pakistanische Delegation, A/C.3/SR.742, para.33; A/C.3/SR.1203, para.5, Baroody (Saudi-Arabien), A/C.3/SR.1203, para.14, Ostovsky (UDSSR); A/C.3/SR.1204, para.19, Sharp (Neuseeland).

1104 Ausführlich dazu Klee: Die progressive Verwirklichung wirtschaftlicher, sozialer und kultureller Menschenrechte, S.147f.

1105 A/C.3/SR.1204, para.20, De Santiago Lopez (Mexiko).

1106 A/C.3/SR.739, para.17, Baroody (Saudi-Arabien); Craven: The International Covenant on Economic, Social and Cultural Rights, S.327.

1107 Craven: The International Covenant on Economic, Social and Cultural Rights, S.327.

1108 Klee: Die progressive Verwirklichung wirtschaftlicher, sozialer und kultureller Menschenrechte, S.148.

1109 Ausführlich zu den aus Art. 2 (1) IPWSKR erwachsenden internationalen Verpflichtungen Klee: Die progressive Verwirklichung von wirtschaftlichen, sozialen und kulturellen Rechten, S.138ff.

Verpflichtung ist.[1110] Art. 11 (1) IPWSKR enthält nur eine abgeschwächte Version dieser Verpflichtung und fügt deshalb nichts Substantielles hinzu.

Die Zusammenschau mit Art. 2 (1) IPWSKR spricht für eine Verpflichtung der Staaten, Hilfe für die Umsetzung der Rechte des Sozialpakts an andere Staaten zu gewähren.[1111] Diese Verpflichtung unterliegt jedoch, wie der Großteil der übrigen Verpflichtungen aus dem Sozialpakt, dem Vorbehalt der progressiven Verwirklichung. Die erste Ebene, auf der Staaten tätig werden müssen, ist folglich die Achtungs-Ebene. Die Maßnahmen von Staaten dürfen die Verwirklichung von wsk Rechten in anderen Staaten nicht behindern.[1112] Das Gleiche gilt für die Schutzverpflichtung, durch die Staaten verpflichtet sind, Behinderungen durch Dritte zu unterbinden. Erst an letzter Stelle kommt die Erfüllungsverpflichtung, d.h. die konkrete Verpflichtung, internationale Hilfe zu leisten.[1113] Daß diese Betrachtung die konsequente Weiterführung des Wortlauts und *Telos* von Art. 11 (1) und auch Art. 2 (1) IPWSKR ist, zeigt der Umgang des Ausschusses in seinen General Comments mit diesem Problem:

Während in General Comment 4 noch vorsichtig empfohlen wird, die Staaten sollten um internationale Unterstützung bitten,[1114] enthalten die neueren General Comments jeweils einen eigenen Abschnitt, der sich mit den internationalen Verpflichtungen, die sich aus den einzelnen Rechten des Sozialpakts ergeben, beschäftigen.[1115] Der Ausschuß verweist dabei jedes Mal zunächst auf die

---

[1110] General Comment 3, para.14; General Comment 13, para.14.

[1111] So auch Skogly, The obligation of international assistance and co-operation in the International Covenant on Economic, Social and Cultural Rights, in Bergsmo: Human Rights and Criminal Justice for the Downtrodden, S.419, siehe ergänzend Klee: Die progressive Verwirklichung von wirtschaftlichen, sozialen und kulturellen Rechten, S.138ff., insb. S.146ff.

[1112] Klee: Die progressive Verwirklichung wirtschaftlicher, sozialer und kultureller Menschenrechte, S.138.

[1113] Skogly, The obligation of international assistance and co-operation in the International Covenant on Economic, Social and Cultural Rights, in Bergsmo: Human Rights and Criminal Justice for the Downtrodden, S.419. Im Rahmen der Respekt- und Schutzverpflichtung stellen sich damit interessante Fragen bezüglich der Verpflichtungen, die Staaten gegenüber den Handlungen von multinationalen Unternehmen treffen. Zu nennen wären z.B. die Coca-Cola-GmbH, die Wasserquellen in Indien ausbeutet (dazu z.B. Muralidhar, The Right to Water: An Overview of the Indian Legal Regime, in Riedel/ Rothen: The Human Right to Water, S.78f.) und die Verpflichtung der Staaten, in denen Coca-Cola ansässig ist, dies zu beenden. Die Behandlung dieses Problem würde jedoch zu weit führen; es wird deshalb im Rahmen dieser Arbeit nicht weiter vertieft.

[1114] Im englischen Original wurde der Ausdruck „request" verwendet, siehe General Comment 4 para.10.

[1115] General Comment 12, paras.39ff.; General Comment 14, paras.38ff.; General Comment 15, paras.30ff., General Comment 17, paras.36ff., General Comment 18, paras.29ff.; General Comment 20, paras.42ff.

grundlegende Feststellung, die in General Comment 3 getroffen wurde: Aus den Vorschriften des Sozialpakts selbst ergebe sich die Verpflichtung der Staaten, die dazu in der Lage seien, internationale Unterstützung zu gewähren.[1116] Es folgt jeweils eine kurze Darstellung der extraterritorialen Verpflichtungen, die sich aus den Schutz-, Respekt- und Erfüllungsverpflichtungen ergeben.[1117] Der Ausschuß betont außerdem, daß alle Mitgliedstaaten des Sozialpakts verpflichtet seien, als Mitglieder von internationalen Organisationen auf die Verwirklichung der Rechte des Sozialpakts hinzuarbeiten.

Die letzten beiden General Comments wählen allerdings für die Beschreibung der internationalen Verpflichtungen zurückhaltendere Formulierungen, als es die General Comments 12 bis 15 getan haben.[1118] General Comment 17 weist vorsichtig auf die in General Comment 3 ausgeführte Verpflichtung hin,[1119] ohne die Respekt-, Schutz- oder Erfüllungsverpflichtung näher auszuführen. Auch General Comment 18 fordert lediglich auf, wsk Rechte auch in anderen Staaten zu fördern und die essentielle Rolle von internationaler Unterstützung anzuerkennen.[1120] Mit Interesse wird der nächste General Comment erwartet, in dem der Ausschuß hoffentlich seine Zurückhaltung aufgibt.

[1116] General Comment 3, para.13.

[1117] General Comment 12, para.39; General Comment 14, para.38, General Comment 15, paras.30ff., General Comment17 bleibt in paras.36ff. sehr generell, General Comment 18, paras.29f.

[1118] General Comment 16 beschäftigt sich mit der Gleichberechtigung von Männern und Frauen, Art. 3 IPWSKR und kann deshalb bei der Untersuchung außer Betracht bleiben.

[1119] General Comment 17, para.36.

[1120] General Comment 18, paras.29, 30.

II. Das Recht auf einen angemessenen Lebensstandard als Teil des Völkergewohnheitsrechts

Die Problematik des völkerrechtlichen Schutzes von wsk Menschenrechten wurde schon dargestellt.[1121] Auch ist der Sozialpakt bis heute nicht universell ratifiziert.[1122] Dies wirkt sich auf das Recht auf einen angemessenen Lebensstandard als eines der Rechte des Sozialpakts aus. Wirksamer wäre das Recht auf einen angemessenen Lebensstandard, wenn es Teil des Völkergewohnheitsrechts wäre und als solches für alle Staaten, das heißt auch für diejenigen, die nicht Vertragsstaaten des Sozialpakts sind, verbindlich wäre.[1123] Auf diese Weise könnte die Diskrepanz zwischen dem Anspruch der Menschenrechte, universell gültig zu sein, und der Realität verringert werden. Ob dies der Fall ist, wird im folgenden untersucht.

1. Einführung

Völkergewohnheitsrecht setzt zwei konstituierende Elemente voraus: Eine allgemeine Übung (lat. *consuetudo*) sowie deren Anerkennung als Recht (lat. *opinio iuris sive necessitatis*).[1124] Dies zeigt sich zum Beispiel auch in der Formulierung des Art. 38 Abs. 1 b) IGH-Statut.[1125] Dieser ist zwar nur für den IGH

[1121] Siehe dazu die Einleitung, S.1ff.

[1122] Vergleiche den Stand der Ratifikationen unter http://www.ohchr.org/english/countries/ratification/3.htm.

[1123] Siehe dazu auch Craven: The International Covenant on Economic, Social and Cultural Rights, S.28, mit weiteren Nachweisen.

[1124] Statt vieler sei zum Thema „Völkergewohnheitsrecht" verwiesen auf Barberis, Reflexions sur la coutume internationale, Annuaire française de droit international 36 (1990), S. 9ff.; Ferdinand: Die Rechtsprechung der Gerichte der Bundesrepublik Deutschland zum Völkergewohnheitsrecht, S. 1 – 61; Ipsen, Völkerrecht, § 16, S.211ff., jeweils mit weiteren Nachweisen. Eine ausführliche Kritik des Begriffs des Gewohnheitsrechts mit Darstellung der neueren Auffassungen enthält Roberts, Traditional and Modern Approaches to Customary International Law: A Reconciliation, in The American Journal of International Law, Bd. 95 (2001) 4, S.575ff., 764ff.

[1125] Art. 38 IGH-Statut lautet:

1. Der Gerichtshof, dessen Aufgabe es ist, die ihm unterbreiteten Streitigkeiten nach dem Völkerrecht zu entscheiden, wendet an

[…]

(b) das internationale Gewohnheitsrecht als Ausdruck einer allgemeinen, als Recht anerkannten Übung;

[…].

selbst bindend, dient jedoch als Ausgangspunkt sowohl für wissenschaftliche Diskussionen als auch für die praktische Anwendung von internationalem Recht. Art. 38 des IGH-Statuts wird deshalb auch von anderen internationalen Gerichten und Tribunalen angewendet.[1126]

Die allgemeine Übung als erstes konstituierendes Element des Völkerrechts wird durch die Praxis der Staaten geprägt.[1127] Voraussetzung für das Vorliegen von Völkergewohnheitsrecht sind damit eine objektive und eine subjektive Komponente. Umstritten ist das Verhältnis der beiden Komponenten zueinander, insbesondere ihre Gewichtung. So wird von Teilen der Literatur das Hauptaugenmerk auf das Vorliegen der *opinio iuris* gelegt und unter weitgehendem Verzicht auf das Wiederholungselement der *consuetudo* die Entstehung von spontanem Gewohnheitsrecht (*instant customary law*) zugelassen.

Widersetzt sich ein Staat von Anfang an der Entstehung von Völkergewohnheitsrecht (*persistent objector*), so hindert dies nicht die Entstehung des Völkergewohnheitsrechts an sich. Es ist aber strittig, inwieweit eine Bindung eines Staates an Völkerrechtssätze möglich ist, gegen deren Entstehung er sich gewehrt hat.[1128]

Trotz der ständigen und weitreichenden Verstöße gegen die Verpflichtungen, die zumindest den Mitgliedstaaten des Sozialpakts aus dem Recht auf einen angemessenen Lebensstandard erwachsen, ist die völkergewohnheitsrechtliche Geltung nicht schon grundsätzlich ausgeschlossen. Im Nicaragua-Urteil hat der IGH klargestellt, daß auch massive Verstöße gegen Völkergewohnheitsrecht dieses nicht in Frage stellen, solange Staaten ihr Handeln nicht mit rechtlichen Argumenten rechtfertigen.[1129] Verstöße stellen deshalb nicht grundsätzlich das entstandene Gewohnheitsrecht in Frage.[1130] Möglich wäre dies jedoch, wenn die Abweichungen so zahlreich und schwerwiegend wären, daß von der Bildung neuen und abweichenden Völkergewohnheitsrechts auszugehen wäre;[1131] dies ist aber für Menschenrechte kaum denkbar.

1126 Mosler, General Principles of Law, in EPIL Bd.2, S.515.

1127 Stein/ von Buttlar, Völkerrecht, S.44 Rn.126ff.

1128 Dazu Doehring, Völkerrecht, S.128f., Rn.292; Vitzhum, Völkerrecht, S.66 Rn.133; Stein/ von Buttlar, Völkerrecht, S.48f. Rn.137ff.

1129 "Case Military and Paramilitary Activities in and against Nicaragua" (Nicaragua v. United States of America), Urteil vom 27. Juni 1986, Merits, ICJ Reports 14 (1986), para.186; dazu Kälin/ Künzli, Universeller Menschenrechtsschutz, S.74.

1130 Dem schloß sich unter Berufung auf die Rechtsprechung des IGH auch das deutsche Bundesverfassungsgericht an: BVerfG, Beschluss vom 12.12.2000, 2 BvR 120/99, para.17.

1131 "Case Military and Paramilitary Activities in and against Nicaragua" (Nicaragua v. United States of America), Urteil vom 27. Juni 1986, Merits, ICJ Reports 14 (1986), para.186. Sehr anschaulich D'Amato: „Every breach of customary law contains the seed for a new legality.", der von Roberts, Traditional and Modern Approaches to Customary International Law: A

Das Recht auf einen angemessenen Lebensstandard ist nicht nur im Sozialpakt enthalten, sondern findet auch in Art. 25 (1) AEMR Erwähnung. Zwar merken kritische Stimmen an, daß die Praxis der weltweiten Menschenrechtsverletzungen die Anforderungen an eine allgemeine, übereinstimmende und andauernde Staatenübung nicht erfüllt,[1132] es besteht jedoch weitgehende Einigkeit darüber, daß zumindest den elementaren Rechten der Allgemeinen Erklärung der Menschenrechte gewohnheitsrechtliche Geltung zugesprochen werden kann.[1133] Für das Recht auf einen angemessenen Lebensstandard ist diese Frage gesondert zu untersuchen. Dabei ist vor allem zu berücksichtigen, welche Elemente des Lebensstandards so elementar und grundlegend sind, daß sie als Gewohnheitsrecht gelten könnten.

Reconciliation, in The American Journal of International Law, Bd. 95 (2001) 4, S.784, zitiert wird.

[1132] Drzewicki, The UN Charter and the Universal Declaration of Human Rights, in: Hanski / Suksi: An Introduction to the International Protection of Human Rights, S.74; Weisburd: The Effect of Treaties and the formal international acts on the customary law of human Rights, Georgia journal of international and comparative law 25 (1995/96), S.99ff.

[1133] Weil, Towards Relative Normativity in International Law?, in The American Journal of International Law, Bd. 77 (1983) 3, S.417; Optimistisch Riedel, Der internationale Menschenrechtsschutz. Eine Einleitung, in Bundeszentrale für politische Bildung: Menschenrechte: Dokumente und Deklarationen, S.15 („Die Bestimmungen der AEMR sind inzwischen größtenteils zu Völkergewohnheitsrecht erstarkt"), derselbe mit ausführlicher Begründung (etwas einschränkender: „völkergewohnheitsrechtliche Geltung der UDHR – oder zumindest großer Teile der UDHR-Bestimmungen"), Universeller Menschenrechtsschutz – Vom Anspruch zur Durchsetzung, in Baum/ Riedel/ Schäfer: Menschenrechtsschutz in der Praxis der Vereinten Nationen, S.30, und Söllner, Die Freiwilligen Leitlinien zum Recht auf Ernährung: Bekenntnis zum Menschenrechtsansatz, Entwicklung & ländlicher Raum 1/ 2006, S.11; Buergenthal: International Human Rights, S.39; Shaw, International Law, S.260; „für einige Teile" bejahend Malanczuk: Akehurst's Modern Introduction to International Law, S.213; Hailbronner, Der Staat und der Einzelne als Völkerrechtssubjekte, in Graf Vitzthum: Völkerrecht, S.231 Rn.223: „einige Bestimmungen wie das Verbot der Sklaverei"; Ipsen: Völkerrecht, S.786 Rn.36, Kälin/ Künzli, Universeller Menschenrechtsschutz, S.76; Stern, Zur Universalität der Menschenrechte, in: Ruland: Verfassung, Theorie und Praxis des Sozialstaats, S.1068, jeweils mit weiteren Nachweisen. Dem schloß sich auch das deutsche Bundesverfassungsgericht an in BverfG 46, 342 (362). Einen ausführlichen Überblick über die Entwicklung geben Alston/ Simma, Sources of Human Rights Law, Australian Year Book of International Law 12 (1988/89), S.82ff. Anders noch Lauterpacht, Lauterpacht, International Law and Human Rights, S.397ff., der die AEMR nicht als rechtliche, sondern als moralisch verbindlich ansieht. Zu den kritischen Argumenten Alston/ Simma, Sources of Human Rights Law, Australian Year Book of International Law 12 (1988/89), S.94ff.

a) Allgemeine Übung

Das Recht auf einen angemessenen Lebensstandard kann nur dann völkergewohnheitsrechtlich verankert sein, wenn ihm eine allgemeine Übung der Staaten, die sogenannte Staatenpraxis, zu Grunde liegt. Der IGH stellte im Sinne der klassischen Doktrin des Völkergewohnheitsrechts im Nordsee-Festlandsockel-Fall[1134] fest, daß Völkergewohnheitsrecht auf der Basis von Staatenpraxis entsteht.[1135]

Der Begriff der allgemeinen Übung wird weit gefaßt. Es kommen sämtliche denkbaren staatlichen[1136] Verhaltensweisen in Betracht.[1137] Die allgemeine Übung kann nicht schon aus der Existenz des Sozialpakts und seines Art. 11 (1) gefolgert werden, da völkerrechtliche Verträge grundsätzlich keine Übung im Sinne des Art. 38 Abs.1 IGH-Statut darstellen. Sie sind vielmehr als eigene Quelle des Völkerrechts zu klassifizieren.[1138] Eine Ausnahme kann gegeben sein, wenn eine beachtliche Anzahl von Verträgen dieselbe Regelung enthält oder schon vorhandenes Gewohnheitsrecht kodifiziert. Allerdings ist in diesem Fall der Nachweis der Übung besonders sorgfältig zu führen, da der Grund für die Regelung in einem völkerrechtlichen Vertrag gerade darin liegen kann, daß die Vertragsstaaten der Auffassung sind, daß kein Gewohnheitsrecht vorliege.[1139] Eine solche Ausnahme liegt hier jedoch weder für den Sozialpakt noch für das Recht auf einen angemessenen Lebensstandard vor.

Strittig sind die Voraussetzungen hinsichtlich Dauer, Einheitlichkeit und Verbreitung, die eine Staatenpraxis erfüllen muß, um als allgemeine Übung zu gelten.[1140] Bezüglich der Verbreitung der Übung wird gefordert, daß im Sinne einer „Quasi-Universalität“ der ganz überwiegende Teil der betroffenen Staaten

---

[1134] North Sea Continental Shelf Case, Urteil vom 20. Februar 1969, ICJ-Reports 1969, S.3ff.

[1135] North Sea Continental Shelf Case, ICJ Reports 1969, S.43f, para.71; dazu Tomuschat, Human Rights, S.34.

[1136] Ein Teil der neueren Literatur schlägt vor, auch nicht-staatliche Akteure Völkergewohnheitsrecht schaffen können. Diese Diskussion würde jedoch hier zu weit führen; stattdessen sei auf die einschlägige Literatur verwiesen. Siehe nur Alston/ Simma, Sources of Human Rights Law, Australian Year Book of International Law 12 (1988/89), S.84ff. mit weiteren Nachweisen.

[1137] Stein/ von Buttlar, Völkerrecht, S.44 Rn.126; mit Beispielen Bernhardt, Customary International Law, in: EPIL Bd.I, S.900, so auch schon Jaenicke: Völkerrechtsquellen, in: Strupp/ Schlochauer, Wörterbuch des Völkerrechts Bd.3, S.769; Zemanek, What is “State practice“ and who makes it?, in Beyerlin: Recht zwischen Umbruch und Bewahrung: Völkerrecht, Europarecht, Staatsrecht, S.289ff.; Beispiele bei Döhring, Völkerrecht, S.126 Rn.287.

[1138] Stein/ von Buttlar, Völkerrecht, S.44 Rn.127.

[1139] Doehring, Völkerrecht, S.140, Rn.316; Stein/ von Buttlar, Völkerrecht, S.44 Rn.127.

[1140] Näher zu den im einzelnen vertretenen Positionen und Ideen Simma, Die UN und die Fortentwicklung des VR, S.94ff.; Stein/ von Buttlar, Völkerrecht, S.45, Rn.128.

beteiligt sein muß, wobei zu berücksichtigen ist, ob die Interessen des betroffenen Staates durch den jeweiligen Sachverhalt berührt werden.[1141] Hinsichtlich der Einheitlichkeit der Übung wird zumeist verlangt, daß sich eine beträchtliche Anzahl von Völkerrechtssubjekten hinreichend konsistent verhält.[1142]

In zeitlicher Hinsicht wurde ursprünglich eine gewisse Dauerhaftigkeit gefordert.[1143] Zum Teil wird heute eine allgemeine Übung schon dann angenommen, wenn ein nur einmaliges Staatenverhalten vorliegt (sog. *instant customary law*[1144]).[1145] Gegen das Ausreichen von einmaligem Verhalten spricht, daß damit keine „allgemeine Übung" vorliegt, und das Merkmal der Dauerhaftigkeit auf diese Weise aufgegeben wird.[1146] Der IGH hat sich dahingehend geäußert, daß eine kurze Zeitspanne durchaus ausreichen könne, um das Vorliegen einer allgemeinen Übung zu bejahen.[1147] Jedoch müsse, je kürzer Zeitspanne sei, desto mehr Uniformität und Akzeptanz der Übung als durch eine bindende Norm vorgegeben gegeben sein.[1148] Hieraus wird geschlossen, daß Gewohnheitsrecht aus einmaligem Verhalten der Staaten entstehen könne, wenn unzweifelhaft festzustellen sei, daß dieses rechtsbegründend wirken solle.[1149]

Im Rahmen des Sozialpakts ist sehr fraglich, ob die Staaten Verhaltensmuster entwickelt haben, die auf eine Staatenpraxis schließen lassen. Dagegen spricht nicht nur die sehr schleppende Ablieferung der Staatenberichte, sondern auch die Nicht-Schaffung von finanziellen und institutionellen Strukturen, um wsk

---

[1141] „Substantial Uniformity" wird gefordert von Brownlie, Principles of Public International Law, S.7; Stein/ von Buttlar, Völkerecht, S.45 Rn.128; Malanczuk, Akehurst's Modern Introduction to International Law, S.42; Vitzhum, Völkerrecht, S.68 Rn.130.

[1142] Stein/ von Buttlar, Völkerrecht, S.45 Rn.128; auf das Problem des regionalen Völkerrechts wird hier nicht eingegangen.

[1143] Stein/ von Buttlar, Völkerrecht, S.45 Rn.128, wobei die Forderung, daß die Übung seit undenklichen Zeiten bestehen muss, aufgegeben ist: Bernhardt, Customary International Law, in: EPIL Bd.I, S.901, ebenso Brownlie, Principles of Public International Law, S.7.

[1144] Dieser Ausdruck wird nicht einheitlich verwendet, z.T. wird er auch als Bezeichnung für Völkergewohnheitsrecht verwendet, bei dem ganz auf das Element der allgemeinen Übung verzichtet wird (dazu sogleich unten), zum Beispiel von Malanczuk, Akehurst's Modern Introduction to International Law, S.46.

[1145] Stein/ von Buttlar, Völkerrecht, S.46 Rn.132; Doehring, Völkerrecht, S.127 Rn.288f.; einen Überblick über den Meinungsstand (allerdings Mitte der siebziger Jahre) gibt Akehurst, Custom as a source of international law, The British Year Book of International Law 74 (1974-1957), S.12ff.

[1146] Doehring, Völkerrecht, S.127, Rn.289; Stein/ von Buttlar, Völkerrecht, S.46 Rn.132.

[1147] Nordsee-Festlandsockel-Fall, ICJ Reports 1969, S.3ff. (para.73); Brownlie, Principles of Public International Law, S.7; Stein/ von Buttlar, Völkerrecht, S.46 Rn.132.

[1148] Bernhardt, Customary International Law, in: EPIL Bd.I, S.901.

[1149] Doehring, Völkerrecht, S.127 Rn.288.

Rechte umzusetzen.[1150] Eine Analyse der weltweiten Staatenpraxis würde den Rahmen dieser Arbeit bei weitem sprengen. Jedoch kann anhand der dargestellten Problemfelder zu den einzelnen Rechten des Sozialpakts[1151] festgestellt werden, daß das Ausmaß der Nichterfüllung der Verpflichtungen aus Art. 11 (1) IPWSKR zu groß ist, um eine allgemeine Übung im Sinne des Völkergewohnheitsrechts zu bejahen.

Alston und *Simma* bezweifeln, daß sich grundlegende menschenrechtliche Verpflichtungen und ihre Durchführung unter den Begriff der Staatenpraxis subsumieren lassen. Ihrer Meinung nach zeichnet sich Gewohnheitsrecht durch permanente Interaktion zwischen den Staaten aus, durch Forderungen und Duldungen dessen, was Staaten gegenseitig tun können. Dieses interaktive Element fehle gerade bei der Erfüllung der elementaren menschenrechtlichen Verpflichtungen.[1152] Jedoch gibt es für diese Einschränkung, die die Autoren aus einem Vergleich von gewohnheitsrechtlichen Normen ziehen, weder einen Anhaltspunkt in der Definition des Völkergewohnheitsrechts, noch gibt es einen Grund, eine solch radikale Einschränkung vorzunehmen. Allein mit der strikten und restriktiven Auslegung des Begriffs der Staatenpraxis ist es möglich, eine übermäßige Ausweitung des Normenkreises zu verhindern und dafür Sorge zu tragen, daß der Geltungsanspruch des Völkergewohnheitsrechts nicht verwässert wird.

b) Die Verzichtbarkeit der Staatenpraxis als konstitutives Element des Völkergewohnheitsrechts

Die nicht nachweisbare allgemeine Übung würde die Annahme von Völkergewohnheitsrecht nicht hindern, wenn sie als konstituierendes Element verzichtbar wäre.

Sieht man in der Ratifikation von menschenrechtlichen Verträgen einen Ausdruck der Akzeptanz der Regelungen, die der Vertrag enthält, so muß aus dieser Akzeptanz auch ein Verhaltensmuster folgen, durch das die Staaten verdeutlichen, daß sie ihre Staatenpraxis an den Vorgaben der menschenrechtlichen Ver-

---

[1150] Ähnlich für Menschenrechte im allgemeinen Weisburd: The Effect of Treaties and the formal international acts on the customary law of human Rights, Georgia journal of international and comparative law 25 (1995/96), S.133f. Einen Überblick über menschenrechtliche Problemfelder weltweit gibt Tomuschat, Die Lage der Menschenrechte fünfzig Jahre nach der Allgemeinen Erklärung, in: Wager: Jahrbuch internationale Politik 1997 - 1998, S.333ff., S.337ff.

[1151] Siehe dazu die Ausführungen zu den Rechten auf Erährung, Wasser, Bekleidung, Unterbringung und Energie in dieser Arbeit.

[1152] Alston/ Simma, Sources of Human Rights Law, Australian Year Book of International Law 12 (1988/89), S.99.

träge ausrichten.[1153] Allein die Ratifikation von völkerrechtlichen Verträgen, in denen das Recht auf einen angemessenen Lebensstandard garantiert wird, reicht deshalb als Staatenpraxis nicht aus.

Die Frage, ob es spontanes Gewohnheitsrecht gibt, hat in der Diskussion der Voraussetzungen für die Entstehung von Völkergewohnheitsrecht weite Kreise gezogen. Mittlerweile wird die Notwendigkeit der Staatenpraxis insgesamt als konstitutive Voraussetzung für die Entstehung von Völkergewohnheitsrecht angezweifelt. Dieses Problem gewinnt vor allem vor dem Hintergrund des sich immer noch beschleunigenden technischen Fortschritts an Bedeutung. In Bereichen wie zum Beispiel der Raumfahrt oder der Nutzung des Tiefseeraums reicht oft die Zeit nicht zur Herausbildung einer Staatenpraxis, so daß eine Staatenpraxis, einmal gebildet, möglicherweise schon veraltet ist.[1154]

Einer der Auslöser für diese Debatte war das Nicaragua-Urteil des IGH.[1155] Der IGH bejahte in diesem Urteil das Bestehen eines völkergewohnheitsrechtlichen Gewaltverbots, ohne eine entsprechende Staatenpraxis festzustellen. Das Vorliegen von Völkergewohnheitsrecht wurde lediglich an der *opinio iuris* festgemacht, die ihrerseits aus Deklarationen und Resolutionen der Vereinten Nationen und der Organisation amerikanischer Staaten geschlossen wurde.[1156] Dieses Urteil wurde von Teilen der Literatur so interpretiert, daß der IGH durch die Verklammerung des Abstimmungsverhaltens in den Vereinten Nationen mit der Entstehung von Gewohnheitsrechts Strömungen in der Völkerrechtswissenschaft aufgegriffen habe, wonach die Qualifizierung des Abstimmungsverhal-

---

[1153] Weisburd: The Effect of Treaties and the formal international acts on the customary law of human Rights, Georgia journal of international and comparative law 25 (1995/96), S.123; in diese Richtung auch Riedel, Universeller Menschenrechtsschutz – Vom Anspruch zur Durchsetzung, in Baum/ Riedel/ Schäfer: Menschenrechtsschutz in der Praxis der Vereinten Nationen, S.28f.

[1154] Zu dieser Problematik Standards and Sources. Farewell to the Exclusivity of the Sources Triad in International Law?, European Journal of International Law Bd.2 (1991), S.58ff.; Reimann, Ernährungssicherung im Völkerrecht, S.144.

[1155] D'Amato kommentiert dieses Urteil wie folgt: "*[...] The Court has been better at applying customary law than defining it. Yet until Nicaragua v. United States, little harm was done.*": D'Amato, Trashing Customary International Law, The American Journal of International Law, Bd. 81 (1987) 1, S.101.

Zu den Hintergründen des Urteils Leigh, Judicial Decisions: Military and Paramilitary Activities in and Against Nicaragua (Nicaragua v.United States of America). 1984 ICJ Reports 392, The American Journal of International Law, Bd. 79 (1985) 2, S. 442ff.; Leigh, Case Concerning Military and Paramilitary Activities in and against Nicaragua (Nicaragua v. United States of America). 1984 ICJ Reports 169, The American Journal of International Law Bd. 78 (1984) 4, S.894ff.

[1156] "Case Military and Paramilitary Activities in and against Nicaragua" (Nicaragua v. United States of America), Urteil vom 27. Juni 1986, Merits, ICJ Reports 14 (1986), paras.188ff.

tens zu UN-Resolutionen als unverbindliche politische Willensäußerung dem Sachverhalt nicht mehr gerecht werde.[1157] Dieser Auslegung des Urteils des IGH ist mit Vorsicht zu begegnen. Der IGH betont nämlich in diesem Rechtsstreit zwischen Nicaragua und den USA zum Problem des Gewaltverbots zunächst, daß Völkergewohnheitsrecht die Elemente der Staatenpraxis und der *opinio iuris* voraussetze.[1158] Er führt aus, daß allein der Umstand, daß Staaten die Anerkennung bestimmter Regeln erklären, nicht ausreiche, um diese als Bestandteil des Völkergewohnheitsrechts zu betrachten.[1159] Die Existenz der *opinio iuris* müsse vielmehr durch eine entsprechende Staatenpraxis belegt werden.[1160] Mit aller gebotenen Vorsicht könne die *opinio iuris* auch aus dem Verhalten von Staaten gefolgert werden, unter anderem aus dem Verhalten von Staaten gegenüber bestimmten Resolutionen der Vereinten Nationen und der Organisation amerikanischer Staaten.[1161] Der IGH führt dann aus, welchen Resolutionen zu der in Frage stehenden Regel des Gewohnheitsrechts die USA zugestimmt hätten und kommt zu dem Ergebnis, daß die Zustimmung zu all diesen Texten eine *opinio iuris* der Mitgliedstaaten nachweise.[1162] An dieser Stelle ist auf die Ausführungen des IGH hinzuweisen, daß auf diese Weise der Nachweis einer *opinio iuris* erfolgen könne, ohne sich zu der Frage zu äußern, worin er die erforderliche Staatenpraxis sieht. Nach Hinweisen auf weitere internationale Dokumente, die sich zur hier streitigen Frage des Gewaltverbots äußern, schließt der IGH dann aus verschiedenen Resolutionen und dem Text der Charta der Vereinten Nationen, daß das Gewaltverbot Teil des Völkergewohnheitsrechts sei.[1163] Eine Feststellung der Staatenpraxis findet nicht statt; es fehlt auch an Ausführungen dazu, warum dieses Element im konkreten Fall für verzichtbar

---

[1157] Wolfrum, Besprechung des IGH-Urteils im Falle Nicaragua-USA, Vereinte Nationen 4/88.

[1158] "Case Military and Paramilitary Activities in and against Nicaragua" (Nicaragua v. United States of America), Urteil vom 27. Juni 1986, Merits, ICJ Reports 14 (1986), para.183. Alston/ Simma bezeichnen dies als *lip sevice*, Alston/ Simma, Sources of Human Rights Law, Australian Year Book of International Law 12 (1988/89), S.96.

[1159] "Case Military and Paramilitary Activities in and against Nicaragua" (Nicaragua v. United States of America), Urteil vom 27. Juni 1986, Merits, ICJ Reports 14 (1986), para.184.

[1160] "Case Military and Paramilitary Activities in and against Nicaragua" (Nicaragua v. United States of America), Urteil vom 27. Juni 1986, Merits, ICJ Reports 14 (1986), para.184.

[1161] "Case Military and Paramilitary Activities in and against Nicaragua" (Nicaragua v. United States of America), Urteil vom 27. Juni 1986, Merits, ICJ Reports 14 (1986), para.188.

[1162] "Case Military and Paramilitary Activities in and against Nicaragua" (Nicaragua v. United States of America), Urteil vom 27. Juni 1986, Merits, ICJ Reports 14 (1986), para.189, bestätigt in para.191, wiederum nur mit Verweis auf das Vorliegen einer *opinio iuris*.

[1163] "Case Military and Paramilitary Activities in and against Nicaragua" (Nicaragua v. United States of America), Urteil vom 27. Juni 1986, Merits, ICJ Reports 14 (1986), para.193.

gehalten wird.[1164] So wird in der Literatur auch formuliert, daß der IGH eine Regel des Gewohnheitsrechts „fand“, die mit Art. 2 (4) der Charta der Vereinten Nationen übereinstimmte.[1165] Der Weg zu diesem Fund, also zu der Entstehung dieser Regel, wurde allerdings nicht nachvollziehbar gemacht. Bis zu diesem Urteil hatte der IGH im Zweifelsfall tendenziell den umgekehrten Weg gewählt: Von einer konsistenten und unwidersprochenen Staatenpraxis wurde auf die *opinio iuris* geschlossen.[1166] Das Urteil hat Zustimmung,[1167] aber auch harsche Kritik erfahren.[1168] *D'Amato* bemerkt, das Urteil übersehe, daß Gewohnheitsrecht aus der Staatenpraxis erwachse, nicht aus Resolutionen der Vereinten Nationen und anderen politischen Dokumenten; ebenso habe die *opinio iuris* nichts mit der „Akzeptanz“ der Regelungen in solchen Dokumenten zu tun.[1169]

Eine Möglichkeit, das überraschende Vorgehen des IGHs zu begründen, sind die vitalen Interessen, die bei der Nicaragua-Entscheidung auf dem Spiel standen.[1170] Das völkerrechtliche Gewaltverbot berühre die Frage von Krieg und Frieden und sei damit von ungleich größerer Bedeutung als die Frage der Aufteilung des Festlandsockels oder auch die des Schutzes von Anteilseignern, die im Barcelona-Traction-Fall zur Diskussion stand.[1171] Auch wird darauf abgestellt, daß internationales Recht auf die grundlegenden Ideale reagieren müsse,

---

[1164] Dazu auch Kirgis, Custom on a Sliding Scale, The American Journal of International Law, Bd. 81 (1987) 1, S.147.

[1165] Kirgis, Custom on a Sliding Scale, The American Journal of International Law, Bd. 81 (1987) 1, S.147.

[1166] So im "The SS Wimbledon"- Urteil des Ständigen Internationalen Gerichtshofs (*Permanent Court of International Justice*) vom 17.August 1923, Ser.A Nr.1, S.25 sowie im Nottebohm-Urteil des Internationalen Gerichtshofs, Urteil vom 6. April 1955, Second Phase, ICJ Reports 1955, S.4ff (22); dazu auch Kirgis, Custom on a Sliding Scale, The American Journal of International Law, Bd. 81 (1987) 1, S.148f.

[1167] Zum Beispiel durch Tasioulas, In Defence of Relative Normativity: Communitarian Values and the Nicaragua Case, Oxford Journal of Legal Studies Bd. 16 (1996) 1, S.85ff.; Kälin/ Künzli, Universeller Menschenrechtsschutz, S.78ff. jeweils mit weiteren Nachweisen.

[1168] Am eindeutigsten wohl von D'Amato, der das Urteil als *failure of legal scholarship* bezeichnet: D'Amato, Trashing Customary International Law, The American Journal of International Law, Bd. 81 (1987) 1, S.105, ablehnend auch Malanczuk, Akehurst's Modern Introduction to International Law, S.53.

[1169] D'Amato, Trashing Customary International Law, The American Journal of International Law, Bd. 81 (1987) 1, S.102.

[1170] Kirgis, Custom on a Sliding Scale, The American Journal of International Law, Bd. 81 (1987) 1, S.147.

[1171] So argumentiert Kirgis, Custom on a Sliding Scale, The American Journal of International Law, Bd. 81 (1987) 1, S.148. Kritisch zu Kirgis Alston/ Simma, Sources of Human Rights Law, Australian Year Book of International Law 12 (1988/89), S.96.

die seine Existenz rechtfertigten.[1172] Anders löst *Roberts* dieses Problem: Sie argumentiert mit der Gegenüberstellung von „traditionellem" und „modernem" Völkergewohnheitsrecht. Ersteres soll, wie gewohnt, auf Staatenpraxis und *opinio iuris* beruhen; letzteres auf einer *opinio iuris*, die sich auch aus Resolutionen und Deklarationen ergeben könne.[1173] Problematisch an dieser Auffassung ist, daß sie zwei Klassen von Völkerrecht entstehen lässt. Die Besonderheit des Völkergewohnheitsrechts liegt gerade darin, daß Staaten sich durch seine Regeln verpflichtet fühlen und es durch ihre Staatenpraxis bestätigen. Das „moderne" Völkergewohnheitsrecht läuft Gefahr, daß sich Staaten gerade nicht verpflichtet fühlen, ihre Staatenpraxis an ihm auszurichten. Bei entgegenlaufender Praxis, die von der Überzeugung der Staaten getragen wird, nicht an das „moderne" Völkergewohnheitsrecht gebunden zu sein, besteht sogar die Möglichkeit der Herausbildung neuen Völkergewohnheitsrechts, gestützt auf *opinio iuris* und Übung der Staaten, die dem aus Resolutionen und Deklarationen entstandenen Völkergewohnheitsrecht entgegen läuft.

Der völlige Verzicht auf das Element der allgemeinen Übung ist deshalb abzulehnen.[1174] *Reimann* und andere warnen zu Recht davor, daß man durch die Deklarierung von Normen der Völkerrechtsmoral als Rechtsnormen dem Geltungsanspruch des Völkerrechts insgesamt schadet.[1175] Das Element der Staatenpraxis ist deshalb auch für die Frage der gewohnheitsrechtlichen Geltung des Rechts auf einen angemessenen Lebensstandard nicht verzichtbar. Mangels Staatenpraxis und allgemeiner Übung ist somit festzustellen, daß das Recht auf einen angemessenen Lebensstandard keine gewohnheitsrechtliche Geltung beanspruchen kann.

[1172] Tasioulas, In Defence of Relative Normativity: Communitarian Values and the Nicaragua Case, Oxford Journal of Legal Studies Bd. 16 (1996) 1, S.111.

[1173] Roberts, Traditional and Modern Approaches to Customary International Law: A Reconciliation, in The American Journal of International Law, Bd. 95 (2001) 4, S.757ff., mit einer ausführlichen Darstellung der verschiedenen Meinungen zur Verzichtbarkeit der Staatenpraxis für das Völkergewohnheitsrecht. Einen ähnlichen Weg geht D'Amato, der zwischen generellem und speziellen Völkerrecht unterscheidet. Generelles Völkerrecht soll für alle Staaten gültig sein, während spezielles Völkerrecht nur die Beziehungen zwischen einer kleineren Gruppe von Staaten regeln soll: D'Amato, The Concept of Special Custom in International Law, The American Journal of International Law, Bd. 63 (1969) 2, S.211ff (218ff.).

[1174] Ebenso Malanczuk, Akehurst's Modern Introduction to International Law, S.46.

[1175] Reimann, Ernährungssicherung im Völkerrecht, S.144; Breining-Kaufmann, Hunger als Rechtsproblem, S.165; van Hoof, Rethinking the sources of international law, S.91.

c) Rechtsüberzeugung

Folgt man der Argumentation des IGH aus dem Nicaragua-Urteil oder den Stimmen in der Literatur, die das Element der Staatenpraxis für verzichtbar halten, so ist es möglich, das Vorliegen von Völkergewohnheitsrecht auch ohne das Vorliegen einer Staatenpraxis zu bejahen. Es ist deshalb auf die Frage einzugehen, ob es eine *opinio iuris* der Staaten gibt, durch die sie sich an den Sozialpakt und das in ihm enthaltene Recht auf einen angemessenen Lebensstandard gebunden fühlen. Diese *opinio iuris sive necessitatis* fehlt, wenn der Staat ein bestimmtes Verhalten aus politischer Höflichkeit an den Tag legt, ohne es für rechtlich verbindlich zu halten.[1176] Für die Beurteilung der Frage, ob eine *opinio iuris* oder bloße *courtoisie* vorliegt, ist eine übereinstimmende Grundhaltung der Staatengemeinschaft ausschlaggebend.[1177]

Die *opinio iuris* wurde vom IGH traditionell anhand ihrer konkreten Manifestationen bestimmt. Diese können in dem Nachweis einer generellen Praxis liegen, in einem Konsens in der Literatur oder in bestätigenden Gerichtsentscheidungen.[1178] Der IGH betonte damit ursprünglich die Bedeutung der Staatenpraxis, indem er sie nicht nur als unverzichtbares Element des Völkergewohnheitsrechts prüfte, sondern auch als Indikator für das Vorhandensein einer *opinio iuris* nutzte. Diese Praxis entsprach dem Bedürfnis, daß internationale Verpflichtungen von Staaten auf etwas Greifbarem beruhen sollten, welches das Einver-

---

[1176] Stein/ von Buttlar, Völkerrecht, S.45 Rn.129; Goldsmith und Posner schlagen dagegen vor, daß Staaten sich nicht deshalb an Völkergewohnheitsrecht halten,weil sie sich rechtlich gebunden fühlen, sondern als ein Resultat von rationalem Selbstinteresse in ihren Interaktionen mit anderen Staaten: Goldsmith/ Posner, A Theory of Customary International Law, U. Chi.L.Rev. Bd. 66 (1999), S.1113ff., dieselben: Understanding the Resemblance Between modern and traditional customary international law, Va.J.int'l l. 40 (2000) S.639ff. mit Erwiderung Chinen: Game Theory and customary international law: a response to Professors Goldsmith and Posner, Michigan Journal of international law 23 (2001/02), S. 143ff., mit Antwort von Goldsmith und Posner in demselben Band: Further thoughts on Customary International Law, S.191ff.

[1177] Stein/ von Buttlar, Völkerrecht, S.45 Rn.130; Malanczuk, Akehurst's Modern Introduction to International Law, S.44. Dies hat der IGH in einer Reihe von Urteilen bestätigt: Asyl-Fall, ICJ Reports 1950, S.266ff., Kolumbien gegen Peru; Nottebohn, ICJ Reports 1955, S.4ff. (23), Liechtenstein gegen Guatemala; Nordsee-Festlandsockel, ICJ Reports 1969, S.3ff. (44), Bundesrepublik Deutschland gegen Dänemark und Niederlande. Anders Hulsroj, Three Sources – No River, Zeitschrift für Öffentliches Recht 54 (1999), S.239: *"I do not find it tragic if courtesy ends up as custom [...]."*

[1178] Brownlie, Principles of Public International Law, S.8; Bernhardt, Customary International Law, in: EPIL Bd.I, S.899; Cheng, Some Remarks on the Constituent Element(s) of General (or So-called Customary) International Law, in Anghie, Antony/ Sturgess, Garry (Hrsg.): Legal Visions of the 21st Century, S.398.

ständnis der Staaten, die gebunden sind, zeigt.[1179] Seit dem Nicaragua-Urteil des IGH[1180] hat sich das Verständnis der *opinio iuris* dahingehend gewandelt, daß sie als eigenständiges Element und als nicht zwingend von der Staatenpraxis abhängig verstanden wird.[1181]

Die *opinio iuris* der Staaten kann nach der Rechtsprechung des IGH im Nicaragua-Urteil aus der Ratifikation und innerstaatlichen Bestätigung von menschenrechtlichen Verträgen gefolgert werden. Dem steht die „nicht nur punktuelle, sondern massivste ständige Negierung“[1182] des Paktes durch die Mitgliedstaaten entgegen. Trotzdem spricht sich ein großer Teil der neueren Literatur dafür aus, für die Feststellung der *opinio iuris* die Ratifikation und Bestätigung von menschenrechtlichen Verträgen und anderer wichtiger völkerrechtlicher Dokumente ausreichen zu lassen.[1183]

Hielte man im vorliegenden Fall die Ratifikation des Sozialpakts als Nachweis der *opinio iuris* der Mitgliedstaaten für möglich, so wäre ein genauerer Blick auf den Sozialpakt in der Form, wie er verabschiedet wurde, notwendig. So zeigen die Vorbehaltsklauseln[1184] von fast einem Viertel der Mitgliedstaaten des Sozialpakts, daß die Ratifizierung keine uneingeschränkte Zustimmung zu den in ihm festgelegten Grundsätzen und Regeln bedeutet. Typisch für das Vorliegen von Völkergewohnheitsrecht ist, daß das internationale Rechtssystem willens ist, seine charakteristischen Sanktionsmechanismen gegen Staaten einzusetzen, die gegen Normen verstoßen, und sich so gegen Verletzungen der

---

[1179] Falk, On the Quasi-Legislative Competence of the General Assembly, The American Journal of International Law, Bd. 60 (1966) 4, S. 782; sehr weitgehend Hulsroj, Three Sources – No River, Zeitschrift für öffentliches Recht 54 (1999), S.237ff., der die *opinio iuris* für verzichtbar hält und allein auf die Staatenpraxis abstellen will. Van Hoof zitiert weitere Autoren, die die *opinio iuris* für verzichtbar halten; das jüngste Zitat stammt allerdings aus den fünfziger Jahren: van Hoof, Rethinking the sources of international law, S.86.

[1180] Dazu gleich ausführlich.

[1181] Tasioulas, In Defence of Relative Normativity: Communitarian Values and the Nicaragua Case, Oxford Journal of Legal Studies Bd. 16 (1996) 1, S.114, zustimmend zu dem Urteil Kälin/ Künzli, Universeller Menschenrechtsschutz, S.78ff.

[1182] Diese eindrückliche Formulierung benutzt Klee, Die progressive Verwirklichung wirtschaftlicher, sozialer und kultureller Menschenrechte, S.143.

[1183] D'Amato, The Concept of Custom in International Law, S.89; Tasioulas, In Defence of Relative Normativity: Communitarian Values and the Nicaragua Case, Oxford Journal of Legal Studies Bd. 16 (1996) 1, S.114; Kirgis, Custom on a Sliding Scale, The American Journal of International Law, Bd. 81 (1987) 1, S.147. Anders als Klee, die annimmt, daß Tasioulas und Kirgis Ratifikations- und Bestätigungspraxis mit staatlicher Übung gleichsetzt, wird hier davon ausgegangen, das sie diese mit der *opinio iuris* gleichsetzt, wie es auch in dem von ihnen besprochenen Nicaragua-Urteil des IGH geschehen ist.

[1184] Die Vorbehaltsklauseln sind aufgeführt unter http://www.ohchr.org/english/countries/ ratification/3.htm#reservations.

Norm wehren.[1185] Dagegen spricht beim Sozialpakt das sehr schwache Vertragsüberwachungsverfahren. Die Einigung auf ein Staatenberichtsverfahren gibt deutliche Hinweise darauf, daß die Staaten bei der Unterzeichnung des Sozialpakts nicht davon ausgingen, durch Völkergewohnheitsrecht an die darin verbürgten Menschenrechte gebunden zu sein.[1186] Zum Teil wird auch den in den Menschenrechtspakten vorgesehenen Verfahren Priorität vor anderweitigen Sanktionsmöglichkeiten eingeräumt.[1187]

Eine *opinio iuris* verlangt, daß Staaten sich an Regeln halten, weil sie überzeugt sind, daß diese Regeln für sie zwingend und verbindlich seien. Diese Voraussetzung kann für den Sozialpakt nach dem derzeitigen Stand nicht als gegeben angesehen werden. Das gleiche Ergebnis gilt für das im Sozialpakt verbürgte Recht auf einen angemessenen Lebensstandard. Das schwache Staatenberichtsverfahren des Sozialpakts ohne die Möglichkeit der Verhängung von Sanktionen bei Verstößen findet auch auf dieses Recht Anwendung. Zudem ist sein normativer Gehalt zu weitreichend, als daß man es insgesamt als „elementares Recht" bezeichnen könnte, das über Art. 25 (1) AEMR gewohnheitsrechtlich gälte. Ob dies für den Kern des Rechts anders zu beurteilen ist, ist gesondert zu prüfen. Obwohl es wünschenswert wäre, wenn Menschenrechte als Teil des Völkergewohnheitsrechts bindend für alle Staaten wären,[1188] so kann dies doch nicht angenommen werden.[1189] Treffend drückt es *Simma* aus: „Die Gemütsruhe von Menschenrechtsverletzern wird heute nachhaltiger gestört als noch vor wenigen Jahren." Obwohl dies sicherlich eine positive Entwicklung darstellt, reicht sie nicht aus, um Menschenrechte zu bindendem Völkergewohnheitsrecht zu machen.

[1185] Weisburd: The Effect of Treaties and the formal international acts on the customary law of human Rights, Georgia journal of international and comparative law 25 (1995/96), S.103.

[1186] Parallel für den Zivilpakt argumentiert Weisburd: The Effect of Treaties and the formal international acts on the customary law of human Rights, Georgia journal of international and comparative law 25 (1995/96), S.113.

[1187] Frowein, The Final Act, the Covenants and the European Convention, in Buergenthal: Human Rights, International Law and the Helsinki Accord, S.46; kritisch dazu Simma, Fragen der zwischenstaatlichen Durchsetzung vertraglich vereinbarter Menschenrechte, in: von Münch, Ingo: Staatsrecht - Völkerrecht – Europarecht, S.642.

[1188] Davon geht aus D'Amato: Human Rights as Part of Customary International Law: A Plea for Change of Paradigms, Georgia journal of international and comparative law 25 (1995/96), S.97.

[1189] So auch Craven: The International Covenant on Economic, Social and Cultural Rights, S.28f., mit weiteren Nachweisen.

d) Rechtliche Verbindlichkeit von Deklarationen und Dokumenten internationaler Organisationen?

Es schließt sich die Frage an, ob empfehlende, also rechtlich unverbindliche Beschlüsse internationaler Organisationen rechtliche Verbindlichkeit beanspruchen können.[1190] Während im Nicaragua-Urteil des IGH Resolutionen und Deklarationen noch als Grundlage für die *opinio iuris* dienten, die ihrerseits konstituierendes Element des Völkergewohnheitsrechts ist, wird in der neueren Literatur auch diskutiert, ob die rechtlich unverbindlichen Beschlüsse direkt, also ohne den Umweg über die *opinio iuris*, zu Gewohnheitsrecht erstarken können. Es soll dabei maßgeblich darauf ankommen, in welchem Umfang die handelnden Organe in der Praxis vom Wortlaut des Vertrages abweichen könnten.[1191]

Intensiv diskutiert wird diese Frage für die Empfehlungen der Generalversammlung der Vereinten Nationen.[1192] Diese Beschlüsse werden von einer Mehrheit der Staaten getroffen, so daß ein Schluss auf eine allgemeine Übung nicht völlig fern liegt. Problematisch ist dabei, daß es sich meist um einmalige Vorgänge handelt.[1193] Trotzdem nimmt die Anzahl der Stimmen zu, die Deklarationen, die grundlegende Prinzipien formulieren, eine größere Bedeutung zumessen wollen.[1194]

Befürworter dieser Auffassung gehen davon aus, daß (nahezu) universelle Zustimmung ausreicht, um international verbindliches Recht zu schaffen. Für eine solche Auffassung spricht, daß Art. 38 (1) IGH-Statut nicht abschließend ist,[1195] es also neue Quellen des Völkerrechts grundsätzlich geben kann. Überdies widerspricht es der Intention der Menschenrechte, wenn es Staaten ermöglicht wird, menschenrechtliche Verträge zu ratifizieren, sie aber nicht umzuset-

---

[1190] Zu den Hintergründen dieser Frage Riedel, Standards and Sources. Farewell to the Exclusivity of the Sources Triad in International Law?, European Journal of International Law Bd.2 (1991), S 61ff.; zu den verschiedenen Ansatzpunkten für eine Verbindlichkeit von Resolutionen der Generalversammlung der Vereinten Nationen Bleckmann, Anspruch auf Entwicklungshilfe?, Verfassung und Recht in Übersee 12 (1979), S.8ff.

[1191] Stein/ von Buttlar, Völkerrecht, S.46, Rn.133; ausführlich zu dieser Fragestellung Condorelli, General Assembly Resolutions, in Cassese/ Weiler: Change and Stability in International Law Making, S.44ff.

[1192] Frowein, Völkerrecht – Menschenrechte – Verfassungsfragen Deutschlands und Europas, S.6.

[1193] Stein/ von Buttlar, Völkerrecht, S.47 Rn.134.

[1194] Ausführlich zu dieser Problematik Frowein, Völkerrecht – Menschenrechte – Verfassungsfragen Deutschlands und Europas, S.8ff.; Stein/ von Buttlar, Völkerrecht, S.47 Rn.134. Kälin/ Künzli, Universeller Menschenrechtsschutz, S.84, verweisen auf die Rolle als *soft law*.

[1195] Vitzhum, Völkerrecht, S.72 Rn.148; Klee, Die progressive Verwirklichung wirtschaftlicher, sozialer und kultureller Menschenrechte, S.144. Kritisch zu diesem Argument Bleckmann, Anspruch auf Entwicklungshilfe?, Verfassung und Recht in Übersee 12 (1979), S.9.

zen, ohne daß es eine Möglichkeit wirkungsvoller Sanktionierung dieses Verhaltens gäbe.[1196] Dies gilt auch und vor allem für diejenigen menschenrechtlichen Verträge, die nahezu universellen Ratifikationsstatus erreicht haben. Der Ausschuß deutet diesen Gedankengang in seinem General Comment 8 an, indem er zunächst betont, daß die Vorschriften des Sozialpakts in den Paktstaaten immer Anwendung finden müssten, und dann im folgenden darauf eingeht, daß auch in Nicht-Paktstaaten die wsk Rechte von besonders verletzlichen Gruppen der Bevölkerung als Teil des allgemeinen Völkerrechts gälten.[1197] Zur Begründung beruft sich der Ausschuß auf die fast universelle Ratifikation der Kinderrechtskonvention und den Status der AEMR.[1198]

Fraglos ist, daß der Sozialpakt für seine Mitgliedstaaten rechtlich verbindlich ist und auch die aus ihm erwachsenden Verpflichtungen, nämlich die enthaltenen Rechte schrittweise zu verwirklichen, für die Mitgliedstaaten verbindliche Verpflichtungen sind. Der Gedankengang des Ausschusses, insbesondere die Anwendung des Sozialpakts auch in Nichtpaktstaaten, geht jedoch einen Schritt darüber hinaus; er deutet die internationale Verbindlichkeit unabhängig von der Ratifikation des Sozialpakts an. Dieser Schluß ist jedoch nicht unproblematisch. Zwar argumentierte schon der IGH im Nordsee-Festlandsockel-Fall, daß, je mehr Staaten einen Vertrag unterzeichnet haben, um so einfacher dafür zu argumentieren sei, daß die in ihm enthaltenen Normen Völkergewohnheitsrecht seien.[1199] Er merkt aber auch an, daß Streitigkeiten über Bedeutung und Reichweite einer Norm gegen die Annahme von Völkergewohnheitsrecht sprächen.[1200] Dies spricht gegen eine Qualifizierung der Normen des Sozialpakts als Völkergewohnheitsrecht, da ihre Umsetzung von Anfang an durch ideologische Auseinandersetzung über die Verbindlichkeit und Reichweite der Normen gekennzeichnet war, so wie auch Staaten ratifiziert haben, in denen sich die Zahl der Verstöße gegen die Menschenrechte nicht verringert hat.[1201] An dieser Stelle ist zu betonen, daß es keine Zweifel an der rechtlichen Verbindlichkeit des So-

---

[1196] Klee, Die progressive Verwirklichung wirtschaftlicher, sozialer und kultureller Menschenrechte, S.144.

[1197] General Comment 8, paras.7ff.

[1198] General Comment 8, para.8; dazu Klee, Die progressive Verwirklichung wirtschaftlicher, sozialer und kultureller Menschenrechte, S.144.

[1199] Nordsee-Festlandsockel-Fall, ICJ Reports 1969, S.3ff. (para.73), dazu Weisburd: The Effect of Treaties and the formal international acts on the customary law of human Rights, Georgia journal of international and comparative law 25 (1995/96), S.110; kritisch zur Argumentation des IGH Friedmann, The North Sea Continental Shelf Cases - A Critique, The American Journal of International Law Bd. 64 (1970) 2, S. 229ff.

[1200] Nordsee-Festlandsockel-Fall, ICJ Reports 1969, S.3ff. (para.73).

[1201] Frowein, The Final Act, the Covenants and the European Convention, in Buergenthal: Human Rights, International Law and the Helsinki Accord, S.45.

zialpakts für seine Mitgliedstaaten gibt. Vieles spricht jedoch gegen eine Qualifizierung der in ihm enthaltenen Rechte als Völkergewohnheitsrecht.

Das Recht auf einen angemessenen Lebensstandard gehört zu den weitreichendsten und am wenigsten geklärten Rechten des Sozialpakts. Zwar meint *Brownlie*, die große Mehrheit der Staaten und einflußreichen Autoren heutzutage hätten erkannt, daß fundamentale Prinzipien des Rechts auf einen angemessenen Lebensstandard Teil des Völkergewohnheitsrechts seien; er ergänzt jedoch, daß die Staaten sich nicht notwendigerweise auf bestimmte fundamentale Prinzipien einigen könnten.[1202] So spricht gegen die Qualifizierung des Rechts auf einen angemessenen Lebensstandard die daraus entstehende Rechtsunsicherheit.[1203] Bei ihrer Verletzung wären Repressalien zulässig, obwohl Umfang und Reichweite der meisten Menschenrechte, und das gelte im besonderen für wsk Menschenrechte, nicht geklärt seien. Erhebe man jedoch Normen, für die eine zwangsweise Durchsetzung nicht möglich sei, zu Völkergewohnheitsrecht, so entwerte man dieses.[1204] So stellt sich auch hier das Problem, daß selbst die Auswahl der wichtigsten Rechte immer überlagert wird von persönlicher, politischer und kultureller Voreingenommenheit.[1205] Diese Probleme stellen sich nicht nur bei wsk Menschenrechten, sondern bei Menschenrechten allgemein. Sie gewinnen aber für wsk Menschenrechte, die nicht auf eine lange Tradition der Konkretisierung durch nationale Gerichte und Akzeptanz und Umsetzung durch die Staatengemeinschaft zurückblicken können, besondere Bedeutung.

Zudem ist zu berücksichtigen, daß Staaten bei der Verabschiedung von politischen Äußerungen, die als rechtlich nicht verbindlich deklariert sind, auch davon ausgehen, daß diese tatsächlich nicht bindend sein sollen.[1206] Die Darstellung der gesamten Diskussion würde den Rahmen dieser Arbeit sprengen; es ist deshalb auf das zitierte Schrifttum zu verweisen. Festgehalten werden als für die vorliegende Arbeit relevant sollen aber folgende Gedankengänge: Die Resolutionen der Generalversammlung der Vereinten Nationen, für die eine Einordnung als Völkergewohnheitsrecht erwogen wird, beruhen auf einem allgemeinen und formlosen Konsens.[1207] Halten sich die Staaten an eine solche Resolu-

---

1202 Brownlie, Principles of Public International Law, S.537.

1203 Frowein, The Final Act, the Covenants and the European Convention, in Buergenthal: Human Rights, International Law and the Helsinki Accord, S.48.

1204 Frowein, The Final Act, the Covenants and the European Convention, in Buergenthal: Human Rights, International Law and the Helsinki Accord, S.48.

1205 Meron, On a Hierarchy of International Human Rights, The American Journal of International Law, Bd. 80 (1986) 1, S.4.

1206 Frowein, Völkerrecht – Menschenrechte – Verfassungsfragen Deutschlands und Europas, S.9; mit ähnlichen Bedenken Stein/ von Buttlar, Völkerrecht, S.47 Rn.134.

1207 Frowein, Völkerrecht – Menschenrechte – Verfassungsfragen Deutschlands und Europas, S.8 m.w.N.

tion, wird damit der Anknüpfungspunkt ihres Handelns, nämlich die Resolution, trotzdem selbst kein Völkerrecht, da ausschlaggebend das Verhalten der Staaten ist.[1208]

2. Die Frage nach der gewohnheitsrechtlichen Geltung des Kernbereichs des Rechts auf einen angemessenen Lebensstandard

Das Recht auf einen angemessenen Lebensstandard beinhaltet die Elemente, die für das Überleben notwendig sind. Dazu gehört nicht nur ausreichende Ernährung, sondern auch eine Unterbringung und Bekleidung. Eng damit verbunden ist außerdem eine grundlegende medizinische Versorgung. Bei der Besprechung des Kerns des Rechts auf einen angemessenen Lebensstandard wurde dargestellt, daß nicht nur das physische, sondern auch das konventionelle Existenzminimum umfaßt wird.[1209] Völkergewohnheitsrechtlich könnte die Sicherung des physischen Existenzminimums eine Verpflichtung der Staaten sein. Damit wäre zwar nicht der gesamte Kern, sondern nur ein Teilbereich des Kerns des Rechts auf einen angemessenen Lebensstandard erfaßt, es wäre aber für die rechtliche Verbindlichkeit und Anerkennung des Rechts auf einen angemessenen Lebensstandard trotzdem ein nicht zu unterschätzender Gewinn.

a) Überlebenshilfe im nationalen Rahmen

Das Recht auf die Schaffung von Voraussetzungen, die ein Überleben erst ermöglichen, ist das elementarste menschliche Recht überhaupt. Ist ein Überleben nicht möglich, so ist auch die Verwirklichung von Menschenrechten schon begrifflich nicht möglich. Zudem ist der Tod von Menschen, der durch die Verweigerung der Befriedigung der elementarsten Bedürfnisse verursacht wird, mit der Würde des Menschen, die allen Menschenrechten zugrunde liegt, nicht vereinbar.

Es besteht in der Literatur weitgehende Einigkeit darüber, daß den elementaren Rechten der Allgemeinen Erklärung der Menschenrechte gewohnheitsrecht-

---

[1208] Simma, Die UN und die Fortentwicklung des Völkerrechts, S.96; Alston/ Simma, Sources of Human Rights Law, Australian Year Book of International Law 12 (1988/89), S.90; ähnlich Akehurst: *There is a possibility [...] that such a resolution will influence the future development of customary law.*: Akehurst, Custom as a source of international law, The British Year Book of International Law 74 (1974-1957), S.7; Doehring, Völkerrecht, S.136f., Rn.308f.; Malanczuk, Akehurst's Modern Introduction to International Law, S.53.

[1209] Siehe Kapitel 2 III 4).

liche Geltung zugesprochen werden kann.[1210] Folglich besteht eine gewohnheitsrechtliche Verpflichtung der Staaten dahingehend, das Überleben ihrer Einwohner zu sichern.

Der Kern des Rechts auf einen angemessenen Lebensstandard geht über die Sicherung des Überlebens hinaus. Das Recht auf einen angemessenen Lebensstandard ist nicht nur auf die Sicherung des Überlebens gerichtet, sondern darauf, es Menschen zu gestatten, in einer Umgebung und unter Bedingungen zu leben, die es ihnen ermöglichen, unter Bewahrung ihrer Würde am sozialen Leben teilzunehmen und ihre Rechte selbständig zu verwirklichen.[1211] Und so umfaßt der Kern des Rechts auf einen angemessenen Lebensstandard die Verpflichtung der Mitgliedstaaten, Voraussetzungen zu schaffen, die ein Mindestmaß an sozialer Integration ermöglichen und eine Mindestgrundlage zu schaffen, die die Berechtigten in die Lage versetzt, sich selbständig um die Verwirklichung der ihnen aus Art. 11 IPWSKR erwachsenden Rechte zu bemühen.[1212]

Damit geht der Kern des Rechts auf einen angemessenen Lebensstandard über die völkergewohnheitsrechtlich gesicherten elementaren Rechte hinaus. Völkergewohnheitsrechtlich gesichert ist das physische Existenzminimum, das einen Teil des Kerns des Rechts auf einen angemessenen Lebensstandard ausmacht, nicht aber der gesamte Kernbereich des Rechts.[1213]

[1210] Weil, Towards Relative Normativity in International Law?, in The American Journal of International Law, Bd. 77 (1983) 3, S.417; Riedel, Der internationale Menschenrechtsschutz. Eine Einleitung, in Bundeszentrale für politische Bildung: Menschenrechte: Dokumente und Deklarationen, S.15, derselbe mit ausführlicher Begründung, Universeller Menschenrechtsschutz – Vom Anspruch zur Durchsetzung, in Baum/ Riedel/ Schäfer: Menschenrechtsschutz in der Praxis der Vereinten Nationen, S.30, und Söllner, Die Freiwilligen Leitlinien zum Recht auf Ernährung: Bekenntnis zum Menschenrechtsansatz, Entwicklung & ländlicher Raum 1/ 2006, S.11; Buergenthal: International Human Rights, S.39; Shaw, International Law, S.260; Malanczuk: Akehurst's Modern Introduction to International Law, S.213; Ipsen: Völkerrecht, S.786 Rn.36, Kälin/ Künzli, Universeller Menschenrechtsschutz, S.76; Stern, Zur Universalität der Menschenrechte, in: Ruland: Verfassung, Theorie und Praxis des Sozialstaats, S.1068, jeweils mit weiteren Nachweisen. Dem schloß sich auch das deutsche Bundesverfassungsgericht an in BverfG 46, 342 (362).

[1211] Siehe Kapitel 1 V 5).

[1212] Siehe Kapitel 2 III 4).

[1213] So für das Recht auf Ernährung als Teil des Rechts auf einen angemessenen Lebensstandard Breining-Kaufmann, Hunger als Rechtsproblem, S.164; ebenso lehnt die völkergewohnheitsrechtliche Geltung des Rechts auf Ernährung ab Reimann, Ernährungssicherung im Völkerrecht, S.143f.

b) Überlebenshilfe im internationalen Rahmen

Reimann hat festgestellt, daß speziell in Notsituationen und Katastrophenfällen ein extern wirkendes Recht auf Ernährung im Sinne eines Minimalstandards am Beginn einer gewohnheitsrechtlichen Etablierung steht. Er bezeichnet es als „Recht auf Ernährungsassistenz.[1214] Das Recht auf einen angemessenen Lebensstandard ist grundsätzlich ein Recht der Einwohner eines Staates gegen die Regierung ihres Staates.[1215] Doch gewinnen in einer globalisierten Welt grenzüberschreitende Maßnahmen und insbesondere Hilfeleistungen für Staaten, die das Überleben ihrer Einwohner nicht sichern (können), an Bedeutung. Angesprochen werden soll deshalb an dieser Stelle die Frage nach der völkerrechtlichen Verbindlichkeit der Sicherung des Überlebens der Bevölkerung von anderen Staaten.

(1) Staatenpraxis

Für das Element der Staatenpraxis beschreibt *Reimann* einen Trend zu internationaler Krisenhilfe seit Anfang der 90er Jahre.[1216] Als Beispiele für Krisenhilfe in Notfällen sind Nordkorea[1217], Angola, Bosnien-Herzegowina, Eritrea und weitere Staaten zu nennen,[1218] ebenso wie die Notfallhilfe für die Staaten, die von dem Tsunami des Jahres 2004 betroffen waren. Es wäre aber zu eng, die Staatenpraxis auf reine Nahrungsmittelhilfe zu beschränken. Die konkreten Hilfsmaßnahmen der Staatengemeinschaft zeigen, daß die Staatenpraxis über reine Ernährungsassistenz hinausgeht. Am Beispiel der durch die Bundesrepublik Deutschland geleistete Soforthilfe in Katastrophenfällen zeigt sich, daß die Soforthilfe außer der Versorgung mit Nahrungsmitteln auch die Versorgung mit Trinkwasser, Notunterkünften und notmedizinischer Betreuung umfaßt, gegebenenfalls auch Hilfe für den (Wieder-)Aufbau von Schulen, Krankenhäusern, Transportwegen sowie die Vergabe von Mikrokrediten.[1219]

[1214] Reimann, Ernährungssicherung im Völkerrecht, S.145f.

[1215] Siehe zu internationalen Verpflichtungen aus dem Sozialpakt Kapitel 3 I 6 b).

[1216] Reimann, Ernährungssicherung im Völkerrecht, S.145 mit weiteren Nachweisen.

[1217] Aaltola, Emergency food aid as a means of political persuasion in the North Korean famine, Third World Quarterly 20 (1999) 2, S.371ff.

[1218] Reimann, Ernährungssicherung im Völkerrecht, S.145.

[1219] Die Bundesregierung listete für das Jahr 2006 folgende Soforthilfemaßnahmen auf (Auszug): 2 Millionen Euro für Flüchtlinge im Libanon (bewaffneter Konflikt mit Israel) für Nahrung, Medikamente, Waren des täglichen Bedarfs; 50.000 Euro und Aufbau der Trinkwasserversorgung durch die GTZ für die Philippinen (Erdrutsch); 1 Millionen Euro für Erdbebenopfer auf der Insel Java für Zelte, notmedizinische Betreuung und mobile Wasserversorgung; Bereitstellung von insgesamt 247 Millionen Euro für Opfer des bewaffneten Konflikts zwischen der Übergangsregierung und islamistischen Rebellen in Somalia für die Versorgung von

(2) opinio iuris

Problematisch ist die Feststellung der *opinio iuris* der Staaten, da die Soforthilfe immer unter dem Vorbehalt ausreichender Finanzierung steht.[1220] So spricht einiges dafür, daß die Staatengemeinschaft die Hilfe in Notfällen befürwortet, ohne jedoch von ihrer Rechtsverbindlichkeit überzeugt zu sein.[1221] Für das Fehlen einer *opinio iuris* im Sinne des Völkerrechts spricht weiterhin, daß nur für einen Bruchteil der Menschen, die Soforthilfe benötigen, diese auch geleistet wird. Die Tsunami-Katastrophe im Jahr 2004 hat gezeigt, daß die Staatengemeinschaft in öffentlichkeitswirksamen Fällen großzügige Hilfe leistet. Gleichzeitig wiesen Nichtregierungsorganisationen darauf hin, daß in vielen weiteren Ländern Soforthilfe notwendig sei und eine reine Umverteilung der Mittel zwangsläufig dazu führe, daß lebensnotwendige Finanzmittel fehlten.[1222] Hier kann nicht davon ausgegangen werden, daß sich die Staaten rechtlich verpflichtet fühlen, Hilfe zu leisten.

Eine Rechtsüberzeugung der Staaten weltweit, daß in Katastrophenfällen der Bevölkerung anderer Staaten Soforthilfe zu leisten ist, um das Überleben der Bevölkerung zu sichern, kann deshalb nicht festgestellt werden. Nicht bestritten werden soll, daß von Seiten der Staaten eine moralische Verpflichtung gefühlt wird, in solchen Fällen Hilfe zu leisten.[1223] Bejaht werden kann auch, daß ein solches Recht am Beginn einer gewohnheitsrechtlichen Etablierung steht.[1224] Gegen eine als rechtlich bindend angesehene Verpflichtung spricht jedoch zu viel, um sie nur aus Absichtserklärungen und politischen Dokumenten folgern zu können.

Flüchtlingen auch in Nachbarstaaten, die Ausstattung von Krankenhäusern etc.; mehr als 5,7 Millionen Euro für Erdbebenopfer in Pakistan für Unterkünfte, Nahrung und Transportmittel. Quelle: www.bundesregierung.de.

1220 Reimann, Ernährungssicherung im Völkerrecht, S.146.

1221 Reimann, Ernährungssicherung im Völkerrecht, S.146.

1222 Siehe die Länderberichte auf www.aerzte-ohne-grenzen.de; ähnliche Zusammenstellungen finden sich auf den Seiten der meisten NGOs wie FIAN etc.

1223 So auch Klee, Die progressive Verwirklichung wirtschaftlicher, sozialer und kultureller Rechte, S. 154.

1224 Ebenso Reimann, Ernährungssicherung im Völkerrecht, S.145f.; Klee, Die progressive Verwirklichung wirtschaftlicher, sozialer und kultureller Rechte, S. 154; Breining-Kaufmann, Hunger als Rechtsproblem, S.168; für Entwicklungszusammenarbeit Scharpenack, Das „Recht auf Entwicklung“, S.182; weitergehend Riedel, Menschenrechte der dritten Dimension, EuGRZ 1989, S.18: „Ansätze einer solchen Solidarverpflichtung finden sich jedoch in der kaum bestreitbabaren Staatenverpflichtung zur Hilfeleistung bei Naturkatastrophen, die gewohnheitsrechtlich wohl schon über rein freiwillige Hilfsbereitschaft hinausreicht.“

III. Das Recht auf einen angemessenen Lebensstandard als allgemeiner Rechtsgrundsatz

Allgemeine Rechtsgrundsätze im völkerrechtlichen Sinn sind Regelungen, die in den nationalen Rechtssystemen von grundlegender Bedeutung sind und aufgrund ihres Regelungsbereiches auf die zwischenstaatlichen Beziehungen übertragen werden können.[1225] Sie sind auch ohne zwischenstaatliche Übung anwendbar, müssen dann allerdings einen anderen rechtlichen Ausdruck gefunden haben, z.B. in staatlichen Gesetzen.[1226] Sie lassen sich in drei große Kategorien einteilen, namentlich Prinzipien zur Interpretation von rechtlichen Beziehungen, Minimumstandards der prozeduralen Fairness und Prinzipien des Rechts, die in den großen Rechtsordnungen der Welt anerkannt sind.[1227] Allgemeine Rechtsgrundsätze, die durch einen Vergleich der wichtigsten Privatrechtsordnungen ermittelt wurden, sind zum Beispiel die Schadensersatzpflicht bei Vertragsverletzungen, die Prinzipien der Erstattung ungerechtfertigter Bereicherung, der Verjährung und der Verwirkung sowie das Prinzip von Treu und Glauben.[1228] Sie werden zumeist im Wege der Rechtsvergleichung ermittelt.[1229]

Allgemeine Rechtsgrundsätze werden vornehmlich zur Lückenfüllung und als Interpretations- und Auslegungshilfe herangezogen; sie sind subsidiär zu völkerrechtlichen Verträgen und Völkergewohnheitsrecht.[1230]

[1225] Stein/ von Buttlar, Völkerrecht, S.57 Rn.161; Doehring, Völkerrecht, S.179 Rn.409; ausführlich dazu Weiss, Allgemeine Rechtsgrundsätze des Völkerrechts, Archiv des Völkerrechts Bd.39 (2001), S.394ff.; Hulsroj, Three Sources – No River, Zeitschrift für Öffentliches Recht 54 (1999), S.219ff. (244ff.) und Degan, General Principles of Law, The Finnish yearbook of international law Bd. 3 (1992), S.1ff.

[1226] Stein/ von Buttlar, Völkerrecht, S.57 Rn.161.

[1227] Friedmann, Uses of "General Principles" in the Development of International Law, The American Journal of International Law, Bd. 57 (1963) 2, S.287.

[1228] Aufzählung bei Stein/ von Buttlar, Völkerrecht, S.58 Rn.162f., ähnlich bei Brownlie, Principles of Public International Law, S.18, Mosler, General Principles of Law, in EPIL Bd.2, S.519ff.

[1229] Doehring, Völkerrecht, S.181 Rn.412; Schlesinger, Research on the General Principles of Law Recognized by Civilized Nations, The American Journal of International Law, Bd. 51 (1957) 4, S.734ff.; Mosler, General Principles of Law, in EPIL Bd.II, S.517; Vitzhum, Völkerrecht, S.70 Rn.143; Stein/ von Buttlar, Völkerrecht, S.57 Rn.161. Ein naturrechtlicher Ansatz sieht als allgemeine Rechtsgrundsätze solche Prinzipien an, die sich aus Naturrecht ableiten, insbesondere das Prinzip der Gleichheit und Gerechtigkeit. Näher zu dieser Auffassung Scharpenack, Das „Recht auf Entwicklung", S.186ff.

[1230] Bernhardt, EPIL Bd.I: „Customary Law"; Stein/ von Buttlar, Völkerrecht, S.58 Rn.166; Schlesinger, Research on the General Principles of Law Recognized by Civilized Nations, The American Journal of International Law, Bd. 51 (1957) 4, S.735; Doehringer: Völkerrecht,

Ein Gebot, den Lebensstandard im nationalen oder internationalen Rahmen zu sichern, kann im Rahmen eines Rechtsvergleichs nicht gefunden werden. Obwohl die Verfassungen vieler Länder sozialstaatliche Regelungen enthalten, besteht auf nationaler Ebene kaum Konsens, wie daraus ein unmittelbarer Leistungsanspruch der Bürger auf die Gewährung des Existenzminimums abgeleitet werden kann.[1231] Noch viel weniger kann eine Pflicht zur Gewährung des Existenzminimums für Einwohner anderer Staaten gefolgert werden.[1232] Wenn noch nicht einmal dieses grundlegende Menschenrecht als allgemeiner Rechtsgrundsatz gilt, dann kann erst recht nicht das viel weiter reichende Recht auf einen angemessenen Lebensstandard ein allgemeiner Rechtsgrundsatz sein.

Mosler nennt das Respektieren von grundlegenden Menschenrechten als einen allgemeinen Rechtsgrundsatz.[1233] Er führt auch aus, welche Verpflichtungen dieser Respekt beinhaltet: Jedes Rechtssystem muß Prinzipien, die aus der Menschenwürde abgeleitet werden, schützen.[1234] Auch hieraus lässt sich keine Verpflichtung auf die Gewährung von Hilfe in Katastrophenfällen ableiten.

Weder das Recht auf einen angemessenen Lebensstandard noch das Recht auf das physische Existenzminimum sind deshalb als allgemeine Rechtsgrundsätze für alle Staaten völkerrechtlich verbindlich. Es bleibt bei der Verpflichtung der Mitgliedstaaten des Sozialpakts aus Art. 11 (1) IPWSKR.

S.182 Rn.414ff.; Vitzhum, Völkerrecht, S.69 Rn.142; Stein/ von Buttlar, Völkerrecht, S.58 Rn.165.

[1231] Scharpenack, Das „Recht auf Entwicklung“, S.197. Eine Auflistung der Verfassungen, die ein Recht auf Ernährung enthalten und denen, die kein Recht auf Ernährung enthalten, findet sich in FAO: The Right to Food in Theory and Practice, S.42f. In Deutschland folgt ein subjektiv-öffentliches Recht auf die Gewährleistung menschenwürdiger Existenzbedingungen aus Art. 1 (1) GG, der die Garantie der Unantastbarkeit der Menschenwürde enthält: siehe statt vieler Maunz/ Dürig, Kommentar zum Grundgesetz Band 1, Art. 1 Rn.114 oder Bonner Kommentar zum Grundgesetz, Band 1, Art. 1 Abs. 1 u.2, Rn.102.

[1232] So auch Scharpenack, Das „Recht auf Entwicklung“, S.198.

[1233] Mosler, General Principles of Law, in EPIL Bd.2, S.525.

[1234] Mosler, General Principles of Law, in EPIL Bd.2, S.525.

IV. Schlußfolgerung: Das Recht auf einen angemessenen Lebensstandard – mehr als die Summe seiner Bestandteile

Ein angemessener Lebensstandard ist gegeben, wenn Individuen in einer Umgebung und unter Bedingungen leben, die es ihnen ermöglichen, unter Bewahrung ihrer Würde am sozialen Leben teilzunehmen und ihre Rechte selbständig zu verwirklichen. Bestandteile des Rechts auf einen angemessenen Lebensstandard sind die Rechte auf ausreichende Ernährung, Wasser, Bekleidung, Unterbringung und Energie.

1. Das Problem der Vieldimensionalität des Rechts auf einen angemessenen Lebensstandard

Lebensstandard ist ein vieldimensionaler Begriff, der allein durch die in Art. 11 (1) IPWSKR genannten Bestandteile sowie die erläuterten Ergänzungen Wasser und Energie nicht erschöpft wird. Unzählige Faktoren sind zu berücksichtigen, wenn ein angemessener Lebensstandard für die Bevölkerung der Mitgliedstaaten geschaffen werden soll. Es ist mit Sicherheit zu sagen, daß ohne Nahrung, Unterbringung, Bekleidung, Wasser und Energie kein angemessener Lebensstandard zu erreichen ist; es ist aber keine zwingende Schlußfolgerung, daß bei Vorhandensein dieser Komponenten ein angemessener Lebensstandard vorliegt.

Die Folgen eines nicht angemessenen Lebensstandards treten in den verschiedensten Gestalten auf, und naheliegender, als das Vorliegen einer Verletzung des Rechts auf einen angemessenen Lebensstandard darzulegen und zu begründen, ist es, auf die Verletzung eines der anderen Rechte des Sozialpakts abzustellen. Wenn Menschen unter Bedingungen und in einer Umwelt leben, die es ihnen verwehren, unter Bewahrung ihrer Würde am sozialen Leben teilzunehmen und ihre Rechte selbständig zu verwirklichen, so ist es ein einfacherer Weg, Verletzungen des Rechts auf Ernährung, Unterbringung, Gesundheit oder Bildung festzustellen, als mit dem Begriff des angemessenen Lebensstandards zu operieren.

2. Anwendbarkeit des Rechts auf einen angemessenen Lebensstandard

a) Kein Recht wie die anderen

Das Recht auf einen angemessenen Lebensstandard ist mehr als ein bloßer Oberbegriff für Ernährung, Wasser, Bekleidung, Unterbringung und Energie. Doch kann der normative Gehalt dieses Rechts mit den zur Konkretisierung von wsk Rechten zur Verfügung stehenden Mitteln nicht erfaßt werden. Die Ausarbeitung von Achtungs-, Schutz- und Erfüllungspflichten gibt zwar Anhaltspunkte für die aus dem Recht auf einen angemessenen Lebensstandard erwachsenden Verpflichtungen, diese sind jedoch zu unbestimmt, um den Staaten konkrete Vorgaben zur Verwirklichung des Rechts zu machen.

Auch die Anwendung der „ilities“ auf das Recht auf einen angemessenen Lebensstandard führt nicht zu besseren Ergebnissen. Ein angemessener Lebensstandard muß verfügbar, zugänglich und von ausreichender Qualität sein. Das Kriterium der Qualität führt sich selbst ad absurdum, und auch die physische Zugänglichkeit läßt sich auf den angemessenen Lebensstandard nicht anwenden.

Das Recht auf einen angemessenen Lebensstandard soll also mehr sein als die Summe seiner Einzelteile, ohne daß klar ist, wie viel mehr und worin dieses „mehr“ bestehen könnte; es soll auch davon abhängen, um welchen Mitgliedstaat es sich handelt.[1235] Damit ist, anders als bei den Elementen des Rechts, nicht nur die Ausführung des Rechts in unterschiedlichen Mitgliedstaaten ungeklärt, sondern auch der Begriff selbst.

Die Methoden, mit denen eine Konkretisierung und Inhaltsbestimmung der Rechte des Sozialpakts und insbesondere der Bestandteile des Rechts auf einen angemessenen Lebensstandard sowohl in General Comments durch den Ausschuß als auch in der Literatur gelungen ist, sind auf das Recht auf einen angemessenen Lebensstandard nicht mit dem gewünschten Erfolg anwendbar.

b) Ein eigener Anwendungsbereich für das Recht auf einen angemessenen Lebensstandard

Zu der Frage, ob das Recht auf einen angemessenen Lebensstandard ein Recht unter vielen ist oder eine Sonderstellung innehat, werden wenige Stellungnahmen abgegeben.

So wird von *Eide* festgestellt, daß man dieses Recht nicht wie andere Rechte behandeln könne, da zu viele Einzelelemente in ihm enthalten seien.[1236] Dies wurde schon während der *Travaux Préparatoires* festgestellt und deshalb vorgeschlagen, daß das Recht auf einen angemessenen Lebensstandard in einem separaten Artikel stehen solle, um seine Wichtigkeit zu betonen.[1237] Auch wurde erkannt, daß der Begriff des „Lebensstandards“ rechtlich nicht zu definieren sei.[1238] Trotzdem wurde seine Bedeutung als Menschenrecht betont, da es den

---

[1235] Eide, The Right to an Adequate Standard of Living including the Right to Food, in Eide/ Krause/ Rosas: Economic, Social and Cultural Rights, S.133.

[1236] Eide, The Right to an Adequate Standard of Living including the Right to Food, in Eide/ Krause/ Rosas: Economic, Social and Cultural Rights, S.133.

[1237] A/C.3/SR.739, S.295 para.32 (Tsao, China).

[1238] A/C.3/SR.739, S.293 para.4 (Baroody, Saudi-Arabien).

wirtschaftlichen und sozialen Fortschritt stimulieren werde und den Staaten deutlich machen werde, daß die Anhebung des Lebensstandards eine ihrer vordringlichen Aufgaben sei.[1239]

Darüber hinaus waren sich die Eltern des Sozialpakts bewußt, daß das Recht auf einen angemessenen Lebensstandard so grundlegend und weitreichend ist, daß alle anderen Rechte als Aspekte von ihm oder als seine Anwendung auf bestimmte Kategorien von Personen gesehen werden können;[1240] viele andere Menschenrechte blieben ohne dieses grundlegende Recht tote Buchstaben.[1241] Es beschäftigt sich mit Angelegenheiten, die unmittelbarer über Leben und Tod entscheiden, als es die Rechte der anderen Artikel tun.[1242] Deutlich drückte es der italienische Vertreter aus: Das Recht auf einen angemessenen Lebensstandard habe die Kraft eines Grundsatzes, der als solcher die Staaten binde, aber keine individuellen Rechte eines Individuums begründe.[1243] Einige Staatenvertreter zogen daraus die naheliegende Konsequenz, das Recht auf einen angemessenen Lebensstandard als Generalklausel vor die übrigen Rechte des Sozialpakts zu stellen.[1244] Dies könne auch bei der Lösung des Problems helfen, daß eine Auswahl getroffen werden müsse, da nicht alle wsk Rechte in den Sozialpakt aufgenommen werden könnten, weshalb die Notwendigkeit gegeben sei, einen umfassenden Artikel aufzunehmen.[1245] Dieser Vorschlag wurde nicht weiter verfolgt, da die endgültige Reihenfolge der Artikel später entschieden werden sollte.[1246] Dies ist jedoch nicht geschehen.[1247]

Es wurde schon während der Erstellung des Art. 11 IPWSKR angemerkt, daß sich die Vorstellung davon, was ein angemessener Lebensstandard sei, ständig weiterentwickele.[1248] Auch dies spricht für die Interpretation als Generalklausel, mit Hilfe derer es möglich ist, neue Entwicklungen zu erfassen und bei der Interpretation der übrigen Rechte des Sozialpakts zu berücksichtigen. Zudem enthält es in seinem Satz 2, erster Halbsatz eine eigene Implementierungsklausel,

---

[1239] A/C.3/SR.739, S.294 para.21 (Diaz Casanueva, Chile).

[1240] A/C.3/SR.742, S.304, para.18 (Eustathiades, Grichenland), ähnlich auch auf S.305, para.24 (Montero, Chile) und in E/CN.4/SR.222, S.19 (Morosov, UDSSR): "[…]La notion générale du niveau de vie, d'où procèdent les droits économiques, sociaux et culturels[…]. »

[1241] A/C.3/SR.743, S.310, para.10 (Radic, Jugoslawien).

[1242] A/C.3/SR.742, S.306, para.39 (Tsuruoka, Japan).

[1243] A/C.3/SR.743, S.309, para.1.

[1244] E/CN.4/SR.222, S.22 (Cassin, Frankreich); E/CN.4/SR.223, S.5 (Valenzuela, Chile).

[1245] E/CN.4/SR.222, S.22 (Cassin, Frankreich).

[1246] E/CN.4/SR.223, S.5f. (Vorsitzender Malik, Libanon).

[1247] Craven, The International Covenant on Economic, Social and Cultural Rights, S.292.

[1248] A/C.3/SR.743, S.310, para.16 (Hamilton, Australien).

was es von den übrigen Rechten des Sozialpakts abgrenzt.[1249] In der Gesamtschau fügen sich die Besonderheiten des Rechts auf einen angemessenen Lebensstandard zu einem sinnvollen Ganzen, wenn man es nicht als ein Recht unter vielen betrachtet, sondern als ein die Rechte des Sozialpakts überlagerndes Prinzip.

Craven ist der Ansicht, daß es besser gewesen wäre, anstatt des Rechts auf einen angemessenen Lebensstandard nur seine Bestandteile aufzuzählen.[1250] Dem kann hier nicht zugestimmt werden, wohl aber dem Alternativvorschlag von *Craven*, das Recht auf einen angemessenen Lebensstandard als allgemeines Prinzip zu nutzen.[1251] Außerdem wurde schon festgestellt, daß der Kernbereich des Art. 11 IPWSKR das Existenzminimum schützt.[1252] Dieser Aspekt muß bei der Bestimmung der Funktion des Rechts auf einen angemessenen Lebensstandard berücksichtigt werden: Er kann dazu dienen, die Grundbedürfnisse des Individuums zu behandeln, die nicht an anderer Stelle erfasst werden.[1253] Jedoch sollte auch das konventionelle Existenzminimum berücksichtigt und in den Staatenberichten aufgegriffen werden.

c) Ergebnis

Festzuhalten bleibt, daß das Recht auf einen angemessenen Lebensstandard als Strukturprinzip eine sinnvolle Funktion innerhalb des Sozialpakts erfüllen kann, anstatt weiterhin im Schatten seiner Bestandteile zu stehen. Schon jetzt dient es als Aufhänger für wichtige Fragen, die im Sozialpakt nicht ausdrücklich Erwähnung finden, wie die der Bekämpfung von Armut in den Mitgliedstaaten.[1254] Ebenso sollte es sowohl bei der Interpretation der übrigen Rechte als auch bei ihrer Verwirklichung Berücksichtigung finden. Die Verwirklichung eines wsk Menschenrechts dient dann den Zielen des Sozialpakts, wenn es auch den Lebensstandard der Einwohner der Mitgliedstaaten erhöht. So kann das Recht auf einen angemessenen Lebensstandard auf der einen Seite als Grundlage für die unmittelbare Verpflichtung der Mitgliedstaaten dienen, das Existenzminimum zu sichern, auf der anderen Seite kann es als Generalklausel helfen, die Integra-

---

[1249] Siehe dazu ausführlich unter Kapitel 3 I 6 b).

[1250] Craven, The International Covenant on Economic, Social and Cultural Rights, S.293.

[1251] Craven, The International Covenant on Economic, Social and Cultural Rights, S.293.

[1252] Siehe 2. Kapitel III 4.

[1253] Craven, The International Covenant on Economic, Social and Cultural Rights, S.305, 349; ähnlich Eide, der anmerkt, in der Formulierung der Rechte auf Ernährung, Bekleidung und Unterbringung des Art. 11 (1) IPWSKR liege die Anerkennung des Rechts auf die Befriedigung von Grundbedürfnissen. Eide, Kommentierung zu Art. 25, in Eide/ Alfredsson, The Universal Declaration of Human Rights: A Commentary, S.394.

[1254] Siehe dazu die Nachweise im 1.Kapitel V 3 d) (1).

tion von neuen Entwicklungen und Erkenntnissen zu ermöglichen sowie bei der Umsetzung der Rechte als Leitlinie zu dienen.

Das Prinzip der progressiven Verwirklichung der Rechte des Sozialpakts wurde in Art. 2 (1) IPWSKR den übrigen Rechten des Sozialpakts vorangestellt. Analog sollte das Recht auf einen angemessenen Lebensstandard als umfassendes Recht die Aufzählung der einzelnen Rechte einleiten.

3. Ausblick

Der erfolgversprechendste Weg, das Recht auf einen angemessenen Lebensstandard handhabbar zu machen und seine untergeordnete Rolle im Vergleich mit anderen Rechten des Sozialpakts, insbesondere denen auf ausreichende Ernährung und Unterbringung, zu beenden, ist es, den Weg weiterzuverfolgen, der schon in den Travaux Préparatoires gegangen wurde, nämlich weitere Bestandteile eines angemessenen Lebensstandards zu erarbeiten und sich dem Konzept des Lebensstandards auf diese Weise zu nähern. Den Anfang sollte das Recht auf Energie machen.

Nicht jeder Bestandteil des Rechts auf einen angemessenen Lebensstandard muß dabei ein eigenes Menschenrecht sein. Eine solche Vorgehensweise würde mit Recht den bei der Diskussion des Rechts auf Energie vorgetragenen Bedenken begegnen. Das Recht auf einen angemessenen Lebensstandard sollte außerdem bei der Interpretation der anderen Rechte und der Erarbeitung der aus ihnen für die Mitgliedstaaten erwachsenden Verpflichtungen berücksichtigt werden. Ein größeres Augenmerk sollte auch der Sicherung des Existenzminimums in den Mitgliedstaaten, also der Kernverpflichtung des Rechts auf einen angemessenen Lebensstandard, geschenkt werden.

Zweifellos muß das Recht auf einen angemessenen Lebensstandard mehr Beachtung erfahren. Es ist das Kernstück des Sozialpakts und als seine Zentralnorm darüber hinaus für die Umsetzung aller Menschenrechte notwendige Bedingung.[1255] Durch seine Verwirklichung käme die Welt dem Ideal näher, das in der Präambel der Allgemeinen Erklärung der Menschenrechte festgehalten ist:[1256] Die Anerkennung der allen Mitgliedern der menschlichen Familie innewohnenden Würde und ihrer gleichen und unveräußerlichen Rechte, die die Grundlage der Freiheit, der Gerechtigkeit und des Friedens in der Welt bildet.

[1255] Engels: Verbesserter Menschenrechtsschutz durch Individualbeschwerdeverfahren, S.119; ähnlich in den *Travaux Préparatoires* Eustathiacles (Griechenland), A/C.3/SR.742, para.18, der vertrat, daß alle anderen Rechte des Sozialpakts nur besondere Aspekte von Art. 11 (1) seien.

[1256] Präambel der Allgemeinen Erklärung der Menschenrechte.

Literaturverzeichnis

Aaltola, Mika: Emergency food aid as a means of political persuasion in the North Korean famine, in Third World Quarterly Bd.20 (1999) 2, S. 371ff.

Akehurst, Michael: Custom as a source of international law, in The British Year Book of International Law Bd.74 (1974-1957), S.1ff.

Akert, Konrad: Neurobiologische Fragmente zum Thema „Lebensqualität", in Chopard, Théo (Hrsg.): Lebensqualität – Qualité de la viel – La qualità della vita (Jahrbuch der neuen helvetischen Gesellschaft – Annuaire de la nouvelle société helvétique – annuario della nuova società elvetica), 46. Jahrgang, Verlag Rüegger, Bern 1975, S. 31ff.

Ali, Shaheen Sardar: Gender and Human Rights in Islam and International Law. Equal Before Allah, Unequal Before Man?, Verlag Kluwer Law International, The Hague London Boston 2000.

Allamby, Les: Economic, Social and Cultural Rights, in Northern Ireland Legal Quarterly Bd.52 (2001), S. 335ff.

Alston, Philip: Human Rights and Basic Needs: A Critical Assessment, in Revue des droits de l'homme – Human Rights Journal Bd. XII – 1-2 (1979), S. 19ff.

derselbe: Conjuring up New Human Rights: A Proposal for Quality Control, in American Journal of International Law Bd.78 (1984), S. 607.

derselbe: Out of the Abyss: The Challenges confronting the new UN Comittee on Economic, Social and Cultural Rights, in Human Rights Quarterly Bd.9 (1987), S. 332ff.

derselbe: Sources of Human Rights Law, Australian Year Book of International Law Bd.12 (1988/89), S.82ff.

derselbe: The Purposes of Reporting, in: United Nations Centre for Human Rights/ United Nations Instutute for Training and Research: Manual on Human Rights Reporting, United Nations, New York 1991, S.13ff.

derselbe: The Best Interests Principle: Towards a Reconciliation of Culture and Human Rights, in: Alston, Philip (Hrsg.): The Best Interests of the Child: Reconciling Culture and Human Rights, Oxford University Press, Oxford *et al.* 1994, S. 1ff.

derselbe: The Committee on Economic, Social and Cultural Rights, in: Alston, Philip: The United Nations and Human Rights – A critical appraisal, Clarendon Press, Oxford 1995, S. 476ff.

derselbe: Opinion: The U.S. and the right to housing – A funny thing that happened on the way to the forum, in European Human Rights Law Review Bd.1 (1996), S. 120ff.

derselbe: Chapter 6: Economic and Social Rights, in: Henkin, Louis/ Hargrove, John Lawrence (Hrsg.): Human Rights: An Agenda for the Next Century, American Society of International Law, Washington D.C. 1994, S. 137ff.

Amtmann, Juliane: Mode und Moral – Ästhetik und soziale Normen der bürgerlichen Gesellschaft im Spiegel der literarischen Darstellung der Kleidermode des 19. Jahrhunderts, Verlag Dr. Kovac, Hamburg 1993.

Andreassen, Bård-Anders/ Smith, Alan G./ Stokke, Hugo: Compliance with Economic and Social Human Rights – Realistic Evaluations and Monitoring in the Light of Immediate Obligations, in: Eide, Asbjørn/ Hagtvet, Bernt (Hrsg.), Human Rights in Perspektive, Basil Blackwell, Oxford 1992, S. 252 – 267.

Andreassen, Bård-Anders/ Skalnes, Tor/ Smith, Alan/ Stokke, Hugo: Assessing Human Rights Performance in Developing Countries: the Case for a Minimum Threshold Approach, in: Andreassen, Bård-Anders / Eide, Asbjørn (Hrsg.): Human Rights in Developing Countries, Jahrbuch 1987/88, Akademisk Forlag, Kopenhagen 1988, S. 333ff.

Andreassen, Bård-Anders: Development, Capabilities, Rights: What is new about the Right to Development and a Rights Approach to Development?, in: Bergsmo, Morten (Hrsg.): Human Rights and Criminal Justice for the Downtrodden, Verlag Nijhoff, Leiden Boston 2003, S. 211ff.

Arambulo, Kitty: Strengthening the Supervision of the International Covenant on Economic, Social and Cultural Rights: Theoretical and Procedural Aspects, Verlag Intersentia, Antwerpen Groningen Oxford 1999.

Atteslander, Peter: Vorstellungen über Lebensqualität als Funktion sozialer Strukturen und sozialen Wandels, in: Chopard, Théo (Hrsg.): Lebensqualität – Qualité de la viel – La qualità della vita (Jahrbuch der neuen helvetischen Gesellschaft – Annuaire de la nouvelle société helvétique – annuario della nuova società elvetica), 46. Jahrgang, Verlag Rüegger, Bern 1975, S. 46ff.

Bader, Claudia: Die einmaligen Leistungen zur Hilfe zum Lebensunterhalt nach dem Bundessozialhilfegesetz, Dissertation, Bochum 1998.

Bair, Johann: The International Covenant on Civil and Political Rights and its (First) Optional Protocol. A Short Commentary Based on Views, General Comments and Concluding Observations by the Human Rights Committee, Verlag Peter Lang, Frankfurt a.M *et al.* 2005.

Baron, Robert A./ Byrne, Donn: Social Psychology: understanding human interaction, 7. Auflage, Verlag Allyn and Bacon, Boston *et al.* 1994.

Bartlett, Richard H.: Aboriginal Water Rights in Canada: A Study of Aboriginal Title to Water and Indian Water Rights, Saskatoon (Canadian Institute of Resources Law) 1988.

Bartram, Jamie (Hrsg.): Water and health in Europe: a joint report from the European Environment Agency and the WHO Regional Office for Europe, World Health Organisation Regional Publications European Series, No. 93, European Environment Agency, World Health Organization, Regional Office for Europe, Copenhagen 2002.

BASF: An investment into the future: The fortification of staple foods, www. food-fortification.com.

Bättig, Karl: (Er-) Leben als biologischer Systemprozess, in: Chopard, Théo (Hrsg.): Lebensqualität – Qualité de la viel – La qualità della vita (Jahrbuch der neuen helvetischen Gesellschaft – Annuaire de la nouvelle société helvétique – annuario della nuova società elvetica), 46. Jahrgang, Verlag Rüegger, Bern 1975, S. 67ff.

Bayefsky, Anne E.: Chapter 10: Making Human Rights Treaties Work, in: Henkin, Louis/ Hargrove, John Lawrence (Hrsg.): Human Rights: An Agenda for the Next Century, American Society of International Law, Washington D.C. 1994, S. 229ff.

Bernhardt, Rudolf: Customary International Law, in: Bernhardt, Rudolf (Hrsg.): Encyclopedia of Public International Law, Bd. I (A-D), Elsevier Science Publishers, Amsterdam, London, New York, Tokio 1992.

Bernard, Cecil: The Preparation and Drafting of a National Report, in: United Nations Centre for Human Rights/ United Nations Instutute for Training and Research: Manual on Human Rights Reporting, United Nations, New York 1991, S.17ff.

Berntsen, Roland/ Renner, Thomas/ Semrau, Peter/ Stubig, Hans-Jürgen: Das Niedrigeinkommenspanel als Datenquelle für Analysen zur verdeckten Armut, in: Becker, Irene: Soziale Sicherung in einer dynamischen Gesellschaft. Festschrift für Richard Hauser zum 65. Geburtstag, Campus Verlag, Frankfurt a.M. 2001, S. 324ff.

Bielefeldt, Heiner: Acess to Water, Justice and Human Rights, in: Riedel, Eibe/ Rothen, Peter (Hrsg.): The Human Right to Water, Berliner Wissenschaftsverlag, Berlin 2006, S. 49ff.

Bleckmann, Albert: Anspruch auf Entwicklungshilfe?, in Verfassung und Recht in Übersee Bd.12 (1979), S. 5ff.

derselbe: Völkerrecht, 1. Auflage, Nomos Verlag, Baden-Baden 2001.

Bliss, Christopher: Life Style and the Standard of Living, in: Martha Nussbaum: The Quality of Life: A Study Prepared for the World Institute for Development Economics Research of the United Nations University, Clarendon Press, Oxford 1997, S. 417ff.

Bluemel, Erik B.: The Implications of Formulating a Human Right to Water, in Ecology Law Quarterly Bd.31 (2004), S.957ff.

Bodmer, Walter: Faktoren der Lebensqualität und Strategien ihrer Verbesserung, in: Chopard, Théo (Hrsg.): Lebensqualität – Qualité de la viel – La qualità della vita (Jahrbuch der neuen helvetischen Gesellschaft – Annuaire de la nouvelle société helvétique – annuario della nuova società elvetica), 46. Jahrgang, Verlag Rüegger, Bern 1975, S. 91ff.

Borg, Ingwer/ Mohler, Peter Ph.: Trends and Perspectives in Empirical Social Research, Verlag de Gruyter, Berlin New York 1994.

Borghi, Marco/ Blommestein, Letizia Postiglione (Hrsg.): For an effective Right to Adequate Food, University Press Fribourg Switzerland, Fribourg 2002.

Botto, LD./ Lisi. A./ Bower, C./ Canfield, MA./ Dattani, N./ De Vigan, C. ***et al.*** **:** Trends of selected malformations in relation to folic acid recommendations and fortification: an international assessment, in Birth defects research. Part A, Clinical and molecular teratology Bd.10 (2006), S. 693ff.

Bowers Andrews, Arlene: Securing Adequate Living Conditions for Each Child's Development, in: Bowers Andrews, Arlene/ Kaufman, Natalie Hevener: Implementing the U.N. Convention on the Rights of the Child: A Standard of Living Adequate for Development, Praeger Publishers, Westport (Conneticut), London 1999, S. 3ff.

Bradbrook, Adrian: Energy Law: The neglected Aspects of Environmental Law, in Melbourne University Law Review Bd.19 (1993/94), S. 1ff.

derselbe: Energy, Sustainable Development and Motor Fuels: Legal Barriers to the Use of Ethanol, in Environmental and Planning Law Journal Bd.16 (1999), S. 196ff.

derselbe: Energy Efficiency and the Energy Charter Treaty, in Environmental and Planning Journal Bd.14 (1997), S. 327ff.

derselbe: A Legislative Framework for Renewable Energy and Energy Conservation, in Journal of Energy and Natural Resources Law Bd.15 (1997), S. 313ff.

derselbe/ Wahnschafft, Ralph D.: A Statement of Principles for a Global Consensus on Sustainable Energy Production and Consumption, in Journal of Energy and Natural Ressources Law Bd.19 (2001), S. 143ff.

derselbe/ Ottinger, Richard L. (Hrsg.): Energy Law and Sustainable Development, IUCN – The World Conservation Union, Gland Cambridge 2003.

Brändli, Sabina: „Der herrlich biedere Mann" – Vom Siegeszug des bürgerlichen Herrenanzugs im 19. Jahrhundert, Chronos-Verlag, Zürich 1998.

von Brandt, Andreas: Die komplexen Verhandlungen zum Menschenrecht auf Ernährung – „Die Geburt eines Zebras", in entwicklung & ländlicher Raum Heft 1 2006, S. 8ff.

Breining-Kaufmann, Christine: Hunger als Rechtsproblem – völkerrechtliche Aspekte eines Rechtes auf Nahrung, Band 70 der Schweizer Studien zum Internationalen Recht, Verlag Schulthess, Zürich 1991.

Briggs, Herbert W.: Barcelona Traction: The Jus Standi of Belgium, in The American Journal of International Law Bd. 65 (1971) 2, S. 327ff.

Brownlie, Ian: Principles of Public International Law, 6. Auflage, Oxford University Press, Oxford *et al.* 2003.

Buergenthal, Thomas/ Shelton, Dinah/ Stewart, David: International Human Rights in a Nutshell, 3. Auflage, Verlag West Group, St. Paul 2002.

Butterwege, Christoph/ Klundt, Michael: Die Demografie als Ideologie und Mittel sozialpolitischer Demagogie?, in: Christoph Butterwege/ Michael Klundt (Hrsg.): Kinderarmut und Generationengerechtigkeit. Familien- und Sozialpolitik im demografischen Wandel, 2. Auflage, Leske + Budrich, Opladen 2003, S.59ff.

McCaffrey, Stephen: A Human Right to Water: Domestic and International Implications, in Georgetown International Environmental Law Review Bd.5 (1992) 1, S. 1ff.

derselbe: The Human Right to Water, in Brown Weiss, Edith/ Boisson de Chazournes, Laurence/ Bernasconi-Osterwalder, Nathalie: Fresh Water and International Economic Law, Oxford University Press, Oxford *et al.* 2005, S.93ff.

Cahill, Amanda: 'The Human Right to Water – A Right of Unique Status': The Legal Status and Normative Content of the Right to Water, in The International Journal of Human Rights Bd.9 (2005), S.389ff.

Camp Keith, Linda: The United Nations International Covenant on Civil and Political Rights: Does It Make a Difference in Human Rights Behavior?, in Journal of Peace Research Bd.36 (1999) 1, S. 95ff.

Campbell, Gordon: An Analysis of Austin's Lecture on Jurisprudence or the Philosophy of Law, 6. Auflage, Verlag Spottiswoode and Co. Ltd., London 1905.

Campbell, Tom: Introduction: Realizing Human Rights, in: Campbell, Tom (Hrsg.): Human Rights - from Rhetoric to Reality, Verlag Basil Blackwell, New York 1986, S. 1ff.

Cantwell, Nigel: Chapter 1. The Origins, Development and Significance of the United Nations Convention on the Rights of the Child, in: Detrick, Sharon (Hrsg.): The United Nations Convention on the Rights of the Child: a Guide to the "Travaux Préparatoires", Martinus Nijhoff Publishers, Dordrecht, Boston, London 1992, S. 19ff.

Carlson, Scott N./ Gisvold, Gregory: Practical Guide to the International Covenant on Civil and Political Rights, Verlag Transnational Publishers, Ardsley 2003.

Castermans-Holleman, Monique: The Protection of Economic, Social and Cultural Rights within the UN Framework, in Netherlands International Law Review Bd.42 (1995) 3, S. 353ff.

Chapman, Audrey: A "Violations Approach" for Monitoring the International Covenant on Economic, Social and Cultural Rights, in Human Rights Quarterly Bd.18 (1996), S. 23ff.

Chapman, Audrey/ Russell, Sage (Hrsg): Core Obligations: Building a Framework for Economic, Social and Cultural Rights, Verlag Intersentia, Antwerpen Oxford New York 2002.

Chapman, Audrey: Indicators and Standards for Monitoring Economic, Social and Cultural Rights, http://hdr.undp.org/docs/events/ global_ forum/2000/chapman.pdf.

Cheng, Bin: Some Remarks on the Constituent Element(s) of General (or So-called Customary) International Law, in Anghie, Antony/ Sturgess, Garry (Hrsg.): Legal Visions of the 21st Century: Essays in Honour of Judge Christopher Weeramantry, Verlag Kluwer Law International, The Hague London Boston 1998.

Chopard, Théo (Hrsg.): Lebensqualität – Qualité de la viel – La qualità della vita (Jahrbuch der neuen helvetischen Gesellschaft – Annuaire de la nouvelle société helvétique – annuario della nuova società elvetica), 46. Jahrgang, Verlag Rüegger, Bern 1975.

Cohen, Cynthia Price/ Hart, Stuart N./ Kosloke, Susan M.: Monitoring the United Nations Convention on the Rights of the Child: The Challenge of Information Management, in Human Rights Quarterly 18 (1996) 2, S. 439ff.

Cohen, Marc J.: Implementing the Voluntary Guidelines: challenges and options, in entwicklung & ländlicher Raum Heft 1 (2006), S. 21ff.

Cohen, G.A.: Equality of What? On Welfare, Goods, and Capabilities, in: Martha Nussbaum: The Quality of Life: A Study Prepared for the World Institute for Development Economics Research of the United Nations University, Clarendon Press, Oxford 1997, S. 9ff.

Condorelli, Luigi: General Assembly Resolutions, in: Cassese, Antonio/ Weiler, Joseph H.H.: Change and Stability in International Law Making, Walter de Gruyter Verlag, Berlin New York 1988, S.37ff.

Coomans, Fons: Economic, Social and Cultural Rights. Report commissioned by the Advisory Committee on Human Rights and Foreign Policy in the Netherlands, Verlag SIM, SIM Special No.16, Utrecht 1995.

derselbe: Clarifying the Core Elements of the Right to Education, in Coomans, Fons/ van Hoof, Godefridus J.H. (Hrsg.): The Right to Complain about Economic, Social and Cultural Rights, Verlag SIM, Utrecht 1995, S. 16f.

derselbe: Identifying violations of the right to education, in: van Boven, Theo/ Flinterman, Cees/ Westendorp, Ingrid: The Maastricht Guidelines on Violation of Economic, Social and Cultural Rights, SIM Special No. 20, Netherlands Institute of Human Rights, Utrecht 1998, S. 125ff.

derselbe/ Yakpo, Kofi: A framework law on the right to food – An international and South African perspective, in African Human Rights Journal Bd.4 (2004), S. 17ff.

Denninger, Erhard (Hrsg): Alternativkommentar zum Grundgesetz für die Bundesrepublik Deutschland, 3. Auflage, Verlag Luchterhand, Neuwied Kriftel 2001.

Cornia, Giovanni Andrea: Poverty and Inequality, in: van Ginkel, Hans/ Barrett, Brendan/ Court, Julius/ Velasquez, Jerry: Human development and the environmet: Challenges for the United Nations in the new millenium, United Nations University Press, Tokio New York Paris 2002, S. 76ff.

Coullery, Pascal: Das Recht auf Sozialhilfe, Verlag Paul Haupt, Bern Stuttgart Wien 1993.

Craven, Matthew: The International Covenant on Economic, Social and Cultural Rights: A Perspective on its Development, Oxford University Press, Oxford New York 1998.

derselbe: The Protection of Economic, Social and Cultural rights under the Inter-American System of Human Rights, in: Harris, David/ Livingstone, Stephen: The Inter-American System of Human Rights, Clarendon Press, Oxford 1998, S. 307ff.

derselbe: The International Covenant on Economic, Social and Cultural Rights, in: Hanski, Raija/ Suksi, Markku: An introduction to the international protection of human rights: a textbook, 2. Auflage, Åbo Akademi University, Institute for Human Rights, Turku Åbo 1999, S. 289ff.

derselbe: Some Thoughts on the Emergent Right to Water, in Riedel, Eibe/ Rothen, Peter (Hrsg.): The Human Right to Water, Berliner Wissenschaftsverlag, Berlin 2006, S. 37ff.

Crawford, James: The UN human rights treaty system: A system in crisis?, in: Crawford, James/ Alston, Philip (Hrsg.): The Future of UN Human Rights Treaty Monitoring, Cambridge University Press, Cambridge 2000, S. 1ff.

Dankwa, Victor / Flintermann, Cees/ Leckie, Scott: Commentary on the Maastricht Guidelines on Violations of Economic, Social and Cultural Rights, in: van Boven, Theo/ Flinterman, Cees/ Westendorp, Ingrid: The Maastricht Guidelines on Violations of Economic, Social and Cultural Rights, Verlag SIM, SIM Special Nr. 20, Utrecht 1998, S. 13ff.

Damman, Siri: The Right to Food of Indigenous People, in: Eide, Wenche Barth/ Kracht, Uwe (Hrsg.): Food and Human Rights in Development. Bd.I: Legal and Institutional Dimensions and Selected Topics, Verlag Intersentia, Antwerpen Oxford 2005, S. 285ff.

D'Amato, Anthony A.: The Concept of Special Custom in International Law, in The American Journal of International Law, Bd.63 (1969) 2, S.211ff.

derselbe: The Concept of Custom in International Law, Cornell University Press, Ithaca London 1971.

derselbe: Trashing Customary International Law, in The American Journal of International Law, Bd.81 (1987) 1, S.101ff.

derselbe: Human Rights as Part of Customary International Law: A Plea for Change of Paradigms, Georgia journal of international and comparative law Bd.25 (1995/96), S.47ff.

Degan, Vladimir-Djuro: General Principles of Law (A Source of General International Law), in The Finnish yearbook of international law Bd.3 (1992), S.1ff.

Detrick, Sharon (Hrsg.): The United Nations Convention on the Rights of the Child: a Guide to the "Travaux Préparatoires", Martinus Nijhoff Publishers, Dordrecht Boston London 1992.

Detrick, Sharon: A Commentary on the United Nations Convention on the Rights of the Child, Martinus Nijhoff Publishers, The Hague Boston London 1999.

Dichtl, Erwin/ Issing, Ottmar (Hrsg.): Vahlens Großes Wirtschaftslexikon, Band 2 L – Z, 2. Auflage, Verlag C.H. Beck/ Verlag Franz van Vahlen, München 1993.

Dimitrijevic, Vojin: The Monitoring of Human Rights and the Prevention of Human Rights Violations Through Reporting Procedures, in: Bloed, Arie *et al.* (Hrsg.): Monitoring Human Rights in Europe, Verlag Nijhoff, Dordrecht *et al.* 1993, S. 1ff.

Diouf, Jaques: Welcoming Address, in Borghi, Marco/ Blommestein, Letizia Postiglione (Hrsg.): For an effective Right to Adequate Food, University Press Fribourg Switzerland, Fribourg 2002, S. 9ff.

Doehring, Karl: Völkerrecht: ein Lehrbuch, 2. Auflage, Verlag C.F. Müller, Heidelberg 2004.

Donnelly, Jack: The Concept of Human Rights, Verlag Croom Helm, Kent Sydney 1985.

derselbe: Universal Human Rights in Theory and Practice, Cornell University Press, New York London 1989.

derselbe: Human Rights: a new standard of civilization, in International Affairs 74 (1998) 1, S. 1ff.

derselbe/ Howard, Rhoda E.: International Handbook of Human Rights, Greenwood Press, Conneticut 1987.

Donovan, Frank Robert: Mr. Roosevelt's Four Freedoms. The Story Behind the United Nations Charter, Verlag Dodd, Mead & Company, New York 1966.

Dorsch, Gabriele: Die Konvention der Vereinigten Nationen über die Rechte des Kindes, Verlag Duncker & Humblot, Berlin 1994.

Drzewicki, Krzysztof: The UN Charter and the Universal Declaration of Human Rights, in: Hanski, Raija/ Suksi, Markku: An Introduction to the International Protection of Human Rights: A textbook, 2. Auflage, Åbo Akademi University, Turku Åbo 1999, S. 65ff.

Dupuy, Pierre-Marie: Le droit à la santé et la protection de l'environment, in: Dupuy, René-Jean (Hrsg.): Le droit à la santé en tant que droit de l'homme – The Right to Health as a Human Right, Academie de droit international de La Haye, Verlag Sijthoff & Nordhoff, Alphen aan den Rijn 1979, S. 340ff.

Echterhölter, Rudolf: Zum VN-Pakt über wirtschaftliche, soziale und kulturelle Rechte, in Vereinte Nationen 1/ 14 (1974), S. 9ff.

Eicher, Joanne B.: Dress and Ethnicity, Verlag Berg, Oxford 1995.

Eide, Asbjørn: The New International Economic Order and the Promotion of Human Rights. Study on the Right to Adequate Food as a Human Right. Progress Report by Mr. Asbjørn Eide, Special Rapporteur, UN Doc. E/ CN.4/Sub.2/1984/22, 29. Juni 1984.

derselbe/ Alfredsson, Gudmundur (Hrsg.): The Universal Declaration of Human Rights: A Commentary, 2. Auflage, Scandinavian University Press, London *et al.* 1993, S.5ff.

derselbe: The Human Right to Adequate Food and Freedom from Hunger, in FAO: The Right to Food in Theory and Practice, Rom 1998, S.1ff.

derselbe: The Realisation of Economic, Social and Cultural Rights. The right to adequate food and to be free from hunger. Updated study on the right to food, submitted by Mr. Asbjørn Eide in accordance with Sub-commission decision 1998/106, E/CN.4/Sub.2/1999/12, 28 June 1999.

derselbe/ Barth Eide, Wenche: Article 25, in: Alfredsson, Gudmundur/ Eide, Asbjørn: The Universal Declaration of Human Rights, a common standard of achievement, Kluwer Law International, The Hague Boston London 1999, S. 523ff.

derselbe/ Krause, Catarina/ Rosas, Allan (Hrsg.): Economic, Social and Cultural Rights: A Textbook, 2. Auflage, Martinus Nijhoff Publishers, Dordrecht Boston London 2001.

derselbe: Economic and Social Rights as Human Rights, in: Eide, Asbjørn/ Krause, Catarina/ Rosas, Allan (Hrsg.): Economic, Social and Cultural Rights: A Textbook, 2. Auflage, Martinus Nijhoff Publishers, Dordrecht Boston London 2001, S. 9ff.

derselbe: The Right to an Adequate Standard of Living, Including the Right to Food, in: Eide, Asbjørn/ Krause, Catarina/ Rosas, Allan (Hrsg.): Economic, Social and Cultural Rights: A Textbook, 2. Auflage, Martinus Nijhoff Publishers, Dordrecht Boston London 2001, S.133ff.

derselbe: Economic and Social Rights, in: Symonides, Janusz: Human Rights: Concept and Standards, Verlag Ashgate, Dartmouth 2000, S. 109ff.

derselbe: Making Human Rights Universal, in Stokke, Hugo/ Tostensen, Arne (Hrsg.): Human Rights in Development – Yearbook 1999/2000 – The Millenium Edition, Verlag Kluwer Law International, The Hague London Boston 2001.

derselbe: The Right to Food: from Vision to Substance, in: Borghi, Marco/ Blommestein, Letizia Postiglione (Hrsg.): For an effective Right to Adequate Food, University Press Fribourg Switzerland, Fribourg 2002, S. 27ff.

derselbe: The Importance of Economic and Social Rights in the Age of Economic Globalisation, in: Eide, Wenche Barth/ Kracht, Uwe (Hrsg.): Food and Human Rights in Development. Bd.I: Legal and Institutional Dimensions and Selected Topics, Verlag Intersentia, Antwerpen Oxford 2005, S. 3ff.

Eide, Wenche Barth/ Kracht, Uwe (Hrsg.): Food and Human Rights in Development. Bd.I: Legal and Institutional Dimensions and Selected Topics, Verlag Intersentia, Antwerpen Oxford 2005.

Eide, Wenche Barth: From Food Security to the Right to Food, in: Eide, Wenche Barth/ Kracht, Uwe (Hrsg.): Food and Human Rights in Development. Bd.I: Legal and Institutional Dimensions and Selected Topics, Verlag Intersentia, Antwerpen Oxford 2005, S. 67ff.

Eisenbart, Liselotte Constanze: Kleiderordnungen der deutschen Städte zwischen 1350 und 1700. Ein Beitrag zur Kulturgeschichte des deutschen Bürgertums, Musterschmidt-Verlag, Göttingen Berlin Frankfurt 1962.

Engbruch, Katharina: Workshop Report – Day One: The Right to Water in International and National Law, in: Riedel, Eibe/ Rothen, Peter (Hrsg.): The Human Right to Water, Berliner Wissenschaftsverlag, Berlin 2006, S. 127ff.

Engels, Friedrich: Die Lage der arbeitenden Klasse in England, erstmals veröffentlicht in Leipzig 1845; hier: 4. Auflage, Dietz Verlag, Berlin 1971.

Engels, Markus: Verbesserter Menschenrechtsschutz durch Individualbeschwerdeverfahren: zur Frage der Einführung eines Fakultativprotokolls für den Internationalen Pakt über wirtschaftliche, soziale und kulturelle Rechte, Verlag V. Florentz, München 2000.

Evans, Malcolm D./ Murray, Rachel: The African Charter on Human and Peoples' Rights. The System in Practice, 1986 – 2000, Cambridge University Press, Cambridge 2002.

Fairstein, Carolina: Legal Strategies and Right to Water in Argentina, in: Riedel, Eibe/ Rothen, Peter (Hrsg.): The Human Right to Water, Berliner Wissenschaftsverlag, Berlin 2006, S. 95ff.

Falk, Richard A.: On the Quasi-Legislative Competence of the General Assembly, in The American Journal of International Law, Bd.60 (1966) 4, S. 782ff.

Food and Agriculture Organization: The Right to Food in Theory and Practice, Rome 1998.

Filmer-Wilson, Emilie: The Human Right to Water and the Human Rights-Based Approach to Development, in: Riedel, Eibe/ Rothen, Peter (Hrsg.): The Human Right to Water, Berliner Wissenschaftsverlag, Berlin 2006, S. 53ff.

Fischer, Lorenz/ Wiswede, Günter: Zukunftsperspektiven unserer Konsumgesellschaft, in: Mattenklott, Axel/ Schimansky, Alexander (Hrsg.): Werbung - Strategien und Konzepte für die Zukunft, Verlag van Vahlen, München 2002, S. 308ff.

Fischer, Wolfram: Zur Einführung, in: Fischer, Wolfram: Lebensstandard und Wirtschaftssysteme (Studie im Auftrage des Wissenschaftsfonds der DG Bank), Verlag Knapp, Frankfurt am Main 1995, S. 9ff.

Fischer, Wolfram: Lebensstandard und Wirtschaftssysteme (Studie im Auftrage des Wissenschaftsfonds der DG Bank), Verlag Knapp, Frankfurt am Main 1995.

Fitzmaurice, Malgosia: Water Management in the 21st Century, in: Anghie, Antony/ Sturgess, Garry (Hrsg.): Legal Visions of the 21st Century: Essays in Honour of Judge Christopher Weeramantry, Kluwer Law International Verlag, The Hague London Boston 1998, S. 425ff.

Friedleifsson, Ingvar B: Energy requirements for the new millenium, in: van Ginkel, Hans/ Barrett, Brendan/ Court, Julius/ Velasquez, Jerry: Human development and the environmet: Challenges for the United Nations in the new millenium, United Nations University Press, Tokio New York Paris 2002, S. 220ff.

Friedmann, Wolfgang: Uses of "General Principles" in the Development of International Law, in The American Journal of International Law, Bd.57 (1963) 2, S.279ff.

derselbe: The North Sea Continental Shelf Cases - A Critique, in The American Journal of International Law Bd.64 (1970) 2, S. 229ff.

Fröhlich, Gerhard: Maßstab Körper, in Heureka 6/99. Online veröffentlicht unter http://www.falter.at/heureka/archiv/99_6/06.php.

Frostell, Katarina/ Scheinin, Martin: Women, in: Eide, Asbjørn/ Krause, Catarina/ Rosas, Allan (Hrsg.): Economic, Social and Cultural Rights: A Textbook, 2. Auflage, Martinus Nijhoff Publishers, Dordrecht Boston London 2001, S. 331ff.

Frowein, Jochen Abr.: The Final Act, the Covenants and the European Convention, in Buergenthal, Thomas: Human Rights, International Law and the Helsinki Accord, Verlag Allanheld, Osmun & Co. Publishers/ Universe Books, Montclair New York, 2. Auflage 1979, S.71ff.

derselbe: Jus Cogens, in: Bernhardt, Rudolf (Hrsg.): Encyclopedia of Public International Law, Bd. III (J-P), Elsevier Science Publishers, Amsterdam, London, New York, Tokio 1997.

Gabler Wirtschafts-Lexikon, Band 2 L – Z, 11. Auflage, Betriebswirtschaftlicher Verlag Dr. Th. Gabler GmbH, Wiesbaden 1983.

Gallagher, Anne: Making Human Rights Treaty Obligations a Reality: Working with new Actors and Partners, in: Crawford, James/ Alston, Philip (Hrsg.): The Future of UN Human Rights Treaty Monitoring, Cambridge University Press, Cambridge 2000, S. 201ff.

Galtung, Irene: The Human Right to Food and Nutrition and the Story of 840 Million Court Cases, in Pace Diritti Umani Bd.1 (2004), S. 111ff.

Gareis, Sven Bernhard/ Varwick, Johannes: Die Vereinten Nationen – Aufgaben, Instrumente und Reformen, 2. Auflage, Verlag Leske und Budrich, Opladen 2002.

Gewirth, Alan: Human Rights: Essays on Justification and Applications, University of Chicago Press, Chicago London 1982.

Gleick, Peter: Basic Water Requirements for Human Activities: Meeting Basic Needs, in Water International Bd.21 (1996), S. 83ff.

derselbe: The Human Right to Water, in Water Policy Bd.1 (1999) 5, S. 487ff.

derselbe: Implementing the Human Right to Water, in: Riedel, Eibe/ Rothen, Peter (Hrsg.): The Human Right to Water, Berliner Wissenschaftsverlag, Berlin 2006, S. 143ff.

Global Allicance for Improved Nutrition: Vitamin and Mineral Deficiencies: Technical Situation Analysis. Ten Year Strategy for the Reduction of Vitamin and Mineral Deficiencies, Geneva 2006.

Golay, Christophe: The Right to Food and Access to Justice, in Borghi, Marco/ Blommestein, Letizia Postiglione (Hrsg.): The Right to Adequate Food and Access to Justice, Verlag Schulthess Médias Juridiques SA, Genf *et al.* 2006, S.117ff.

Goldemberg, José: Development and Energy, in Bradbrook, Adrian J./ Ottinger, Richard L. (Hrsg.): Energy Law and Sustainable Development, IUCN – The World Conservation Union, Glands (Switzerland) Cambridge 2003, S. 1ff.

Goldemberg, José: Preface, in Goldemberg, José (Hrsg.): World Energy Assessment: Energy and the Challenge of Sustainability, United Nations Development Programme, United Nations Department of Economic and Social Affairs, World Energy Council 2000.

Goldsmith, Jack L./ Posner, Eric A.: A Theory of Customary International Law, in The University of Chicago Law Review Bd.66 (1999), S.1113ff.

Goodman, Ryan/ Jinks, Derek: Measuring the effects of human rights treaties, in European journal of international law Bd.14 (2003) 1, S. 171ff.

Goodrich, Leland M./ Hambro, Edvard/ Simons, Anne Patricia: Charter of the United Nations. Commentary and documents, 3. Auflage, Columbia University Press, New York *et al.* 1969.

Gorsboth, Maike: Identifying and Adressing Violations of the Human Right to Water Applying the Human Rights Approach, FIAN und Brot für die Welt 2006, http://www.menschen-recht-wasser.de/downloads/violations_human-rights-water.pdf.

Grannes, Else Annette: The United Nations Women's Convention. The United Nations Convention on the Elimination of All Forms of Discrimination Against Women, and the Practice thereon in Selected African Countries, Studies in Women's Law no.37, Verlag Lobo Grafisk as, Oslo 1994.

Green, Maria: What We Talk About When We Talk About Indicators: Current Approaches to Human Rights Measurement, in Human Rights Quarterly Bd.23 (2001), S. 1063ff.

Grzeszick, Bernd: Rechte des Einzelnen im Völkerrecht, in Archiv des Völkerrechts Bd.43 (2005), S. 312ff.

Guzman, Manuel/ Verstappen, Bert: What is Monitoring, Human Rights Monitoring and Documentation Series, Huridoc (Human Rights Information and Documentation Systems International, Versoix (Switzerland) 2003, S. 1ff.

Häberle, Peter: Die Wesensgehaltgarantie des Artikel 19 Abs. 2 Grundgesetz : zugleich ein Beitrag zum institutionellen Verständnis der Grundrechte und zur Lehre vom Gesetzesvorbehalt, 3. Auflage, Verlag Müller, Heidelberg 1983.

Hailbronner, Kay: Der Staat und der Einzelne als Völkerrechtssubjekt, in: Graf Vitzthum, Wolfgang (Hrsg.): Völkerrecht, 4. Auflage, Verlag De Gryter Recht, Berlin 2007, S. 157ff.

Hannum, Hurst: The Status of the Universal Declaration of Human Rights in National and International Law, in Georgia Journal of International and Comparative Law Bd.25 (1995/96), S. 287ff.

Hanschel, Dirk: Verhandlungslösungen im Umweltvölkerrecht. Eine Untersuchung verhandlungsorientierter Institutionalisierungsformen anhand der Regime über weiträumige grenzüberschreitenden Luftverschutzung, zum Schutz der Ozonschicht und des Klimas, Verlag Boorberg, Stuttgart *et al.* 2003.

Hare, Richard M.: Moralisches Denken: seine Ebenen, seine Methode, sein Witz, 1. Auflage, Verlag Suhrkamp, Frankfurt am Main 1992.

Harris, David/ Darcy, John: The European Social Charter, 2. Auflage, Transnational Publishers, Ardsley 2001.

Hart, Keith: Ausbreitung der Warenwirtschaft und Lebensstandard, in: Sen, Amartya: Der Lebensstandard, Rotbuch Verlag, Hamburg 2000, S. 67ff.

Hathaway, Oona A.: Do human rights treaties make a difference?, in The Yale law journal Bd.111 (2002) 8, S. 1935ff.

Haugen, Hans Morten: The Right to Food and the TRIPS Agreement. With a Particular Emphasis on Developing Countries' Measures for Food Production and Distribution, Dissertation, Universität Oslo, 2005.

Häusermann, Julia: The Realisation and Implementation of Economic, Social and Cultural Rights, in Beddard, Ralph/ Hill, Dilys M. (Hrsg.): Economic, Social and Cultural Rights – Progress and Achievement, Macmillan Press, Basingstoke *et al.* 1992.

Heinz, Ursula E.: Wir, die Völker der Vereinten Nationen – fest entschlossen, ... den sozialen Fortschritt und einen besseren Lebensstandard in größerer Freiheit zu fördern, ... in: Hobe, Stephan: Die Präambel der UN-Charta im Lichte der aktuellen Völkerrechtsentwicklung, Duncker & Humblot, Berlin 1997, S. 77ff.

Herdegen, Matthias: Artikel 1, in: Maunz, Theodor/ Dürig, Günter: Grundgesetz. Kommentar. Band 1 (Art. 1 – 5), Stand 45. Lieferung, Verlag C.H. Beck, München 2005.

Hippocrates: De aeribus aquis locis: interlineare Ausgabe der spätlateinischen Überetzung und des Fragments einer hochmittelalterlichen Übersetzung. Hrsg. von Hermann Grensemann, Verlag Habelt, Bonn 1996.

Hobe, Stephan (Hrsg.): Die Präambel der UN-Charta im Lichte der aktuellen Völkerrechtsentwicklung, Verlag Duncker & Humblot, Berlin 1997.

Hobe, Stephan: Wir, die Völker der Vereinten Nationen – fest entschlossen, Bedingungen zu schaffen, unter denen Gerechtigkeit und die Achtung vor den Verpfichtungen aus Verträgen und anderen Quellen des Völkerrechts gewahrt werden können..., in: Hobe, Stephan (Hrsg.): Die Präambel der UN-Charta im Lichte der aktuellen Völkerrechtsentwicklung, Verlag Duncker & Humblot, Berlin 1997, S. 59ff.

Hobe, Stephan/ Kimminich, Otto: Einführung in das Völkerrecht, 8. Auflage, A.Francke Verlag, Tübingen Basel 2004.

Hodas, David R.: Energy, climate change and sustainable development, in: Bradbrook, Adrian J./ Ottinger, Richard L. (Hrsg.): Energy Law and Sustainable Development, IUCN – The World Conservation Union, Gland (Schweiz) Cambridge 2003, S.11ff.

van der Hoeven, Rolph: Into the twenty-first century: Assessing social and political concerns, in: van Ginkel, Hans/ Barrett, Brendan/ Court, Julius/ Velasquez, Jerry: Human development and the environment: Challenges for the United Nations in the new millenium, United Nations University Press,Tokio New York Paris 2002, S. 45ff.

Hoffmann, Hans-Joachim: Kleidersprache: Eine Psychologie der Illusionen in Kleidung, Mode und Maskerade, Verlag Ullstein, Frankfurt am Main 1985.

Holdren, John P./ Smith Kirk R.: Energy, the environment, and health, in Goldemberg, José (Hrsg.): Energy and the Challenge of Sustainability, UNDP New York 2000, S. 61ff.

Holtmann, Everhard: Politik-Lexikon, 3. Auflage, Wissenschaftsverlag GmbH, München Wien Oldenbourg 2000.

Holzbey, Helmut: Philosophisch-antrophologische Überlegungen zum Problem der Lebensqualität, in: Chopard, Théo (Hrsg.): Lebensqualität – Qualité de la viel – La qualità della vita (Jahrbuch der neuen helvetischen Gesellschaft – Annuaire de la nouvelle société helvétique – annuario della nuova società elvetica), 46. Jahrgang, Verlag Rüegger, Bern 1975, S. 184ff.

van Hoof, Godefridus J.H.: Rethinking the Sources of International Law, Kluwer Law and Taxation Publishers, Deventer 1983.

derselbe: The Legal Nature of Economic, Social and Cultural Rights: a Rebuttal of Some Traditional Views, in: Alston, Philipp/ Tomaševski, Katarina: The Right to Food, Martinus Nijhoff Publishers, Gravenhage – SIM (Stichting Studie - en Informatiecentrum Mensenrechten) 1984, S. 97ff.

Howard, Guy /Bartram, Jamie: Domestic Water Quantity, Service Level and Health, WHO 2003, WHO/SDE/WSH/03.02, erhältlich unter www.who.org, link „Publications".

Howard, Rhoda E./ Donnelly, Jack: Introduction, in: Donnelly, Jack/ Howard, Rhoda E.: International Handbook of Human Rights, Greenwood Press, Conneticut 1987, S. 1ff.

Hulsroj, Peter: Three Sources – No River. A Hard Look at the Sources of Public International Law with Particular Emphasis on Custom and 'General Principles of Law', Zeitschrift für öffentliches Recht 54 (1999), S.219ff.

Human, Casper: The Human Right to Water in Africa: The South African Example, in: Riedel, Eibe/ Rothen, Peter (Hrsg.): The Human Right to Water, Berliner Wissenschaftsverlag, Berlin 2006, S. 83ff.

Hunt, Paul: Reclaiming social rights: international and comparative perspectives, Verlag Dartmouth, Aldershot *et al.* 1996.

derselbe: State obligations, indicators and the right to education. Background paper submitted by Paul Hunt (University of Waikato, New Zealand), E/C.12/1998/11, 30. November 1998.

International Working Group for the Elaboration of a Set of Voluntary Guidelines to Support the Progressive Realization of the Right to Adequate Food in the Context of National Food Security: Information Paper: Implications of the Voluntary Guidelines for Parties and Non-Parties to the ICESCR, IGWG RTFG INF/1, http://www.fao.org/DOCREP/MEETING/007/J1632E.HTM.

Ipsen, Knut: Völkerrecht, 5. Auflage, Verlag C.H. Beck, München, 2004.

Ishay, Micheline R. (Hrsg.): The human rights reader: major political writings, essays, speeches, and documents from the bible to the present, Verlag Routledge, London 1997.

Ishay, Micheline R.: The History of Human Rights: From Ancient Times to the Globalization Era, University of California Press, Berkeley Los Angeles 2004.

Jaenicke, Günther: Völkerrechtsquellen, in: Strupp, Karl/ Schlochauer, Hans-Jürgen: Wörterbuch des Völkerrechts Bd.3, Verlag Walter de Gruyter, Berlin 1962, 766ff.

Jahan, Selim: Measuring Human Development: Evolution of the Human Development Index, in: Fuduka-Parr, S./ Shiva-Kumar, A.K.: Readings in Human Development, Oxford 2002.

Jarass, Hans D./ Pieroth, Bodo: Grundgesetz für die Bundesrepublik Deutschland: Kommentar, 9. Auflage, Verlag C.H. Beck, München 2007.

Jaspers, A. Ph. C. M./ Betten, Lammy (Hrsg.): 25 years, European Social Charter, Kluwer Law and Taxation Publishers, Deventer *et al.* 1988.

Jonsén, Jennie/ Söllner, Sven: The »Breakthrough« of the Right to Food": The Meaning of General Comment No. 12 and the Voluntary Guidelines for the Interpretation of the Human Right to Food, in Max Planck Yearbook of United Nations Law Bd. 11 (2007), S. 391ff.

Kabir, Abdul Hasnat Monjurul: Development and Human Rights: Litigating the Right to Adequate Housing, in South Pacific Journal on Human Rights and the Law Bd.3 (2001), S. 97ff.

Kälin, Walter/ Künzli, Jörg: Universeller Menschenrechtsschutz, Helbing & Lichtenhahn Verlag, Basel 2005.

Kapoor, Ilan: Indicators for Programming in Humann Rights and Democratic Development: a Preliminary Study, Canadian International Development Agency 1999.

Karlsson, Gail V./ McDade, Susan E.: Introduction, in: Karlsson, Gail V. (Hrsg.): Generating Opportunities. Case studies on energy and women, United Nations Development Programme, New York 2001, S. 7ff.

Kaufmann, Natalie Hevener / Blanco, Maria Luisa: Drafting and Interpreting Article 27, in: Bowers Andrews, Arlene/ Kaufman, Natalie Hevener: Implementing the U.N. Convention on the Rights of the Child: A Standard of Living Adequate for Development, Praeger Publishers, Westport (Conneticut) London 1999, S. 17ff.

Kelsen, Hans: The Law of the United Nations. A Critical Analysis of Its Fundamental Problems, Verlag Stevens & Sons Limited, London 1950.

Khalfan, Ashfaq: Implementing General Comment No. 15 on the Right to Water in National and International Law and Policy, Discussion Paper, March 2005, veröffentlicht von Brot für die Welt und Centre on Housing Rights and Evictions, im Internet erhältlich unter http://www.cohre.org/store/attachments/General%20Comment%20as%20Law%20and%20Policy.pdf

Khan, Hasna J.: Battery-operated lamps produced by rural women - Bangladesh, in: Karlsson, Gail V. (Hrsg.): Generating Opportunities. Case studies on energy and women, United Nations Development Programme, New York 2001, S. 29ff.

Khamati Njenga, Beatrice: Upesi rural stoves project - Kenya, in: Karlsson, Gail V. (Hrsg.): Generating Opportunities. Case studies on energy and women, United Nations Development Programme, New York 2001, S. 45ff.

Kimbrough, Robin: Entitlement to „Adequacy“: Application of Article 27 to U.S. Law, in: Bowers Andrews, Arlene/ Hevener Kaufman, Natalie: Implementing the U.N. Convention on the Rights of the Child: A Standard of Living Adequate for Development, Praeger Publishers, Westport (Conneticut), London 1999, S. 167ff.

King, Alexander: Another Kind of Growth: Industrial Society and the Quality of Life, Verlag The David Davies Memorial Institute of International Studies, London 1972.

Kirchhof, Paul: Armut und Freiheit, in: Ruland, Franz (Hrsg.): Verfassung, Theorie und Praxis des Sozialstaats: Festschrift für Hans Zacher zum 70. Geburtstag, Verlag C.F. Müller, Heidelberg 1998, S. 323ff.

Kirgis, Frederic L.: Custom on a Sliding Scale, in The American Journal of International Law, Bd. 81 (1987) 1, S. 146ff.

Klabbers, Jan: International Legal Histories: The Declining Importance of *Travaux Préparatoires* in Treaty Interpretation, Netherlands International Law Review 2003, S. 267ff.

Klee, Kristina: Die progressive Verwirklichung wirtschaftlicher, sozialer und kultureller Menschenrechte: eine Interpretation von Art. 2 Abs. 1 des internationalen Pakts für wirtschaftliche, soziale und kulturelle Rechte, Verlag Boorberg, Stuttgart *et al.* 2000.

Klein, Eckart: Universeller Menschenrechtsschutz – Realität oder Utopie?, in EuGRZ 1999, S. 119ff.

Klennert, Klaus (Hrsg.): Achieving Food and Nutrition Security. Actions to Meet the Global Challenge: A Training Course Reader, 2. Auflage, Verlag InWEnt – Internationale Weiterbindung und Entwicklung gGmbH, Eschborn 2005.

Klocke, Andreas: Arm sein in Deutschland. Auswirkungen auf die kindliche Lebensqualität, in Aufwachsen – Die Entwicklung von Kindern und Jugendlichen 2004, S. 116ff.

Koch, Ida Elisabeth: The Justiciability of Indivisible Rights, in Nordic Journal of International Law Bd.72 (2003), S. 3ff.

Köbler, Gerhard: Juristisches Wörterbuch: für Studium und Ausbildung, 14. Auflage, Verlag Franz van Vahlen, München 2007.

Köck, Heribert Franz: Vertragsinterpretation und Vertragsrechtskonvention. Zur Bedeutung der Art. 31 und 32 der Wiener Vertragsrechtskonvention 1969, Verlag Duncker und Humblot, Berlin 1976.

König, Siegfried: Zur Begründung der Menschenrechte: Hobbes – Locke – Kant, Verlag Alber, Freiburg (Breisgau) München 1994.

Komlos, John/ Baur, Marieluise: Eine Frage der (Körper)Größe. Die Entwicklung des biologischen Wohlbefinden von Ludwig XIV. bis ins 21. Jahrhundert, in EINSICHTEN – Forschung an der Ludwig-Maximilians-Universität München 02/2003.

derselbe: Der biologische Lebensstandard, in Spektrum der Wissenschaft 1998, S. 100ff.

derselbe: Stature and Nutrition in the Habsburg Monarchy, in American Historical Review Bd.90 (1985), S. 1149ff.

Komlos, John/ Baten, Jörg (Hrsg.): The Biological Standard of Living in Comparative Perspective, Franz Steiner Verlag, Stuttgart 1998.

Kosche, Thomas: Was trugen jene Badener im Biedermeier, die sich die Biedermeiermode nicht leisten konnten?, veröffentlicht als Heft 11/1993 in der Reihe des Landesmuseums für Technik und Arbeit in Mannheim, 1993.

Kothari, Miloon: Priority Issues and Impediments to Realizing the Right to Adequate Housing, in: Klein Goldewijk, Berma/ Contreras Baspineiro, Adalid/ César Carbonari, Paulo (Hrsg.): Dignity and Human Rights: The Implementation of Economic, Social and Cultural Rights, Transnational Publishers, New York 2002, S. 63ff.

derselbe: Obstacles to Making Water a Human Right, in Riedel, Eibe/ Rothen, Peter (Hrsg.): The Human Right to Water, Berliner Wissenschaftsverlag, Berlin 2006, S. 149ff.

Kracht, Uwe: Whose Right to Food? Vulnerable Groups and the Hungry Poor, in: Eide, Wenche Barth/ Kracht, Uwe (Hrsg.): Food and Human Rights in Development. Bd.I: Legal and Institutional Dimensions and Selected Topics, Verlag Intersentia, Antwerpen Oxford 2005, S. 119ff.

Krause, Peter: Einkommen in Deutschland – Entwicklung, Dynamik, permanente Verteilung und Redistribution, in: Becker, Irene et al.: Soziale Sicherung in einer dynamischen Gesellschaft. Festschrift für Richard Hauser zum 65. Geburtstag, Campus Verlag, Frankfurt a.M. 2001, S. 418ff.

Kryger, Tony: Living Standards, Current Issues Brief 4 2000 – 01, Parliament of Australia – Parliamentary Library, im Internet erhältlich unter http://www.aph.gov.au/library/pubs/cib/2000-01/01cib04.htm.

Künnemann, Rolf: The Right to Adequate Food: Violations Related to its Minimum Core Content, in: Chapman, Audrey/ Russell, Sage (Hrsg.): Core Obligations: Building a Framework for Economic, Social and Cultural Rights, Verlag Intersentia, Antwerpen Oxford New York 2002, S. 161ff.

Landmann, Todd: Measuring Human Rights: Principles, Practice, and Policy, in Human Rights Quarterly Bd.26 (2004), S. 906ff.

Lang, Wieslaw: The philosophical foundations of human rights, in: Justynski, Janusz L. (Hrsg.), The Origins of Human Rights. The Constitution of 3 May 1791 ; the French Declaration of Rights; the Bill of Rights; proceedings at the Seminar held at the Nicolaus Copernicus University, May 3 - 5, Verlag Marszalek, Torun 1991, S. 13ff.

Lang Weaver, Jacqueline: Sustainable Development in the petroleum sector, in: Bradbrook, Adrian J./ Ottinger, Richard L. (Hrsg.): Energy Law and Sustainable Development, IUCN – The World Conservation Union, Gland (Schweitz) Cambridge 2003, S. 45ff.

Langford, Malcolm: The Right to Water in National Law: A Review, in: Riedel, Eibe/ Rothen, Peter (Hrsg.): The Human Right to Water, Berliner Wissenschaftsverlag, Berlin 2006, S. 115ff.

Larenz, Karl: Methodenlehre der Rechtswissenschaft, 5. Auflage, Springer Verlag, Berlin *et al.* 1983.

Lauterpacht, Hersch: International Law and Human Rights, Verlag Stevens & Sons Limited, London 1950.

derselbe: International Law and Human Rights, Archon Books 1968.

Leblanc, Lawrence J.: The Convention on the Rights of the Child: United Nations Lawmaking on Human Rights, University of Nebraska Press, Lincoln and London 1995.

Leckie, Scott: The Committee on Economic, Social and Cultural Rights: Catalyst for change in a system needing reform, in: Crawford, James/ Alston, Philip (Hrsg.): The Future of UN Human Rights Treaty Monitoring, Cambridge University Press, Cambridge 2000, S. 129ff.

derselbe: Housing Rights and Human Development: Intertwined and Inseparable, Occasional Paper 21 – Human Development and Shelter: A Human Rights Perspective, in: http://hdr.undp.org/docs/publications/ocational_papers/oc21c.htm.

Leigh, Monroe: Case Concerning Military and Paramilitary Activities in and against Nicaragua (Nicaragua v. United States of America). 1984 ICJ Reports 169, in The American Journal of International Law Bd.78 (1984) 4, S.894ff.

derselbe: Judicial Decisions: Military and Paramilitary Activities in and Against Nicaragua (Nicaragua v.United States of America). 1984 ICJ Reports 392, in The American Journal of International Law, Bd.79 (1985) 2, S. 442ff.

Lerner, Natan: The U.N. Convention on the Elimination of all Forms of Racial Discrimination, 2. Auflage, Verlag Sijthoff & Noordhoff, Alphen aan den Rijn (Niederlande) 1980.

von der Lippe, Peter: Die Messung des Lebensstandards, in: Fischer, Wolfram: Lebensstandard und Wirtschaftssysteme (Studie im Auftrage des Wissenschaftsfonds der DG Bank), Verlag Knapp, Frankfurt am Main 1995, S. 57ff.

Lopez, Carlos: Voluntary Guidelines on the right to food. Overview of the process and outcome, in SCN (Standing Committee on Nutrition) News 30 (2005): Closing the gap on the right to adequate food: The Voluntary Guidelines, S.10ff., online unter http://www.unsystem.org/scn/Publications/SCNNews/scnnews30.pdf.

Lorenz, Detlef: Lebensstandard und Wirtschaftssystem: Das Beispiel der vier „Tiger" Ostasiens, in: Fischer, Wolfram: Lebensstandard und Wirtschaftssysteme (Studie im Auftrage des Wissenschaftsfonds der DG Bank), Verlag Knapp, Frankfurt am Main 1995, S. 639ff.

Machacek, Rudolf: Über das Wesen der wirtschaftlichen und sozialen Grundrechte, in: Matscher, Franz (Hrsg.): Die Durchsetzung wirtschaftlicher und sozialer Grundrechte: Eine rechtsvergleichende Bestandsaufnahme, Verlag Engel, Kehl am Rhein Straßburg Arlington 1991, S. 23ff.

Maddison, Angus: Wirtschaftswachstum und Lebensstandard im 20. Jahrhundert, in: Fischer, Wolfram: Lebensstandard und Wirtschaftssysteme (Studie im Auftrage des Wissenschaftsfonds der DG Bank), Verlag Knapp, Frankfurt am Main 1995, S. 103ff.

Majumdar, Tapas: The Rationality of Changing Choices, in Analyse und Kritik Bd.2 (1980), S. 172ff.

Malanczuk, Peter: Akehurst's Modern Introduction to International Law, 8. Auflage, Verlag Routledge, New York 2004.

Mannar, V./ Gallego, EB.: Iron fortification: country level experiences and lessons learned, The Journal of Nutrition Bd.132 (2002), S.856ff.

Marks, Susan/ Clapham, Andrew: International Human Rights Lexicon, Oxford University Press, Oxford 2005.

Marshall, Alfred: Principles of Economics – An introductory volume, 8. Auflage, Verlag, Macmillan and Co., London 1938.

Martin, David L.: The Limburg Principles Turn Ten: An Impact Assessment, www.uu.nl/content/20-09.pdf.

Marx, Karl: Das Kapital. Ökonomische Schriften Erster Band, Cotta-Verlag, Stuttgart 1962 (Hrsg. von Hans-Joachim Lieber und Benedikt Kautsky).

Maslow, Abraham: Criteria for Judging Needs to be Instinctoid, in: Jones, Marshall R. (Hrsg.): Human motivation: A Symposium, held in Washington, D. C., August 1963, Nebraska, University of Nebraska Press, Lincoln 1965.

Matscher, Franz: La mise en œuvre des droits économiques et sociaux, in: Matscher, Franz (Hrsg.): Die Durchsetzung wirtschaftlicher und sozialer Grundrechte: Eine rechtsvergleichende Bestandsaufnahme, Verlag Engel, Kehl am Rhein Straßburg Arlington 1991, S. 11ff.

Matscher, Franz (Hrsg.): Die Durchsetzung wirtschaftlicher und sozialer Grundrechte: Eine rechtsvergleichende Bestandsaufnahme, Verlag Engel, Kehl am Rhein Straßburg Arlington 1991.

Mattenklott, Axel/ Schimansky, Alexander (Hrsg.): Werbung - Strategien und Konzepte für die Zukunft, Verlag van Vahlen, München 2002.

McDade, Susan: Gender and Energy for Sustainable Development: Fueling the Fight, United Nations Development Programme/ Sustainable Energy Programme 2005, Präsentation ist im Internet erhältlich unter http:// www.undp.org/energy/regionafrica.htm.

McDougall, Gay: Toward a Meaningful International Regime: The Domestic Relevance of International Efforts to Eliminate All Forms of Racial Discrimination, in Howard Law Journal Bd.40 (1996/97), S. 571ff.

McNeely, Jeffrey A.: Energy and biodiversity: Understanding complex relationships, in: Bradbrook, Adrian J./ Ottinger, Richard L. (Hrsg.): Energy Law and Sustainable Development, IUCN – The World Conservation Union, Gland (Schweiz) Cambridge 2003, S. 31ff.

Mechlem, Kerstin: Food Security and the Right to Food in the Discourse of the United Nations, in European Law Journal 10 (2004) 5, S. 631ff.

Meron, Theodore: On a Hierarchy of International Human Rights, in The American Journal of International Law, Bd. 80 (1986) 1, S.1ff.

Meyn, Karl-Ulrich: Funktion und Bedeutung der Präambel der UN-Charta, in: Hobe, Stephan (Hrsg.): Die Präambel der UN-Charta im Lichte der aktuellen Völkerrechtsentwicklung, Verlag Duncker & Humblot, Berlin 1997, S. 25ff.

Milner, Wesley T./ Poe, Steven C./ Leblang, David: Security Rights, Subsistence Rights, and Liberties: A Theoretical Survey of the Empirical Landscape, Human Rights Quarterly 21 (1999) 1, S. 403ff.

Muhyi al-Din, 'Amr: Income Distribution and Basic Needs in Urban Egypt, Volume Five, Monograph Three of the Cairo Papers in Social Sciences, American University in Cairo Press, Cairo 1982.

Morimoto, Kokichi: The Standard of Living in Japan, The John Hopkins Press, Baltimore 1918.

Morsink, Johannes: The Universal Declaration of Human Rights: origins, drafting and intent, University of Pennsylvania Press, Philadelphia 1999.

Mosler, Hermann: General Principles of Law, in: Bernhardt, Rudolf (Hrsg.): Encyclopedia of Public International Law, Bd. II (E-I), Elsevier Science Publishers, Amsterdam, London, New York, Tokio 1995, S.511ff.

Müllerson, Rein: The Interplay of Objective and Subjective Elements in Customary International Law, in: Wellens, Karel (Hrsg.): International Law: Theory and Practice. Essays in Honour of Eric Suy, Martinus Nijhoff Publishers, The Hague Boston London 1998, S.161ff.

Muralidhar, S.: The Right to Water: An Overview of the Indian Legal Regime, in: Riedel, Eibe/ Rothen, Peter (Hrsg.): The Human Right to Water, Berliner Wissenschaftsverlag, Berlin 2006, S. 65ff.

Niesel, Manfred: Über den Nutzen psychographischer Zielgruppenmodelle, in: Mattenklott, Axel/ Schimansky, Alexander (Hrsg.): Werbung - Strategien und Konzepte für die Zukunft, Verlag van Vahlen, München 2002, S. 334ff.

Noll, Heinz-Herbert/ Zapf, Wolfgang: Social Indicators Resesarch: Societal Monitoring and Social Reporting, in: Borg, Ingwer/ Mohler, Peter Ph. (Hrsg.): Trends and Perspectives in Empirical Social Research, Verlag de Gruyter, Berlin New York 1994, S. 1ff.

Nouri-Naeini, Mohammad Saeid: The Right to Food and the Voluntary Guidelines in Perspective, in Borghi, Marco/ Blommestein, Letizia Postiglione (Hrsg.): The Right to Adequate Food and Access to Justice, Verlag Schulthess Médias Juridiques SA, Genf *et al.* 2006, S.293ff.

Nowak, Manfred: The Right to Education, in Eide, Asbjørn/ Krause, Catarina/ Rosas, Allan (Hrsg.): Economic, Social and Cultural Rights: A Textbook, 2. Auflage, Martinus Nijhoff Publishers, Dordrecht Boston London 2001, S. 245ff.

Nussbaum, Martha C.: Capabilities, Human Rights and the Universal Declaration, in Weston, Burns H./ Marks, Stephen P.: The Future of International Human Rights, Transnational Publishers, Ardsley New York 1999, S. 25ff.

Odinkalu, Chidi Anselm: Implementing economic, social and cultural rights under the African Charter on Human and Peoples' Rights, in: Evans, Malcolm D./ Murray, Rachel: The African Charter on Human and Peoples' Rights. The System in Practice, 1986 – 2000, Cambridge University Press, Cambridge 2002, S. 178ff.

Office of the High Commissioner for Human Rights: Human Rights Fact Sheet No.16 (1.Rev): The Committee on Economic, Social and Cultural Rights, United Nations World Campaign for Human Rights, Geneva 1996.

Office of the High Commissioner for Human Rights: Human Rights Fact Sheet No. 21: The Human Right to Adequate Housing, United Nations World Campaign for Human Rights, Geneva 1996.

Office of the High Commissioner for Human Rights/ World Health Organisation: The Right to Water, World Health Organisation, Geneva 2003.

Okresk, Wolf: Die Durchsetzung wirtschaftlicher und sozialer Grundrechte – Die Entwicklung in Österreich, in: Matscher, Franz (Hrsg.): Die Durchsetzung wirtschaftlicher und sozialer Grundrechte: Eine rechtsvergleichende Bestandsaufnahme, Verlag Engel, Kehl am Rhein Straßburg Arlington 1991, S. 185f.

Örücü, Esin: The Core of Rights and Freedoms: The Limit of Limits, in: Campbell, Tom: Human Rights: From Rhetoric to Reality, Verlag Basil Blackwell, Oxford 1986, S. 37ff.

Partsch, Karl Josef: Stichwort Menschenrechte, allgemein, Nr. 73, in: Wolfrum, Rüdiger (Hrsg.): Handbuch Vereinte Nationen, 2. Auflage, Verlag C.H. Beck, München 1991, S. 544ff.

Paul, Susanne: Fishing for Insights - eine Einführung in die Tiefen der Verbraucherseele, in Mattenklott, Axel/ Schimansky, Alexander (Hrsg.): Werbung - Strategien und Konzepte für die Zukunft, Verlag van Vahlen, München, 2002, S. 408ff.

Pejan, Ramin: The Right to Water: The Road to Justiciability, in The Georg Washington International Law Review Bd.36 (2004), S. 1181ff.

Perry, Michael: Are Human Rights Universal? The Relativist Challenge and Related Matters, in Human Rights Quarterly 19 (1997), S. 461ff.

Piechowiak, Marek: What are human rights? The concept of human rights and their extra-legal justification, in: Hanski, Raija/ Suksi, Markku: An introduction to the international protection of human rights: a textbook, 2. Auflage, Åbo Akademi University, Institute for Human Rights, Turku Åbo 1999, S. 3ff.

Pieroth, Bodo/ Schlink, Bernard: Grundrechte Staatsrecht II, Verlag C.F. Müller, Heidelberg, 23. Auflage 2007.

Pigou, A.C.: The Economics of Welfare, 4. Auflage, Macmillan Press, London 1952.

Porcar, Fausto/ Bernard, Cecil: National Reports: Their Submission to Expert Bodies and Follow-Up, in: United Nations Centre for Human Rights/ United Nations Institute for Training and Research: Manual on Human Rights Reporting, United Nations, New York 1991, S. 25ff.

van Praag, B.M.S.: The Relativity of the Welfare Concept, in: Nussbaum, Martha: The Quality of Life: A Study Prepared for the World Institute for Development Economics Research of the United Nations University, Clarendon Press, Oxford 1997, S. 362ff.

Preuß, Ulrich: Der politische Charakter der Menschenrechte, in EuGRZ 2004, S. 611f.

Reimann, Carsten: Ernährungssicherung im Völkerrecht: der Menschenrechtsansatz und seine Ergänzungsmöglichkeiten angesichts der Welthungerproblematik, Verlag Boorberg, Stuttgart *et al.* 2000.

Riedel, Eibe: Theorie der Menschenrechtsstandards: Funktion, Wirkungsweise und Begründung wirtschaftlicher und Begründung wirtschaftlicher und sozialer Menschenrechte mit exemplarischer Darstellung der Rechte auf Eigentum und Arbeit in verschiedenen Rechtsordnungen, Verlag Duncker & Humblot, Berlin 1986.

derselbe: Menschenrechte der dritten Dimension, in EuGRZ 1989, S. 9ff.

derselbe: Standards and Sources. Farewell to the Exclusivity of the Sources Triad in International Law?, in European Journal of International Law Bd.2 (1991), S. 58ff.

derselbe: Universeller Menschenrechtsschutz: Vom Anspruch zur Durchsetzung?, in Baum, Gerhart / Riedel, Eibe/ Schaefer, Michael (Hrsg.): Menschenrechtsschutz in der Praxis der Vereinten Nationen, 1. Auflage, Verlag Nomos, Baden-Baden 1998, S.25ff.

derselbe: The Examination of State Reports, in: Klein, Eckart (Hrsg.): The Monitoring System of Human Rights Treaty Obligations, Colloquium Potsdam, 22./23. November 1996, Menschenrechtszentrum der Universität Potsdam Band 5, Verlag Arno Spitz GmbH, Berlin 1998.

derselbe: Verhandlungslösungen im Rahmen des Sozialpakts der Vereinten Nationen, in: Ipsen, Jörn/ Schmidt-Jortzig, Edzard: Recht – Staat – Gemeinwohl. Festschrift für Dietrich Rauschnig, Carl Heymanns Verlag KG, Köln *et al.* 2001, S. 441ff.

derselbe: New Bearings to the State Reporting Procedure: Practical Ways to Operationalize Economic, Social and Cultural Rights – The Example of the Right to Health – , in: von Schorlemer, Sabine (Hrsg.): Praxishandbuch Uno, die Vereinten Nationen im Lichte globaler Herausforderungen, Springer Verlag, Heidelberg 2002, S. 345ff.

derselbe: Der internationale Menschenrechtsschutz. Eine Einleitung, in: Bundeszentrale für Politische Bildung: Menschenrechte: Dokumente und Deklarationen, 4. Auflage, Bonn 2004, S. 11ff.

derselbe: Allgemeine Bemerkungen zu Bestimmungen des Internationalen Paktes über wirtschaftliche, soziale und kulturelle Rechte der Vereinten Nationen, in: Deutsches Institut für Menschenrechte (Hrsg.): Die „General Comments“ zu den Menschenrechtsverträgen. Deutsche Übersetzung und Kurzeinführung, 1. Auflage, Nomos Verlag, Baden Baden 2005, S. 160ff.

derselbe: International Law Shaping Constitutional Law. Realization of Economic, Social and Cultural Rights, in: Riedel, Eibe (Hrsg.): Constitutionalism – Old Concepts, New Worlds. German Contributions to the VIth World Congress of the International Association of Constitutional Law (IACL), Santiago de Chile 2004, Berliner Wissenschaftsverlag, Berlin 2005, S. 105ff.

derselbe: The Human Right to Water, in: Dicke, Klaus/ Hobe, Stephan/ Meyn, Karl-Ulrich/ Peters, Anne/ Riedel, Eibe/ Schütz, Hans-Joachim/ Tietje, Christian: Weltinnenrecht. Liber Amicorum Jost Delbrück, Verlag Duncker & Humblot, Berlin 2005, S. 585ff.

derselbe/ Rothen, Peter (Hrsg.): The Human Right to Water, Berliner Wissenschaftsverlag, Berlin 2006.

derselbe: The Human Right to Water and General Comment No.15 of the CESCR, in: Riedel, Eibe/ Rothen, Peter: The Human Right to Water, Berliner Wissenschaftsverlag, Berlin 2006, S. 19ff.

Roaf, Virginia: Workshop Report – Day Two: The Right to Water in Practice, in: Riedel, Eibe/ Rothen, Peter (Hrsg.): The Human Right to Water, Berliner Wissenschaftsverlag, Berlin 2006, S. 189ff.

Robbers, Gerhard: Artikel 1, in: Umbach, Dieter/ Clemens, Thomas: Grundgesetz: Mitarbeiterkommentar und Handbuch, Band 1, C.F. Müller Verlag, Heidelberg 2002.

Roberts, Anthea Elizabeth: Traditional and Modern Approaches to Customary International Law: A Reconciliation, in The American Journal of International Law, Bd.95 (2001) 4, S. 757ff.

Robertson, Robert E.: Measuring State Compliance with the Obligation to Devote the "Maximum Available Resources" to Realizing Economic, Social and Cultural Rights, in Human Rights Quarterly Bd.16 (1994), S. 693ff.

Rogner, Hans-Holger/ Popescu, Anca: What is sustainable energy development?, in: Goldemberg, José (Hrsg.): Energy and the Challenge of Sustainability, United Nations Development Programme, New York 2000, S. 31ff.

Rothenbacher, Franz: Social Reporting in Europe, in: Flora, Peter/ Kraus, Franz/ Noll, Heinz Herbert/ Rothenbacher, Franz (Hrsg.): Social Statistics and Social Reporting in and for Europe, Mannheimer Zentrum für Sozialwissenschaften, Informationszentrum Sozialwissenschaften, Bonn 1994, S. 9ff.

Rübberdt, Rudolf: Geschichte der Industrialisierung. Wirtschaft und Gesellschaft auf dem Weg in unsere Zeit, Verlag C.H. Beck, München, 1972.

Ruland, Franz/ Bernd Baron von Maydell/ Hans-Jürgen Papier: Verfassung, Theorie und Praxis des Sozialstaats, Festschrift für Hans Zacher zum 70. Geburtstag, Verlag C.H. Beck, Heidelberg 1998.

Sachs, Wolfgang: Sustainable Development. Zur politischen Anatomie eines internationalen Leitbildes, in epd – Entwicklungspolitik 1/ 1997, S. d1 – d10.

Samuel, Lenia: Fundamental Social Rights – Case Law of the European Social Charter, 2. Auflage, Council of Europe Publishing, Straßburg Cedex 2002.

Scanlon, Thomas: Values, Desire and the Quality of Life, in: Nussbaum, Martha: The Quality of Life: A Study Prepared for the World Institute for Development Economics Research of the United Nations University, Clarendon Press, Oxford 1997, S. 185ff.

Schabas, William A.: Reservations to the Convention on the Rights of the Child, in Human Rights Quarterly Bd.18 (1996) 2, S. 472ff.

Schabas, William A.: Freedom from Want: How Can We Make Indivisibility More Than a Mere Slogan?, in The National Journal of Constitutional Law Bd.11 (1999/2000), S. 189ff.

Scharpenack, Holger: Das „Recht auf Entwicklung". Eine völkerrechtliche Untersuchung der konzeptionellen und normativen Strukturen eines „Menschenrechts auf Entwicklung", Verlag Peter Lang GmbH, Frankfurt am Main *et al.* 1996.

Scheinin, Martin: The Right to Social Security, in Eide, Asbjørn/ Krause, Catarina/ Rosas, Allan (Hrsg.): Economic, Social and Cultural Rights: A Textbook, 2. Auflage, Martinus Nijhoff Publishers, Dordrecht Boston London 2001, S. 211ff.

Schlesinger, Rudolf B.: Research on the General Principles of Law Recognized by Civilized Nations, in The American Journal of International Law Bd. 51 (1957) 4, S.734ff.

Schmidt, Angelika: Europäische Menschenrechtskonvention und Sozialrecht. Die Bedeutung der Straßburger Rechtsprechung für das europäische und deutsche Sozialrecht, Nomos Verlag, Baden-Baden 2003.

Schnyder von Wartensee, Robert: Qualität des Lebens: Mythos oder Chance?, in Chopard, Théo (Hrsg.): Lebensqualität – Qualité de la viel – La qualità della vita (Jahrbuch der neuen helvetischen Gesellschaft – Annuaire de la nouvelle société helvétique – annuario della nuova società elvetica), 46. Jahrgang, Verlag Rüegger, Bern 1975, S. 14ff.

Schöpp-Schilling, Hanna Beate: The Convention on the Elimination of All Forms of Discrimination Against Women, in: Klein, Eckart (Hrsg.): The Monitoring System of Human Rights Treaty Obligations, Colloquium Potsdam, 22./23. November 1996, Menschenrechtszentrum der Universität Potsdam Band 5, Verlag Arno Spitz GmbH, Berlin 1998, S. 71ff.

Schwartländer, Johannes: Staatsbürgerliche und sittlich-institutionelle Menschenrechte. Aspekte zur Begründung und Bestimmung der Menschenrechte, in: Schwartländer, Johannes (Hrsg.): Menschenrechte: Aspekte ihrer Begründung und Verwirklichung, Attempto Verlags-GmbH, Tübingen 1978.

Seabright, Paul: Pluralism and the Standard of Living, in: Martha Nussbaum: The Quality of Life: A Study Prepared for the World Institute for Development Economics Research of the United Nations University, Clarendon Press, Oxford 1997, S. 393ff.

Sen, Amartya: Der Lebensstandard, Cambridge University Press, Hamburg 2000.

derselbe: Der Lebensstandard: Vorlesung I. Begriffe und Kritik, in: Sen, Amartya: Der Lebensstandard, Cambridge University Press, Hamburg 2000, S. 17ff.

derselbe: Der Lebensstandard: Vorlesung II. Lebensgestaltung und Fähigkeiten, in: Sen, Amartya: Der Lebensstandard, Cambridge University Press, Hamburg 2000.

derselbe: Development as Freedom, Verlag Anchor Books, New York 2000.

derselbe: Resources, Values and Development, Verlag Blackwell, Oxford 1984.

derselbe: Choice, Welfare and Measurement, Verlag Blackwell, Oxford 1983.

Sepúlveda, Magdalena: The Nature of the Obligations under the International Covenant for Economic, Social and Cultural Rights, Verlag Intersentia, Utrecht 2003.

Shaw, Malcolm N.: International Law, 5. Auflage, Cambridge University Press, Cambridge *et al.* 2003.

Liu, S./ West, R./ Randell, E./ Longerich, L./ O'Connor, KS./ Scott, H./ Crowley, M./ Lam, A./ Prabhakaran, V./ McCourt, C.: A comprehensive evaluation of food fortification with folic acid for the primary prevention of neural tube defects, in BMC Pregnancy and Childbirth Bd. 4 (2004), S.20ff.

Shue, Henry: Basic Rights – Subsistence, Affluence and U.S. Foreign Policy, 1. Auflage 1980, 2. Auflage 1996, Princeton University Press, Princeton New Jersey.

Simma, Bruno: Fragen der zwischenstaatlichen Durchsetzung vertraglich vereinbarter Menschenrechte, in: von Münch, Ingo (Hrsg.): Staatsrecht - Völkerrecht - Europarecht. Festschrift für Hans-Jürgen Schlochauer, Verlag Walter de Gruyter, Berlin New York, 1981, S.635ff.

derselbe: „Die vergessenen Rechte“: Bemühungen zur Stärkung des VN-Sozialpakts, in Ruland, Franz/ Baron von Maydell, Bernd/ Papier, Hans-Jürgen: Verfassung, Theorie und Praxis des Sozialstaats, Festschrift für Hans Zacher zum 70. Geburtstag, Verlag C.F. Müller, Heidelberg 1998, S. 867ff.

derselbe: The Examination of State Reports: International Covenant on Economic, Social and Cultural Rights, in: Klein, Eckart (Hrsg.): The Monitoring System of Human Rights Treaty Obligations, Colloquium Potsdam, 22./23. November 1996, Menschenrechtszentrum der Universität Potsdam Band 5, Verlag Arno Spitz GmbH, Berlin 1998, S. 31ff.

Smets, Henri: Economics of Water Services and the Right to Water, in: Brown Weiss, Edith/ Boisson de Chazournes, Laurence/ Bernasconi-Osterwalder, Nathalie: Fresh Water and International Economic Law, Oxford University Press, Oxford *et al.* 2005, S. 173ff.

Söllner, Sven: Die Freiwilligen Leitlinien zum Recht auf Nahrung: Bekenntnis zum Menschenrechtsansatz, in entwicklung & ländlicher raum Heft 1 (2006), S. 11.

Sohn, Louis B: International Instruments Concerning Human Rights, in: Commission to Study the Organization of Peace: The United Nations and Human Rights, Eighteenth Report of the Commission to Study the Organization of Peace, Oceana Publications, New York 1968, S. 43ff.

Sohn, Louis B./ Buergenthal, Thomas: International Protection of Human Rights, Band II Teil I: The United Nations as Protector of Human Rights, Verlag Bobbs-Merrill, Indianapolis 1973.

Stein, Torsten/ von Buttlar, Christian: Völkerrecht, 11. Auflage, Carl Heymanns Verlag, Köln Berlin München 2005.

Steiner, Achim: Bringing biodiversity concerns into the renewables debate, in IUCN Environmental Law Programme Newsletter 2004, S. 4ff.

Steiner, Henry J./ Alston, Philip: International Human Rights in Context. Law, Politics, Morals, 2. Auflage, Oxford University Press, Oxford 2000.

Steiner, Achim/ Haas, Lawrence J.M.: The Report of the World Commission on Dams: Some implications for energy law, in: Bradbrook, Adrian J./ Ottinger, Richard L. (Hrsg.): Energy Law and Sustainable Development, IUCN – The World Conservation Union, Gland Cambridge 2003, S. 139ff.

Stern, Klaus: Zur Universalität der Menschenrechte, in: Ruland, Franz (Hrsg.): Verfassung, Theorie und Praxis des Sozialstaats: Festschrift für Hans F. Zacher zum 70. Geburtstag, Verlag Müller, Heidelberg 1998, S.1063ff.

Stewart, Frances: Planning to Meet Basic Needs, The Macmillan Press Ltd., London Basingstoke 1985.

Stiftung Entwicklung und Frieden: Globale Trends. Daten zur Weltentwicklung, St. Augustin 1992.

Strigel, Gerhard: Wasser und die Vereinten Nationen, IHP – International Hydrological Programme of UNESCO und HWRP – Hydrology and Water Resources Programme of WMO, in Hydrologie und Wasserbewirtschaftung Bd.49 (2005) 6, S. 320f.

Suzuki, Motoyuki: Water in our future, in: van Ginkel, Hans/ Barrett, Brendan/ Court, Julius/ Velasquez, Jerry: Human development and the environment: Challenges for the United Nations in the new millenium, United Nations University Press, Tokio New York Paris 2002, S. 197ff.

Swaminathan, M.S.: The Right to Food: from Analysis to Action, in: Borghi, Marco/ Blommestein, Letizia Postiglione (Hrsg.): For an Effective Right to Adequate Food, University Press Fribourg Switzerland, Fribourg 2002, S. 15ff.

Tabandeh, Sultanhussein: A Muslim Commentary on the Universal Declaration of Human Rights, Verlag F.T. Goulding & Company Limited, London 1970.

Tasioulas, John: In Defence of Relative Normativity: Communitarian Values and the Nicaragua Case, in Oxford Journal of Legal Studies Bd.16 (1996) 1, S. 85ff.

The International Bank for Reconstruction and Development/ The World Bank:
World Development Report 1978: Prospects for Growth and Alleviation of Poverty, Pub2080, Washington D.C. 1978.

World Development Report 1980: Poverty and Human Development, Pub10880, Washington D.C. 1980.

Thornberry, Patrick: International Law and the Rights of Minorities, Clarendon Press, Oxford 1991.

Thüsing, Gregor: Kleiderordnungen, in Juristenzeitung 2006, S. 223ff.

Tinzmann, Julius: Franklin Delano Roosevelt, Steuben Verlag, Berlin 1948.

Toebes, Brigit: The Right to Health, in: Eide, Asbjørn/ Krause, Catarina/ Rosas, Allan (Hrsg.): Economic, Social and Cultural Rights: A Textbook, 2. Auflage 2001, Martinus Nijhoff Publishers, Dordrecht Boston London, S. 169ff.

Tomuschat, Christian: Stichwort Menschenrechte, Individualbeschwerde, Nr. 74, in Wolfrum, Rüdiger (Hrsg.): Handbuch Vereinte Nationen, 2. Auflage, Verlag C.H. Beck, München 1991, S. 551ff.

derselbe: Stichwort Menschenrechte, Staatenberichte, Nr. 75, in Wolfrum, Rüdiger (Hrsg.): Handbuch Vereinte Nationen, 2. Auflage, Verlag C.H. Beck, München 1991, S. 559ff.

derselbe: Die Lage der Menschenrechte fünfzig Jahre nach der Allgemeinen Erklärung, in: Wager, Wolfgang *et al.:* Jahrbuch internationale Politik 1997 - 1998, R. Oldenbourg Verlag, München 2000, S. 333ff.

derselbe: Einführung: Die Vereinten Nationen und die Menschenrechte, in: Tomuschat, Christian (Hrsg.): Menschenrechte. Eine Sammlung internationaler Dokumente zum Menschenrechtsschutz, 2. Auflage, UNO-Verlag, Bonn 2002.

derselbe: Human Rights: Between Idealism and Realism, Oxford University Press, Oxford *et al.* 2003.

derselbe: An Optional Protocol for the International Covenant on Economic, Social and Cultural Rights?, in: Dicke, Klaus/ Hobe, Stephan/ Meyn, Karl-Ulrich/ Peters, Anne/ Riedel, Eibe/ Schütz, Hans-Joachim/ Tietje, Christian: Weltinnenrecht. Liber Amicorum Jost Delbrück, Verlag Duncker & Humblot, Berlin 2005, S. 815ff.

Treisch, Corinna: Existenzminimum und Einkommensbesteuerung: Dogmengeschichte, Analyse der Besteuerungsvorschriften und Regelungsvorschlag, Shaker Verlag, Aachen 1999.

Tully, Stephen: A Human Right to Access Water? A Critique of General Comment No.15, in Netherlands Quarterly of Human Rights Bd.23 (2005), S.25ff.

Türk, Danilo: The new international economic order and the promotion of human rights. Realization of Economic, Social and Cultural Rights. Progress report prepared by Mr. Danilo Türk, Special Rapporteur, E/CN.4/ Sub.2/1990/19 vom 6. Juli 1990.

United Nations/ Centre for Human Rights Geneva: Right to adequate food as a human right, United Nations, New York 1989.

United Nations Development Programme: Human Development Report 1997: Human Development to Eradicate Poverty, Oxford University Press, New York, Oxford 1997.

United Nations Development Programme: Sharing Innovative Experiences: Examples of Successful Use of Renewable Energy Sources in the South (Volume 8), New York 2003.

Uusital, Hannuu: Social Statistics and Social Reporting in the Nordic Countries, in Flora, Peter/ Kraus, Franz/ Noll, Heinz Herbert/ Rothenbacher, Franz (Hrsg.): Social Statistics and Social Reporting in and for Europe, Mannheimer Zentrum für Sozialwissenschaften, Informationszentrum Sozialwissenschaften, Bonn 1994, S. 103ff.

Van Thuy, Pham/ Berger, Jacques/ Davidsson, Lena/ Cong Khan, Nguyen/ Thi Lam, Nguyen/ Cook, James D./ Hurrell, Richard F./ Khoi, Ha Huy: Regular consumption of NaFeEDTA-fortified fish sauce improves iron status and reduces the prevalence of anemia in anemic Vietnamese women, in American Journal of Clinical Nutrition 78 (2003), S. 284ff.

Verdross, Alfred: Die Quellen des universellen Völkerrechts. Eine Einführung, Rombach Verlag, Freiburg 1973.

Vidar, Margret: The Interrelationship between the Right to Food and Other Human Rights, in Eide, Wenche Barth/ Kracht, Uwe (Hrsg.): Food and Human Rights in Development. Bd.I: Legal and Institutional Dimensions and Selected Topics, Verlag Intersentia, Antwerpen Oxford 2005, S. 141ff.

dieselbe: Access to Justice in the Voluntary Guidelines on the Progressive Realization of the Right to Adequate Food, in Borghi, Marco/ Blommestein, Letizia Postiglione (Hrsg.): The Right to Adequate Food and Access to Justice, Verlag Schulthess Médias Juridiques SA, Genf *et al.* 2006, S.299ff.

Wagner, Adolf: Volkswirtschaft für Jedermann, Verlag C.H. Beck, München 1994.

Waldron, Jeremy: Liberal Rights. Collected Papers 1981 – 1991, Cambridge University Press, Cambridge *et al.* 1993.

Weeks, John/ Dore, Elizabeth: Basic Needs: Journey of a Concept, in: Crahan, Margaret E.: Human Rights and Basic Needs in the Americas, Georgetown University Press, Washington D.C. 1982, S. 131ff.

Weil, Prosper: Towards Relative Normativity in International Law?, in The American Journal of International Law, Bd.77 (1983) 3, S.413ff.

Weingärtner, Lioba: The Concept of Food and Nutrition Security, in: Klennert, Klaus (Hrsg.): Achieving Food and Nutrition Security. Actions to Meet the Global Challenge: A Training Course Reader, 2. Auflage, Verlag InWEnt – Internationale Weiterbindung und Entwicklung gGmbH, Eschborn 2005, S. 1ff.

Weingärtner, Lioba: The Food and Nutrition Security Situation at the Beginning of the New Millenium, in: Klennert, Klaus (Hrsg.): Achieving Food and Nutrition Security. Actions to Meet the Global Challenge: A Training Course Reader, 2. Auflage, Verlag InWEnt – Internationale Weiterbindung und Entwicklung gGmbH, Eschborn 2005, S. 31ff.

Weisburd, Arthur M.: The Effect of Treaties and the formal international acts on the customary law of human Rights, in Georgia journal of international and comparative law Bd.25 (1995/96), S.99ff.

Weiss, Wolfgang: Allgemeine Rechtsgrundsätze des Völkerrechts, in Archiv des Völkerrechts Bd. 39 (2001), S.394ff.

Wells, H.G.: The Shape of Things to Come, Verlag Hutchinson, London 1935.

Westerveen, Gerd: Towards a System for Supervising States' Compliance with the Right to Food, in: Alston, Philip/ Tomaševski, Katarina (Hrsg.): The Right to Food, Martinus Nijhoff Publishers, Gravenhage -SIM (Stichting Studie- en Informatiecentrum Mensenrechten) 1984, S. 119ff.

Windfuhr, Michael: Soziale Menschenrechte und Globalisierung, in: von Armin, Gabriele (Hrsg.): Jahrbuch Menschenrechte 2000, Verlag Suhrkamp, Frankfurt am Main 1999.

derselbe: Das Recht auf Nahrung: Ein neues Rechtsinstrument verabschiedet, in entwicklung & ländlicher Raum Heft 1 (2006), S. 4ff.

derselbe: Das Menschenrecht auf Wasser – Was steht hinter dem Konzept?, www.menschen-recht-wasser.de.

Wolfrum, Rüdiger (Hrsg.): Handbuch Vereinte Nationen, 2. Auflage, Verlag C.H. Beck, München 1991.

Wolfrum, Rüdiger: Preamble, in: Simma, Bruno (Hrsg.): The Charter of the United Nations – A Commentary, Oxford University Press, Oxford 1994.

World Energy Assessment: Energy and the challenge of sustainability, United Nations Development Programme, New York 2000.

World Health Organisation: Situation Analysis of Houshold Energy Use and Indoor Air Pollution in Pakistan, WHO Departmet of Child and Adolescent Health and Development, 2005, online erhältlich unter http://www.who.int/child-adolescent-health/publications/CHILD_HEALTH/DP/Topic _1/paper_1.htm.

World Health Organisation: Fuel for Life. Household Energy and Health, WHO 2006, online erhätlich unter http://www.who.int/indoorair/ publications/fuelforlife.pdf.

Zemanek, Karl: What is "State practice" and who makes it?, in Beyerlin, Ulrich *et al.* (Hrsg.): Recht zwischen Umbruch und Bewahrung: Völkerrecht, Europarecht, Staatsrecht; Festschrift für Rudolf Bernhardt, Springer Verlag, Berlin, Heidelberg *et al.* 1995, S.289ff.

Ziegler, Jean: Economic, Social and Cultural Rights: The Right to Food. Report by the Special Rapporteur on the right to Food, Mr. Jean Ziegler, submitted in accordance with Commission on Human Rights resolution 2000/10, E/CN.4/2001/53, 7. Februar 2001.

Zippelius, Reinhold: Art. 1 Abs.1 u.2, in: Dolzer, Rudolf *et al.*: Bonner Kommentar zum Grundgesetz, Band 1: Einleitung bis Art. 4, 125. Aktualisierung, C.F.Müller Verlag, Heidelberg 2006.

Zöller, Richard/ Geimer, Reinhold: Zivilprozessordnung mit Gerichtsverfassungsgesetz und den Einführungsgesetzen, mit Internationalem Zivilprozeßrecht, EG-Verordnungen, Kostenanmerkungen. Kommentar, Verlag Dr. Otto Schmidt, Köln, 25. Auflage 2005.

Die Internetadressen in Literaturverzeichnis und Text sind auf dem Stand vom 17. Dezember 2007.

Zusammenstellung der zitierten *General Comments* des Ausschusses für wirtschaftliche, soziale und kulturelle Rechte

General Comment 3: The nature of States parties obligations (Art. 2 (1)), vom 14. Dezember 1990, enthalten in E/1991/23.

General Comment 4: The right to adequate housing (Art. 11 (1)), vom 13. Dezember 1992, enthalten in E/1992/23.

General Comment 6: The economic, social and cultural rights of older persons, vom 8. Dezember 1995, enthalten in E/1996/22.

General Comment 7: The right to adequate housing: forced evictions (art.11 (1)), vom 20. Mai 1997, enthalten in E/1998/22, annex IV.

General Comment 8: The relationship between economic sanctions and respect for economic, social and cultural rights, vom 12. Dezember 1997, E/C.12/1997/8.

General Comment 12: The right to adequate food (art. 11), vom 12. Mai 1999, E/C.12/1999/5.

General Comment 14: The right to the highest attainable standard of health (art. 12), vom 11. August 2000, E/C.12/2000/4.

General Comment 15: The right to water (arts. 11 and 12), vom 20. Januar 2003, E/C.12/2002/11.

General Comment 16: The equal right of men and women to the enjoyment of all economic, social and cultural rights (art. 3 of the International Covenant on Economic, Social and Cultural Rights), vom 11. August 2005, E/C.12/2005/4.

General Comment 17: The right of everyone to benefit from the protection of the moral and material interests resulting from any scientific, literary or artistic production of which he is the author (art. 15 (1) (c)), vom 12. Januar 2006, E/C.12/GC/17.

General Comment 18: The right to work (art. 6), vom 6. Februar 2006, E/C.12/GC/18.

General Comment 20: The right to social security (art. 9), vom 16. Februar 2006, E/C. 12/GC/20/CRP. 1.

Studien zum Internationalen, Europäischen und Öffentlichen Recht

Herausgegeben von Eibe Riedel

Band 1 Christian Jutzi: Das Brandwaffenprotokoll. Regelungen und Verbindlichkeit. 1997.

Band 2 Jutta Schumann: Faktische Gleichberechtigung. Die Grundgesetzerweiterung des Art. 3 II S. 2. 1997.

Band 3 Christian Keim: Der institutionelle Rahmen im Wettbewerbsrecht der Europäischen Union und mögliche Reformmodelle. Eine Darstellung des europäischen institutionellen Gefüges und eine Entwicklung eines neuen Modells durch Vergleich mit dem institutionellen Rahmen in den USA, Deutschland, Großbritannien und Frankreich. 1998.

Band 4 Andreas Torka: Nichtnavigatorische Wassernutzungen. Mechanismen der Internationalen Zusammenarbeit. Von der Konfrontation über die Kooperation zu koadministrativen Formen der Zusammenarbeit. 1999.

Band 5 Markus Reimann: Die nicht-navigatorische Nutzung internationaler Süßwasserressourcen im Umweltvölkerrecht. 1999.

Band 6 Felix William Stoecker: NGOs und die UNO. Die Einbindung von Nichtregierungsorganisationen (NGOs) in die Strukturen der Vereinten Nationen. 2000.

Band 7 Torsten Weigt: Die ökologische Aktion zur Vermeidung und Bekämpfung transnationaler Umweltkatastrophen. Ein Beitrag zu Möglichkeiten und Problemen der Durchsetzung umweltschützender Verpflichtungen im Völkerrecht. 2000.

Band 8 Markus Tjaden: Genanalyse als Verfassungsproblem. Zulässigkeit genanalytischer Anwendungen im Lichte von Menschenwürde und genetischem Selbstbestimmungsrecht. 2001.

Band 9 Thorsten Wagner: Funktion und praktische Auswirkungen der richterlichen Vorlagen an den Gerichtshof der Europäischen Gemeinschaften. Dargestellt an Beispielen aus der Rechtsprechung zur Anwendung und Auslegung der Richtlinie 77/187/EWG und deren Einfluss auf das deutsche Recht. 2001.

Band 10 Thomas F. Kremer: Die "wissenschaftliche Rechtsphilosophie" Carl Magnus Bergbohms. Versuch einer analytisch-kritischen Rekonstruktion. 2001.

Band 11 Hüseyin Özcan: Rundfunkfreiheit in Deutschland und in der Türkei. Unter Berücksichtigung der Staatsferne des Rundfunks. 2002.

Band 12 Valentin Aichele: Nationale Menschenrechtsinstitutionen. Ein Beitrag zur nationalen Implementierung von Menschenrechten. 2003.

Band 13 Seong-Woo Ji: Die Ausgestaltung der Rundfunkfreiheit im dualen System. Eine rechtsvergleichende Untersuchung zum deutschen und koreanischen Verfassungsrecht. 2004.

Band 14 Andreas Blüthner: Welthandel und Menschenrechte in der Arbeit. The Compatibility of Human Rights at Work with the WTO-System. 2004.

Band 15 Christoph Steiner: Das Recht auf soziale Gesundheitsversorgung. Unter besonderer Berücksichtigung des Artikel 9 ICESCR. 2004.

Band 16 Joachim Spalcke: Arzneimittelzulassungsverfahren in der Europäischen Union und den Vereinigten Staaten von Amerika. Entwicklung und Harmonisierung. 2004.

Band 17 Bernd Neumann: Zeugnisverweigerungsrechte und strafprozessuale Ermittlungsmaßnahmen. 2005.

Band 18 Randolf Straky: Das Privatleben Prominenter als Verfassungsproblem. Ein Rechtsvergleich mit Frankreich und England unter Einbezug von Internetpublikationen. 2006.

Band 19 Fabian Böhm: Strukturen internationalen Subventionsrechts. EG-Beihilfenrecht und WTO-Subventionsrecht aus rechtsvergleichender Perspektive. 2007.

Band 20 Katharina Engbruch: Das Menschenrecht auf einen angemessenen Lebensstandard. Ernährung, Wasser, Bekleidung, Unterbringung und Energie als Elemente des Art. 11 (1) IPWSKR. 2008.

www.peterlang.de

Peter Lang · Internationaler Verlag der Wissenschaften

Beate Rudolf (Hrsg.)

Menschenrecht Wasser?

Frankfurt am Main, Berlin, Bern, Bruxelles, New York, Oxford, Wien, 2007.
207 S.
ISBN 978-3-631-55931-3 · br. € 29.80*

Ohne Wasser gäbe es kein Leben auf der Erde. Aber besteht auch ein Menschenrecht Wasser? Der Band gibt aus Sicht der politischen Philosophie und der Völkerrechtswissenschaft eine bejahende Antwort. Problematisch sind aber Inhalt und praktische Bedeutung dieses Rechts. Hierzu nehmen Wissenschaftler/innen und Praktiker/innen, v. a. aus der Entwicklungszusammenarbeit und der Menschenrechtsarbeit, Stellung. Schwerpunkte sind die Privatisierung der Wasserversorgung, insbesondere in Entwicklungsländern, die aus medizinischer und entwicklungspolitischer Sicht bestehende Notwendigkeit integrierten Trink- und Abwassermanagements, Wasser als Potential für zwischenstaatliche Konflikte und Kooperationen sowie die Vorteile und Gefahren einer auf Menschenrechten basierenden Entwicklungspolitik.

Aus dem Inhalt: Menschenrecht Wasser – rechtsphilosophische und völkerrechtliche Grundlagen · Wasser und Gesundheit · Ware Wasser? – Die Global Players und ihre Strategien · Lehren aus dem Fall Cochabamba · Wasser und internationale Zusammenarbeit – Internationale Wasserpolitik, Wasser in der Entwicklungszusammenarbeit · Waffe Wasser? · Menschenrechtliche und entwicklungspolitische Bedeutung eines Menschenrechts Wasser

Frankfurt am Main · Berlin · Bern · Bruxelles · New York · Oxford · Wien
Auslieferung: Verlag Peter Lang AG
Moosstr. 1, CH-2542 Pieterlen
Telefax 00 41 (0) 32 / 376 17 27

*inklusive der in Deutschland gültigen Mehrwertsteuer
Preisänderungen vorbehalten

Homepage http://www.peterlang.de

FSC
www.fsc.org
MIX
Papier | Fördert
gute Waldnutzung
FSC® C083411

Kolibri 360 GmbH
Ferdinand-Jühlke-Straße 7
99095 Erfurt, Deutschland
produktsicherheit@kolibri360.de

Druck:
CPI Druckdienstleistungen GmbH
im Auftrag der
Kolibri 360 GmbH
Ferdinand-Jühlke-Str. 7
99095 Erfurt